歷史迴廊
013

人類的故事

The Story of Mankind

亨德里克・房龍◎著
谷意◎譯

給吉米

愛麗絲說：「誰能在沒有圖片的情況下使用這本書呢？」

前言

漢斯、威廉如晤：

在我十二、三歲時，有位叔父答應我，要帶我做一次永生難忘的探險：我可以跟他一起登上鹿特丹舊聖羅倫斯教堂的最頂端。現在回想起來，我對書本與繪畫的熱愛，也是這位叔父點燃的。於是，在某個晴朗的日子，教堂執事爲我們將面前這道充滿神祕的門給打開了。我記得當時他手上的那把鑰匙，就跟聖彼德大教堂用的一樣大。執事一邊說著：「參觀完想出來的時候，就按這個鈴。」門鏈一邊發出生鏽老舊的嘎嘎作響聲，而我們就這樣被鎖進另一個世界。街道熙熙攘攘的吵鬧聲已隔絕在外，裡頭等著我們的，是奇異與全新的體驗。

首先，我被一片觸耳可聞的寂靜包圍了；這是我有生以來第一次體驗到這種奇妙感覺。沒多久，大自然繼續向我展現它的奧妙，讓我對它的理解又增添了一項全新的發現：就在爬完第一道樓梯之後，我又撞進了一團睜眼可見的黑暗！火柴爲我們指引向上而去的路線，一層又一層，一樓又一樓，我已不知這是第幾層樓了，但上面卻還有樓層。爬著爬著，突然之間，我們來到一片光明之中。這個被當作儲藏室的地方，跟教堂屋頂同在一樣的高度。地上散落的聖物縱然曾經如此虔敬地被珍視，如今上面已覆蓋上寸許深的灰塵，不知它們是在多久之前被城裡的老百姓們棄置於此的呢？這些在我們祖先心中攸關生死的事物，過去就這麼一直躺在這裡，直到化爲無用的垃圾爲止；讓勤奮不休的老鼠在一座座雕像裡築起了老窩；讓永不鬆懈的蜘蛛在一位慈祥聖徒的雙臂空隙間開起了店鋪。

要再往上一層，我們才知道光線是打哪來的。這個位於高處空空如也的房間，有著由粗重鐵條鑲嵌的大空窗，於是便成了幾百隻鴿子的大通鋪。風掠過鐵條闖進房間。周遭充斥著奇特的聲音。那本是位在我們腳下，由鎮上傳來的喧囂之聲，距離把它過濾淨化成悅耳的音樂。馬蹄得得，拖車轆轆，吊車滑輪捲收，還有發自以千百種方式替人類代勞的蒸氣機，發出聽起來滿是耐心的嘶嘶聲，這些全都交織成一股低語沙沙，輕輕柔柔地替房裡鴿子震顫的呢喃聲，鋪上一面動聽的背景。

階梯來到這裡就沒了，眼前出現的是一副爬梯。我記得第一層的爬梯又老又舊，必須以腳代眼，小心摸索而上。但是爬上去之後，眼前又是一個全新、甚至比剛剛更爲壯觀的奇景——小鎮的大時鐘完全展露在我們眼前。我看到了令時間流動的心臟，也聽到光陰飛逝的宏大脈搏：一秒、二秒、三秒，一直到第六十秒時，那一瞬間似乎鐘裡所有的齒輪都將停止轉動，但是隨著一戰慄之聲倏然而至，永劫便又被削下了一分鐘。一秒、二秒、三秒，大鐘重新數起，中間沒有任何停留，就這樣一分鐘接著一分鐘，一直到有好多個齒輪一齊發出低沉的轉動聲，和刺耳的磨擦聲，讓人警覺似乎有什麼大事將要發生。這預感果然沒錯，因爲在這陣聲響之後，就是一股如雷鳴般的鐘聲，從我們頭頂上方的位置昭告所有人：正午時刻到了。

接下來的這層就是安放響鐘的地方了。有小巧可愛的，也有形貌醜陋的。中間的那個大鐘——就是它讓我在午夜時候聽來，以爲是什麼世界末日大浩劫的警告，害我嚇得全身僵硬，動彈不得。現在，那鶴立鐘群的雄姿，似乎正映射出它六百年歲月的光輝，那是它與鹿特丹老百姓們共同分享所有快樂悲傷的六百年。圍在這只大塊頭周圍的，是一群排列整整齊齊的小傢伙，活像是古早藥局裡擺出來的藍色瓶瓶罐罐。每當住在鄉下的人們一週兩次爲了趕集來到鎮上，順便也聽聽外面世界又發生了什麼大事的時候，這些小鐘們便會爲他們奏上一段歡迎曲。除了這些以外，還有一只孤零零地坐在角落，其他鐘都躲它躲得遠遠的黑色大鐘，則是沉默無言又冷酷無情的喪鐘。

再往上去，我們又進入了漆黑中，爬上更多梯子，且比之前爬過的都還要更陡、更危險。就這麼往上爬，不知不覺間，我們便置身於寬廣的天際，呼吸到新鮮的空氣：我們來到最高的頂樓了。在我們之上的就是天空，而在我們之下的，是變成玩具模型般的鹿特丹市，忙碌的人們就像螞蟻一樣，在城裡忙不迭地來回奔波，每一個都埋首於自己的事。周圍的城牆也有如一道石頭森林，而在這道石林之外，放眼望去盡是綠油油的地方，即開闊的鄉野。

那是我第一次一窺這個大千世界。

從那次起，一有機會，我就會登上那座塔頂，好好自得其樂。這確實很累人，不過一旦上去之後，就會覺得不過是出點力氣，爬這幾層樓而已，完全値得。

而且，我很了解登上塔頂將能得到什麼獎品。我可以看到大地和天空，還可以聽我那和善的朋友，也就是這間教堂的巡守員，說上許多故事。平常他就住在屋頂角落的隱蔽處，一間小小的房間裡，負責維護時鐘的狀況，他對待那些大大小小的響鐘，就像父親對待自己的小孩一樣。除此之外，通知人們哪裡失火了，也是他的職責。不過他的空閒時間也不少，而他總在這種時候抽起一管菸，靜靜想起自個兒的事來。他只上過小學，而且那幾乎是五十年前的事了。他這輩子看過的書只怕還不到一本，可是，他在這專屬於他的教堂高塔頂樓已經住得太久，久到他將四面八方圍繞在周圍的這遼闊世界，其中所包含的智慧都納爲自己所有了。

他對歷史可熟了，因爲歷史對他來說是活生生的。他指著一條彎曲的河流說：「孩子，看那邊，有沒有看到那些樹？奧蘭治親王就是在那邊挖開堤防，引發大水，救了來登城。」或者他會告訴我舊馬士河的故事，從很早以前開始講，一直講到這條寬闊的大河不再是一道便利的屏障，而是成爲一條康莊大道，載起魯伊特與川普[1]的船艦，邁向他們名留千古的最後一役——他們爲了讓大海能夠屬於所有人，獻出了自己的生命。

然後是那些小村莊的故事，它們就圍在這座教堂四周；許多許多年以前，村子的守護聖徒就住在這間教堂裡。再往遠方，可以看到德夫特城的斜塔，如果站在它高高的拱門下，沉默者威廉[2]被暗殺的地方就在視線可及的範圍內；格勞秀斯也是在那裡學會造出自己第一句拉丁文句子。再更遠一點，則是樓身又矮又長的哥達教堂。當初有位受教堂救濟養大的孩子，替自己培養出比許多皇帝的軍隊都更有力量的智慧，讓世人慢慢知曉他的大名——是的，這座教堂就是伊拉斯謨幼時的家。

最遠處是無邊無際的大海，還有它那條銀白的海岸線，跟我們腳下這片班駁的屋頂、煙囪、房子、花園、醫院、學校、鐵路，也就是我們的家園，形成強烈的對比。

只要從塔上看，熟悉的家園就有了新的一面。街道與市集、工廠與作坊，種種雜亂無章的聲音與動作，卻將人類的精力與意志做了一番最井然有序的表現。而且，像這樣將四面八方圍繞著我們的光輝過去盡收眼底，會在我們回到自己日常俗務時，賦予我們全新的勇氣，去面對未來的難題，這才是最好的事。

歷史是一座雄偉的經驗寶塔，是時間在無盡已逝歲月的原野中堆疊起來的。要登上這座古老建築的頂端一窮千里目，絕不是容易的事。塔裡沒有電梯，但是靠著年輕有力的雙腿，總是登得上去。

現在，我把這把打開塔門的鑰匙給你。

等你爬上塔頂回來，就會明白是什麼讓我這麼充滿熱情。

亨德利克・威廉・房龍

【1】譯註：兩位都是荷蘭海軍名將。

【2】譯註：也就是前面提到的奧蘭治親王。

目次

北國有個地方名叫史維斯雅德，有塊巨岩高高聳立在那兒。它有一百里高、一百里寬。每隔一千年，會有隻小鳥飛來這裡，用巨岩磨利自己的尖喙。

當巨岩被磨平之後，「永恆」才過了一天。

1 故事的場景

我們活在一片黑暗陰影下，一個由無數巨大問號所形成的陰影。

我們是誰？

來自何方？

將歸何處？

我們一再深入探究這些問題，進度雖然緩慢，然而不曾失去追問的勇氣。我們將目標設於遠在地平線之外的遙遠邊際，希望能在那裡得到想要的答案。

可是我們還沒有走多遠。

我們知道的依然非常有限，雖然說已經可以對許多東西猜上一猜，而且準確度也還過得去。

所以從現在開始，我要告訴你按照我們最有把握的想法來看，當人類首度出現在歷史舞臺上時，臺上的背景布置是什麼模樣。

如果我們將動物在地球上可能已經存在的時間，用上面那條長長的線來表示，那麼下面那條短短的線，代表的就是人類，或者說某種多少近似於人類的生物，到目前爲止生活於地球上的時間。

最晚才登場的人類，卻是最早運用自己的頭腦，來克服大自然力量影響的動物。這就是爲什麼這本書要研究的對象是人類，而不是貓兒、狗兒、馬兒，也不是任何其他種類的動物；即便在牠們的背後，也都有自成一格、饒富趣味的歷史發展過程。

就目前所知，我們所居住的這個星球，在一開始，是由不停燃燒的一團物質所構成的大火球；雖說它是個大火球，但在宇宙無邊無際的汪洋裡，也只是一撮微乎其微的雲煙罷了。漸漸地，經過了幾百萬年後，地球表面能燃燒的東西全燒盡了，只剩下一層薄薄的岩石層鋪在上面。隨後，傾盆如注的大雨，一刻不停地落在那些了無生氣的石頭上，沖蝕著堅硬的花崗岩，再將沙土帶向山谷低地。即便如此，這時候的地表依舊冒著蒸氣，山谷兩側的峭壁也仍舊非常險峻。

雨下不停

過了許久，陽光終於撥開籠罩地球表面的雲層，太陽公公看到：這顆小行星表面出現的幾個小水窪。而這些太陽眼中的小水窪，日後將會擴大成覆蓋我們東西兩半球的大海。

然後，有一天，一件非常神奇的事情發生了：生命，就這麼從無，誕生爲有。

第一個有生命的細胞，開始在海水中隨波逐流而活。

之後的幾百萬年，它就這麼漫無目的地隨著潮水東漂西流。這段期間它逐漸發展出一些習性，讓它在這個不適合生命居住的地球上，存活起來能夠更加輕鬆。這些細胞之中，有些覺得湖水池子裡黑漆漆的深處，是它們待起來最愉快的地方，便在水底那些黏答答，由山頂沖積下來的沉積物上面生了根，成爲植物。有些細胞寧可到處移動，於是它們長出了怪形怪狀，帶有關節的腿足，就好像蠍子一樣，開始沿著海底，在四周已經出現的種種植物之間，以及在那些長得像水母、全身一片慘綠色的生物之間爬行。還有一些，則在身上覆起了甲殼，靠著自己的游水動作，不時游來游去地尋找食物過活，漸漸地，成為遍布海中那些五花八門的魚類。

同一時間，植物的數量變得越來越多，海底已經沒有足夠的空間容身，必須找尋新的居所。於是它們心不甘情不願地離開了大海，前往沼澤地，或山腳下沖積出的淤泥堆中，建立新的家園。這些地方離海不遠，潮汐讓它們每天有兩個時段可以重回海水的懷抱。剩下的時間，這些植物就努力把面前這令人不適的環境做最大的利用，設法在覆蓋地表的這層稀薄空氣中生存下來。經過不知幾個世紀的訓練之後，它們終於學會如何在空氣中也能過得像在水裡一樣快活。這段時間，它們的體格變大了，能長成灌木或是大樹的樣子；最後，它們還學會如何開出美麗的花朵，吸引忙碌的大黃蜂和鳥兒，來替它們把種子帶到遙遠的他方，直到整個地表都鋪上了如茵綠草，或是蓋上了大樹頂篷。

另外，也有些魚類開始離開大海，為此牠們學會除了用鰓以外，還可以用肺來呼吸。我們叫牠們做兩棲動物，意思是說不管在陸上或水中，牠們棲息起來都同樣輕鬆。光是那隻從你面前跨過小路而去的青蛙，就完全可以告訴你：水陸兩棲的生活有什麼樣的雙重樂趣。

這些動物一離開水，就努力讓自己能越來越適應陸地上的生活。其中有些後來變成爬蟲類，也就是各種像蜥蜴那樣在地上爬行的生物。有了牠們，再加上昆蟲的出現，森林裡不再靜悄悄了。為了可以在軟軟的泥土上走得更快，牠們的腿越來越有力，體型也越來越大，一直到全世界都布滿這些頭尾可以長達將近十公尺，甚至是十二公尺多的龐然大物（牠們後來都被收進生物學的書本裡，被分門別類在魚龍、斑龍、雷龍等名目之下）。假如牠們與大象活在同一個時代，再假設牠們在一起快樂地玩耍，那情景看起來，就會像是成貓在跟自己的幼貓打鬧一樣。

這支爬蟲類家族中，有部分成員也開始居住在樹木上——當時的樹木可是常常能長到超過三十公尺高。這群傢伙於是不再需要用來行走的腿足，反而必須要能迅速地從這根樹枝移動到另一根去的工具。因爲這樣，牠們把自己皮膚的一部分改造成某種降落傘。這張降落傘從牠們身體的兩側，一直延伸到前腳腳趾。然後，牠們慢慢地用羽毛包覆起這張皮膚做成的降落傘，再把自己的尾巴當作方向舵，就可以在樹與樹之間飛翔了。就這樣，牠們演化成道道地地的鳥類。

之後，發生了一件詭異的事。那些巨大的爬蟲類，在很短的時間內全部死光了。我們並不知道爲什麼會這樣。或許是因爲氣候突然發生劇變。或許是因爲牠們

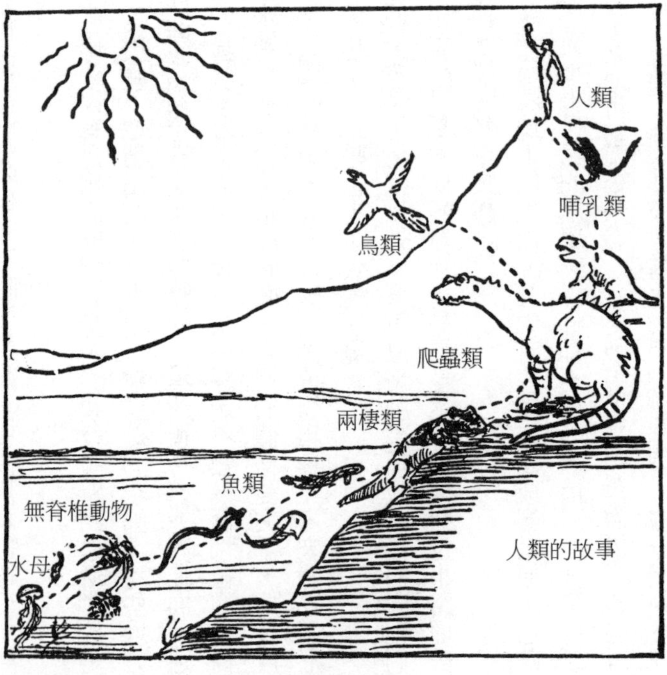

人類的演進

長得實在太大，害牠們游不動、走不動，也爬不動；那些蕨類和樹葉就在眼前，但是牠們卻看得到、吃不到，就這麼活活地餓死。無論原因是什麼，延續百萬年之久，領土曾經涵括全世界的巨型爬蟲類帝國，到此走入歷史。

從這個時候起，未來將要占據整個世界的，是一些與過去大不相同的生物。牠們是爬蟲類的直系子孫，不過看起來卻一點也不像，因爲牠們用「奶奶」，也就是母親的乳房，來哺育自己的小孩。基於這個理由，現代科學叫這些動物爲「哺乳類」。牠們脫下了從魚類時代就留下來的鱗片，不過並沒有換上鳥類的羽毛，而是選擇用毛髮來覆蓋身體。必須說的是，哺乳類倒是發展出一些不同的習性，替牠們取得一項明顯勝過其他動物的優勢。哺乳類的雌性把受精的卵子保留在自己體內，直到這些卵子成熟孵化爲止。另外，一直到那個時代，其他動物都還是讓自己的小孩暴露在風吹雨打、冷熱交迫，還有別種野獸的攻擊之下，但哺乳類則是把小孩帶在自己身邊很長一段時間，在孩子還不足以和各種敵人對抗以前，保護著牠們。這麼一來，哺乳類幼兒存活下來的機率大了很多，因爲牠們可以從母親身上學到很多東西。只要你曾經觀察過，母貓是如何教導小貓們照顧自己，譬如臉要怎麼洗、老鼠要怎麼抓，那麼你就能明白我的意思。

植物離開海洋

確實，關於這些哺乳類動物，我無須向你介紹太多，因爲你對牠們非常熟悉。牠們就環繞在你周遭，是你每天每天不論在街上或在家裡都遇得到的夥伴。甚且，在動物園展示區的鐵欄杆後面，也可以看到那些和你比較生疏的親戚。

回到哺乳類出現的時間點，就是在此時，我們來到了一個分岔路口，人類從這裡開始，突然跳出原本他那默默地出生、過活、然後死去的無窮輪迴，開始運用思考能力來塑造自己物種的命運。

這種哺乳類比其他哺乳動物更精於找出食物，或找到遮風避雨之處。牠學會怎麼用前腳來抓握獵物，受到這個動作的影響，牠的前腳慢慢變成像手一般的指爪。然後，在經過無數次的練習之後，牠也學會了怎麼讓後腳可以平穩地撐起整個身體。（這是一個高難度的動作，即使人類已經做了超過一百萬年，每一個人類的小孩卻都還是得從頭學起。）

這種既像猴子，又像人猿，但是比兩者都還要優秀的生物，一躍成爲最傑出的獵人，而且不管在地球上哪個地帶，都可以存活下來。爲了安全之故，牠們通常是成群結伴地移動。牠們學會了該怎麼發出一些奇怪的嘟噥聲，來警告自己的小孩有危險逼近。經過幾十萬年以後，牠們開始用這些從喉嚨中發出的聲音來講話。

雖然你可能不太相信，但是這麼一種生物，就是你第一位「人模人樣」的始祖。

2 我們最早的祖先

最早出現的那些「貨眞價實」的人類，我們對他們的了解幾乎是微乎其微，就連他們的長相都從未見過。有時候，在某片古老的地層底下，最深的那片泥土層中，會發現幾塊屬於他們的骨頭碎片，跟其他動物的殘骸一起埋在地底，而那些動物都早已經從地表上消失了。人類學家（也就是以「人類也是動物界的一員」這種角度，畢生致力於鑽研人類的淵博學者）設法取得這些骨頭來做研究，逐漸累積了足夠的知識，能夠用一定的準確度重現我們最早的祖先。

人類這種物種的遠祖，是一隻長得非常醜陋，一點也不吸引人的哺乳動物。他身形相當矮小，比當今的人類還要短小許多。酷熱的陽光，冷冽的冬風，把他的皮膚塗成深黑的棕色。他的頭和身體的大部分都覆蓋著又長又粗的毛髮，手臂和腿部也是。他的手指很細，但是非常有力，就像猴子的手一樣。他的前額很低，而且下顎就有如野生動物一樣有力；也就是說，他們的牙齒可以拿來當刀子，也可以拿來當叉子用。他是不穿

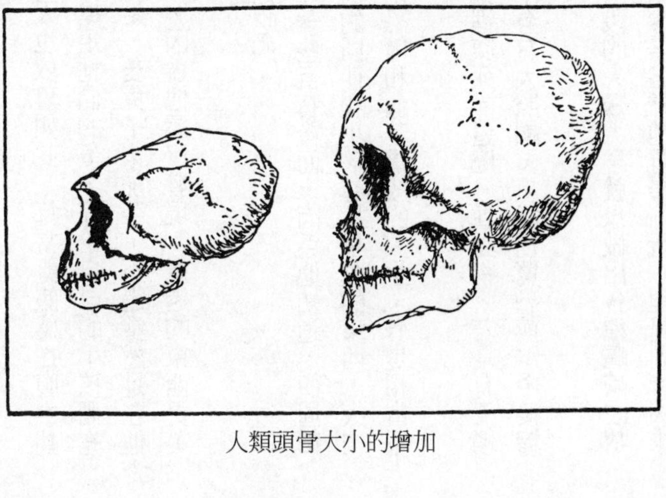

人類頭骨大小的增加

衣服的，而且從來沒有見過火，除了從轟轟作響的火山口冒出來的烈焰以外。當然，不只大火，這些火山還讓各處都有岩漿與灰煙。

他住在潮溼又黑暗的廣大森林裡，而非洲的匹美人一直到今天也依舊如此。每當飢餓感在腹中翻攪，他就去找植物的葉子和根來生吃，或者是從生氣的鳥兒眼前搶走牠們的蛋，好給自己的小孩們充飢。每隔一段時間，他會有辦法抓到一隻麻雀、一頭小野狗，或是一隻兔子來加菜，不過當然是在他極有耐心，追上一段不短的時間之後才能成功。這些他也是生吃，因為他還沒發現：煮過的東西更美味。

整個白天，這位原始人就這樣來回尋覓，到處看看有什麼可以吃的。

當夜晚降臨大地，他會把妻子和孩子藏在大樹洞裡，或者藏在一些巨石後面，因為他知道，四周都是一些到了晚上就開始出來覓食的凶猛野獸，這些野獸也在幫自己的同伴和小孩尋找果腹的東西，人肉的滋味牠們可愛著呢。這是一個吃，或者被吃的世界。這種完全由恐懼和痛苦構成的人生，眞是相當不幸。

夏天，他暴晒在灼人的烈日下；冬天，子女或許會在自己的懷裡凍死。這麼一種動物，若是有天傷到了身上某處（而在狩獵動物時，骨折扭傷總是免不了的），也不會有人照顧，只能在驚恐煎熬中淒慘地死去。

就像動物園裡充滿著許多動物發出來的怪聲怪響，處在早期階段的人類，早就以做出各種嘔啞吱喳的聲音為樂。聽到自己的聲音，會讓他感到開心，所以，他不停重複著各種他覺得好玩，但是對旁人來說不具任何意義的咿咿呀呀聲。有一天，因緣際會下，他突然明白，利用這些從喉嚨發出來的聲響，他

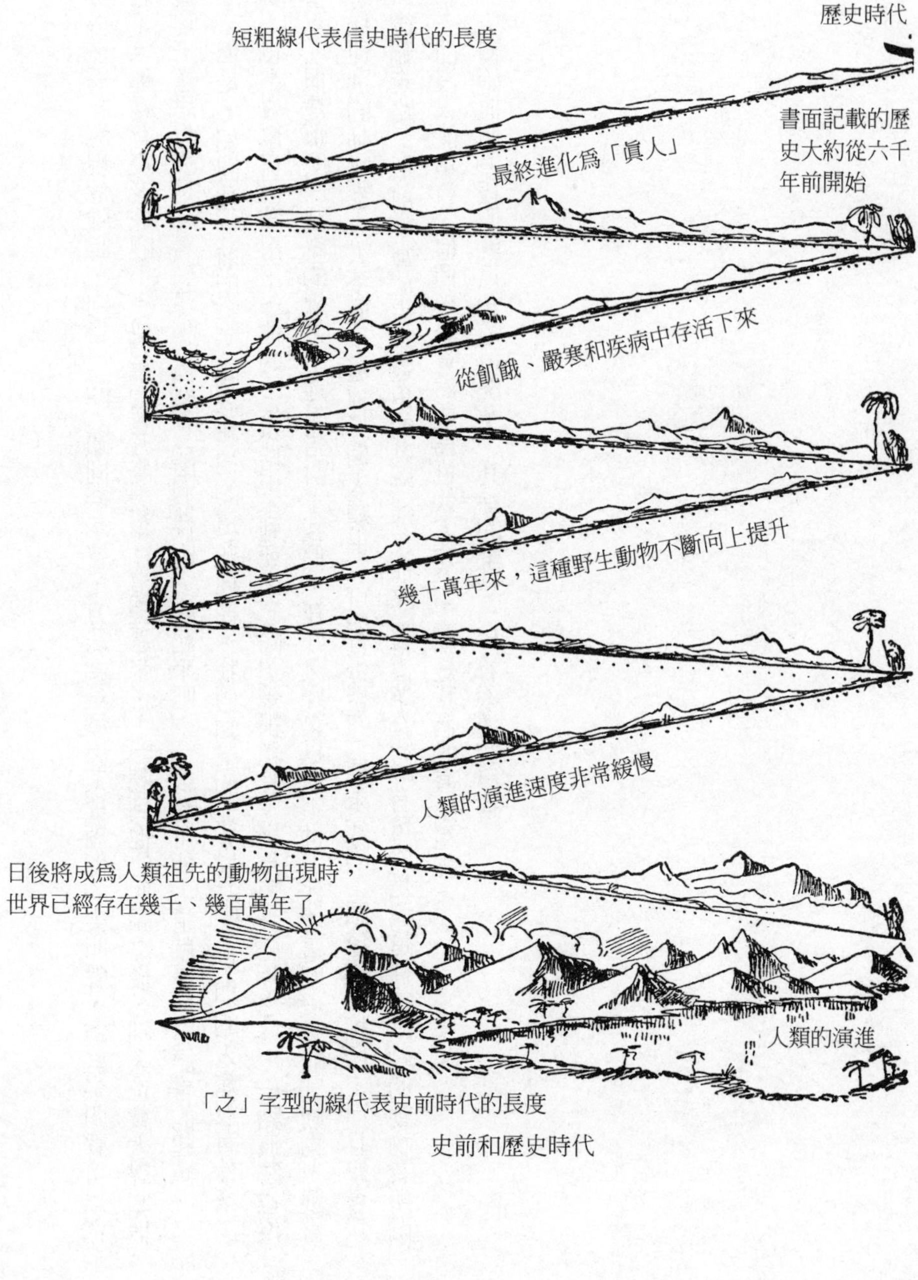
歷史時代
短粗線代表信史時代的長度
書面記載的歷史大約從六千年前開始
最終進化爲「眞人」
從飢餓、嚴寒和疾病中存活下來
幾十萬年來，這種野生動物不斷向上提升
人類的演進速度非常緩慢
日後將成爲人類祖先的動物出現時，
世界已經存在幾千、幾百萬年了
人類的演進
「之」字型的線代表史前時代的長度

史前和歷史時代

可以在每次發現危險時，向自己的人類同伴示警，方法就是發出某種短促的尖叫聲，這些尖叫聲可以代表：「那邊有隻老虎啊！」或是「有五隻大象往這裡過來了！」聽到他的叫聲之後，別人也會大聲回他幾句，意思也許是「看到了！」或者「咱們快跑去躲起來吧！」很有可能，這就是所有語言的起源。

但是，如同我之前所說，關於起初的這些種種，我們知道的非常有限。早期的人類沒有什麼工具，也不會幫自己蓋房子。他的一生從出生到死去，除了幾根鎖骨、幾片頭骨碎片之外，一點痕跡也沒留下。但是那麼一絲絲的線索，還是告訴了我們：在好久好久以前，世上住著這麼一種哺乳動物，跟當時任何別的動物都大大不同。這種早期人類很有可能是從另一種未知的，跟猿類很相像，而且學會只靠後腳走路，把前掌當成手來運用的動物演化而來。早期人類最有可能是與這種猿一般的動物有所關聯，而沒人能預料，他們後來竟然成爲近代人類，也就是我們的直系祖先。

關於他們，我們就只知道這麼多，其餘的全是一片看不透的黑暗。

3 史前人類

史前的人類已經開始會替自己製造東西了。

早期人類並不曉得時間的意義。他不會特地記下生日、結婚紀念日，也不會替每個人的死亡時刻做紀錄。他不知什麼是「一天」、什麼是「星期」，或者「年」。不過，他還是以某種籠統的方式記下了四季的歷程，因為他已經注意到，寒冷的冬天之後，一定會有宜人的春天。春天會漸漸地變化，等到果子成熟，野生穀類的穗實快要可以吃了，就表示炎熱的夏天快要來了。而當樹上的葉子紛紛被突然吹起的強風颳落，夏天就到這裡結束，許許多多的動物們也要開始做些準備，迎接漫長的冬眠。

然而這一次，這位野人遇上了一件不太尋常而且相當可怕的事。問題出在氣候身上：夏天該有的溫暖日子很晚才來，所以果實都沒有成熟。原本綠油油的山頭，現在深埋在一層厚重的積雪之下。

接著，有一群野人從高山地區一路遊蕩下來，在某天早上，來到他所定居的地方。在他眼裡，這些野人跟附近部落的那些傢伙不太一樣，他們看起來很瘦，而且似乎餓壞了。他們口中吐出來的聲音，這裡沒有人聽得懂；大概是在說他們想吃東西吧。但是，食物並不足夠讓全部的人，也就是不夠讓我們先住在這裡的，跟你們這群才剛來的，一起共同分著吃。所以，當這些不速之客想要多賴上幾天不走，就引發了一陣慘烈的戰鬥，雙方都拿出獸爪般的手和腳往對方身上攻擊，有一些家族甚至全家都陣亡了。結果，這群新來的野人逃回他們原本的山坡上，而被下一場暴風雪吞噬。

但是，住在森林裡的人們被整個大環境的演變嚇壞了。白天變得越來越短，夜晚變得越來越冷，程度遠超過它們原本該有的樣子，且此趨勢似乎沒有停下來的跡象。

最後，從兩座高山的隘口之間，冒出了小小一片透出碧光的冰塊。冰塊變大的速度很快，不久，形成一條巨大的冰川，從山坡上滑下來，連帶將大大小小的石頭都擠進谷裡。突然之間，伴隨著比大雷雨還要震撼十幾倍的聲響，冰塊、泥沙，甚至一塊塊的花崗岩，開始從天上傾注在森林上方，連高大的百年老樹都被削碎，變成如拿來生營火的木柴那般小，更不用說還在睡夢中的人們，當然全被活活砸死了。等這些東西下完之後，天空就開始下起雪來。

大雪一連下了好幾個月，植物全凍死了，動物們則慌忙逃向南方，尋找那裡的陽光。人類把孩子背起來，想要跟隨其他動物的腳步。但是卻沒辦法像這些野獸一般跑得那麼快，於是他只剩下兩個選擇：快快反應，或者快快赴死。日後看來，這位史前人類似乎比較喜歡第一個選項，因爲他確實成功地設法從惡劣的冰河時期存活下來——而這種有可能會消滅地表上所有人類的冰河期，自人類出現以來一共發生過四次。

爲了在冰冷中存活，頭一件必須要做的事就是穿上衣服，免得自己凍死。爲此，人類學會了挖些大洞，然後在上面蓋上一些枝葉，用這樣的陷阱來困住熊或土狼，再用夠分量的石頭把這些獵物打死。這樣一來，就可以用牠們的皮幫自己和家人做件大衣。

接在「衣」後面的就是「住」了，不過這問題好解決。許多動物都有睡在黑暗洞穴裡的習性。人類有樣學樣，把這些動物趕出牠們溫暖的窩，再把這些洞穴占爲己有。

即便有得穿有得住，對大多數人來說，氣候還是太過嚴酷，尤其老人與小孩凍死的特別多。這時

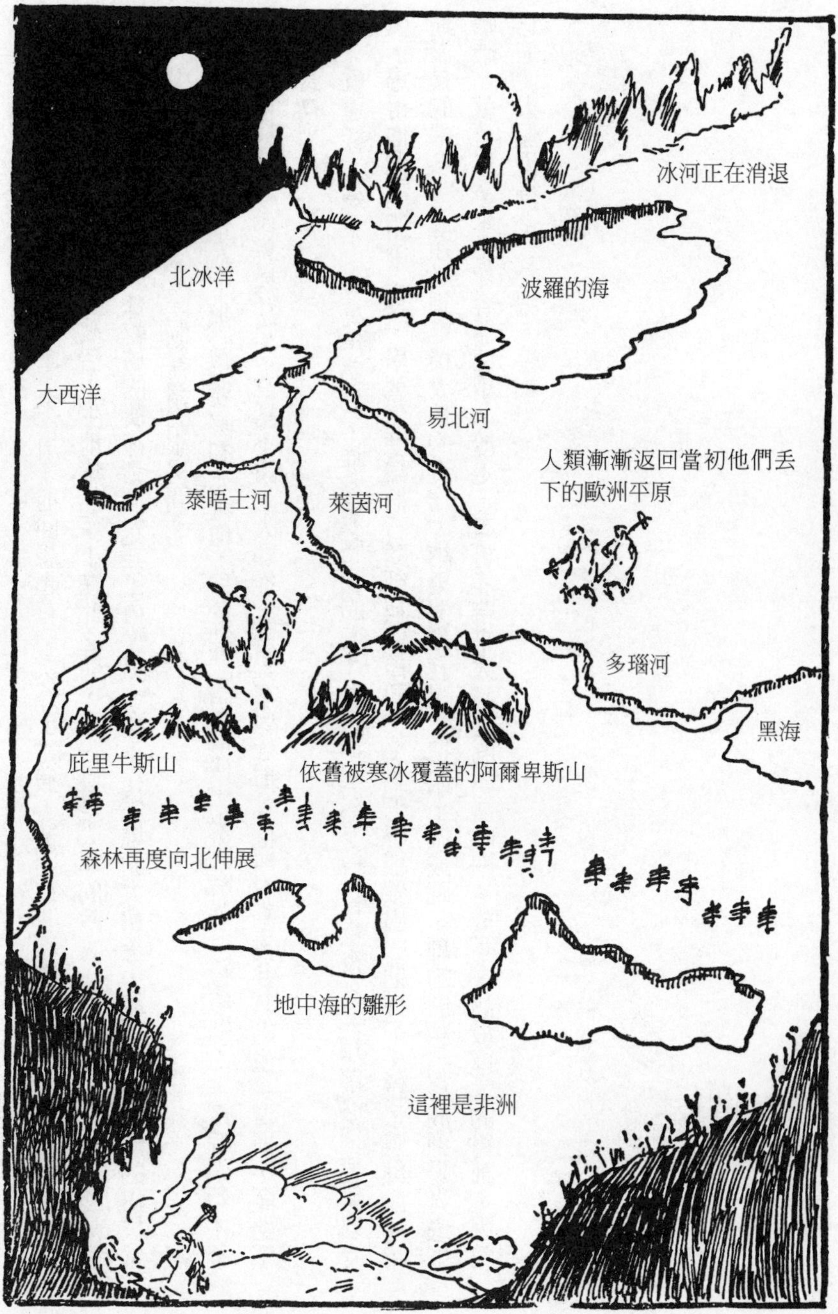
冰河正在消退
北冰洋
波羅的海
大西洋
易北河
人類漸漸返回當初他們丟
下的歐洲平原
泰晤士河
萊茵河
多瑙河
黑海
庇里牛斯山
依舊被寒冰覆蓋的阿爾卑斯山
森林再度向北伸展
地中海的雛形
這裡是非洲

候，有位天才突然想到可以拿火來用。他回想起有一次外出狩獵，被困在一場森林大火中的經驗；他永遠記得，那次他差點就要被活生生地烤焦了！在此之前，火一直是人類的敵人。如今，它搖身一變成爲人類的朋友。人們把一棵乾枯的樹拖到洞穴裡，再從另一棵正在燃燒的大樹上，取下還在悶燒的樹枝當作火引，於是洞穴成了一個舒適的小房間。

某天晚上，有人不小心將要吃的死雞掉入火堆裡。它被撿出來的時候已經烤熟了，這時人們才發現，肉在料理之後會更好吃。二話不說，人類從此摒棄了原本與其他所有動物共有的生食習慣，開始烹調起食物來。

就這樣，幾千、幾萬年過去，唯有最聰明的人才有辦法活命。日日夜夜，人類都必須與飢寒交戰，逼得他們發明出工具，學著怎麼樣把石頭削利成斧頭，又該怎麼樣做出一把槌子。爲了應付冰河時期漫長的嚴冬，人類必須屯積大量的食物，結果他們發現：把泥土做成碗、罐的形狀，再放到陽光底下晒硬，就可以拿來當作容器使用。於是，有可能帶來大滅絕的冰河時期，成了人類最偉大的導師，因爲它迫使人類不得不去動腦。

4 古埃及文

埃及人發明文字，歷史於是開始有了記載。

前面說到，在歐洲的大荒野中，我們最早的祖先正用很快的速度，學習許多新的事物。我可以很有把握地說，如果照這樣下去，只要時機成熟，他們將會脫離野蠻的生活型態，發展出自己原創的文明。但是，突然間，他們再也不是與世隔絕、獨自存在——他們被人發現了！有一位從南方大地出發的旅人，無畏地越過海洋，穿過高山隘口，成功來到這些歐洲大陸的野人面前。他，來自非洲；他的家鄉，叫作埃及。

早在西方人連叉子、輪子，甚至房子的觀念，都還未出現的時候，尼羅河流域卻在這幾千年前，就已經催生出一個高度發展的文明。因此，讓我們姑且把這些西方人的遠祖留在他們的洞穴裡，先去參觀一下地中海南岸和東岸，那裡是人類最早的搖籃。

埃及人教給我們很多事情。他們是傑出的農夫，對於灌溉的學問非常在行。他們建造的神廟樣式，之後被希臘人學去；那些供今日我們做禮拜的教堂，最早的原型也是起源於它。事實證明，他們發明的曆法，在判斷時間上，是多麼了不起的一項工具，基本上只要稍加修改就可以延用至今。不過最重要的是：埃及人學會了如何替未來的世代把言論保留下來——他們發明了書寫與文字。

我們是如此習慣於報紙、書本、雜誌的存在，會覺得從古至今，人類擁有讀寫的能力是理所當然的事。然而，作為人類所有發明中最重要的一項，文字事實上卻是非常晚近才問世。要是沒有了文書，我們一定會像貓兒、狗兒那樣：只能教給自己的小貓、小狗一些很簡單的東西，而且貓狗也不會書寫，所以牠們沒有任何方法能從更前代的經驗中得到助益。

當羅馬人在西元開始起算的一世紀前來到埃及時，他們發現尼羅河流域這裡，到處都有一些詭異的小小圖畫，似乎是與這個國家的歷史有關。然而，凡是「不是羅馬的」一切，羅馬人都沒有興趣。所以，他們並未深入研究：神廟牆上、宮殿壁上，還有無數用紙莎草做成的紙板上，究竟為什麼會畫滿奇怪的圖形。最後一位懂得這些神聖文字的埃及祭司，在幾年前就死了；而當時已失去獨立地位的埃及，也就成為一座滿是珍貴歷史文件的儲藏庫，由於這些文件沒有人能解讀，它們對這個塵世，不管是人類世界，還是自然界，都不具任何用處。

就這麼過了十七個世紀，埃及依舊是一個神祕的國度。不過，西元一七九八年，一位名叫拿破崙的法國將軍剛好來到非洲，準備要對英屬印度殖民地發動攻擊。雖然他沒能到達比尼羅河更遠的地方，後來也輸掉了這場仗；但是，在非常湊巧之下，法國這次名留史冊的埃及遠征，竟然順道解開了古埃及圖畫語言的謎題。

就在法軍待在埃及時的某一天，有位年輕的法國軍官對於必須待在位於羅塞塔河（尼羅河口的支流之一）的小雕堡裡，每天枯燥又乏味的生活，已經感到百般無聊了，於是決定要偷閒幾個小時，遂到尼羅河三角洲那些廢墟裡尋寶。找著找著……看哪！他找到了一塊石頭。不過這項收穫讓他深感不解：雖然就跟埃及任何其他東西一樣，這塊黑色的玄武岩石板也刻了許許多多的小圖畫，然而唯獨只有它，在它上面那三段刻文裡，有一段是用古希臘文寫的；古希臘文就有人會讀了。於是他想：「只要比對上面的古希臘文和埃及圖形，不就馬上可以解開這些圖形的祕密了嗎？」

這計畫聽起來相當容易，實際上卻得花上超過二十年，才有辦法正式揭開謎底。有一位名叫商博良的法國學者，從一八〇二年起，開始用古希臘文來比對這塊赫赫有名的羅塞塔之石上面所記載的古埃及文本。到了一八二三年的時候，他宣布自己已經確認了十四個小圖形的意義。然而，在這之後不久，他就因積勞成疾而過世，慶幸的是世人已經知曉古埃及文字的根本原理了。如今，我們對古時發生在尼羅河流域的故事，了解得比在密西西比河發生的還多。關於古埃及留下的書面紀錄，我們擁有的分量足夠做出一份前後長達四千年的編年史。

既然這套別出心裁、出現在五千年前、負責替未來子孫將口語內容保存下來的古埃及文（英文裡，古埃及文這個字，涵義是「神聖的銘文」），在歷史上扮演了如此重要的角色（裡面有幾個在改頭換面之後，甚至一路沿續下來，出現在英文的字母表裡），那麼也該讓你對它的系統多少有點了解。

當然，你早就知道，所謂用符號來揮發語言功能是怎麼回事。就像每一則美洲平原上的印第安故事，都有一段是專門用來呈現一些奇怪的訊息。它們是一幅幅的小圖畫，譬如，直接畫出到底有多少頭水牛被殺，或者當時某支獵人小隊的人數是多少。一般來講，要看懂這些訊息都不是件難事。

然而，古埃及文不是符號語言。這些尼羅河畔的聰明人，早在很久以前就跨越了這個階段。他們用圖畫所要表達的意義，遠遠超過畫裡出現的東西，就好比接下來我要試著說明的。

假設你就是商博良教授，正在研究一疊寫滿埃及文字的莎草紙板。忽然間，你看到一個圖畫，畫的是一個人拿著一把鋸子。或許你會說：「我知道，它當然是表示有位農夫出門去砍樹。」接著你拿起另外一張草紙，裡面所講的故事內容，是關於一位享壽八十二歲的女王。可是，其中一個句子，卻出現了拿著鋸子的人這個圖畫——八十二歲的女王可不會拿著鋸子幹活。因此，這個圖案必定另有其意，那麼，究竟會是什麼呢？

這就是商博良最終解開的謎題。他發現，埃及人是第一個採用我們現在叫作「語音書寫法」的民族。語音書寫的意思，就是藉由一套書寫的規則，去模擬出嘴巴說出來的話的「聲音」（也就是語音）。透過這樣的原則，只要在圖畫上再加一些表示怎麼發音的符號，例如，加上一點、一槓，或是一條蝌蚪線，就可以把我們說的字字句句，原封不動地轉錄在書面上。

讓我們暫時回到前面的例子：拿著鋸子的小人兒。鋸子用英文來唸的話，就是拿著「saw」的小人兒。其中，「saw」的這個字，指的若不是鋸子（一把你可以在木匠工作室裡看到的工具），就是代表「看見」（to see）這個動詞的過去式時態。

隨著時間經過，在這拿著鋸子的小人兒身上，有了下面這些變化：最開始的時候，它的意思就是畫在圖畫裡的那把工具。之後，這個原始意義已經爲人所遺忘，剩下動詞過去式的意思。然而再經過幾百年後，這兩種意思都沒有人知道了，這時候鋸子小人兒的圖畫代表的是一個特定的字母：S。讓我以一個簡短的句子爲例，你就會明白。這個當作例子的現代英文句子如果用古埃及文字來書寫，會是下面這樣：

代表的，可以是生在你眼眶裡，那一雙圓滾滾的，讓你看得見東西的珠子；或者是代表正在說話的「我」[1]。

指的是那種會採集蜂蜜的蟲子，或者意思是「存在」的動詞：「to be」。此外，它也可以用來代表像是「be-come」或者「be-have」這類動詞中，那個「be」的部分。注意：在我們拿來當例子的句子裡，緊接在後面的是「leaf」或「leave」，但也可以是「lieve」（因為發音都一樣）。

接下來是剛剛已經解釋過的「eye」。

最後我們來到圖畫，它畫的是一隻長頸鹿。不過這張圖的解讀規則，要回去用先前符號語言那種看圖說話的方式——畢竟古埃及文字也是從符號語言發展出來的。

現在，你不用花太多力氣，就可以讀懂這句話了。

「I believe I saw a giraffe.」（我想我剛看到了一隻長頸鹿。）

創造出這套方法之後，幾千年來，埃及人不停地繼續改進它，直到有辦法想寫什麼就寫什麼為止。他們用這些大小畫一、整整齊齊，像是一個個疊得好好的罐頭般的圖畫文字，來和朋友通信，或者記下交易帳目，還有：把自己國家的歷史記錄下來，或許後世會因此從過往的錯誤中學得什麼教訓也不一定。

【1】譯註：英文的我和眼睛，兩個字拼法不同，但讀音一樣。

5 尼羅河流域

讓我們回到尼羅河文明的肇始。

人類歷史所記載的，是一群飢餓的生物如何尋找食物的經過。哪裡糧食充足，人們就往那去，把它變成自己的家。

尼羅河流域的富饒名聲一定老早就傳開了，不然人們就不會從四面八方擁向埃及，想要對這裡的良田沃土分一杯羹。他們有從非洲的內陸地區，有從阿拉伯的沙漠，也有從亞洲西部來的。這些入侵者後來融合成一個自稱「瑞米」的新民族，「瑞米」的本義就是「人」，就像我們稱「希伯來人」爲「上帝的選民」一樣。他們眞該好好感謝命運，在冥冥之中引領他們度過任何困難，成功來到這片狹長谷地，來到這個每年夏天都會被尼羅河淹沒成一片淺淺的湖的地方，因爲河水退去之後，所有的耕地和牧地就會鋪上一層大約十公分厚的淤泥，成爲最肥沃的土壤。

每年，這條慈祥的大河都替兩旁居民做著原本要上百萬人才能完成的工作，也讓那些史上最早出現的大城市，有能力涵養居住其中的芸芸衆生。的確，可以用來耕作的土地在別處也有；但是只有尼羅河邊，才有由小渠道和汲水井組成的精密水路，將水從河面運到高得不能再高的河堤邊。而且，還有一個甚至更錯綜複雜的灌溉水道系統，深入附近所有田地裡。

史前時代的人類在一天二十四小時當中，必須花上十六個小時來替自己，還有整個部族的成員，

尼羅河流域

採集每天要吃的食物；埃及鄉間的農夫，或是住在埃及城市裡的居民，卻能擁有一定的空閒時間。於是他們在閒暇之餘，爲自己做了許多東西，這些東西除了具有裝飾用途以外，一點實際用處也沒有。

不只如此，有一天，埃及人發現自己頭上這副腦袋，除了會思考有啥可吃、哪裡可睡，或是替自己的孩子找個安全長大的好地方之外，其實也有能力去思考許多跟這些問題完全無關的念頭。他們開始對腦海裡的許多奇怪問題，認眞地想上一想，像是：星星是打哪兒來的？那嚇死人的雷聲是誰弄出來的？是誰讓尼羅河每年泛濫，而且規律到可以用河水漲退的時間作爲曆法設計的基礎？而我，一個莫名其妙的生物，即使被生老病死四面八方地籠罩著，卻還是能夠感到快樂，覺得日子充滿歡笑，這樣的我又是誰呢？

既然有人問起了這些問題，便有人非常熱心地站出來，盡自己所能來做個回應。埃及人稱這些人是「祭司」，他們成爲埃及人思想的保衛者，受到整個社會的尊敬。他們是一群飽學之士，肩負保存文字紀錄的神聖任務。他們明白：一個人眼中如果只看得見切身相關的利益，對這個人來說並不是件好事。所以，他們把人們的注意力轉移到未來的日子，屆時人人的靈魂都將回到西方群山的彼端，然後必須向歐西里斯神交待自己一生的作爲。因爲歐西里斯這位偉大的神，乃是人世與陰間的統治者，會依照一個人在人世的功過，對他的所做所爲做出審判。事實上，埃及的祭司們太過強調屬於艾希斯和歐西里斯管轄的「未來」了，以致於埃及人開始認爲此生此世僅僅是在死後世界到來前，一段短暫的準備時間而已。結果，這滿是活人的尼羅河流域，變成一片獻給死亡之國的土地。

奇怪的是，埃及人一方面這樣想，另一方面卻認爲：靈魂要是失去自己的肉體，也就是它用來在塵世中暫住的棲身之所，將會沒辦法進入歐西里斯掌管的冥界。因此，只要人一過世，死者的親屬就會對屍體進行防腐處理。他們會用含有碳酸鈉的礦石製成一種溶液，把屍體浸在裡面幾個禮拜，再把屍體內外塗上油脂。在波斯話中，油脂叫作「Mumiai」，而塗了油的屍體叫作「Mummy」——這個字就是我們翻譯成「木乃伊」的英文字拼法。接著，埃及人會用一條很長很長、經過特殊處理的亞麻布，把屍體包裹起來，然後放進特製的棺木中，一切準備妥當後，就等著把屍體和棺木放到死者的最終歸宿去了。沒錯，埃及人的墳墓可是一個貨眞價實的家，死者置身於各色家具和樂器之中，讓他可以打發漫長無聊的等待時間；周遭還有廚子、麵包師傅和理髮匠的小雕像，如此一來，這間黑暗居室的主人才能享用像樣的餐點，也不愁沒人替他修整門面。

原先，這些墳墓是挖在西邊山脈的石地裡，只是當埃及人逐漸往北遷移，就不得不把墓園建在沙漠中了。然而，沙漠裡盡是各種野生的動物，而沙漠裡的強盜也不會比這些野獸更守規矩。他們闖進各處墳墓，打擾死者的安眠，要不然就是偷走那些陪葬的珠寶。爲了避免強盜入侵，讓死者免於遭受這些可惡的褻瀆行爲所害，當

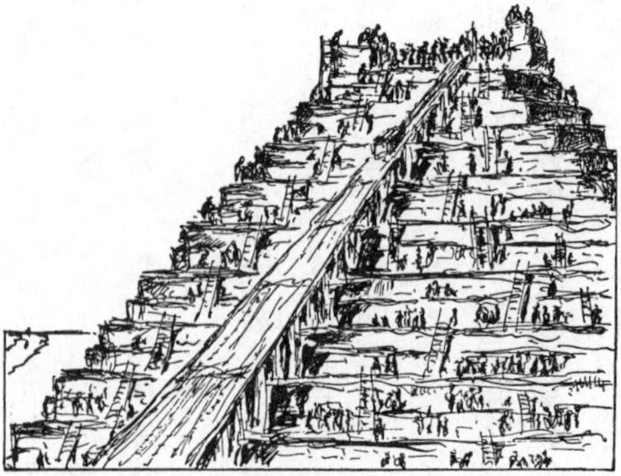

建築金字塔

時有些埃及人會在陵墓的正上方建造一座小石山。隨著時間過去，這類小石山越建越大，起先是有錢人欲把石山建得比窮人高，但是有錢人彼此之間，也有人性中那強大的競爭心態作祟，於是就比起誰能建出最高的大石堆。這項紀錄的保持人是庫夫（希臘人則叫他齊奧普）國王，他活在人世的年代，比起西元還早了三千年。因爲埃及文的「高大」是寫作 pir-em-us，於是希臘人把他所建的那座大石頭山稱爲 pyramid，中文則直接叫它「金字塔」。

庫夫國王的金字塔有超過一百五十公尺那麼高，它占地超過五公頃，比起基督教世界中最大的建築物聖彼德大教堂，足足大了三倍。

爲了建造這座金字塔，總共有十幾萬人，花了二十年的時間，把需要的石頭先從尼羅河的這頭用船運到另一頭（到現在，我們都還不清楚他們當時是怎麼辦到的），然後拉著這些巨石穿越沙漠，走上很遠的一段距離，最後再把它們吊起、抬高到正確的位置。我必須說，國王的建築師和工程師們把交辦的工作做得非常好。儘管皇家陵寢深藏在金字塔正中央，有如藏在一隻石頭巨獸的心臟處，但是直到現在，那條通往內部的狹窄通道，都還沒有被來自上頭各個方向一共幾千、幾萬噸的重量給壓到變形。

6 埃及的故事

這章要說的是埃及的興亡。

一直以來，尼羅河都是埃及人體貼的好朋友，雖然它有時候也會給他們出些難題。它教給沿岸的居民一套高尚的學問：團隊合作。不論水門渠道，還是攔壩堤防，它們的建造和維修都需要彼此依賴，共同出力。藉由這種方式，他們學會如何與鄰人相處，而這種互利互惠的往來關係，很容易就發展成一個擁有一定秩序的狀態。

之後，某個人開始擁有越來越多的權力，一直到附近就屬他最有權威，他便成爲整個族群的領袖；當西亞那些心懷不軌的鄰近部族入侵埃及富饒的谷地時，也是由他擔任軍事方面的總指揮。如此繼續發展下去，他順理成章地成爲埃及人的「國王」，統治著從地中海到西方山脈間的這片土地。

但是，在田地裡耐心工作、苦幹實幹的農人們，對上面提到的這些古法老王（法老這個詞的原義是「住在大房子裡的人」）的政治事業，幾乎不太關心。只要他必須交給國王的稅，不會多到讓他覺得不公平，他就會像接受偉大的歐西里斯神一樣，接受這位法老的統治。

不過，如果有個外來的入侵者跑來搶奪這位農人的財產，情況可就不同了。話說在獨立存續了二千年之後，埃及人遭到希克索斯人的攻擊，他們是一支野蠻的阿拉伯游牧民族。這之後的五百年，希克索斯人一直是尼羅河流域的主人。另一方面，經過在沙漠中漫長的流浪之後，希伯來人也在歌珊這裡找到了安全的棲身之所，這些希伯來人樂於向希克索斯這外來政權提供服務，充當政府的收稅員和基層職員。埃及人對希克索斯人當然沒有好感，同樣地，對希伯來人他們也極爲怨恨。

不過，就在時序剛過西元前一千七百年不久，底比斯的人民發動了一場革命。經過一段漫長的抗爭之後，希克索斯人被逐出這個國家，埃及又一次恢復自主。

再過一千年，隨著亞述征服了整個西亞，埃及也淪爲亞述國王薩達那帕勒斯治下的一部分領土。不過，就在西元前七世紀時，埃及再度成爲一個獨立國家，有自己的國王，並以尼羅河三角洲地區的賽伊斯城爲王都。但是，波斯國王岡比西斯在西元前五二五年又占領了埃及。接下來到了西元前四世紀，亞歷山大大帝征服了波斯，埃及當然就成爲馬其頓帝國的一個省分。後來，亞歷山大的一位將軍自立爲新埃及國的國王，建立了托勒密王朝，埃及這個國家重新取得了自主權；而這位托勒密將軍把國都定在新建立的亞歷山大城。

最終，西元前三十九年，羅馬人來了。埃及的末代女王克里奧佩特拉竭盡心力想要拯救自己的國家。對那些羅馬將領來說，她的美麗和魅力，比起六、七支埃及軍團都還要具有威脅性。前後兩次，她成功地攻克了羅馬征服者的心。只是，到了西元前三十年，那位既是凱撒的姪外孫，也是其繼承者的奧古斯都，踏上了亞歷山大城的土地。奧古斯都跟他已故的外叔公不同，並不傾心於這位動人的女王。他消滅了埃及的軍隊，不過卻饒了她一命，打算在他回到羅馬進行凱旋遊行時，讓她走在隊伍裡，當作一項戰利品。當克里奧佩特拉得知這項計畫之後，便毒死了自己，此後埃及也成爲羅馬的一個省分。

【1】譯註：古埃及的一個大城。

7 美索不達米亞

東方文明的第二個中心：美索不達米亞。

現在，我將要帶你去最高的那座金字塔頂端，接著我要請你想像自己擁有老鷹般銳利的雙眼。好，在那遙遠、遙遠的地方，比沙漠裡那些滾滾黃沙更遠的所在，你可以看到有某塊綠油油的東西正在閃耀。那是一片座落於兩條河流之間的低地；是《舊約．聖經》中所描述的天堂；是一個神祕且不可思議的國度。古希臘人稱它爲「美索不達米亞」，也就是「兩河之間的大地」[1]。

這兩條大河，一條叫作幼發拉底河（巴比倫人叫它普拉圖河），一條叫作底格里斯河（也稱爲狄克拉特河），它們都是發源於亞美尼亞那些白雪靄靄的山上——也就是諾亞方舟最後停泊靠岸的地方。這兩條河緩緩地往南流過了平原之後，繼續不停往下流，一直來到波斯灣口那些泥水交雜的沙洲地帶才入海。它們把西亞的這塊乾燥區域變成一座肥沃的花園，帶給人類非常大的幫助。

尼羅河流域之所以吸引人，是因爲它讓人可以不用付出太多代價，就從它身上得到糧食；這片「兩河之間的大地」也是因爲同樣的原因而廣受歡迎。它是一個充滿希望的地方，不論是住在北方山脈中的居民，還是流浪在南邊沙漠中的各個部落，都設法要把這塊土地據爲己有，而且絕不許他人染指。山上居民和沙漠游牧民族之間持續不斷的你爭我奪，最後演變成沒完沒了的戰事，唯有最強壯、最勇敢的人才有資格冀望自己能存活到最後。這一點也可以解釋有能力把美索不達米亞當作家園的，爲什麼會是一個非常強悍的種族，而且可以創造出不管從什麼方面來看，重要性都不亞於埃及的文明。

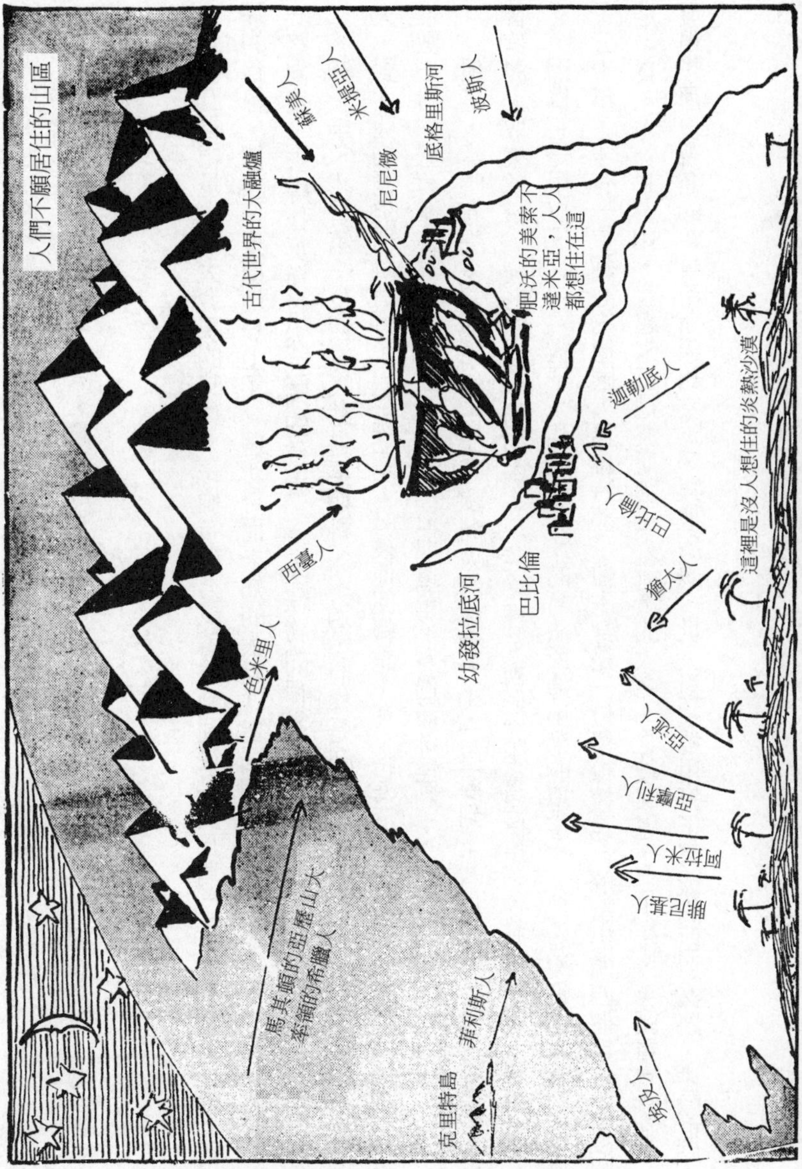

古代世界的大融爐：美索不達米亞

【1】譯註：所以中文常常也會翻譯成「兩河流域」。

8 蘇美人

不論是亞述，或是身為閃族大熔爐的巴比倫，他們的故事都是蘇美的作家在泥板上刻下楔形文字告訴我們的。

十五世紀是一個大發現的時代。哥倫布努力試著找到通往「震旦島」，也就是通往他心目中的中國的路線，卻誤打誤撞地登上了一個新奇而未知的大陸。奧國的一位主教組成了一支探險隊，派他們一路向東，去尋找莫斯科大公國的位置；這次任務的結果是徹底失敗，因爲從記載得知，要再經過二、三十年，才有第一位西方人踏進莫斯科。不過，同樣是在這段時間，有一位名叫巴貝羅的威尼斯人，對西亞的歷史遺跡進行了一番探索，之後他回報說：在夕拉茲城那些神殿的斷垣殘壁上，以及在一堆數不清到底有多少片的陶板上，刻著一種他這輩子看過最奇怪的文字。

但是，當時有許多其他事情占據著歐洲人的注意力，一直要到十八世紀末，丹麥探險家尼布爾才替歐洲人取來首份「楔形銘文」的拓本。（英文裡，楔形文字這個單字，看起來讓人覺得不太像是英文，因爲它是用拉丁文中「楔子」和「形狀」的寫法所造出來的單字）。尼布爾把拓本拿回來後，又過了三十年，才有一位細心的德國人葛羅特芬（他本身是一位學校校長）解讀出頭四個字母。這四個字母是：D、A、R、SH，合起來正是波斯國王大流士的大名。之後又過了二十年，英國軍官亨利．羅林森發現了那份著名的「貝希斯頓銘文」，拜他所賜，世人對這種用釘子寫成的西亞文字，才掌握了一項眞正有用的關鍵，可以解開它們的謎團。

跟解讀這些楔形文字所遇到的困難比較起來，商博良解讀古埃及文字的辛苦，就成爲小事一樁了。古埃及人用的是圖畫。但是身爲頭一個能夠定居在美索不達米亞上的民族，蘇美人所想到的方法更複雜：他們是用刻字的方式，把字刻在陶板上，徹底捨棄了以圖畫作爲文字的作法，並且演化出一套V字形的圖形系統。這種V字形圖形最早也是從圖畫文字發展而來的，但是它們的外形跟當初那些圖畫已經關係不大了。舉一些例子就可以讓你明白我的意思。

一開始，如果要用釘子在磚頭上畫出一顆星星，看起來就會像這樣：只不過每次都要這樣畫，實在太麻煩了，而且過了不久之後，這個星星的圖畫同樣也被用來表示「天」的意思，所以，原來的圖畫就被簡化成這樣：（這時候，它看起來就更加讓人難以理解了）。透過同樣的方式，代表牛的字，從變成；魚，則從轉化爲。太陽，原本是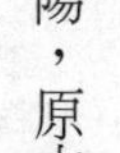（就是個單純的圓圈），後來變成這個圖案。如果現今我們還用蘇美文字來書寫，就會把原來是的圖畫，寫成像是這樣。

巴別塔

這麼一套寫下人們所見所聞、所思所想的書寫系統，現在看起來相當深奧複雜，但是蘇美人用了三千年之久，甚至連巴比倫人、亞述人、波斯人，以及所有硬是闖進這片肥沃平原的民族，都是使用楔形文字。

美索不達米亞的故事就是永無止盡的戰事，以及永不停歇的征服。起先，是蘇美人自北方來到這裡，他們是一支原本住在山上的白種人，已經習慣了在山頂最高處祭拜自己的神明。來到平原之後，他們就建起人工的小山丘，好把祭壇蓋在頂上。他們不知道要怎麼搭建樓梯，因此用帶有坡度的走廊，沿著神殿的塔身環繞而上。這個點子後來被我們的工程師借來一用，就像你可以在大型火車站裡看到的一樣：那些傾斜的走道讓我們得以從這層樓通往另一層樓。或許我們還跟蘇美人借用過其他的巧思，只是我們還無法確定有哪些。蘇美人已經不復存在，他們完全被那些更晚來到這片土地的民族融合了，然而他們的高塔依然矗立於美索不達米亞

尼尼微

的廢墟之間。猶太人在流亡到巴比倫境內時看到它們，便叫它們是「巴比利塔」，或「巴別塔」，意思就是「巴比倫之塔」。

蘇美人早在西元前四千年時，就已經進到美索不達米亞；不過沒多久，他們就被阿卡達人擊敗。在阿拉伯的沙漠地區有許多部族，他們說著共通的方言，一同被合稱為「閃族」，這個名字的由來是因為人們相信，這些部族是諾亞的三位兒子之中，那位名叫「閃」的後代子孫；而阿卡達人也是這些閃族的其中一支。阿卡達人入主美索不達米亞一千年後，輪到他們被迫屈從於另一支來自沙漠的閃族部落，也就是亞摩利人的統治。亞摩利人出了一位偉大的國王：漢摩拉比，他在聖城巴比倫建造了一座金碧輝煌的王宮，也給自己的子民頒布了一部法律，讓被後世稱為巴比倫的這個國家，成為上古世界最能做到上意下達的政府。下一個是在《舊約‧聖經》上也可以看到他們身影的西臺人，他們侵入這片沃土，把任何無法帶走的東西通通破壞殆盡。

聖城巴比倫

接下來，又輪到他們承受被征服的命運：征服他們的是一個將沙漠之神「亞述爾」奉爲最偉大的神祉，因此自稱爲亞述人的部族。亞述人把國都定在尼尼微城，他們征服了整個西亞和埃及，建立了一個幅員廣大、令人聞風喪膽的帝國；臣服在其統治之下的民族，數目多到難以估計。後來一直到西元前七世紀末，才有另外一支閃族部落：迦勒底人，復興了巴比倫王國，並且讓巴比倫城成爲當世最重要的都城。這個新的巴比倫王國中，最出名的國王是尼布克納瑟。由於他鼓勵科學研究，才有某些科學的基本原則能夠問世，我們關於數學和天文學的現代知識，也才能以那些原則作爲發展的基礎。西元前五百三十八年，又有一支沒什麼文化的波斯游牧民族入侵這片古老的土地，擊潰了這個由迦勒底人建立的巴比倫帝國。兩百年之後，換成這群波斯人被亞歷山大大帝打敗，而這片肥沃的低地，這個年代悠久、匯聚如此多閃族部落的大熔爐，成爲希臘人的一個省分。在這之後是羅馬人、土耳其人，終於，美索不達米亞，這世界文明的第二個中心，變成一片廣袤的荒野，它昔日的輝煌故事，就留待荒野裡一座座巨大的土丘來訴說。

9 摩西

這一章說的是摩西的故事，他是猶太人的領袖。

以游牧爲生的閃族人中，有一支不起眼的小部落，約莫在西元前二千年左右，離開了自己那位於幼發拉底河河口，地名叫作烏爾的老家，想要前去巴比倫王國境內，看看有哪處新的牧地可以營生。但是巴比倫的皇家衛兵把他們趕跑，他們只好向西方而去，尋找哪怕是一小塊還不屬於任何人的土地，搭起他們的帳篷。

這群牧人被稱爲希伯來人，或者照我們的叫法：猶太人。他們在各處流浪了好遠好遠、好久好久，現在這種沉悶煩人的日子終於可以告一段落了，因爲他們在埃及找到了棲身之所。猶太人在埃及社會中住了超過五百年的時間，而當這個他們寄身的國家被希克索斯的暴徒奪取之後（我在埃及的故事那一章，曾經說過這段往事），爲求生存，猶太人努力讓這些外來入侵者認爲他們有點用處。這點雖然成功了，不過他們也只能充當公家奴隸，被迫替王室修築道路和金字塔；而且由於邊境上有埃及軍隊駐守，猶太人連想逃跑都辦不到。

經過多年的忍耐之後，有一位名叫摩西的年輕猶太人，終於將自己的民族從苦難的命運中拯救出來。猶太人最早的祖先，知道要讓自己離開城市居住，有意放棄城市生活，以免自己受到異族文明的安逸和奢華所腐蝕。這位曾經在沙漠之中住過很長一段時間的摩西，在那段時間領悟到：這種純樸的美德

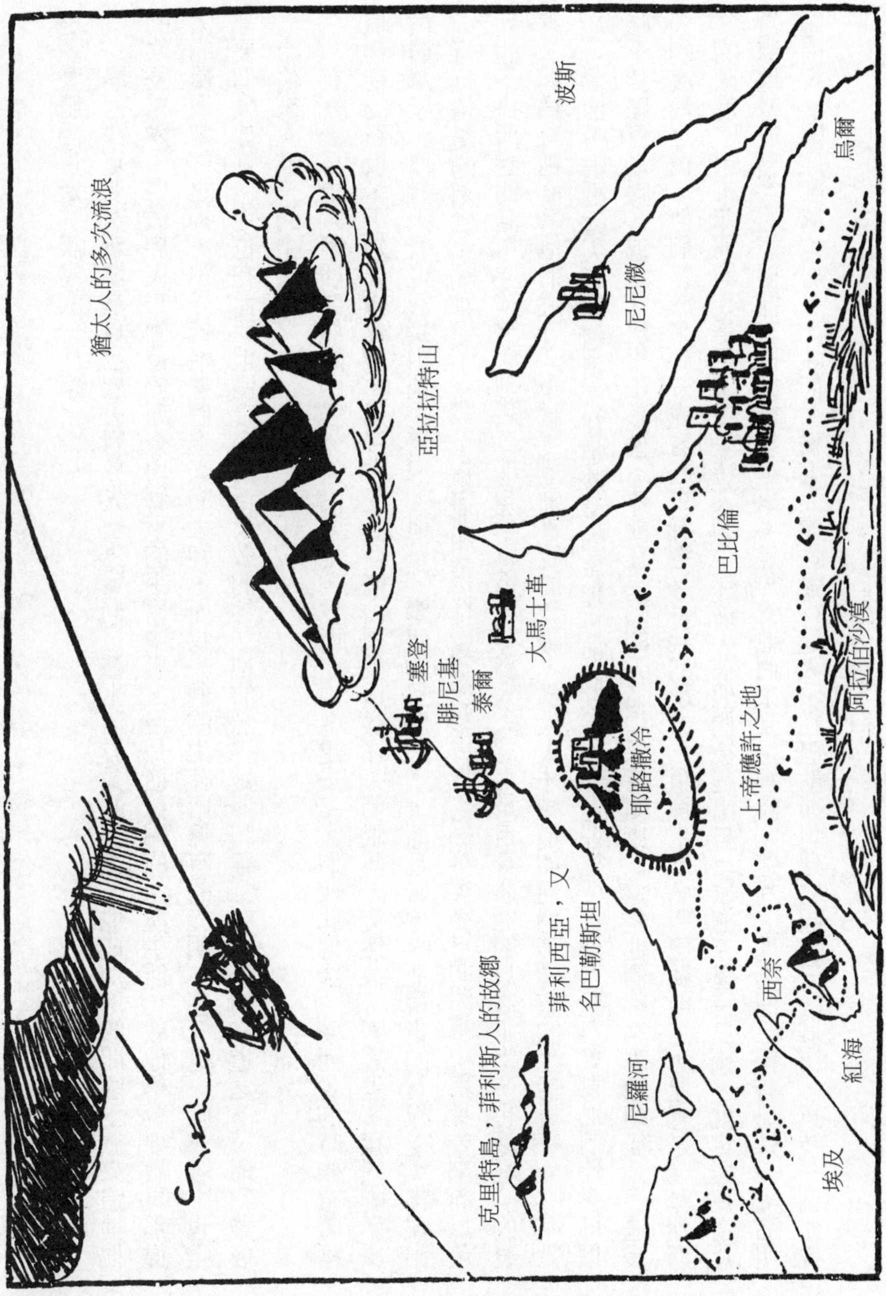
猶太人的多次流浪
亞拉拉特山
波斯
尼尼微
烏爾
巴比倫
大馬士革
塞登
腓尼基
泰爾
耶路撒冷
上帝應許之地
阿拉伯沙漠
克里特島，菲利斯人的故鄉
菲利西亞，又
名巴勒斯坦
尼羅河
西奈
紅海
埃及

猶太人的流浪路線

是多麼値得肯定、讚揚的一件事。

摩西決定要重新燃起自己族人對於先聖先賢們這種生活方式的熱忱。他成功地躲開國王派來追捕他的埃及軍隊，帶領族人來到位於西奈山腳下的平原中央。漫長而孤獨的沙漠生活，教他學會要敬畏那偉大的風雨雷電之神，祂是統治整個上天的大神，而牧人們的生存所擁有的光明，甚至是一呼一吸，也全都要仰仗於祂。這位在西亞地區受到廣泛崇敬的神，祂的名字是耶和華；在摩西的佈道之下，耶和華成為希伯來人唯一的主人。

有一天早上，摩西突然離開猶太人的營地，往西奈山上走去。人們彼此傳述：摩西走的時候帶著兩塊粗糙的石板，不知要做什麼。過了中午，西奈山頂就這樣在人們眼前，突然被一團烏黑、猛烈的暴風雨籠罩了，沒有人看得清楚山頂的情況。但是，摩西安然回來了，而且看哪！他帶走的石板上，浮現出一行行精美的刻文，那是《十誡》！是耶和華從祂轟然的雷鳴，以及祂炫目的閃電中現身，來向以色列的子民所說的話【1】。從那一刻起，耶和華就被所有猶太人認定是自身命運的最高主宰，也是唯一的眞神。因爲有祂命令他們遵守《十誡》成熟睿智的教誨，猶太人才知道如何過著神聖的生活。

摩西吩咐猶太人要繼續這次穿越沙漠的旅程，他們於是跟著他往前行進。摩西會教他們什麼可以吃、什麼可以喝，或者什麼事不該做，才能在炎熱的天氣中保持健康，這些他們都乖乖地聽從。經過長久的流浪之後，他們終於來到一處看起來舒適又富饒的地方。這塊土地名叫巴勒斯坦，原意是「菲利斯人的國度」——菲利斯人是一個克里特人的小部落，在他們被趕出自己家鄉克里特島後，就定居在這片沿海地帶。猶太人想要擁有巴勒斯坦，只不過，當他們來到這裡時，這片大地上面已經有另外一支名叫迦南人的閃族部落定居了。然而，猶太人還是強行進入，在巴勒斯坦建立起自己的城市，以及一個雄偉

摩西看見了聖地

壯觀的神殿。這個神殿所在之處的城市，名叫耶路撒冷，乃是「安祥和平的家園」的意思。

至於摩西本人，那時他已經不能再當猶太人的領袖了，雖然他有幸從遠方親眼遙望巴勒斯坦的山稜，但是此時他便永遠闔上了雙眼。他生前虔誠而努力地侍奉耶和華；是他帶領著自己的同胞脫離異族奴役，找到新的家園，獨立自主地過日子，也是他讓猶太人成為首支採取一神信仰的民族。

【1】譯註：「以色列人」是猶太人的一種自稱方式。

10 腓尼基人

西方語言的「字母表」是腓尼基人留給我們的發明。

腓尼基人是閃族部落的一支，也是猶太人的鄰居。他們很早以前就在地中海沿岸定居下來，隨後並替自己建起兩座防守森嚴的城市，一個叫泰爾，一個叫塞登。他們在很短的時間內就壟斷了西部海域的貿易。腓尼基人的定期船會固定駛向希臘、義大利、西班牙；他們甚至大膽航出直布羅陀海峽之外，拜訪可以買入錫的希利群島。不管抵達何處，他們都會在當地設立一些小型的交易據點。腓尼基人把這種據點稱爲「colony」，後來這個字在中文裡頭通常譯爲「殖民地」。這些殖民地有很多是現代都市最早的前身，比如卡地茲，或是馬賽。

只要有望帶來豐厚的利潤，不論什麼貨品，他們都願意買，也願意賣，良心問題對他們不曾構成太大的困擾。要是我們信得過古老的傳言——畢竟他們所有的鄰居都是這麼說的——腓尼基人不曉得「誠信」和「正直」怎麼寫。富人是腓尼基人心目中任何一位良民的完美典範。他們確實是非常不討喜的民族，連一個朋友也沒有。即便如此，他們還是替後世的每個人做出一項最有潛在價值的貢獻：腓尼基人給了我們字母表。

蘇美人發明的書寫方式，腓尼基人早就融會貫通，但是他們認爲，照蘇美文字那樣寫，簡直是在傻傻地浪費光陰。腓尼基人可是講求實際的生意人，不能光是爲了刻二、三個單字，就花上那麼久的

腓尼基商人

時間。於是，他們從埃及人那裡借來幾幅圖畫文字，也簡化了大量蘇美楔形文字的圖案，從而發明出一套新的書寫規則。這套新系統比舊的要先進得多，它犧牲掉舊文字美麗的外表，以換取書寫的速度；而且它也將成千上萬種不同的圖形，縮減爲量少、容易上手，而且有先後順序的二十二個字母。

之後，隨著時間經過，這套字母表穿越了愛琴海，來到希臘境內。希臘人替它加上幾個屬於自己的字母，隨後把它帶到了義大利。在義大利，羅馬人對字母的外觀做了些許修正，然後又輾轉把它教給西歐的野蠻民族，也就是西方人的祖先。也就正因爲這樣，這本書才會是用腓尼基人創始的文字來寫成，而不是古埃及的圖畫文字，也不是蘇美人的楔形文字。

11 印歐民族

閃族和埃及人的世界後來都被屬於印歐民族的波斯人征服。

以埃及、巴比倫、亞述，與腓尼基爲主角的世界存在了將近三千年，但是到了後來，原本主宰肥沃低地的民族一個個都變得年邁力衰，慢慢不再令人敬畏了。所以，當一支更有活力的新生種族現身於地平線上時，也就牢牢定下了這些古老民族的末日。我們把這群新生民族叫作印歐民族，因爲它不只征服了「歐洲」，還讓現在被稱爲「印度」的地方，同樣也奉他們爲統治者。

跟閃族一樣，印歐民族也是白人，但是兩者的語言並不相同。他們當時所使用的語言被視爲是現代歐洲所有語言的共同祖先，只有匈牙利語、芬蘭語，和西班牙北部的巴斯克方言是例外。

在我們第一次聽到他們的事蹟以前，印歐民族早已經在裏海沿岸住了幾個世紀。但是，有一天，他們收拾好帳篷，開始向外流浪，尋找新家。其中有些人進到了中亞的山脈裡，之後的好幾個世紀，他們都住在伊朗高原周圍的「高山」之中。這也就是爲什麼我們會叫這群人是「亞利安人」[1]。另外有一些印歐民族則是往落日的方向而去，到了歐洲的平原落地生根；關於他們的事情，我將會在告訴你古希臘和羅馬的故事時，再說個分明。

此時此刻，我們需要做的是跟緊亞利安人的腳步。在他們偉大的導師查拉圖斯特拉（又叫作索羅亞斯德）的領導下，許多亞利安人離開原本在山上的家園，沿著迅速奔流的印度河往大海的方向而去。

【1】譯註：因爲「亞利安」這個字是從「高」的字根變化來的。

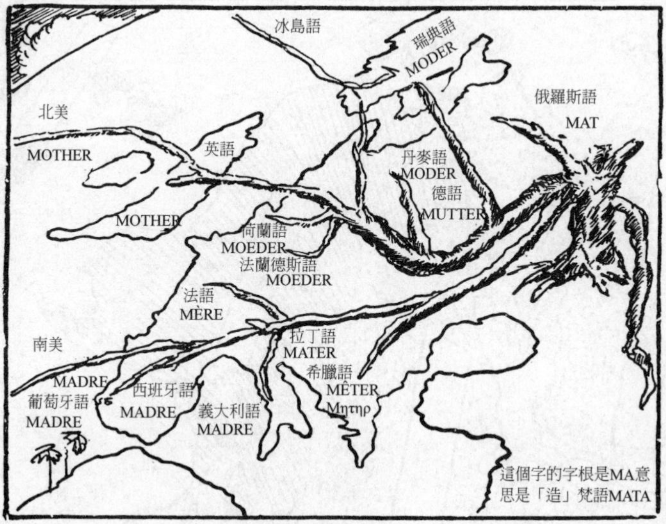

一個字的故事

至於剩下的亞利安人選擇留在西亞的山丘之間生活，他們在那邊形成了兩個半獨立的社會：米底和波斯。這兩個民族的名字都是從古代希臘的史籍上抄錄下來的。西元前七世紀時，米底人建立了由自己當家作主的米底亞王國。但是，當安善家族的首領居魯士統一了所有波斯部落，成爲整個波斯的國王，並且展開他此生不停的攻伐與征服之後，沒多久米底亞王國也就從這個世界上消失了。此後，很快地，居魯士和他的子孫就成爲整個西亞與埃及無庸置疑的王者。

事實上，這些源出印歐民族的波斯人是如此大力地將他們的軍事勝利向西方推進，結果很快就發現自己面臨一個嚴重的麻煩。帶來這個麻煩的不是別人，正是其他一些印歐民族部落——他們在很久很久以前就已經遷移到歐洲，占據了希臘半島和愛琴海諸島，把這些地方當作自己的家園。

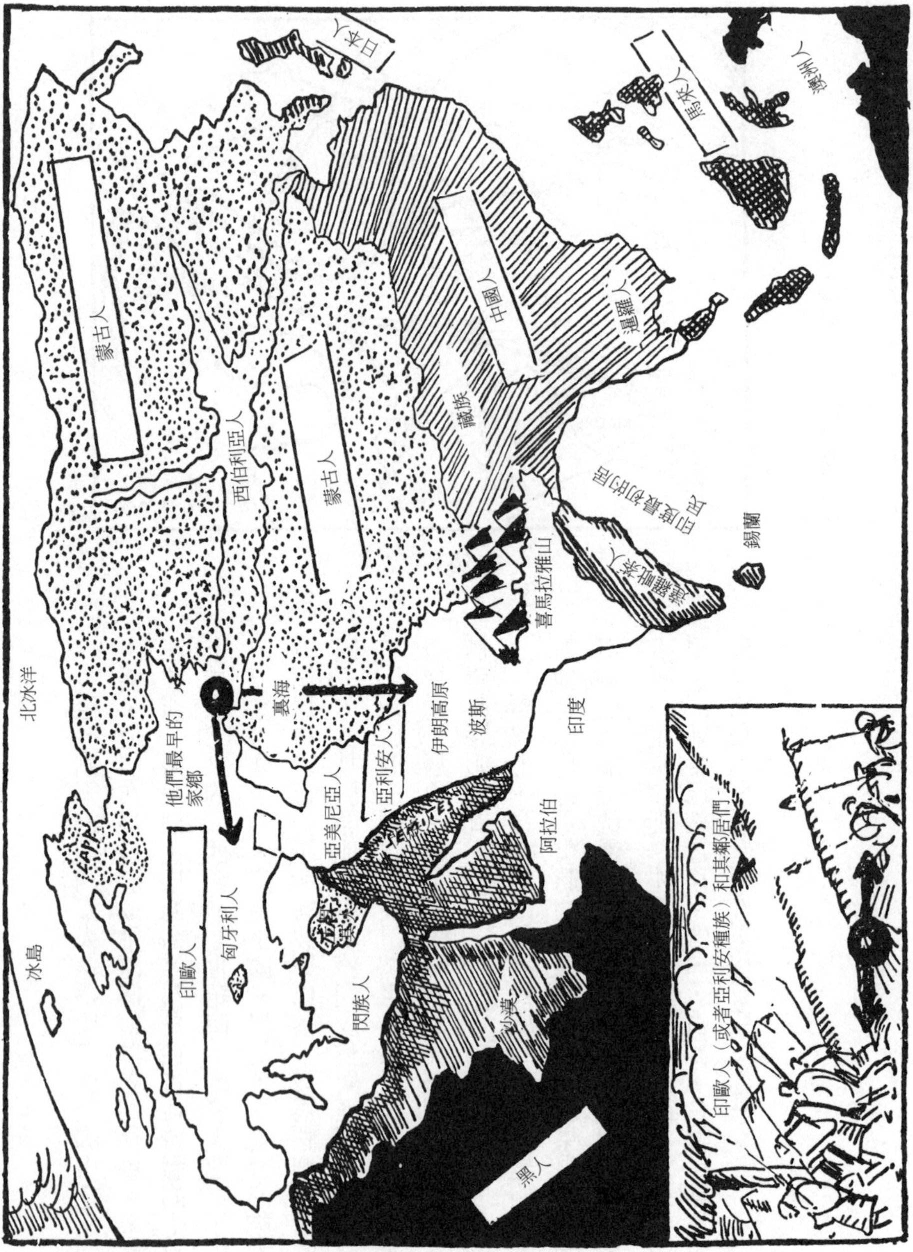
北冰洋
冰島
蒙古人
西伯利亞人
蒙古人
日本人
馬來人
澳洲人
中國人
暹羅人
藏族
印度最初的居民
錫蘭
喜馬拉雅山
他們最早的家鄉
裏海
伊朗高原
波斯
印度
亞利安人
亞美尼亞人
阿拉伯
匈牙利人
印歐人
閃族人
沙漠
黑人
印歐人（或者亞利安種族）和其鄰居們

印歐人和他們的鄉居

這兩批印歐民族之間衝突的最高點，就是希臘和波斯那三場著名的戰爭。其間，大流士和薛西斯這兩位波斯國王都曾經攻入希臘半島的北部領土。波斯人一度在這些希臘人的土地上大肆掠劫，而且使出渾身解數，想要在歐洲大陸上取得立足之處。

但是他們始終沒能成功。事實證明，沒有人能夠打敗雅典的海軍。希臘的水兵每次都能成功切斷波斯軍隊的補給線，因此，最終總是可以把亞洲的霸主趕回老家去。

波斯與希臘之戰，是亞洲與非洲，也就是昔日的師長，與年輕又渴望學習的弟子之間的初遇。這場東方與西方之間的角力是如何地持續上演，至今還未停歇，本書還有許多章節會向你娓娓道來。

12 愛琴海

愛琴海民族把古老的亞洲文明帶進歐洲的蠻荒之地。

當韓利希・施里曼還是一個小男孩時，他父親說了特洛伊的故事給他聽。那是他最喜歡聽的一則故事，於是他下定決心，等他長得夠大，可以離家獨立的時候，就要去希臘地區「找出特洛伊的所在」。雖然他出身貧窮，父親只是梅克倫堡鄉下村莊裡的牧師，但是這對他並不構成任何困擾。他知道必須先有錢才行，便決定先賺到一大筆錢，再去進行特洛伊的挖掘工作。後來他真的在很短的時間內就讓自己成為巨富。而且，當他一賺到足夠組成一支探險隊的錢後，馬上出發到小亞細亞的西北角──那裡是他猜測埋藏著特洛伊城的地方。

在那古老的小亞細亞，依照傳說的內容，施里曼舉目四望。是了，既不是這裡，也不是那裡，就是這個不起眼的地方，就在那座上面長滿莊稼物的高丘之下，藏著特洛伊國王普里阿穆斯的故居。施里曼的熱忱或許更勝於他的專業知識，他既然這樣認定了，也就不浪費時間進行初步探測的工作；二話不說，馬上開挖。他挖得如此投入，如此著急，以致於一路穿過了他真正想發現的城市中心，一直挖到位

特洛伊木馬

於更下方的另一座古城遺跡，一座比起荷馬筆下的特洛伊城還要早上至少一千年的都市。

這時候，發生了一件非常有意思的事情。假如施里曼只發現了一些抛光過的石頭槌子，或者一些粗糙陶器的碎片，其實也不會太令人驚訝。一般認爲，這些東西應該是一群在希臘人來到這個地區以前，就生活於此的史前人類所留下的。是的，施里曼所發現的不只是這些，而是許許多多精巧美麗的小雕像、價值非常昂貴的珠寶，以及瓶身畫有花紋的花瓶。但是花瓶上面的圖案不是希臘人曾經採用過的。於是他提出一個大膽的猜測：在特洛伊戰爭發生前整整一千年，愛琴海沿岸住著一支謎樣的民族，他們在許多方面的發展，都勝過了當時還沒什麼文化的希臘人部族，但是這些希臘野蠻人後來入侵了他們的國家，並且摧毀或者慢慢吸收、承受了他們的文明，直到這支民族原本的獨特性再也見不著一絲痕跡爲止。事後證明，施里曼猜得一點也沒錯。依循

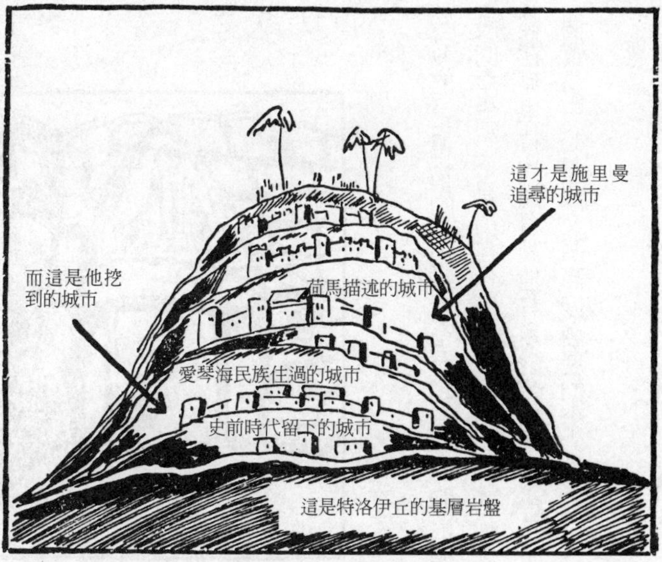
這才是施里曼
追尋的城市
而這是他挖
到的城市
荷馬描述的城市
愛琴海民族住過的城市
史前時代留下的城市
這是特洛伊丘的基層岩盤

施里曼挖掘特洛伊

著自己的猜測，一八七〇年代的後半葉，施里曼終於成為首度造訪邁錫尼遺跡的人。這些遺跡的年代是如此古老，連羅馬的旅遊導覽手冊裡，都要對它的歷史悠久表示崇敬與訝異。

日後，也是在這個遺址附近，在一座小小圓形建築物中所留下的片片石板之下，施里曼再次意外發現了一個奇妙的寶藏庫。這次的遺跡出自另一支謎樣民族之手，除了這裡以外，他們還在希臘沿海幫自己建了許多城市，城外的高牆是如此厚重、如此堅固，讓希臘人以為這些城牆是泰坦的傑作——泰坦是什麼？就是傳說中那些在遙遠的往昔，曾經把山峰拿來當玩具的神族巨人。

位於阿哥利斯的邁錫尼

不過，經過一番小心謹慎的考察研究後，這許許多多歷史遺物的故事便失去了一部分的浪漫色彩。因為這些年代早遠的藝術傑作，以及這些銅牆鐵壁般的堡壘，不是出自什麼擁有魔力的神話種族之手；它們的主人只是一支身為凡人的航海通商民族，曾經在克里特，還有其他許多愛琴海中的小島上定居。這些人是一群苦幹實幹的水手，將愛琴海打造成一個貿易中心。讓文明高度發展的東方世界，以及正在開始緩慢進步的歐陸蠻荒，在這裡交易彼此的貨物。

這個民族所建立的群島帝國，國勢持續超過一千年以上，也發展出非常高超的藝術與技術成就[1]。事實上，他們最重要的一座都市，位於克里特島北岸的克諾索斯，完全就跟我們現代的都市一樣，強調居住衛生和便捷舒適。克諾索斯的宮殿有著完善的排水設施，家家也都有火爐可以使用。克諾索斯的居民也是最早有泡澡習慣的人；在此之前，浴缸這東西可是從來沒有人見過的。他們的王宮因爲那無數彎延曲折的樓梯，還有那寬敞豪華的宴會廳而相當著名——位於王宮下方的地窖藏滿美酒、米糧，還有橄欖油，它的空間是多麼巨大，給首度到來的古希臘人留下如此深刻的印象，以致於他們開始流傳起「labyrinth」（迷宮）的故事。一直到現在，我們都還用這個英文字來描述通道衆多、錯綜複雜的建築物，只要這種「迷宮」的大門一關上，把驚慌失措的我們關在裡面，就幾乎不可能找到出口了。

只是，這個偉大的愛琴海帝國最後究竟發生了什麼事，爲什麼它會突然滅亡呢？這連我也不清楚。

這些克里特人也懂得書寫，不過他們刻下的文字，到現在還沒有人有辦法解讀，因此我們對他們的歷史不甚了解，而這群愛琴海人經歷過的點點滴滴，就只能藉由他們留下的遺跡來

【1】譯註：而這個文明的名字叫做「邁諾安」，它的年代更早於邁錫尼文明。

愛琴海

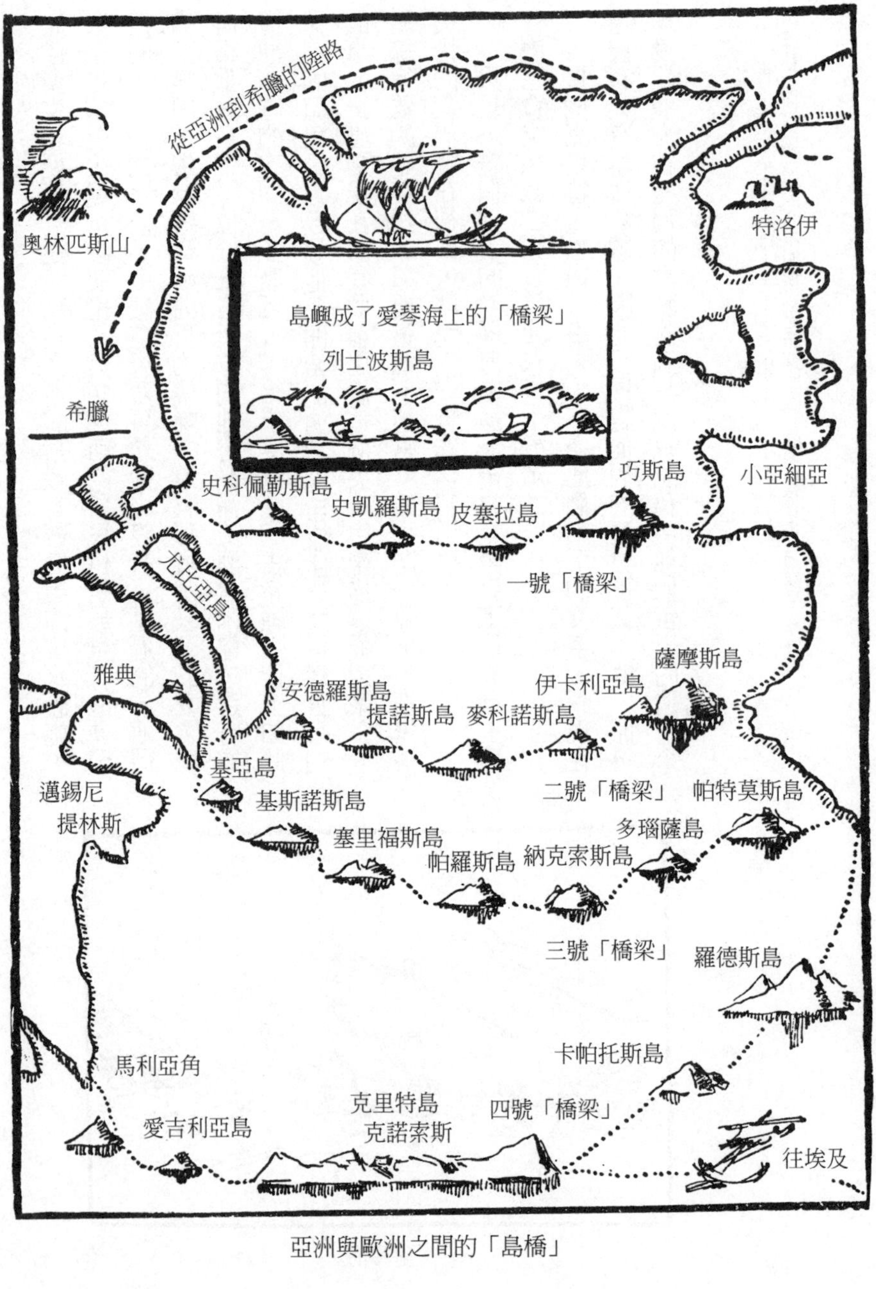
從亞洲到希臘的陸路
奧林匹斯山
特洛伊
島嶼成了愛琴海上的「橋梁」
列士波斯島
希臘
巧斯島
小亞細亞
史科佩勒斯島
史凱羅斯島
皮塞拉島
一號「橋梁」
尤比亞島
薩摩斯島
雅典
伊卡利亞島
安德羅斯島
提諾斯島
麥科諾斯島
基亞島
二號「橋梁」
帕特莫斯島
邁錫尼
基斯諾斯島
提林斯
多瑙薩島
塞里福斯島
帕羅斯島
納克索斯島
三號「橋梁」
羅德斯島
卡帕托斯島
馬利亞角
克里特島
克諾索斯
四號「橋梁」
愛吉利亞島
往埃及

亞洲與歐洲之間的「島橋」

拼湊推敲【2】。它們很清楚地訴說出：愛琴海的世界是突然被一支文化程度較低，不久前才從歐洲北部平原來到附近的民族給征服的。除非我們實在錯得離譜，要不然，這些毀滅克里特島和愛琴海諸文明的野蠻人，除了某支游牧民族部落應該就沒有別人了【3】。這支民族剛剛占領了位於亞得里亞海和愛琴海之間那座石礫遍布的半島，我們稱他們爲希臘人【4】。

【2】譯註：邁諾安文明晚期與邁錫尼文明所使用的文字，已經在作者成書的三十年後，也就是一九五〇年代被破解。
【3】譯註：請讀者注意，這只是個猜測。
【4】譯註：爲了跟現代國家意義下的希臘人做區隔，專業的中文歷史書會特別強調他們是「古希臘人」，本書中則會交錯使用，不加區分。

13 古希臘人

在前面故事發生的同時，印歐民族中的艾連人部落也漸漸把希臘納入手中。

時間來到此刻，金字塔已經矗立了千年之久，開始出現衰敗的跡象；巴比倫的明君漢摩拉比也已壽終正寢數百年。此時，一支人數不多的放牧部落，離開了他們位在多瑙河畔的家鄉，向南流浪去尋找新的牧地。他們自稱是「艾連人」，因爲他們認爲自己的祖先就是皮拉與狄加利安的兒子：艾連。依照古老的神話，在那場毀滅人類的大洪水中，只有皮拉與狄加利安存活下來。這故事發生在不知多久以前，起因是住在奧林匹斯山上的大神宙斯，由於厭惡變得過於邪惡的人類，所以才引發了大水。

關於這些早期的艾連人，我們一無所知。修昔底德，這位曾經記下雅典城陷落的古希臘歷史家，是這麼形容自己最古早的祖先：他們是一群「不足道哉」的人。這句話是事實

愛琴海民族在希臘半島上的一座城市

的可能性很高；艾連人相當粗野無文，過著像豬一樣的生活，還會將敵人的屍體丟給爲他們看守綿羊的野狗吃。這些人幾乎完全不會尊重他人，一來到希臘半島就殺光了當地的原住民（他們稱這些原住民爲「佩拉斯吉人」），搶走他們的田地和牲畜，逼迫他們的妻女爲奴。然後再譜寫數不盡的歌謠，讚頌亞該亞族的勇氣；因爲正是靠這些亞該亞人引路，艾連人的先遣部隊才能順利進入塞薩利與伯羅奔尼撒的山區。

不過，在許多岩石高丘頂上，艾連人也不時看到愛琴海民族的那些城堡——那些他們因爲害怕對方手中的金屬大劍與長矛，才不敢攻打的堡壘。他們知道，憑自己手中這些粗糙的石斧，別指望會有獲勝的可能。

之後的幾百年，這群人繼續在半島上遊蕩，從這座谷地到另一座谷地、這片山坡到另一片山坡。一直到所有土地都被他們占領以後，這次民族遷移才畫下一個句點。

而希臘人的文明也就從他們定居下來的那刻開始發展。這些希臘農夫平時住在抬起頭就看得見愛琴海人殖民地的地方，有一天終於在好奇心的驅使之下，造訪了他們這些高傲的鄰居。他們馬上發現，這些住在邁錫尼或是提林斯高聳石牆後的居民，可以教給他們許許多多相當有用的事情。

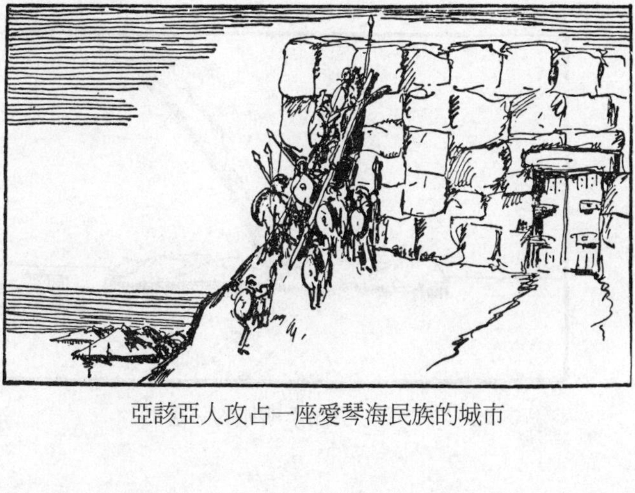

亞該亞人攻占一座愛琴海民族的城市

希臘人是聰明伶俐的學生，在短短的時間內，就掌握了如何使用那些新奇鐵製兵器的技巧（愛琴海民族當初則是從巴比倫和底比斯那邊學來的）。他們也慢慢弄清楚航海技術的奧祕，開始建造自己用的小船。

當希臘人把愛琴海人能教的事情都學完後，就開始對自己的這些老師下手，把愛琴海人趕回地中海的島嶼。而且不久之後，他們也揚起帆投入海上的冒險，慢慢征服了所有愛琴海的城市。最終，在西元前十五世紀的時候，古希臘人攻進克諾索斯，用一番燒殺擄掠將這座城市化爲廢墟。就在他們首度登上歷史舞臺的一千年後，這群艾連人已經是希臘、愛琴海，以及小亞細亞沿岸地區，無庸置疑的統治者了。特洛伊，這個隸屬於先前古老文明的最後一個大商業要塞，也在西元前十一世紀陷落。而此時，歐洲的歷史就要正式展開了。

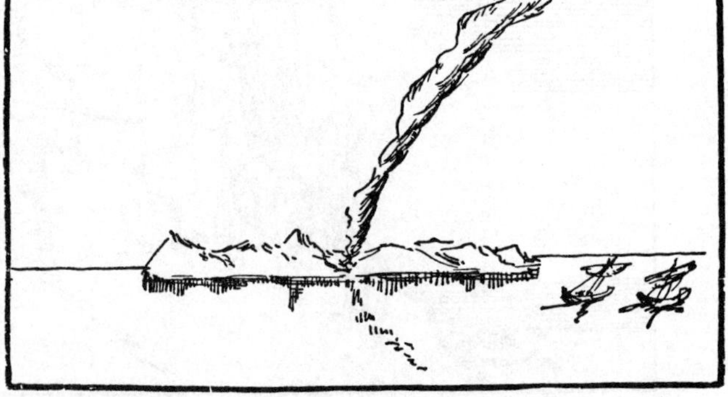

克諾索斯城的陷落

14 古希臘城邦

古希臘的城市實際上就是國家。

我們現代人就愛「數大便是美」這一套。我們對於自己能夠隸屬於世界上「最大的」帝國，擁有「最大的」海軍，種出「最大的」柳橙和馬鈴薯，會深深感到自豪；此外，我們還喜歡住在擁有「上百、上千萬」居民的都市裡；又或者當我們死後，總想要被葬在占地「最廣闊」的墓園裡。

假如一位古希臘的公民聽到我們這種心聲，一定會感到莫名其妙。「凡事皆須節制」，才是他們理想中的人生哲學，單純只有大或多，是完全無法打動他們的。而且這種對節制的熱愛，可不是只在某些特殊場合才會拿出來說說的空話；它是從出生開始到死亡爲止，都對希臘人發揮影響的觀念。它是古希臘文學的特色；是促使他們在建造神殿時，不求雄偉，但求完美的源由。在古希臘男子的衣著上，以及他們妻子所戴的耳環與手鐲上，都可以看到這種精神的體現。這想法會如影隨形般跟著每位觀眾一起進到戲院裡，以致於要是有哪位劇作家膽敢違背這條關於何謂好品味、何謂萬事萬物道理的鐵律，人們就會把他噓下臺。

希臘人甚至會把對這項美德的要求，貫徹到政治人物，或者最受市民歡迎的運動員身上。曾經有一位強健的賽跑選手來到斯巴達，誇耀他是希臘人中，可以用單腳站立站得最久的人，斯巴達人聽完之後便把他撵了出去，因爲他引以爲傲的成就，隨便一隻鵝就可以打敗他。

你多半會說：「這眞是個好故事，而且那麼講究節制與完美，當然是了不起的精神，然而即使是在古代，爲什麼唯獨只有希臘人才會發展出這樣一種美德呢？」爲了回答這個問題，我得從古希臘人的生活型態講起。

埃及或是美索不達米亞的人民是從屬於某位最高統治者的「子民」，這位帝王住得離他們不知有多遠，他的王宮陰森森的望也望不穿，全國百姓都鮮少有一見他尊容的機會。相對地，古希臘人是分住在上百個彼此獨立的「城市」裡，是一群「自由的城市公民」。這些城市中最大的一個，人口比起現代的大型鄉村都還要少。而當一位住在烏爾的農夫說他是巴比倫人時，這代表他是向巴比倫國王進獻納貢，繳交稅賦的上百萬人之一——不論此時此刻，這位全西亞地區的統治者到底姓啥叫啥。但是，當一位古希臘人自豪地說，他是一位雅典人，或者他是一位底比斯[1]人時，他在講的是一個小鎭，那裡既是他的家，也是他的國。除了由那些會一同出現在市集上的公民所共同形成的意志以外，這個小地方不接受任何其他的統治方式。

對一位希臘人來說，他的國家就是自己的出生之地。是在大人不准他們去的亂石堆裡，跟自己的同伴玩著捉迷藏，度過童年時光的地方。也是那個他與其他最多才上千名的男孩和女孩，共同長大成人的

衆神居住的奧林匹斯山

地方；他們將彼此的綽號記得清清楚楚，就像現代的我們記得自己同學們的綽號一樣。國家是埋葬著他父母遺體的淨土；是由一座座藏身於城池高牆後面，讓他的妻子和孩子安穩居住的小房子所組成。雖然它不過是一、二公頃的石地，但已經足夠是全世界了。現在你發現到，這樣的環境是如何影響一個人所有的方面，包括他的言行舉止與思想觀念了嗎？組成巴比倫、亞述、埃及這些民族的人們，都是一盤散沙中的沙粒，只要投入沙堆之中，就看不出原來的民族是誰。然而，古希臘人從來不會切斷自己與周遭環境的直接關聯，無論如何他都只屬於某一個居民彼此相識的小鎮。不管他想弄些什麼名堂，例如寫寫劇本、雕雕塑像，或者做首曲子，都能感覺到鄰居們銳利的目光——因為他知道鎮上每一位同樣精於那些玩意兒的自由公民，對他從事這些活動的成果，都會在心中有一評價。正是明白到這點，才迫使他盡力去追求完美，而且他從小就被教導著：若是沒有節制，又怎麼可稱得上是完美呢？[2]

在這種嚴格的學習環境裡，希臘人學會了如何以在各方面都出類拔萃。於是他們創造了全新的政治制度、全新的文學形式，以及全新的藝術理念；那些部分一直到現在我們都沒有能力超越。而且，他們向世人展現出這些奇蹟的舞臺（也就是他們那些小小的城鎮），占地還不到四、五個現代的城市廣場那麼大。

看哪！就是因為這樣，所以接下來發生了什麼事。

西元前四世紀時，來自馬其頓的亞歷山大征服了全世界。爭戰一結束，他就做了個決定：他一定要

[1] 譯註：它剛好跟埃及的都市底比斯同名，但卻是位於希臘的城市。

[2] 譯註：這道理很簡單——「節制」是項美德，如果欠缺這項性質，就不再是盡善盡美了。

把眞正的古希臘文明精神散播給所有的民族，讓他們都能因此有所獲益。於是，他將古希臘文明的種子從那些小城市、小村莊中帶出來，設法使它們在這個剛建立的帝國，在他手中這片廣大的王土上開花結果。然而，一旦無法抬起頭就看到自己熟悉的神殿；一旦沒辦法走在雖然彎彎曲曲但瞭若指掌的街道；一旦聽不到街上親切的聲音，聞不到路上習慣的氣味，這些希臘人就再也不能夠體會「節制」的樂趣，理解「節制」的意義——那曾是當初他們爲了替自家城邦努力爭取榮耀時，激發他們動手動腦做出種種傑作的根本精神；但如今，他們已淪爲沒有格調的工匠，滿足於次等的作品。這些古老的艾連人後裔，以及他們居住的小小城邦，在慢慢失去了獨立自主性，被迫成爲一個大型國家的一部分之後，古希臘精神也就隨著一起消失，而且再也沒有復興過。

15 希臘人的自治

希臘人乃是第一個挺身投入「自治」這個艱難實驗的民族。

最初，所有希臘人彼此並沒有貧富之分。每一個男子都擁有一小群牛、一小群羊，他那間泥土小屋就是自己的城堡，他想去哪裡都是他的自由。每當有重要的公共事務需要一起討論，所有居民都會聚集在市集廣場上開會。大家選出村裡一位比較年長的男子擔任會議主席，任務是要確保每個人都有機會發表自己的看法。假如有戰事發生，村裡會指派一位特別強健又富有自信的村民，擔任作戰的總指揮；不過既然是由所有人民自發性地把權利交給這位總指揮，讓他成為一位領導者，因此只要危險過去以後，人民也就擁有相同的權利，不再讓他位居此地位。

然而，漸漸地，村莊發展為都市。隨著有些人勤奮工作，有些人好吃懶做；少數人是命運捉弄；還有一些人單純就是靠著與人來往時的不老實——總之，有人開始累積出一定的財富。結果，城邦不再是由富裕程度相當的一群人所組成；相反地，市民們分成非常富有的少數，跟非常貧窮的多數。

另外還有一項轉變。傳統上，因為知道該如何領導同胞邁向勝利，所以人民才出於自願承認他為「首領」或是「王者」的那位作戰總指揮，逐漸從希臘社會的舞臺上消失，他的位置被「貴族」取代了。所謂的貴族是由一群富人組成的階級，這些人隨著時間的發展，慢慢取得比其他人多很多的田產。

神廟

比起占社會中多數的一般自由人，貴族享有許許多多的好處和優勢。他們買得起最精良的武器——別以爲這沒什麼，它們可是只能在地中海東岸的市場上才買得到。他們有的是時間，可以拿來練習自己的戰鬥技巧。他們住的房子比較堅固，還可以雇用士兵來爲自己作戰。爲了決定誰才是城邦的統治者，這些貴族彼此之間一直爭鬥不休。對於所有市民而言，勝出的人可取得一種類似國王的地位，治理管領這個城邦，一直到輪到他被另一位追求王位的貴族殺死或流放爲止。

因爲他們是靠私人兵力登基的，我們特別把這種類型的國王稱爲「僭主」。西元前七世紀到六世紀這段期間，每個希臘城邦都曾被這類僭主統治過。順帶一提，這些僭主中有許多是能力特別出衆的人物。但這只是碰巧，長久下來，僭主當政的結果終究是越來越惡劣不堪。於是，有些人開始嘗試做些改革，而歷史記載中，全世界首度出現的民主政府就是因此發展而出的。

時間是發生在西元前七世紀初，雅典人終於決心進行一番整頓，讓身爲多數的自由人能再次在政治制度中發聲，就像那些亞該亞族的祖先當初那樣。雅典人央請一位名叫德拉古的人幫他們制定一部法律，保護窮人免於富人的壓迫。就這樣，德拉古動手起草新的法律。不幸的是，身爲一位專業的法律人，他與一般民衆的生活有很嚴重的脫節。在他眼裡，犯罪就是罪犯，沒有什麼好說的。於是當他完成立法任務後，雅典人發現，他筆下這些嚴格到簡直殘酷的法律規定，根本沒有實際執行的可能。畢竟，若像這套新的司法制度一樣，連偷一顆蘋果都構成死罪，只怕也沒有那麼多繩子足夠用來吊死全部的罪犯。

雅典人只好再去找出一位比較仁慈的改革者。最後，他們找到一位最能夠勝任這項任務的人，他的名字叫梭倫。梭倫出身貴族，他曾經周遊列國，研究過許多外國的政治制度。經過他仔細的鑽研之後，梭倫交給雅典人一部法律，一部能夠體現「節制」這項美好原則，也就是能夠彰顯希臘文明特色的法律。他設法利用這套規定改善農民的處境，但同時也要避免破壞貴族的權勢，因爲身爲戰士，貴族對城邦貢獻良多（或者，至少他們擁有對城邦貢獻良多的能力）。爲了保障窮人階級不會受到審判官濫權所害（因爲審判官是無給職，故所有法官都

一座希臘城邦

是從貴族階級中選出的），梭倫制定了一條法律，規定任何一位公民若是遭逢什麼冤曲不滿之事，都有權向一個由三十位雅典公民組成的陪審團陳情。

最重要的是，梭倫促使每一位自由人，哪怕只是普通的老百姓，都不得不對城邦公共事務產生直接的關切之心，認爲那是一些與自己切身相關的事。他們再也不能待在家裡，然後說：「啊，太忙了，不去了。」或者「啊，外頭下雨了，我還是別出門比較好。」他應該爲城邦付出自己的那一份貢獻，也就是說他必須來到市政會議上，替城邦整體的安全與繁榮負起身爲其中一分子的政治責任。

這種由「全體人民」自我統治的制度，常常無法完成什麼耀眼的政績。除了太多的空談之外，還有太多的仇恨與惡意，在爭奪官職榮銜的雙方陣營之間滋長。但是，這套制度教給希臘人民的是一種獨立精神，讓他們知道只有倚靠自己才能拯救自己，而這是一件非常好的事情。

16 希臘人的生活

讓我們來看看希臘人怎麼過日子。

也許你會問，古代的希臘人假如要一直勤跑市集，討論城邦大事，又怎麼有時間照顧自己的家庭，同時兼顧個人的事業呢？讓我用這一章來向你說明。

不管是哪一類政治事務，希臘的民主政治都只承認一種參與資格，就是你必須是一位「自由人」。順帶一提，所有希臘城邦都是由一小群生來就是自由的公民，和人數衆多的奴隸，再加上稀稀落落的外人組成。

希臘人會願意把公民身分賦予外人，也就是他們口中的「野蠻人」，這種事情雖然有，但情況非常少見（通常是戰爭期間，軍隊急需人手的時候），而且那終究是特例。一個人是不是公民，是依出生來決定的。你爲什麼是雅典人？因爲你的父親、祖父都先你爲雅典人。相對地，不論你是多麼有貢獻的商人，或者戰功多麼彪炳的軍人，假如你的雙親不是雅典人，那麼你是一位「外國人」的事實是永遠不會改變的。

而除了受到國王或是僭主統治的期間以外，希臘城邦都是由自由人來統治，治理的目標也是爲了謀自由人的福利。因此，若沒有一大群數目比自由公民多上五、六倍的奴隸，來替公民完成種種工作——那些我們現代人必須付出大多數的時間和精力來完成，以求能夠讓我們的家庭溫飽，或者付得起房子租金的工作——是不可能維持這種制度的。

這些奴隸要負責煮飯菜、烤麵包、做蠟燭，供給城邦裡所有居民之用。他們要擔任城裡的裁縫、木匠、寶石匠、記帳員、學校老師。在主人去參加公共集會，討論關於戰爭與和平的問題，或者去劇院觀賞埃斯庫羅斯最新推出的戲劇，又或者是去聽人討論歐里庇得斯那些顛覆傳統的思想（他竟然敢對全能的宙斯大神表現出懷疑的態度），每當這種時候，奴隸們也要幫他們看管店面或工坊。

事實上，古時候的雅典有點像是一個現代的俱樂部。所有雅典城的自由公民都是俱樂部的世襲會員，而所有的奴隸則是俱樂部的服務人員，負責照料滿足主人的種種需求。身爲這個俱樂部的會員還眞是件非常愉快的事。

不過，當我們提到希臘人的奴隸時，我們說的不是你在《黑人籲天錄》裡讀到的那些人[1]。與黑奴相比，雖然希臘這些在農田裡忙碌的奴隸也非常不快樂，但是那些家道中落，自己又庸庸碌碌，以

希臘社會

致於也要到田裡出賣勞力的自由人，日子其實過得跟奴隸一樣悲慘。另一方面，在希臘城邦裡，有許多奴隸比自由人中的窮人階級過得還要富足。畢竟，凡事都極力追求節制的希臘人，並不喜歡虧待自己的奴僕，他們不會像後來在羅馬隨處可見的那樣，對待奴隸像是對待現代工廠裡的機器一樣不人道，而且用任何莫須有的罪名，就可以把奴隸丟去餵野獸。

希臘人相信，奴隸制乃是一種必須存在的制度，否則任何一座城邦都將無法孕育出一支眞正具有文明精神的民族。

除了上面所提到的以外，現代社會中，由商人和專業技術人員所從事的事務，在古希臘也是由奴隸來負責處理。至於那些占掉你母親大多數時間，並且讓你父親下班回來後還要操煩的種種家務事呢？關於它們，深知悠閒價值何在的希臘人，則是用最簡樸的生活把家務分量減到最少。

首先，他們的居家非常樸素。即使是富有的貴族人士，終其一生也只住在泥磚蓋的大屋子裡；而且屋裡幾乎沒有什麼舒適享受的家具或設備，就連叫一位活在現代的普通工人來住，都會覺得這根本是在剝奪他的自然權利。一個古希臘的住家就是很簡單的四面牆加上一面屋頂，有一扇門通往街上，不過並不會造出窗戶。廚房、起居室，還有臥室，都繞著露天中庭而建，中庭裡有座小噴泉或小雕像，再搭配一些植物，讓景觀更有生氣。除非下雨，或者天氣太冷，不然平日全家人就是在這中庭裡活動。由奴隸擔任的廚師在中庭一隅準備飯菜，而院子的另一個角落，老師（身分也是奴隸）正教導孩子們認識字母、背誦乘法表；又另一個角落，很少離開家的女主人（因為希臘人認為已婚婦女太常在街上拋頭露

【1】譯註：也有人譯爲《湯姆叔叔的小屋》，裡頭提到許多黑奴遭受的不人道待遇。

面，是件不好的事），正帶著她的女針線工（同樣也是奴隸）修補男主人的大衣。而在緊鄰著大門旁邊的小辦公室裡，男主人正在檢查帳本，那是負責他農地的工頭（由奴隸出任）剛剛帶回來給他的。

晚餐準備好後，全家人會聚在一起。但是晚餐的內容非常簡單，過程也不會花掉太多時間。希臘人似乎認為吃飯只是一件必要之惡，絕不會把它當成什麼消遣。消遣，在他們的看法中，雖然能消磨許多無聊時光，但是如果不知節制，到頭來被消磨掉的其實是你這個人。希臘人的主食是麵包，配上少許肉類，以及一些綠色蔬菜。對希臘人來說，水是在沒有其他選擇時才喝的東西，因為他們覺得喝水很不健康；所以他們主要是喝酒。他們很愛呼朋引伴到自己家來共用晚餐。但那並不是你會聯想到的盛宴場合，也就是每個人都吃得太多，把自己撐到不舒服的情景。對希臘人來說，餐聚不為別的，只是為了能夠享受一杯美酒，和一場暢談；而且他們都是懂得節制之人，如果酒喝得太多，可是會被其他人瞧不起的。

追求簡潔的精神，除了主導著飲食之外，同樣也左右著希臘人偏好的衣著。他們喜歡看起來乾乾淨淨、整整齊齊，喜歡把頭髮和鬍鬚修剪得清爽俐落，喜歡感受自己強健的體魄——這就是為什麼他們要去體育館裡運動和游泳。他們絕對無法接受亞洲那種熱愛鮮豔色調，以及奇怪花紋的風格。希臘人穿的是潔白的長袍，而且會努力讓外表看起來整齊非凡，就像現代那些穿著長長藍色披風的義大利軍官一樣。

他們喜歡看自己的妻子穿戴首飾，但是僅限於私下，因為公開炫耀自己的財富（或者炫耀妻子的美麗），在希臘人眼裡是非常庸俗的舉動。女士們如果必須外出，就要盡可能讓自己看起來普普通通。

一言以蔽之，希臘人的生活實況除了節制兩個字，還要再加上簡樸。任何事物，好比桌椅、書本、房屋、馬車，都很容易讓人在它們身上花掉很多時間；到最後，這些東西總是讓人淪爲它們的奴隸，爲了它們的需求而費時費力，替它們磨光、清理、粉刷。希臘人最想要的一件事就是「自由」，不只是身體上，也包括心靈上的自由。於是，他們把日常生活需求盡可能降到最低，好讓自己在物質方面無所匱乏的同時，在精神面上也能達到眞正的無拘無束。

17 希臘戲劇

這章要談的是戲劇的起源，它是最早出現的一種大眾娛樂。

希臘人從自己民族發展的非常早期階段，就開始蒐集詩歌。那是寫來歌頌英雄祖先的榮耀詩篇，因爲他們把佩拉斯吉人趕出希臘地區，而且還擊敗了當時的強權特洛伊。這些詩歌會在公共場合中吟唱，人人都會聚過來聆聽。但是，戲劇——如今已是我們現代人生活中，幾乎不可或缺的一部分——並非脫胎於朗誦這些英雄事蹟的活動，而是另有一個源頭。由於它的發源過程實在太出人意料，我一定要另起一章說給你們聽。

希臘人一直都很熱愛節慶裡的遊行活動。每一年他們都會籌措隆重盛大的遊行隊伍，來祭祀酒神戴奧尼索斯。在希臘是沒有人不喝葡萄酒的（因爲希臘人認爲水只有游泳與航海之用），因此你可以想見，這樣一位神祇是受到多麼熱烈的歡迎。

既然是酒神，當然是住在葡萄園裡，身邊簇擁著一群醺醺然、酣酣然，歡欣無比的「薩提爾」。薩提爾是一種半人半羊的奇幻生物，就是因爲這樣，有一些加入遊行的群眾會披上羊皮，一邊行進，一邊學公山羊叫。古希臘文的山羊是「tragos」，而唱歌的人則是「oidos」，那麼一位像山羊一樣咩咩叫的歌者，換句話說，一位「山羊歌者」，在古希臘文中就寫成「tragos-oidos」。正是從這個莫名其妙的名詞，輾轉演變出現代英文中「Tragedy」這個字，也就是「悲劇」——一種就劇情本身而言，結局不開心、不幸福的作品。正如英文中代表喜劇的「Comedy」（它是由「comos」，意即歡樂，跟前面提到的「oidos」合起來的字，所以本義是吟唱樂事的歌者），也是後來才被用來表示一齣以歡樂結局收尾的戲劇。

當然你會問：這些打扮奇異，一起吵吵鬧鬧，像野山羊一樣到處亂跳的遊行群眾，又是如何演變成一齣齣高貴的悲劇，甚至能夠在往後將近二千年來，都一直占據著全世界劇院的舞臺呢？

把「山羊歌者」和《哈姆雷特》[1]連接起來的環結，說來其實非常單純，你馬上就可以明白。

由山羊歌者組成的歌唱班，在一開始的時候讓人覺得非常有趣，確實也吸引了廣大的群眾圍觀，逗得街上駐足觀看的人們開懷大笑。然而不久之後，學山羊叫這件事就變得索然無味了。要知道：「無趣」令希臘人感到討厭的程度，只有醜陋和病痛才比得上；人們於是要求更有趣的東西。後來，有位來自亞地加的伊卡利亞村，非常擅於創新的年輕詩人，想出了一個新點子：他把一位山羊歌者從歌唱班裡移出來，與遊行隊伍最前面演奏牧神樂笛的樂隊排在一起，甚至讓他走出樂隊的行列也沒關係；這位歌者要跟樂隊隊長進行一場表演性的對話，而且他一邊說著話，一邊還會揮著手臂，擺出各種手勢（也就是說，當其他人單純只是待在旁邊負責唱歌時，他則是在「表演」）；他會問樂隊隊長很多問題，樂隊隊長就拿著莎草紙卷，按照詩人在表演開始前就已經在上面寫好的內容，跟他一問一答。事實證明，這個新點子眞是太成功了。

是的，這種歌者與樂隊隊長之間事先準備好的簡單對話，講述一些關於戴奧尼索斯或者其他衆神的

【1】譯註：是英國大劇作家莎士比亞的名作。

故事，廣受群衆喜愛。從此之後，每一場酒神祭的遊行都要來上一段「演出的場面」；而且用不了多久，人們就覺得比起遊行本身，或是羊咩咩的叫聲，「演」的部分才是酒神祭的重頭戲。

接下來，那位最成功的希臘悲劇作家埃斯庫羅斯，在其漫長的一生中（生於西元前五二六年，死於西元前四五五年），完成了至少八十部作品——對當時的悲劇做了一次大膽的突破：他在劇中使用兩位「演員」，而不是原本的一位。他下一代的劇作家後輩索福克勒斯，把演員人數再增加到三位。而當歐里庇得斯在西元前五世紀中葉開始動筆寫那些受到猛烈批評的作品時，他已經可以想寫幾位就有幾位演員了。等到亞里斯托芬撰寫那些著名的喜劇時（當時的任何人任何事都可能成為他在劇中嘲笑的對象，包括奧林匹斯山上的諸神），歌唱班已經被他變成背景，移到主要表演者的後面排排站好，等待位於前景的劇中英雄犯下違背衆神意志的罪行時，負責補上一句「這是一個糟糕世界」的歌聲。

這種具有戲劇意義的新娛樂形式，需要一個適合進行的環境，於是很快地，每一個希臘城邦都在鄰近的石山上挖出一個空間蓋成劇院。當時的觀衆是坐在木頭長椅上，面對著一個寬闊的圓型舞臺（所以，整個外形就跟我們現代用來聽音樂會或歌劇的音樂廳，位於一樓面向舞臺的正廳區類似）。全部的觀衆席構成一個很大的半圓形，而就在這個被觀衆席包圍的舞臺上，演員們和合唱班開始各就各位。在他們身後是一個大帳篷，他們就在帳篷裡，用大到足以把臉全部遮起來的黏土面具裝扮自己。面具會告訴觀衆，這位角色在劇中是開心微笑，還是難過哭泣。帳篷在古希臘文中是「skene」，這就是爲什麼英文「scenery」這個字，可以用來表示「舞臺的場景」。

當悲劇成爲日常生活的一部分之後，希臘人就以非常認眞嚴肅的態度來看待它了，他們絕對不會把去劇院看戲，當作是給自己的心神頭腦放個假。一部新戲的首映會到後來變成跟選舉一樣，是一件重要的大事。甚至一位成功的劇作家，比剛從一場大勝仗中凱旋而歸的將軍，還更受民衆景仰。

18 希臘與波斯的戰爭

希臘人是如何把波斯人趕回愛琴海的另一端，保護歐洲免受來自亞洲的侵襲。

愛琴海民族當初從腓尼基人那裡學得了貿易之道，之後把它教給希臘人。於是希臘人也循著腓尼基人的模式，開始建立起一個個的殖民地。他們甚至改進了腓尼基人的貿易方式，在與外國顧客做生意的時候，會更加普遍地使用貨幣作爲交易媒介。西元前六世紀時，希臘人已經在小亞細亞沿岸站穩腳步，開始以很快的速度搶走腓尼基人的生意。腓尼基人心裡當然不是滋味，但是他們的武力不夠強盛，禁不起跟這些希臘來的競爭對手打上一仗。於是腓尼基人只能靜候時機，而最終他們也沒有白等。

在前面的章節，我曾經告訴過你，有一支不起眼的波斯畜牧部落如何在突然間踏上征途，隨後征服了西亞大部分區域。這些波斯人非常文明好禮，他們不會掠奪新攻下的土地與人民，只要求對方年年納上貢禮表示臣服就好。當這些波斯人來到小亞細亞的海岸時，他們也堅決要求位於利迪亞地區的希臘殖民地，承認波斯才是他們的宗主國，並且每年上繳規定的稅賦給波斯國王。希臘的殖民地拒絕這樣的要求，然而波斯方面仍一意孤行。殖民地便向母國求援，戰事於是一觸即發。

說實在話，在歷任波斯國王的眼裡，希臘城邦是一種非常具有威脅性的政治制度，是個會帶壞其他民族的壞榜樣，而所有民族都應該成爲偉大波斯王國順從的奴隸才對。

希臘人位在深邃的愛琴海另一頭，因此他們當然享有某種程度的保障。但是這個時候，他們的老仇人出現了。腓尼基人站了出來，向波斯人伸出援手、獻上計策：假如波斯國王願意派出軍隊，那麼腓尼基人負責提供波斯人所需的船隻，讓他們有辦法前往歐洲。這一年是西元前四九二年，亞洲準備摧毀新興歐洲勢力的行動已經箭在弦上。

波斯國王派出使者到希臘發出最後通諜，要求他們獻上「土與水」，作爲臣服波斯的象徵。希臘人二話不說，把波斯使者丟進最近的井裡——這樣他們不只可以拿到水，順便連土都有，而且分量還多得很。如此一來，和平已經不可能延續了。

不過，奧林匹斯山上的諸神很照顧祂們的子民，所以，當那些載著波斯軍隊的腓尼基船艦來到阿索斯山附近時，風暴之神鼓起祂的雙頰吹起陣陣狂風，吹得祂眉頭上的青筋都快爆開了，一直吹到可怕的颶風打翻了腓尼基的艦隊，使得波斯士兵一個個葬身魚腹。

兩年之後，波斯派出更多的軍隊。這一次他們航越了愛琴海，在馬拉松這個村莊附近登陸。雅典人一得知這項消

波斯艦隊於阿索斯山附近覆沒

息，馬上把手邊共十萬的軍隊調派出去，守住圍繞著馬拉松平原周遭的山地。同一時間，他們也派出一位腳程極快的士兵前往斯巴達求援。但是，斯巴達因爲嫉妒雅典的名聲，不願意派出援軍。其他的希臘城邦也學斯巴達袖手旁觀，只有弱小的普拉提例外，他們派出了大約一千名的士兵。西元前四九〇年九月十二日這一天，雅典指揮官米泰雅德率領手邊人數不多的聯軍，衝向波斯大軍。兩軍交鋒下，希臘人突破了波斯人的箭雨，用他們手上的長矛對鬆散的亞洲聯軍造成極大的傷害——這些亞洲人在集結前並不知道，這次出征所遭遇到的竟然是這般強硬的對手。

當天晚上，留在雅典城的人們遙望著被焚燒船隻的火焰所染紅的夜空，焦急地想要知道戰況進行得如何。終於，北方的路上揚起了一片小小的塵土。那是費迪皮德茲，那位被派去求援的士兵。他步履踉蹌，上氣不接下氣，他知道自己的「終點」已經快到了。就在幾天前，他一結束向斯巴達求助的任務後，就不曾停歇地趕回馬拉松，加入前線的戰事。這一天的早

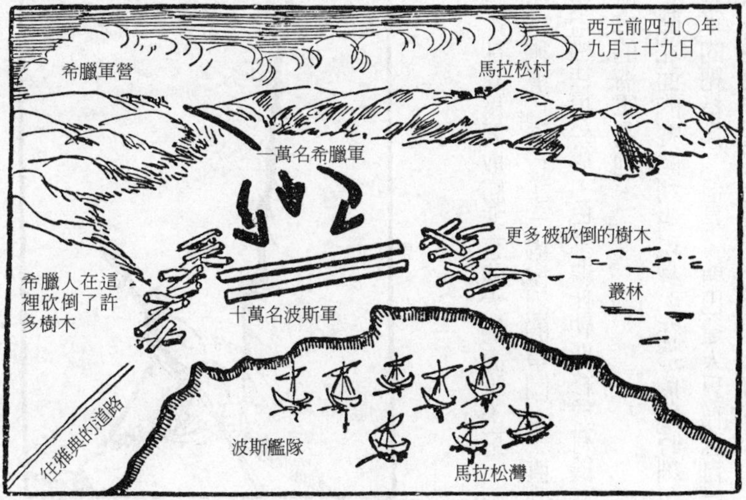

馬拉松之役

上，他才參與過進攻行動，隨後就自告奮勇，要把勝利的消息帶回他鍾愛的家鄉。雅典城的人民親眼看到他力竭倒下，他們衝上前去攙扶他，但他只輕聲說了一句：「我們贏了」，就停止了呼吸。費迪皮德茲死得是如此光榮，足令所有人感到羨慕不已。

至於波斯人這邊，在馬拉松之役的失利後，依然奮力想要在雅典附近登陸，但是沿岸都有武力駐守，他們只好退去。希臘的領土於是再度得到和平。

波斯人回去等待機會，這一等就是八年，但是這段期間希臘人也沒閒著，他們知道一定會有一場最終的決戰。然而，希臘人對於該如何抵擋這次戰禍，彼此間的意見卻產生分歧。有些人希望加強陸軍的力量，有些人卻認為要取勝非有強大的海軍不可。兩派人馬分別由亞里斯提德（陸軍派）與色米斯托勒斯（海軍派）領導，進行了一場激烈的爭鬥；一直到亞里斯提德落敗被放逐為止，雅典的軍備工程均呈現空轉。不過在這之後，色米斯托勒斯終於有機會行動，他盡其所能地建造船隻，並且將比雷埃夫斯變成一個雄偉的海軍基地。

西元前四八一年，有一支人數驚人的波斯軍隊突然在希臘北面的賽薩利省現身。在這危急時刻，斯巴達，這個以其軍事能力著稱的希臘城邦，被推選為希臘聯軍的總指揮。但是，斯巴達人只在意自己的國家不要遭受侵犯，並不在乎希臘北方發生的事情，完全忽略要把守住該地通往希臘本土的通道。

溫泉關

不過，斯巴達還是派出了一支小隊，在列奧尼達的率領之下，前往鎮守一處要衝：那條連接著賽薩利和南面各省，一面是高山，一面是大海的狹窄通道。列奧尼達死命執行他接下的任務，用無與倫比的勇氣奮戰著，讓這處山隘不被攻下。但是，希臘陣營中有一位名叫厄菲阿爾特的叛徒，知道那些只有他們馬里斯部落才知道的小路，他替波斯的分遣軍團引路，讓他們得以穿越山脈，從後方對列奧尼達發動突襲。於是，雙方人馬在一處名叫溫泉關的地點附近，展開一場遮天蔽日的激戰，一直戰至夜幕低垂，列奧尼達和他忠心耿耿的部下們全部與敵人同歸於盡。

雖然列奧尼達如此英勇，但是山隘終究失守，希臘大半部地區也落入波斯人之手。他們繼續向雅典進軍，攻到了雅典衛城下的石地，困住衛城的守軍，同時放火燒了雅典城。雅典人們紛紛逃向薩拉米島，就在大勢看起來已經無法挽回時，西元前四八〇年九月二十日，色米斯托勒斯的海軍迫使波斯艦隊不得不在那道隔開薩拉米島和大陸的狹窄海峽中應戰；而且在短短的時間內，就擊沉了四分之三的波斯船隻。

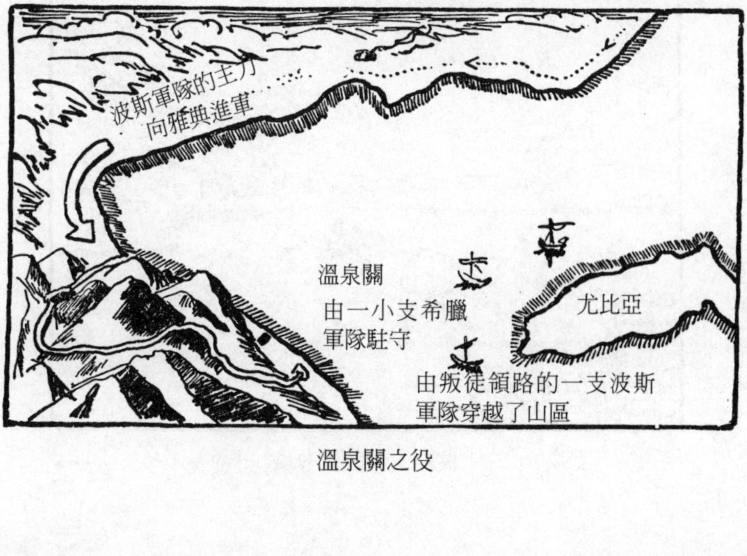
波斯軍隊的主力
向雅典進軍
溫泉關
由一小支希臘
軍隊駐守
尤比亞
由叛徒領路的一支波斯
軍隊穿越了山區

溫泉關之役

如此一來，波斯在溫泉關取得的大捷又化為烏有了。波斯國王薛西斯被迫撤回軍隊，但是他下令部隊駐留在賽薩利，等候春天到來，要在隔年與希臘進行最後的決一死戰。

這一次，斯巴達人知道眼前局勢的嚴重性了。他們走出那道跨越科林斯地峽，保衛斯巴達家園的堅固城牆，在鮑薩尼亞斯的領導之下，揮軍向波斯將軍馬爾多尼爾斯而去。終於團結起來的希臘人（共有十幾個城邦，總數約十萬的士兵），在距離普拉提不遠處，對為數三十萬的敵軍發動攻擊。再一次，強大的希臘步兵攻破了波斯的弓箭陣。波斯人再度嘗到在馬拉松戰役時的敗戰滋味，而這一次他們退去，此後便不再回來了。無巧不巧地，就在希臘陸軍於普拉提附近獲得勝利的同一天，雅典海軍也在小亞細亞的麥卡爾角附近擊敗了敵人的艦隊。

亞洲與非洲的首次邂逅就這麼結束了。雅典因為此戰而替自己感到光榮，當然，斯巴達又何嘗不是奮勇殺敵，立功無數？假如這兩個城邦能夠協調出一個共識，

波斯人焚毀雅典城

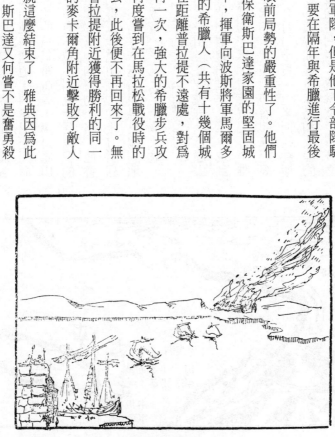

假如他們願意拋棄那渺小而狹隘的妒忌之心，他們或許可以把全希臘統合起來，並且共同擔當這支強大民族的領導者。

唉，然而，他們終究是讓人們心中還記得勝利、還懷有熱情的那個寶貴時刻溜走了，而機會這種東西是一去不復返的。

希臘

19 雅典與斯巴達之爭

這章的故事是關於雅典與斯巴達，如何為了爭奪希臘的領導權，而進行了一場時間漫長、結局慘痛的戰爭。

雅典和斯巴達都是希臘城邦，人民說著同樣的語言。但是除了以上這兩點，它們在任何一個面向上都不相同。雅典雄踞在平原之上，海上清爽的微風可以直接吹進城中，所以，它願意用兒童般快樂的眼睛來看待這個世界。相對地，斯巴達城建在一個深谷的底部，利用周圍的群山作爲隔絕外來思想的天然屏障。雅典是繁忙的交易都市；斯巴達則是軍事城邦，人人生來就是士兵——沒有別的原因，就因爲你是斯巴達人。雅典人喜歡坐在和煦的陽光中談詩論藝，或者傾聽智者向他們敘說哲理。斯巴達人筆下寫出來的東西，則沒有一行一句可以稱得上是文學；不過他們懂得戰鬥，他們熱愛戰鬥，爲了成就他們心目中最完美的軍事訓練成果，他們不惜犧牲自己身爲人的所有情緒。

無怪乎這些性格嚴峻而陰鬱的斯巴達人，看到雅典人也能享有成功與榮耀時，會如此懷恨在心。保衛希臘共同家園的那一役，替雅典社會注入了一股活力，而現在雅典人正把這股活力運用在和平用途上。他們用大理石重建雅典衛城，並且將它作爲雅典娜女神的神殿。伯利克里，這位雅典民主政體的領袖，廣邀天下的名匠、畫家和科學家前來城裡，好讓雅典成爲一座更美麗的城市，同時也讓年輕雅典人的心靈能夠配得上這城市的美麗。同一時間，伯利克里也沒忘了要提防斯巴達，因此建了一道從海邊直連到雅典的高牆，讓雅典成為當時防禦最堅實的堡壘。

有一天，兩個弱小的希臘城邦起了一場似乎無關緊要的爭執，但事情演變到最後卻成為一次關鍵性的衝突，引發雅典與斯巴達之間的戰爭。這場仗前後持續了三十年，而它的結局對雅典人來說是一場大災難。

戰爭的第三年，雅典爆發了一場瘟疫，超過一半的居民，包括他們偉大的領袖伯利克里，都因此喪命。瘟疫過後一段時間，雅典依舊被糟糕的決策，以及不能託付大任的領導人物所折磨。事情是這樣：有位十分聰明傑出的年輕人，名叫阿爾西比亞德，成功贏得公民大會的支持而掌權。他提議對斯巴達位於西西里的殖民地敘拉古，發動一場突擊攻勢。提議被大會接受，雅典也集結好了一支遠征軍。然而就在一切準備就緒時，阿爾西比亞德本人捲入一場街頭刑案，結果被迫逃亡國外。接替他率領遠征軍的將軍既沒作戰經驗，又沒軍事天分；結果先是在海戰上失利，之後又在陸上吃了敗仗。少數於交戰中存活的雅典人，也被敵軍丟到敘拉古那些採石礦坑底下，最終因為飢餓與缺水死去。

這次遠征行動讓雅典失去所有的年輕男子，也讓雅典的陷落成為時間早晚的事情。西元前四〇四年四月，雅典終於在漫長的圍城戰後投降。斯巴達人拆毀了它的高牆，奪去了它的海軍；當初在全盛時期，雅典讓自己成為一個偉大殖民帝國的中心，如今這一切都過去了。但是，在雅典最壯盛、最繁榮的時期，讓它的自由公民有別於世上其他所有人的特質，也就是對學習、求知、探索和研究的那種超乎尋常的渴望，卻不曾隨著雅典的城牆或海軍一起消失。這種精神存續了下來，甚至還青出於藍。

雅典再也不可能左右整個希臘的命運了，但是身為世界上第一個偉大學院所在的城市，遠從它的「黃金時代」起，雅典就開始影響每一位有「智」之士的心靈，所及範圍遠遠超越希臘那狹小的疆域。

20 亞歷山大大帝

馬其頓人亞歷山大想要建立一個希臘化的世界帝國，這個雄心壯志最後的結果是？

當亞該亞人[1]離開了位於多瑙河畔的家鄉，前去尋找新的牧場時，他們曾經在馬其頓的山脈地區待上一段時間。因為有此一段因緣，從那時候起，希臘人就與這些居於北方地區的馬其頓人維持著或多或少的正式關係。至於馬其頓人這邊，更是一直讓自己能夠清楚掌握希臘局勢。

如今，就在斯巴達與雅典剛結束那場爭奪希臘主導權的毀滅性戰役時，無巧不巧地，馬其頓也正好由一位聰明非凡、能力出衆的人取得王位，他的名字是菲利浦。菲利浦相當崇尚從希臘文學與藝術中流露出來的希臘精神，不過，對於希臘人在政治事務上毫無自制力這一點，他倒是非常鄙夷——這樣一個絕對優秀的民族，竟然把人力物力用在那些沒有實益的爭鬥上，菲利浦對此感到非常憤慨。於是他讓自己成為全希臘的統治者，好一勞永逸地解決這個問題。接著，他又要求這些新成為他子民的希臘人加入他所計畫的一次長征——菲利浦要讓波斯人為薛西斯在一百五十年前對希臘所造成的傷害付出代價。

不幸的是，他在還沒來得及率領這支準備完成的軍隊上路前，就遭到謀殺。向波斯復仇的任務於是來到他兒子的手上，他名叫亞歷山大，是全希臘最有智慧的導師亞里斯多德的愛徒。

西元前三三四年的春天，亞歷山大向歐洲說了聲再會；七年之後，他已經站在印度的土地上了。這段期間，他消滅了希臘商人的老對手腓尼基人；他征服埃及，並且被尼羅河流域的人民崇敬為法老後裔，當然也就合法繼承了法老之位；他戰勝波斯的末代國王，終結了波斯帝國；他下令重建巴比倫；還曾經率領手下士兵進入喜馬拉雅山深處；最後，他讓全世界都成爲馬其頓的行省或附庸國。然後他停下腳步，宣布了一個更雄心勃勃的計畫。

他說：新建立的帝國必須全部接受希臘文化的洗禮。帝國的人民必須學習希臘語言，也必須住在仿照希臘方式規劃的城市裡。亞歷山大手下的軍士成了最有權威的導師，昔日的軍營如今變成替各地引進希臘文明的中心。希臘式的行爲規範，希臘人的風俗習慣，形成一股洪流，水勢浩大，越漲越高。可是亞歷山大卻在這時候突然得了熱病，而於西元前三二三年，在巴比倫王漢摩拉比的故宮裡去世。

亞歷山大死後，希臘化的洪流也就此退去，但是它留下了一層含有高度文明養分的肥沃土壤。而儘管亞歷山大追求的目標有多麼天眞，他那虛榮心態是多麼愚昧，他依舊帶給後世最有價值的貢獻。他的帝國並沒比他本人長命多少：他手下幾個將軍在他死後瓜分了帝國的領土。不過，他們也同樣堅守著那個夢想——建立一個希臘與亞洲的思想與知識能夠融合共存的偉大世界。

這些將軍所建立的國家一直維持住自己的獨立，直到羅馬人將西亞和埃及納入他們的版圖爲止。於是，這個風格特殊的「希臘化」（由希臘、波斯、埃及和巴比倫文化融合而成）文化遺產，就落到羅馬征服者手中。此後幾個世紀間，它在羅馬世界裡牢牢生了根，甚至直到今天，在我們的生活當中都還感受得到它的影響。

【1】譯註：希臘人的遠祖之一。

21 小結

這是第一章到第二十章的簡短整理。

到目前爲止，我們從高塔頂端眺望，都是往東邊看去。不過從這時候開始，埃及和美索不達米亞的歷史就漸漸沒那麼値得關注了；因此，再來我得帶你仔細看看西邊的景色才行。

在此之前，讓我們花一點時間，整理一下之前看到的東西。

最開始，我帶你看過史前人類，他們秉性單純，所作所爲毫無吸引人之處。我告訴過你，他們是行走在五大洲遠古荒野上許許多多的動物中，最沒有自衛能力的傢伙。但是他們的頭腦比較好，所以還是成功地保住了自己的一片天。

接著冰河時期來了，有好多好多個世紀都是寒冷的氣候，要在這個星球上討生活變得很困難，人類不得不比以前花上好幾倍的腦筋——如果他還希望活下去的話。不過，既然「活下去」這件事，是每一隻生物在呼出最後一口氣前，都會全力以赴去追求的最大目標，冰河時期的人類也就理所當然會叫自己的腦袋認眞幹活兒了。於是這些吃苦耐勞的人們，不只成功地捱過讓許多凶猛動物都喪命的嚴寒，而且當地球再度變得又溫暖又舒適時，人類之前學會的種種知識和技巧，已經讓他們比起那些智能較差的動物界同胞們，握有非常大的優勢。對他們來說，「滅絕」——這個在人類出現在地球上的前五十萬年間，曾經是非常嚴重的威脅——此刻已經變得非常遙遠了。

我向你說過，這些最初的祖先們剛開始是如何緩步而行，無甚進展，直到住在尼羅河流域的人們突然往前邁開大步（而且理由我們知道的不很清楚），幾乎在一瞬之間就建立起史上第一個文明中心。

然後我帶你看了美索不達米亞，那個「兩河之間的大地」，那個全人類第二所偉大的校園。而且我畫了一張地圖給你，讓你看到愛琴海上由衆多小島構成的一座座「橋梁」；這些橋梁把古老東方的學問與知識帶到了年輕的西方手上，而希臘人就在那裡。

下一個我說給你聽的，是一支印歐民族部落，名叫艾連人。他們在好幾千年以前離開了中亞地帶，在西元前十一世紀時，把足跡踏進希臘這座岩石遍布的半島，從此之後，他們就被人們稱爲希臘人。而且我還告訴過你，那些小型的希臘城市實際上是一個個邦國。這些城邦把古老的埃及文明和亞洲文明「改造變形」（這樣的形容有點難懂，不過你一定有辦法「變」出它的意思），成爲全新的事物，比起任何先於它所出現的文明，都還要宏偉崇高、精緻美妙。

你會發現到此時爲止的各大文明，在地圖上面畫出了一個半圓弧線：從埃及開始，經過美索不達米亞、愛琴海諸島，然後往西一直來到歐洲大陸。起先的四千年間，埃及人、巴比倫人、腓尼基人，還有衆多閃族部落（順便請記得，猶太人只是閃族底下分支衆多的民族之一而已），都分別舉起了照亮世界的火把。現在他們將火把交給屬於印歐民族的希臘人，而希臘人則是後來另一支印歐民族的導師，那就是羅馬人。不過，正當東地中海慢慢落入希臘人（也就是印歐民族）之手，這段期間閃族人也沿著非洲北岸向西而行，成爲地中海西半部的主宰。

你馬上就會發現這樣一個局面，最後會演變成這兩大對手種族之間一次嚴重的衝突。在他們激烈對抗之後，最後依然矗立在那兒的，是獲得勝利的羅馬帝國。它將會把這融合埃及、美索不達米亞和希臘的文明，帶到歐洲大陸最遠的角落，成爲奠定我們現代社會的基石。

我知道，把這麼多的東西弄清楚是件很困難的事，不過，只要你把握住上面這些基本架構，接下來的歷史就會變得好懂許多。文字說得不夠清楚的地方，看看我那些地圖就會更清楚了。好了，在這段短短的暫停之後，讓我們繼續下一個故事，接下來要講的是著名的羅馬與迦太基之戰。

22 羅馬與迦太基

非洲北岸的閃族殖民地迦太基，和義大利西岸的印歐民族都市羅馬，為了爭奪西地中海的霸位而交戰，導致了迦太基的滅亡。

卡特哈恰特，這個小小的腓尼基交易站，座落在可以俯瞰阿非利加海[1]的一座小山丘上。阿非利加海隔開了非洲與歐洲，是一片長約一百五十公里的海域；如果要建立一個商業中心，這是個理想的地點——而且簡直是理想過頭了，以致於它發展得太快，變得太過富有。所以，當西元前六世紀，巴比倫的尼布克納瑟國王攻下腓尼基的泰爾城時，已經改名爲迦太基的卡特哈恰特就切斷了自己與母國之間的深厚關係，成爲一個獨立的國家，也成爲閃族在西邊的強大前哨站。

不幸的是，迦太基繼承了一千多年以來，讓腓尼基人之所以是腓尼基人的許多特質。迦太基城就好像一個大商行，商行的守衛是它強大的海軍；而商行的老闆們，則對於人生中許多更美好的面向都不屑一顧。迦太基城、城市周遭的鄉間地帶，還有它那些遙遠的殖民地，全都受到一群人數不多但權力極大的富人統治。古希臘文中，「富人」寫作「ploutos」，所以，希臘人把這種由富人統治的政治制度稱爲「plutocracy」，中文這裡姑且稱爲「富人政治」。迦太基的政體就是屬於富人政治，實際權力掌握在

[1] 譯註：即現在的西西里海峽。

十幾位最大的商人、船東、礦場主人手裡。他們開會決策的地方就是辦公室後面的小房間，而迦太基在他們心中是一個必須帶給他們漂亮利潤的企業。不過話說回來，他們其實全都是頭腦非常清楚，態度十分積極，而且又全力投入工作的人。

隨著時間過去，迦太基對周遭的影響範圍越變越大，直到大半的非洲沿海、西班牙，以及法國某些地區，都成爲迦太基的屬地；它們都得向這個雄踞阿非利加海的強大都市進貢、交稅，或者被抽成。

當然，即使名爲「富人政治」，它還是必須得到群衆的支持。只要工作機會多，工資也夠高，大部分市民都會感到相當滿意，也就願意接受那些「上等人」的統治，不會去過問一些令他們難堪的問題。但是當船隻沒得出航，熔爐邊不見礦石，碼頭周邊的工人丟了工作，就免不了會有抱怨聲浪，甚至要求召開由一般人民組成的大會，就像在古早以前，迦太基還是個自治的共和國時那樣。

迦太基

爲了避免這種情況發生，掌權的富人們不得不盡力發展市內的商業活動，而將近五百年來，他們的努力都獲得相當大的成功。但是此時，從義大利西岸傳來一些讓他們感到極度不安的傳聞。聽說，在臺伯河岸邊有一座小村莊，突然發展成一個大勢力，逐漸讓居住在義大利中部所有的拉丁民族部落都願意奉它爲領導者。他們也聽說，這座小村莊——順帶一提，它名叫羅馬——打算要建造船隊，去爭取西西里島和法國南岸的貿易。

迦太基絕對無法忍受這樣的競爭，它必須摧毀眼前這位年輕的對手，否則迦太基就沒有足夠強大的聲望，讓它繼續身居西地中海居民的絕對統治者。迦太基決定好好弄清楚傳聞的眞相，而他們查出來的細節大致如下：

長久以來，義大利西岸一直是文明不願涉足的地方。希臘所有的良港都是面向東方，將愛琴海上交通頻繁的各個島嶼盡收眼底，然而義大利西岸卻是一點令人振奮的景色也沒有——除非你認爲地中海上淒涼的海浪也算得上。這個區域很窮困，外來的商人因此很少造訪，於是當地人可以在只屬於他們的山丘和溼地上，不受打擾地生活。

最先認眞想要進駐這個地區的人來自北方。確

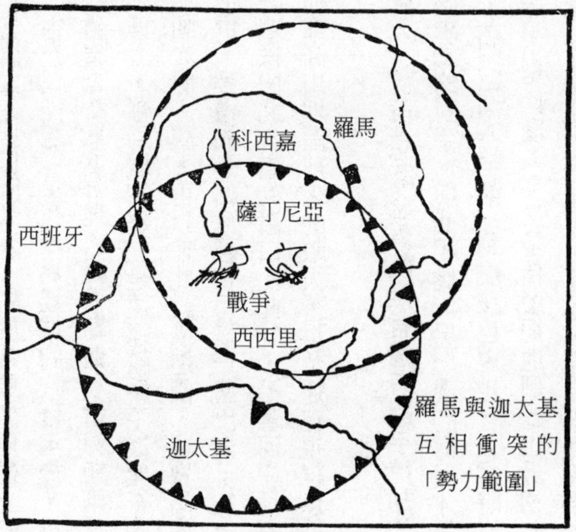

勢力範圍

切的年代還沒有人清楚，總之，某個印歐民族部落成功找出如何穿越阿爾卑斯山的通道，此後他們一路向南推進，一直到連那馬靴的鞋跟和腳趾【2】都布滿印歐民族的後裔與村落為止。關於義大利半島的早期征服者，我們一無所知，沒有一位屬於他們的荷馬可以來歌頌他們的榮耀。對於羅馬如何建立的說法，都是有如童話般的傳說故事，算不上是嚴肅的歷史；更何況它們是在羅馬建城的八百年後，早已從一個小都市變成大帝國中心時才寫出來的。故事本身讀起來其實很有趣：羅穆勒斯和雷穆斯兩兄弟「鬩牆」（我一直忘記到底是誰跨越了誰的牆），只是現實上，羅馬城的建立是遠遠較為平淡無奇的一回事。羅馬，就跟其他無數個城市一樣，由於處於交通便利之處，讓人可以在此討價還價，買賣馬匹牲口，因而誕生的市鎮。它就位在義大利中部平原的核心地帶，旁邊的臺伯河讓它可以一路出海；加上這裡的河水不會結冰，一年到頭都能保持通順，更讓它成為連接南北大道的渡口。此外，沿著河岸還有七座小山丘，為城裡居民提供一個安全的庇護，有利於抵擋從高山地區前來的敵人，以及遠在視線以外的附近沿海民族。

那些山地居民被稱為薩賓人，他們是一群粗俗的野人，心中想著念著就是有沒有隨手掠劫的機會。不過他們非常落後，手上的石斧與木盾根本不是羅馬鋼劍的對手。與此相比，另一邊的海民才是比較危險的敵人。他們被稱作伊特魯里亞人，是當代歷史上的一個大謎團（到現在也還是）。當時沒有人（現在也沒有）知道這些伊特魯里亞人是打哪兒來，原本是什麼人，又是什麼把他們趕出最初的家園。沿著義大利海岸，我們都有找到伊特魯里亞人的遺跡，那是他們的城市、墓園，還有水利設施。我們也看到不少他們留下的文字，但是，由於還沒有人能夠解讀伊特魯里亞語，因此截至目前為止，這些書寫下來的訊息只不過是一堆讓人徒增煩惱，但完全無用的資料罷了。

以下是我們覺得最有可能的假設：伊特魯里亞人最初來自小亞細亞，或許當地發生了大戰，不然就是大瘟疫，逼得他們只好離開，去別處找尋一個新的家鄉。姑且不談他們之所以來到此處的來龍去脈，伊特魯里亞人終究在歷史上扮演了一個非常重要的角色：他們把上古文明的花粉從東邊帶來西邊，而且他們教導羅馬人（上面也提到過，據我們所知，羅馬人最早是從北方來）從建築、造路、戰鬥、藝術、烹飪、醫藥，一直到天文等方面的基礎知識。

但是，就像希臘人從未眞正敬愛過他們的愛琴海人老師，同樣地，羅馬人也憎恨著他們的伊特魯里亞老師。當他們一有能力，羅馬人就把伊特魯里亞人一腳踢開，至於發生這件事的契機，則是希臘商人發現了義大利地區的潛在商機，於是駕著商船駛入羅馬時所帶來的。希臘人爲了生意而到來，卻爲了教學而留下；他們發現這些居住在羅馬周遭的部族（這些人被稱爲拉丁人），只要是可以有實際用途的東西，都非常樂意學習。譬如，這些拉丁人馬上就體會到：如果有一套用書面固定下來的字母表，可以帶來多大的好處；於是便從希臘人那抄了一份過去。接著他們也了解到，施行一套井然有序的貨幣與度量衡制度，能提高多少貿易上的優勢。於是到了最後，羅馬人不只是把希臘文明的皮毛，而是包括它的血肉筋骨，都通通吸收消化進去。

羅馬人甚至把希臘神祇也迎來自己的國家。他們把宙斯帶到羅馬，幫他改名爲朱比特，其他的諸神當然也都跟著祂過來。然而，這些羅馬諸神跟祂們歡愉的希臘遠親，卻幾乎沒有什麼相似之處。希臘衆神是一路伴隨著自己那些身爲凡人的後裔，走過他們的人生、他們的歷史。羅馬諸神卻有如高高在上的

【2】譯註：因爲義大利半島的形狀像馬靴。

羅馬是如何誕生的

政府官員，每一位都有屬於祂管理的部門。相對於希臘神明，羅馬神明個個都是精明、穩重，而且有著強烈的正義感；不過，反過來，對於崇拜自己的子民，羅馬諸神就非常嚴格地要求人民必須服從神明的意旨。羅馬人確實對自己的神祇不曾有一絲怠慢，不敢有任何違逆。然而在這群人民與神明之間，卻從來沒有發展出眞摯的私人情感，或是美好的友誼，但那卻是古時艾連人與奧林匹斯山諸神之間所擁有的。

羅馬人並未模仿希臘的政治制度，不過，既然他們與希臘人同屬於印歐民族血脈，羅馬歷史的早期發展也就與雅典或其他希臘城市類似。因此，羅馬人沒有花太大的力氣，就廢除了從古時候由部落酋長一脈傳承下來的國王體制。不過，當他們一把國王趕出城後，就發現必須馬上限制貴族的力量，這個過程花了他們好幾個世紀，才眞正建立出一套制度，讓每一位自由的羅馬公民都擁有親身參與城鎭事務的機會。

從那時起，羅馬人就比希臘人多擁有一項有力的優勢：他們不必在過多的言論叨擾下處理國家事務。因爲他們不如希臘人那麼富有想像力，所以寧可起而行也不願坐而言。他們實在太了解所謂的群衆（這個群衆指的是「全體平民」，也就是奴隸以外自由公民的總合），具有什麼樣的特性，所以不願意把寶貴的時間浪費在單純的意見討論上。因此，他們把實際治理城市的工作交在兩位「執政官」的手上。此外，有一個由長老宿耆所組成的議事組織，名爲「元老院」（元老院的英文是 Senate，源自於「老人」的拉丁文「senex」），負責輔佐兩位執政官。元老院議員都是選自各個貴族家族，這一方面是出於傳統，一方面也有實際上的好處。即便如此，元老院議員的權力仍受到嚴格限制。

曾經逼使雅典人不得不採用德拉古或梭倫的法律，那種發生於窮人與富人間的鬥爭，羅馬也一度經歷過。在羅馬，這場衝突出現於西元前五世紀。衝突的結果，自由公民爭取到一部成文法典，該法建立了「護民官」制度，能夠保護他們不會受到法官（全部由貴族出任）濫用權力所害。護民官是由自由公民選出，專屬於該城市的公職人員；只要政府官員的所做所爲有不公不正的地方，護民官就有權保護公民免受其侵害。確實，執政官有權判處一個人死刑，但假如他是在罪證沒有確鑿之下就被判刑，護民官也有權介入，救救這可憐的傢伙一命。

話說回來，當我提到「羅馬」兩個字的時候，可能你會覺得，我好像是在說一個幾千人的小城市。但是，羅馬眞正的力量不是存在城市裡面，而是在它城牆以外的全部國土。正是在治理這些外部省分上，早熟的羅馬展現出作爲一個殖民強權的非凡天賦。

在很早很早以前，羅馬是義大利中部唯一擁有堅固防衛力量的城市。而一直以來，其他拉丁部族一旦遭受攻擊威脅，羅馬總是樂於伸出援手，提供他們賓至如歸的庇護。這些鄰近的拉丁部族深知，若能與這樣一個強而有力的朋友結成緊密聯盟，好處很多，所以，紛紛設法尋找可以和羅馬達成某類攻擊防衛同盟的理由。對拉丁部族來說，其他民族，不管是埃及人、巴比倫人、腓尼基人，甚至就算是希臘人，都只會視他們爲「野蠻人」，堅持要他們簽訂表示臣服的條約。羅馬人則不會這麼做；他們願意提供「外來者」一個機會，成爲羅馬人的夥伴，彼此都是一個共同的「共和國」，或者「聯邦」的一分子。

羅馬人會說：「你想要加入我們嗎？好呀，那就來吧！我們對待你們，會像對待道道地地的羅馬公民一樣。不過，我們也希望你們在必要的時候，可以替羅馬城，替這個我們共同的母親作戰，當作是你們享有公民資格的回報。」

這些「外來者」對於羅馬人的慷慨大方十分感念，確實也以堅定不渝的忠誠，表示他們心中的感激。

每當某座希臘的城邦遭受攻擊，裡頭的外國居民便會盡自己所能地趕快逃開。是的，他們爲什麼要留下來保衛這個地方？畢竟這裡只是他們暫時寄居之處，而且如果他們不按時繳交房租，付清其他開銷，這個城邦馬上就會把他們趕出去。但是，一旦敵人進逼到羅馬城門前，這時候所有的拉丁人都會趕來救援，那不是別人，是他們共同的母親正面臨危險。即便這些拉丁人是住在一、兩百公里之外，甚至一輩子沒見過羅馬聖山上的城牆一眼，羅馬城也依然是他們效忠的「家園」。

不論遭受多嚴重的敗戰，這種情懷都不曾改變。就像西元前四世紀初，高盧人強行攻入義大利，他們在阿利亞河附近擊敗羅馬陸軍，然後向羅馬城邁進。在占領羅馬之後，高盧人停了下來，料想羅馬人會來向他們求和。沒想到等著等著，不但什麼也沒等到，不久之後，他們還發現圍繞在自己四周的拉丁部落，都對他們深懷敵意，以致於完全無法取得足夠的補給。七個月後，在飢餓逼使下，高盧人只好撤軍。可以說，是羅馬平等對待「外來人」的方針，取得了這場巨大的勝利，而經過這次插曲，羅馬變得比以前又更強大了。

以上這段對羅馬早期歷史發展所做的簡短說明，可以讓你明白：羅馬人跟體現著舊世界思想的迦太基人，兩者對於一個健全的國家該是怎麼樣，有著多麼大的差異。羅馬人仰仗的是一群「平等公民」之間，氣氛愉悅，發自內心的合作關係。迦太基人依循的是埃及和西亞的模式，堅持要其他「臣民」對他們表現出絕對的、沒有討論餘地的（因此也是心不甘情不願的）順從；而當情況不合他們之意時，迦太基人就雇用職業傭兵來替他們打仗。

現在你可以知道，像羅馬這樣精明又強盛的對手，爲什麼必然會引來迦太基的憂慮，以及統治迦太基的富人們爲什麼存心要挑起一場戰爭，好趕在一切都已經太遲之前，就摧毀這個危險的敵人，

不過，身爲優秀生意人的迦太基人，深知欲速則不達的道理。所以，他們先向羅馬人提出一項提案，內容是以他們各自的首都爲中心，分別在地圖上畫出一個圓圈，當作是專屬於一方的「勢力範圍」，並且互相保證絕對不會進入對方的圓圈之內。雙方迅速達成協議，卻也同樣迅速地廢棄了協議。因爲不論是哪一邊，都認爲應該派出自己的軍隊去西西里島——一個農產興盛，但是政治紛亂，因而容易招致外來干預的地方。

這次事件所引發的戰爭（也就是所謂的第一次迦太基戰爭）持續了二十四年。這場仗在汪洋大海上開打，剛開始的時候，經驗豐富的迦太基海軍，看起來將可擊敗新近成立的羅馬艦隊。迦太基的戰船依照他們自古相襲的戰術，或者直接撞沉敵人的船隻，或者從側面發動威猛的攻勢，破壞對方的船槳，再用弓箭和火球殺光動彈不得的敵船上的士兵。不過，羅馬這邊的工程師發明了一種新船，上面載有接舷踏板，讓羅馬步兵用它登上敵艦衝鋒。於是，迦太基起初取得的勝利瞬間被畫上句點。米拉耶一役，迦太基海軍遭受重創，他們只好求和，西西里則成了羅馬版圖的一部分。

二十三年後紛爭又起。羅馬爲了取得銅占領了撒丁尼亞島。另一方面，由於銀在迦太基正炙手可熱，迦太基人因此占領了整個西班牙南部。如此一來，雙方的勢力範圍便直接相鄰了。羅馬人一點也不喜歡這樣，於是派出軍隊，越過庇里牛斯山，監視迦太基的占領軍。

兩大敵手間第二次較量的舞臺就這麼布置好了。再一次，希臘殖民地成了正式開打的藉口。當時迦太基正在圍攻位於西班牙東岸的薩袞塔姆（一個受到希臘人殖民的地方），當地人向羅馬求救，一如

往常，羅馬也願意伸出援手。只不過，雖然元老院承諾會派拉丁族的軍隊前往救援，但是行前的準備用去了一段時日，結果在這段期間，迦太基就攻下了薩袞塔姆，還把它破壞殆盡，完全視羅馬的明白表示反對於不顧。元老院因此決定與迦太基開戰。羅馬預計派出一支軍隊跨過阿非利加海，登陸迦太基本土；同時，用另外一支分隊牽制迦太基在西班牙的占領軍，避免他們趕回家鄉協防。這作戰計畫是如此精彩，羅馬城裡人人放心期待一場大勝的消息到來，沒想到上天卻另有安排。

時間是西元前二一八年秋天，目標在攻擊迦太基占領軍的羅馬軍隊，離開義大利往西班牙前進。人們引頸期待，不久之後會傳回來消息，告訴他們羅馬取得一場輕鬆而全面的勝利。結果他們等來的，卻是一項漸漸在波河平原上流傳開來的可怕傳聞——就連那些性情粗獷的山地居民，在談論起他們所見所聞時，嘴唇都因爲害怕而發抖著。他們說，他們看到了數以萬計黑皮膚的人，還有一些「身材像房子一樣大」，從來沒見過的怪獸；這支大軍突然出現在冰雪封蓋的舊格萊恩山口，對，就是幾千年前，大力士赫丘力在從西班

羅馬戰鬥快船

牙到希臘的途中，驅趕著葛里翁的牛群們通過的那個山口。沒多久，數不盡的難民潮出現在羅馬城門前，他們臉上兀自狼狽不堪，而他們口中則有更詳細的消息：漢尼拔，也就是哈米卡爾之子，帶著五萬步兵、九千騎兵，還有三十七頭戰象，已經穿越了庇里牛斯山。他先在隆河河畔擊敗了由西庇歐指揮的羅馬軍隊，然後，即便那時已是十月，山間通道早已鋪上一層厚厚的冰雪，他還是率領著大軍安然翻越了阿爾卑斯山。接著他和高盧人會師，聯手打敗了第二支羅馬軍隊後，又跨過特雷比亞河，包圍普雷森提亞；換句話說，他已經來到羅馬和阿爾卑斯山區各省那條聯繫道路的北端了。

元老院對此感到驚訝，但是仍然一如往常，保持著積極中帶有冷靜的心情。他們對外壓下了這一連串敗戰的消息，同時加派兩支軍隊，企圖擋下對方的進逼。面對這兩支羅馬軍，漢尼拔成功地在特拉西民湖岸邊的窄路對他們發動奇襲。所有帶隊的羅馬軍高階軍官無一倖免，連一般士兵都幾乎全部陣亡。這一次，羅馬城裡的百姓開始恐慌了，不過元老院依然沒有失去方寸。他們組織了第三支軍隊，將指揮權交給昆特斯．費邊．馬克西穆斯，吩咐他可以全權「採取任何必要的行動，來拯救國家」。

費邊知道，假如他不夠小心，一切就完了：他手下這些剛招募不久，沒經過多少訓練的士兵，已經是羅馬最後的軍力。然而，漢尼拔的軍士已經身經百戰，羅馬軍萬萬不是他的對手，因此費邊一方面拒絕正式接戰，一方面卻如影隨形地不停緊黏漢尼拔隊伍，摧毀附近所有能吃的東西，攻擊對方小型的分遣部隊，甚至還破壞道路。他就這樣以最讓人惱怒厭煩的游擊戰模式，慢慢消磨著迦太基軍隊的士氣。

然而，那些心中滿是驚恐，人卻安全躲在羅馬城牆背後的百姓，無法滿足於費邊的做法。他們要的是「積極的行動」，他們一定要看到成果，而且還要馬上看到。這時有位名叫瓦洛的人，他是所謂的群衆英雄，也就是在城裡到處向每個人誇耀自己本事，讓人崇拜信服他的人。他替費邊取了「延宕者」的外號，在他口中，他本人當然是比費邊更有能耐得多。在群衆的簇擁之下，瓦洛被拱上總司令的位置。西元前二一六年的坎尼之役，他吃下羅馬歷史上最嚴重的敗戰，超過七萬人被殺，而漢尼拔則成爲全義大利的掌控者。

漢尼拔行軍的路線縱貫整座半島，他在途中曾向人民宣揚自己是位「解救者」，要來助他們「擺脫羅馬統治的束縛」，所以他請求各個省分加入他的陣營，也就是與它們的母親爲敵。不過，羅馬人的統治智慧又一次結出高貴的果實。除了卡普亞和敘拉古之外，所有隸屬於羅馬的城市都持續效忠母國。至於漢尼拔這位「解救者」則發現，雖然他擺出一副朋友面貌，但是對方完全不領情。離家甚遠的他對眼前這樣的處境不怎麼放心，他派出使者回迦太基，請求國家提供他糧食、軍備和兵力上的補給。唉，但是迦太基對此也無能爲力呀。

因爲，擁有接舷踏板的羅馬人是當時海上的王者。於是，漢尼拔就只能盡其可能地倚靠自己。他繼續不停擊敗前來抵禦他的羅馬軍隊，但是他自己的兵力也在急速地減少；同時，義大利鄉間的百姓對他這位自封的「解救者」依然不理不睬，敬而遠之。

縱使他在這許多年來是百戰百勝，漢尼拔終究發現，他已經被圍困在這個他剛征服的國家裡。運氣曾經一度似乎要站到他這邊來了：他的弟弟哈斯杜魯拔打贏了羅馬在西班牙的軍隊，已經跨過阿爾卑斯山，趕來增援漢尼拔。哈斯杜魯拔派出使者，打算告訴哥哥他快到了，並且請漢尼拔到臺伯河平原上與他會軍。不幸的是，這些使者落到羅馬人手裡，而一直等著弟弟後續消息的漢尼拔，等到的卻是弟弟的頭顱——完好地裝在一只籃子裡，被丟進他的營帳之中，告訴漢尼拔：這就是最後一支迦太基軍隊的命

漢尼拔越過阿爾卑斯山

運。

除去哈斯杜魯拔這個阻礙後，前面提過那位西庇歐將軍的兒子普布流斯·西庇歐，輕鬆地率軍搶回西班牙。四年之後，羅馬人已經準備好要對迦太基發動最後的攻擊了。迦太基把漢尼拔召回協防，他渡過了阿非利卡海，努力替自己的家鄉組織防禦工作。西元前二〇二年，札馬一役，迦太基戰敗。漢尼拔先逃到泰爾，再逃至小亞細亞。他計畫在小亞細亞煽動敘利亞和馬其頓反抗羅馬，但是沒有太大的成果；反

藉口。而，他對這些亞洲勢力所做的煽動，讓羅馬有了出兵這片東方地帶，進而併吞愛琴海世界大部分地區的

漢尼拔被迫從一個城市轉往另一個城市，身為一位流離失所的亡命之徒，他最後終於明白，自己的夢想、自己的雄心壯志，是到了該結束的時候了。他鍾愛的迦太基城已經毀於戰爭，還被迫簽訂了條件非常嚴苛的和約。迦太基的海軍被解散，戰船被鑿沉，除非得到羅馬的允許，否則不能與他國開戰，還要永無止盡地付給羅馬龐大的金錢。漢尼拔向前看去，怎麼也看不到一個更美好的未來，西元前一九〇年，他吞下毒藥，結束了自己的一生。

四十年後，羅馬對迦太基發動最後一場戰役。這個舊時腓尼基殖民地的居民面對新興共和國對手的強力進攻，苦苦支持了三年。飢餓最終逼得他們投降，少數自戰火中倖存的男男女女都被賣為奴隸。羅馬人放火燒了迦太基，城內的倉庫、王官，還有巨大的武器庫，讓大火整整延燒了兩個星期才熄滅。然後他們對著焦黑的廢墟唸唱咒語，大軍才安心返回義大利享受勝利的滋味。

接下來的一千年，地中海都受到歐洲主宰。但是羅馬帝國一滅亡，亞洲馬上再次嘗試奪下這座廣大內海，詳細情形等我講到穆罕默德的故事時，你就會知道。

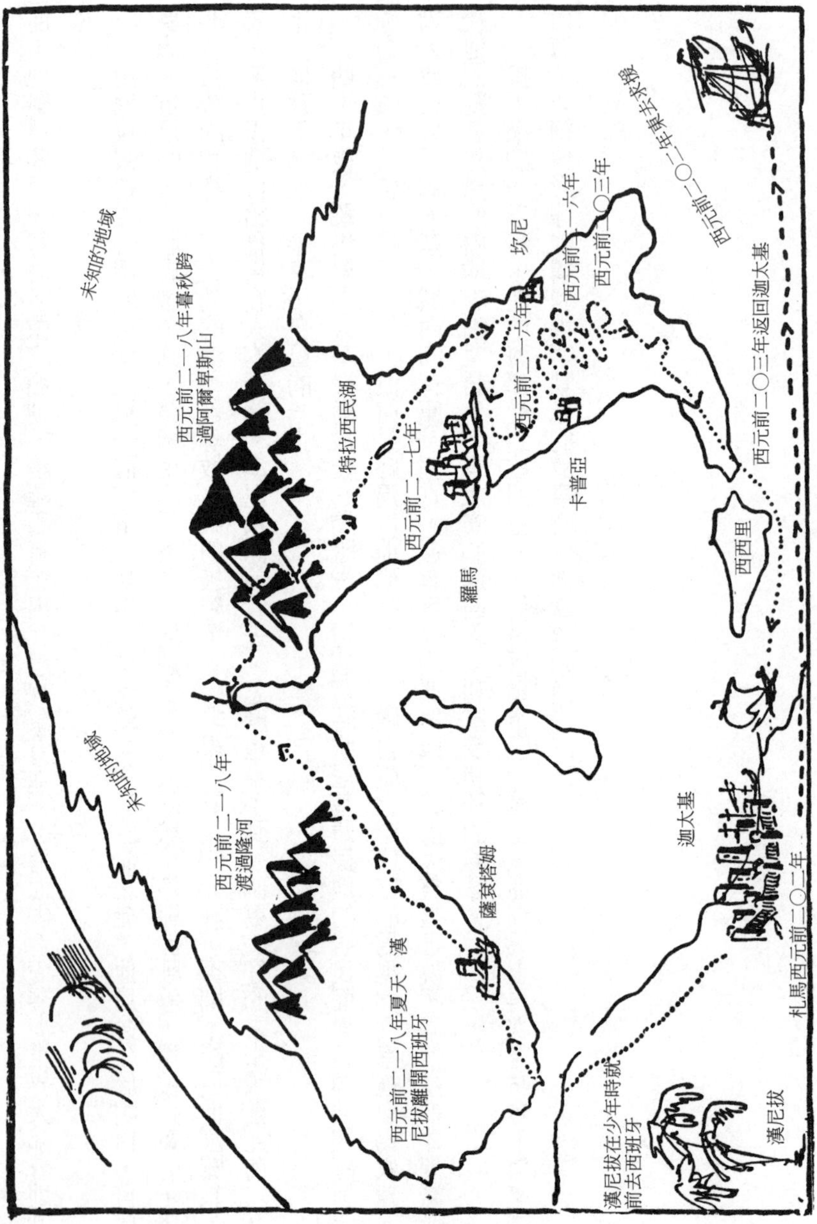
未知的地域
西元前二一八年暮秋跨過阿爾卑斯山
特拉西民湖
西元前二一七年
坎尼
西元前二一六年
西元前二〇三年
西元前二〇二年東去求援
西元前二一六年
卡普亞
羅馬
西西里
西元前二〇三年返回迦太基
未知的地域
西元前二一八年渡過隆河
薩袞搭姆
西元前二一八年夏天，漢尼拔離開西班牙
迦太基
札馬西元前二〇二年
漢尼拔在少年時就前去西班牙
漢尼拔

漢尼拔的旅程

23 羅馬的崛起

羅馬，是怎麼造成的？

羅馬帝國的出現是個偶然，它不是出於某個人的計畫，而是自然地「出現了」。不曾有哪位將軍、哪位政治家，或者哪位奸雄，曾經挺身而出，大聲疾呼：「朋友們、羅馬人們、市民們，我們應該建立一個帝國。跟我來，我們將一起征服大地，從赫丘力之門[1]開始，一直到托魯斯山脈[2]。」

羅馬出過著名的將軍，出過傑出政治家，也出過奸雄。羅馬軍隊在全世界作過戰。但是，羅馬不是在一個事先籌劃好的計畫下造成的。一般的羅馬人是非常實事求是的傢伙，不喜歡探討什麼政治理論。如果有人開始高談闊論起「羅馬帝國應該向東擴張，而且這麼做乃是依天命所示，所以如何如何……」，很快就不會有人聽他講話。羅馬之所以去占領越來越多的土地，單純只是形勢讓它不得不如此，並非受到野心或貪心的驅使。不論是天生的本質，或是表現出來的傾向，羅馬人的性格都比較像是喜歡待在家鄉土地上的農夫。但是，他如果受到攻擊，就必須應戰，而若是碰巧有敵人渡海而去，到某個遙遠的國度去求援，那麼耐心的羅馬人也會踏上遙遠的征途，只求能擊敗這位危險的敵人。在他成

[1] 譯註：代表直布羅陀海峽。
[2] 譯註：在現在的土耳其附近。

羅馬是怎麼造成的

功擊敗敵人後，自然也要留在當地，治理這片新征服的土地，以免這些省分因爲落入流竄的蠻族手中，反過來威脅到羅馬的安全。這聽起來很複雜，然而對於生活在當時的人來說卻很單純，相信待會兒你也能理解。

西元前二〇三年，西庇歐渡過了阿非利加海，把戰火帶到非洲。迦太基雖然召回漢尼拔，但是他手下的傭兵沒有提供像樣的支援給他，漢尼拔因此在札馬附近吃了敗仗。羅馬人要求他投降，不過，漢尼拔卻向馬其頓和敘利亞國王討救兵，這些是我在上一章向你提過的。

這兩個國家都是亞歷山大帝國的遺緒，它們的國王在當時正好考慮要遠征埃及，企圖瓜分富裕的尼羅河流域。埃及國王聽到風聲，央求羅馬派兵支援他。就這樣，舞臺的布景已經架好，可以讓雙方許多精彩的陰謀詭計在此上演。不過，不解風情的羅馬人不等戲碼正式開始，就把大幕拉下：他們的步兵軍團徹底擊敗了依然延用重裝希臘式方陣作爲作戰陣形的馬其頓人，時間發生於西元前一九七年，地點則是在賽薩利中部的賽諾謝法拉耶，也就是所謂的「狗頭」平原。

接著，羅馬人向南進軍至亞地加。一開始，羅馬人告知當

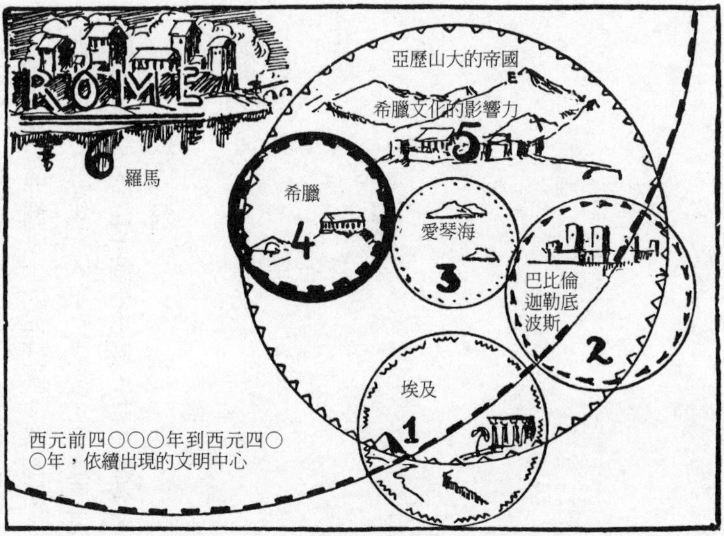

文明西進

地的希臘人，他們只是來「解救艾連人脫離馬其頓的壓迫」。但是，多年來處於半奴隸狀態的希臘人，卻把羅馬人給他們的自由用在最不該用的地方：所有這些小城邦又再度開始彼此爭吵，重蹈往昔美好歲月時的覆轍。羅馬人對這個種族內部的愚蠢紛爭既不理解，更不喜歡。即使如此，甚至即使他們非常鄙視這樣一個種族，羅馬人還是一度展現出極大的忍耐度。但是，他們最後還是對這些人永無止境的爭吵失去了耐心。於是羅馬對希臘發動攻擊，燒毀了科林斯（說是要「鼓勵其他希臘人」），並且派出一位羅馬人總督駐紮雅典，來統治這個紛亂的省分。如此一來，馬其頓和希臘就成爲保衛羅馬東部邊境的緩衝。

同一時間，就在艾連海[3]的對岸，那統領著廣大土地的敘利亞王國，以及它的國王安臺厄克斯三世，則對他的座上佳賓漢尼拔將軍所說的話，顯露

【3】譯註：現在的達達尼爾海峽。

出極大的興趣。因爲漢尼拔向他說明：入侵義大利，掠劫羅馬城，可以是多麼容易的一件事。

於是，羅馬派出路修斯・西庇歐前往小亞細亞，他的哥哥就是那位在札馬擊敗了漢尼拔和迦太基軍，被人稱爲非洲戰士的西庇歐。路修斯・西庇歐在接近馬革尼西亞的地方，擊潰了敘利亞國王的軍隊（西元前一九〇年）。不久之後，安臺厄克斯三世就被自己的國人私下殺死。就這樣，小亞細亞成了羅馬的保護國，而從一個小小城市共和國發跡的羅馬，則成爲環地中海大部分土地的主人了。

24 羅馬帝國

在這章，我要告訴你，羅馬共和國是如何在經過幾百年的動盪和革命後，成為一個大帝國。

當羅馬軍隊從這麼多場戰役中凱旋回鄉後，迎接他們的是熱烈的慶祝典禮。唉！他們並不知道，這突如其來的成就，其實無法讓羅馬以外的全國人民過得更開心。恰好相反，無休無止的征戰已經毀掉那些爲了打造帝國大業，被迫辛苦工作的農民階級。此外，戰爭也把太多權力轉移到勝利的將軍（以及他們私人的友人）手上，這些將軍根本把出征當成讓他們可以大肆掠奪的藉口。

舊時的羅馬共和國曾經以它的簡單樸實而自豪，甚至這特色也表現在當時的名人身上。但現在，煥然一新的共和國，卻恥於遵循流行在他們祖父輩時代，不重打扮、只重原則的態度。新共和國成爲屬於富人的國家，由富人統治，爲了富人的利益而存在。就這樣，它註定走向毀滅。現在，就讓我一一道來。

羅馬在不到一百五十年間，成爲地中海周遭幾乎所有地方的主人。在那個古早的時代，成爲戰俘就會完全失去自由，也就是淪爲奴隸。羅馬人把戰爭看成是件非常嚴肅的事，而且對敗給他們的人毫不留情。譬如迦太基淪陷後，迦太基的婦女和孩童，就和自己的奴隸們，一同被賣爲羅馬人的奴隸。而如果希臘、馬其頓、西班牙、敘利亞的頑劣分子膽敢起義反抗羅馬，那麼等著他們的就是同樣的命運。

二千年前，奴隸只是一件機器。現今的富人把錢投資在工廠上；羅馬時代的富人（譬如元老院議員、將軍，或者發戰爭財的人）則把錢投資在土地和奴隸上。他們的土地是買來的，或者是去羅馬新納入的省分占領來的。奴隸也一樣，當價錢剛好最便宜的時候，就去公開市場買回來。西元前二到三世紀間，奴隸的供給量非常充裕，正因爲這樣，地主們肆無忌憚地強迫自己的奴隸工作，一直到奴隸在路上暴斃爲止，反正他們只要到最近市集的特價區，再去買一個科林斯或迦太基俘虜回來就好，看完了奴隸，現在來看看自由農夫的命運。

他盡心盡力地爲羅馬效忠，無怨無尤地爲羅馬作戰。但是，當他離鄉背井十年、十五年，甚至是二十年返鄉之後，見到卻只有荒蕪的田地，家庭也已分飛四散。但是，他是個堅強的男人，願意努力重頭再來。他播了種、插了秧，等到收割的季節，帶著收成的穀物，還有家禽家畜，要到市場上去賣，卻發現不管他想賣的是什麼，那些叫奴隸在田莊裡爲他們工作的大地主都可以輕易地在價錢上打敗他。他努力撐了幾年，最終還是絕望地放棄了。於是他離開鄉間，到最近的都市去，雖然在都市跟在鄉下時一樣沒得飽餐，但是至少在這裡，有成千上萬個跟他同樣失了根的人可以同病相憐。他們只能整天在大城市市郊的骯髒小屋裡或坐或臥，無所事事。他們很容易因爲彼此傳染病菌而患病或死去。他們每一個人都有滿腹的牢騷。他們曾經爲自己的國家出生入死，而這就是他們得到的回報？他們一直都很喜歡那些在他們面前高談闊論，讓他們聽了覺得深得我心的演說家，每次都聽會得很入迷。但這些演說家本身也是一群飢餓的禿鷹，哪裡有不滿的大衆，他們就盤旋集聚在哪裡。很快地，遊民問題就對國家的安全構成了威脅。

但是，那些新近成爲富人階級的人們，只是聳聳肩說：「我們羅馬可是有警察還有軍隊的，他們不會讓這些暴民亂來。」然後，這些有錢人家就隱身到他們豪華別墅的高牆之後，在裡面的花園蒔花弄

羅馬

草，讀讀某位叫作荷馬的人寫的詩（有位希臘奴隸剛剛把他的作品翻譯成非常悅耳的拉丁文六音步詩）。

不過，在幾個家族中，為國家無私奉獻的古老傳統仍然延續著。西庇歐．阿非利卡努斯[1]的女兒柯內莉亞嫁給格拉庫斯家族之後，生了兩個兒子，一個名叫提比略，一個名叫蓋烏斯。這兩位小男孩長大之後都踏入政治圈，而且都設法要替羅馬帶來一些迫切需要的改革。由於經過調查後發現，義大利半島大部分的土地都在大約二千個貴族家庭的手中，因此提比略．格拉庫斯在當選為護民官之後，就努力想為自由公民謀福利。他讓兩部古代的法律重新生效，以限制個人可以擁有的土地總面積。透過這個方式，他復興了舊時那種珍貴的獨立小農階級。只是，這麼一來，新興富人階級當然視他為強盜，把他說成是國家公敵。當時羅馬街頭上一直都有暴動，不過這一次裡面有一群暴徒是被僱來暗殺這位受人民愛戴的護民官。提比略．格拉庫斯便在某天正要走進議會時，被暴徒活活打死。十年之後，他的弟弟蓋烏斯也設法進行國家改革實驗，而再一

【1】譯註：也就是擊敗漢尼拔的那位西庇歐。阿非利卡努斯是他在對迦太基的札馬大捷後得到的敬稱，意思就是前面提到過的非洲戰士。

次，弟弟的改革內容是直接違逆有錢有勢的特權階級。他通過一部「貧民法」，本意是要幫助幾乎一無所有的農民，豈知最終這部法律卻把大部分的羅馬公民變成職業乞丐。

他在帝國的偏遠地區設立了殖民地，供窮困的人民前往生活，但是這些窮人對於他的殖民方案卻興趣缺缺。蓋烏斯·格拉庫斯在還沒來得及造成更多「傷害」之前，就跟他哥哥一樣被暗殺了，他的追隨者們也被處死，或者被流放。羅馬這兩位最初的改革者，兄弟倆同樣都是教養出衆的人。但接下來的兩位改革者就是完全不同的類型；他們都是職業軍人，一位名叫馬略，另一位是蘇拉。他們身後都有大批追隨者。

蘇拉是地主階級的領袖。馬略則是在阿爾卑斯山腳下那場大戰的勝利者，那次他帶領著羅馬人擊潰條頓人和辛布里人，因此成爲一位群衆英雄，廣受失去家業的自由公民愛戴。

事情發生在西元前八十八年，這時候，羅馬元老院正爲了來自亞洲的一則傳言憂心不已。傳言說：位在黑海岸邊的本都王國，它那帶有希臘血統（母親那邊）的國王米特里達提，覺得自己有望建立第二個亞歷山大般的帝國。在他這場征服世界的大事業中，起頭的第一步就是殺光所有剛好在小亞細亞的羅馬公民，無論男女，甚至連小孩都不放過。當然，這樣的行爲就等於是宣戰了。元老院整備好一支軍隊要去討伐這位國王，懲罰他對羅馬人犯下的罪行，問題是：該由誰來擔任總指揮？元老院屬意蘇拉，因爲他是現任的執政官。但是街上的群衆則吶喊著馬略的名字，他們說：「馬略也當過五任執政官，而且他會替我們爭取權利。」

就像在法律上占有人比較容易勝訴的道理一般，由於蘇拉剛好是羅馬軍隊實際上的掌控者，因此就由他東征，負責打敗米特里達提。而在爭權中落敗的馬略，則逃亡到非洲。馬略在那裡靜待時機，直到他聽說蘇拉已經越過海峽，踏上亞洲大陸以後，便馬上趕回義大利本土，召集了一群來自三教九流，但都對國家心懷不滿的追隨者，跟他手底下那些打著士兵名號的職業強盜，一同向羅馬進軍。馬略進入羅馬後，他花了五天五夜殺光在元老院內的敵對黨派成員，逼人們選他為執政官。沒想到，就在這驚濤駭浪的二週過去後，馬略卻突然撒手人寰。

此後羅馬陷入無秩序狀態有四年之久。這時，把米特里達提擊敗的蘇拉，正式宣布準備返回羅馬，並且要跟仇人好好翻舊帳了。他的話並不是說說而已，在他回來之後，他的士兵有好幾週的時間，都忙著處決那些可能支持或同情群衆立場的人。有一天，他們抓到了一位少年，他常常被人看到與馬略走在一起。他們原本要把他吊死，不過剛好有人說：「這孩子還那麼年少。」於是士兵們便放了他。這位少年的名字叫作尤里烏斯．凱撒，不久你就會再見到他。

至於蘇拉，他成為「獨裁官」，意思是說，他是羅馬所有事務唯一且至高的統治者。他在統治羅馬四年之後安詳地死去。蘇拉死前的最後一年，都在細心地照顧他所種的包心菜；許多一輩子都在殘殺自己同胞的羅馬人，晚年都熱愛種包心菜。

但是蘇拉的死並沒有讓局面好轉，反而越來越惡化。與此同時，身為蘇拉的密友，而且本人也是一位將軍的那尤斯．龐佩烏斯（又名龐培），再次點起東征的戰火，去討伐麻煩一直不斷的米特里達提。龐培一路追擊米特里達提到山區，這位積極想要有所作為的國王最後只好服毒自盡，因為他深深知道，一旦成為羅馬人的俘虜，等待他的會是什麼樣的命運。接下來，龐培重新樹立羅馬對敘利亞的統治權、摧毀耶路撒冷、帶軍橫遍整個西亞，試圖重現亞歷山大大帝的傳統。終於，在他六十二歲時，帶著十幾艘船，裝滿被他擊敗的國王、王公、將軍，回到了羅馬，強迫他們走在為了他所舉行的凱旋遊行隊

凱撒西征

伍裡——這時的他已是全民英雄了，他向羅馬城獻上因爲戰勝搜括而來的財富，數量哪怕是最貪婪的人都夢想不到的。

來到此刻，把羅馬的統治權交到一位強人的手上，已是最合情合理的事。就在幾個月前，羅馬差點就落入一位一無是處的貴族之手。他的名字叫作卡特林，之前他賭光了所有家產，因此計畫搞出一點動亂，想在過程中趁機大撈一筆，好塡平自己的債務。然而，他的陰謀被西塞羅這位心繫大衆利益的律師發現。雖然西塞羅把事情向元老院報告，讓卡特林不得不逃亡海外。但是，許許多多的年輕人也都懷抱著類似的野心，這已經不是繼續空談而不採取行動的時候了。

龐培建立了一個以自己爲首的三人同盟來掌管國家事務，他自己是監察委員會的首腦。蓋烏斯・尤里烏斯・凱撒則是三巨頭中的第二號人物，他在擔任西班牙總督時，已經讓自己的聲名遠播。第三位名叫克拉蘇斯，是個無關緊要的人物，他之所以被龐培挑選上，乃是因爲他實在太有錢了。克拉蘇斯是一位極爲成功的軍用品補給商；這三頭政治成立不久之後，克拉蘇斯就在遠征帕提亞[2]時戰死。

至於三人中能力顯然最爲出色的凱撒，則認爲他還需要一些軍事方面的事蹟來替自己增光，才能成爲受群衆擁戴的英雄。於是他跨過阿爾卑斯山，去征服那片如今被稱爲法國的地方。然後他架起一座堅固的木橋，讓他可以越過萊茵河，攻入條頓野蠻人的土地。最後他還湊齊了船隻踏上英格蘭領土。要不是這時候他必須回到義大利，天知道他最後會征服到哪裡去。凱撒之所以踏上回程，是因爲他聽說龐培已經被任命爲終身獨裁官，也就是說，凱撒等著要被迫交出手中權力了，這當然不是他想見到的未來。他回想起自己的政治生涯是從追隨馬略開始，於是他決定要再給元老院議員們，還有他們剛選出的這位終身獨裁官一次教訓，就像當年馬略所給的那樣。凱撒率軍越過了盧比孔河，它是分隔義大利與內高盧省的界河，但是由於羅馬人民都把他當成「人民之友」來歡迎，因此這個舉動沒有給他帶來麻煩[3]，他不費吹費之力就進入了羅馬城，龐培只好逃亡到希臘去。但是凱撒緊追不捨，在法薩勒斯附近擊敗了龐培的黨羽，龐培本人則成功地跨過地中海逃到埃及。只是他沒想到，當他一踏上埃及領土，就被年輕的托勒密國王派來的人暗殺了。幾天之後，凱撒也趕到了埃及，卻發現原來這是個陷阱：埃及人，以及依然效忠龐培的羅馬軍隊，聯手圍攻他的營地。

不過，命運之神是站在凱撒這邊的。他成功地讓埃及艦隊著火，船上的火星還在偶然之中落到亞歷山大圖書館的屋頂上，把這座依水而建的著名圖書館燒成灰燼。情勢逆轉後，他對埃及軍隊發動進攻，把他們逼進尼羅河，連同托勒密國王一起淹死。凱撒接著推國王的妹妹克里奧佩特拉繼位，在埃及建立一個新政權。就在這時，消息傳來，米特里達提的兒子法納西斯繼承了王位，再度向羅馬宣戰。凱

---

[2] 譯註：中國漢朝稱其爲「安息」。
[3] 譯註：因爲羅馬政府原本有規定，任何將領都不能擅自帶兵越過這條河，以免將領靠武力奪權，所以作者才會特別講這段越河的故事。

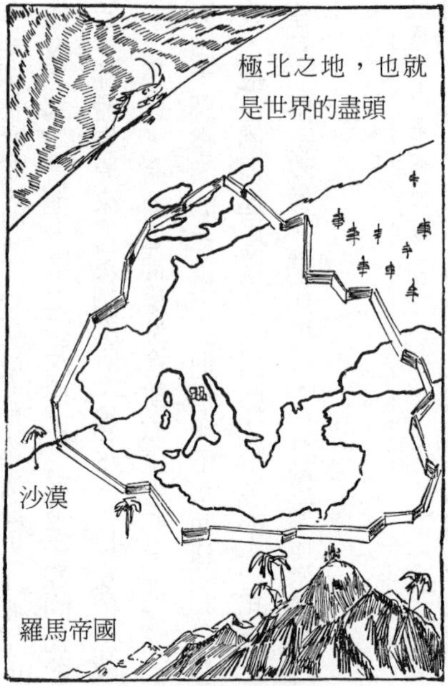

大羅馬帝國

撒便又揮軍北上，在一場爲時五天的戰役中擊敗法納西斯，然後用一句名言向羅馬通知他得勝的消息，就是那句「veni, vidi, vici」，意思是「我來，我見，我征服」。之後凱撒回到埃及，與克里奧佩特拉陷入熱戀，當凱撒於西元前四十六年回國接管國家大權時，克里奧佩特拉還跟他一起回到羅馬。由於他在四場大戰獲得勝利，所以凱撒進城時，得以走在至少四支不同的凱旋隊伍前頭。

然後他現身在元老院中，報告他在這段時間的活動成果。爲了表示國家對凱撒的感激之意，元老院給予他十年「獨裁者」的殊榮身分——然而這卻是把凱撒推向死亡的一步。

爲了改革羅馬這個國家，凱撒在當上獨裁者後，做出一些帶來嚴重影響的舉動。他放寬成爲元老院議員的身分，讓自由公民也能當選。他賦予偏遠地方人民與羅馬公民相同的權利，有如羅馬早期那樣。他讓非羅馬人也可以身居政府要職。著眼於某些貴族家族已經把一些偏遠省分當成自己的私家財產，於是他改革了偏遠省分的行政結構。簡而言之，他做了許多對大多數人民來說有利的事，但也就因爲這樣，國內最有勢力的那群人視他爲眼中釘。於是，有大約五十名的年輕貴族結合起來，研議了一個名爲「拯救共和國」的暗殺計畫。然後在伊德斯日（三月十五日，這是凱撒從埃及帶回來的新曆法所訂定的節日），凱撒在走進元老院時被刺身亡，羅馬再度陷入無主狀態。

凱撒死後，有兩個人努力想要承繼他的光榮傳統。一位是他生前的左右手安東尼，另一位是凱撒的姪外孫，也是他的合法繼承人屋大維。屋大維留在羅馬發展，而安東尼則去埃及拉攏克里奧佩特拉。結果安東尼也拜倒在她的石榴裙下——這似乎已成了羅馬將軍的習性。

他們兩人之間最後還是爆發了戰爭。屋大維在亞克辛木一役中擊敗安東尼，安東尼選擇自殺，留下克里奧佩特拉獨自面對強敵。她百般努力，想讓屋大維成爲她美人計下的第三名俘虜，但是當她發現這位高傲的貴族對她根本不屑一顧時，只好自己了結生命，而埃及也成爲羅馬的省分。

至於屋大維這位非常有智慧的年輕人，並沒有重蹈他外叔公凱撒的覆轍。他知道話只要說出來，就會讓人們有所提防，所以當他返回羅馬時，並沒有提出多少要求。他不要當「獨裁官」，只要人們記得對他使用敬稱，表現出對他的尊重，他就別無所求了。不過，幾年之後，當元老院向他獻上「奧古斯都」（意思是輝煌）的封號時，他也沒有拒絕。再過幾年，羅馬的平民們開始用凱撒的名字來當作對他的尊稱（就寫成跟凱撒名字拼法一樣的 Caesar，也可以寫成 Kaiser）。另一方面，已經習慣把屋大維當成總司令的羅馬士兵，則叫他「首領」或者「司令」，司令用拉丁文寫是 imperator，轉成英文後就成變成 emperor，中文通常譯爲「皇帝」[4]。就這樣，共和國正開始漸漸轉化成帝國，但是一般的羅馬人卻幾乎無法察覺。

西元一四年，屋大維作爲羅馬人民絕對統治者的地位已經如此屹立不搖，所以當他在這年去世

---

[4] 譯註：從這裡可以發現，西方所稱的 emperor，與中文的「皇帝」，內涵其實大不相同。

後，人們史無前例地把他列爲衆神之一。此時，「皇帝」一詞對他往後的繼承者來說，已經不只是個人封號，而是一種貨眞價實的統治地位；換句話說，從此以後，只要是統治這個截至當時爲止最偉大、最強盛的帝國的人，就是皇帝。

說眞的，一般公民對於群龍無首的政局，以及失去秩序的社會，已經感到十分厭倦了。他們並不在乎是受誰的統治，只要這位新統治者能夠給他們一個機會，讓他們平平靜靜過自己的生活，不必再受街頭永無止盡的喧鬧暴動紛擾。屋大維確實給了自己子民四十年的和平歲月。除了曾經在西元九年計畫進攻條頓人居住的西北荒地以外，他並沒有什麼欲望去擴張版圖。不過，他派出的軍隊在條頓堡森林中全軍覆沒，包括帶隊的將軍瓦勒斯。從此之後，羅馬就沒有再試圖馴化這些野蠻民族。

羅馬人開始把心力集中在內部改革這個巨大難題上，但是時間已經過了改革能夠取得確實成效的時候。過去兩個世紀，羅馬內有革命，外有戰爭，一而再、再而三地讓年輕一代最傑出的人才死於非命。這個紛亂的時代也摧毀了社會上的自由農民階級，因爲它帶進奴隸的勞動力，讓自由公民連競爭的可能性都沒有。它讓城市活像一個大蜂窩，住滿了被迫放棄自己農地，陷於貧窮與疾病的遊民。它還造成一個過於龐大的公務員體系；裡頭的小公職人員薪水太低，只好接受賄賂，才夠替自己的家人求得溫飽。最糟糕的是，它讓人民習慣於暴力，習慣於流血，養成把自己的快樂建立在他人痛苦上的野蠻習性。

從外表上看來，在西元一世紀時，羅馬是個雄偉的政治建築，它是如此之大，連亞歷山大的帝國都只構成它一部分的省分而已。但是，生活在這光輝之下的，是總數不知究竟有幾千萬的窮苦百姓。他們就像那些負責在巨石之下建造巢穴的螞蟻一樣，辛勞地工作著。但他們工作全是爲著他人的利益，而他們自己只能跟田野上的畜牲吃同樣的食物，在馬廄裡遮風避雨，最後毫無希望地死去。

這一年是羅馬建立的第七百五十三年，蓋烏斯・尤里烏斯・凱撒・屋大維・奧古斯都[5]已經搬到位於帕拉坦山的王宮裡，爲了治理他的帝國，每天日理萬機。

這時候在遙遠的敘利亞，一個小小的村莊裡，有位名叫瑪莉的女人，她丈夫是木匠約瑟[6]。瑪莉正在照顧自己的兒子：一位誕生在伯利恆的馬廄之中的小孩子。

再不用多久，王宮之主與馬廄之子就會公然開戰了。

世上事眞是無奇不有。

因爲最終勝出的是馬廄之子。

[5] 譯註：這是屋大維在這時候擁有的完整名字加稱號。

[6] 譯註：有人翻爲「若瑟」。

25 拿撒勒的約書亞

這章的故事是在說拿撒勒的約書亞——希臘人則稱他：耶穌。

羅馬曆八一五年秋天（如果用我們記錄時間的方法，就是西元六二年），有位名叫艾斯寇拉皮烏斯．寇特勒斯的羅馬醫生，寫了一封信給自己在敘利亞擔任軍職的姪子。這封信的內容是這樣：

吾姪：

幾天前，有人請我去給一位叫作保羅[1]的病人開藥。他看起來是猶太裔的羅馬公民，受過良好的教育，相處起來令人感到很舒服。他們告訴我，這人惹上了某件官司，是我們省級法院的上訴案，地點在凱撒利亞那個東地中海的省分。他們說，保羅是個「狂野且凶猛」的傢伙，一直發表一些批評羅馬人，或是攻擊羅馬法律的演說。不過，我個人卻覺得他是一個智慧出眾、態度誠懇的人。

我有一位曾經隨軍去過小亞細亞的朋友，他說，他耳聞過保羅的事情，聽說保羅在伊弗瑟斯傳教，佈道的內容是關於一位全新的、沒聽說過的神。我問保羅，我這位朋友說的是否屬實？他是不是在鼓吹人們反叛我們敬愛的羅馬皇帝？保羅回答我，他口中的那個王國並不屬於這個世界，接著他說了許多我聽不懂的字句，不過這大概是因為他發高燒的關係吧。

他這個人給我留下了非常深刻的印象。幾天前，我聽說他在奧斯提亞大道上被殺了。我對此感到非常遺憾，因此才會動筆寫這封信給你。我希望當你下次去到耶路撒冷時，可以幫我查查關於吾友保羅的事，還有他口中那位奇特的猶太先知，他好像是保羅的導師。城裡的奴隸對這位所謂的救世主彌賽亞，興趣也越來越濃厚，他們之中有幾個，因為公然大談所謂的新王國（不管那到底是什麼王國）而被釘上十字架。我想知道關於這些傳聞的所有真相。

叔 草筆

六星期後，他的姪子，羅馬第七高盧步兵團分隊長格拉迪烏斯・恩薩，回了下面這封信給他叔叔：

叔父尊前：

您的信，姪兒已經收到；您所交待的事情，姪兒也已經辦好了。

兩個星期前，我們軍團收到命令，移防到耶路撒冷。過去一百年來，這裡發生過好幾次革命，相信城市舊時的樣貌如今已經所剩不多。我們在這裡已經待一個月了，明天就要繼續開拔到佩特拉，因為有某個阿拉伯部落在那裡搞出了一些麻煩。所以我趁今晚有空回信給您，還請

【1】譯註：有人譯成「保祿」。

您原諒我問到的不夠詳細。

我跟城裡許多老人談了一下，但是幾乎沒人可以給我明確的線索。不過，幾天前營裡來了一位小販，我跟他買了一些橄欖，然後問他有沒有聽說過那個有名的彌賽亞，就是年紀輕輕就被殺了的那一位。他說，他記得非常清楚，因為他父親有帶他到城外那座名為各各他的小山丘，去看那個人被行刑的過程。他爸爸跟他說：這就是跟猶大省的人民與律法為敵的下場。這位小販給了我一個地址，說有位名叫約瑟的人，與彌賽亞交情深厚，如果我想知道更多的話，最好去問他看看。

今天早上我去拜訪過約瑟了。他年紀很大了，以前是靠在淡水湖裡捕魚維生。不過他記性還很好，所以從他那裡，我終於大致上弄清楚在我出生以前，那些動蕩的日子裡，究竟發生過什麼事。

當時在位的是我們偉大榮耀的提比略皇帝，而猶大與撒馬利亞省的總督，則是一位名叫龐徹斯．派拉特的官員。約瑟對派拉特這個人知道得不多，只知道他為官似乎稱得上正直，擔任該省總督時留下還不錯的名聲。羅馬曆七八三或七八四年時（約瑟記不清是哪一年了），派拉特被調到耶路撒冷去處理當地的暴動。事情的起因是，據說那裡有一位年輕人（他是拿撒勒的木匠之子），正在計畫發起一場反對羅馬統治的革命。派拉特總督是位聰明人，平常總是見多識廣的樣子，奇怪的是，他好像從來沒有聽過這個人的事。他的手下調查了整起事件，向他回報說：這位年輕的木匠是位傑出的公民，他們找不到可以法辦他的理由。但是，據約瑟說，對這名年輕人最有意見的，其實是那些老派的猶太教領袖。希伯來人中，較貧困的群眾階級對他

聖地

非常仰慕，這個現象讓猶太教領袖們極為不悅。他們向派拉特說，這位拿撒勒人實在邪惡，竟然敢公開主張：不論希臘人、羅馬人，甚至是腓力斯人，只要努力安守本分、誠實正直地過活，他們對唯一真神的虔敬程度，就可以比得上花費無數時間研習古老摩西律法的猶太人。派拉特似乎不認為這是定他罪的理由，不過包圍神廟的群眾開始鼓噪，說他們要直接對他行刑，還要殺光他所有的信徒，於是派拉特決定把他先拘提起來，等於也是救他一命。

派拉特好像沒有真正理解過，雙方爭執的問題本質是什麼。每次派拉特請那些猶太牧師們說清楚，到底他們心中的不滿是什麼，他們只會大聲叫嚷著「異端邪說」，或是「叛教」，接著就變得很情緒化。照約瑟所說，派拉特最後決定派人把約書亞（也就是這位拿撒勒人的名字，不過，這個地區的希臘人都一直叫他耶穌）帶來，打算親自審問他。他們兩人談了好幾個小時。派拉特問他：聽說你在加利利沿海一帶宣揚一些「有害國家的教義」，耶穌則回答：我所說的，從來無涉政治。他對人類的肉身，尚不如對人類的靈魂來得在意。他希望的是，每一個人都可以待自己的鄰人如兄弟，並且愛那位唯一真神，認祂為萬物之父。

約瑟覺得，派拉特應該是熟悉斯多葛學派，或其他古希臘哲學要義的人，所以，他似乎也不覺得耶穌的話裡，有任何反政府的內容。於是，派拉特再度試著挽救這位和善的先知一命，至少約瑟是這麼告訴我的。他不斷延後耶穌的行刑之日。同一時間，猶太人在自己牧師的煽動之下，陷入無法控制的暴怒狀態。在此之前，耶路撒冷就已經有過許多次暴動了，然而，附近能召來維持秩序的羅馬軍隊卻不多。還有人向羅馬在凱撒利亞省的當局報告，說派拉特已經「受到拿撒勒人教義的蠱惑」。耶路撒冷城開始發動連署，要提出請願，請中央把派拉特召回，因為現在他也是反叛皇帝的人了。叔叔您也知道，我們羅馬中央都會嚴格要求總督，要極力避免讓自己治理的外族子民暴發公開衝突。在這種種情況下，派拉特為了不引發省裡的內亂，終於決定要犧牲手上這位囚犯。即使如此，約書亞從來都沒有讓自己的尊嚴有絲毫減損，而且他原諒了所有仇恨他的人，然後他便在耶路撒冷人民的鼓噪和恥笑聲中，被釘上了十字架。

這就是約瑟告訴我的事情，他一邊說，眼淚一邊從他蒼老的臉頰旁流下來。我要走的時候，原本拿出一枚金幣給他，但是他不肯收下，還要我把金幣拿給比他更窮的人。我也有向他打聽保羅的事，約瑟說，他只知道一點點。保羅好像本來是帳篷工匠，但是他放棄了原本的工作，立志要去散播上帝的話語——這位愛人、寬恕的上帝，與猶太牧師一直以來描述的耶和華截然不同。從那時候起，保羅在小亞細亞和希臘走遍了許多地方，告訴各地的奴隸們，他們都是那位慈愛天父的孩子，告訴人們不論貧富，只要努力誠實地過活，並且對受苦受難的人伸出援手，最後就能得到幸福。

希望我的回答能讓您滿意。在我來看，這整件事對國家安全是完全無害。但是，我不得不說，我們羅馬人從來就無法理解這個省的人民。我很遺憾他們殺了您的朋友保羅。

真希望我現在身在我們的故鄉羅馬。

姪 恩薩 敬上

26 羅馬的衰亡

說著說著，羅馬已來到了暮年。

古代史教科書會以西元四七六年作爲羅馬滅亡的日期，因爲它是最後一位羅馬皇帝被趕下王位的那一年。不過，羅馬不是一天造成的，同樣地，它也不是一天就衰亡的。那是一個非常緩慢而又細微的過程，以致於大多數的羅馬人都未曾了解到：他們的舊世界就要畫上句點了。他們抱怨眼前不平靜的局勢；食物價格高漲，勞工工資卻又低落；他們咒罵那些壟斷糧食、羊毛，也壟斷了所有財富的奸商。偶爾，如果總督搜括民脂民膏的程度，比起以前實在太超過時，他們會起來做些反抗，但是從西元開始起算以來的四百年來，大多數人民就只是過著自己的日子——想吃就吃，想喝就喝（只要皮包裡的錢買得起），有情有欲，有愛有恨（一切但憑他們的本性）；如果有免費的鬥劍表演可看就去看；如果沒錢沒東西吃，就呆坐在大都市的貧民窟裡餓著肚子——完全不知道他們的帝國其實已經苟延殘喘，而且註定無法起死回生了。

確實，羅馬依舊表現出富麗堂皇的外觀：連接不同省分的條條大道是那麼平整光亮；積極活躍的帝國警察對強盜匪徒毫不留情；邊界防守森嚴，讓似乎正在慢慢占領歐洲北部荒野的野蠻人一時也無法南下；全世界都還在對他們偉大的羅馬城獻上貢禮；還有一群能人志士正在日以繼夜地努力，想要除去國家過往的缺失，重新尋回古早共和國時代那種更幸福的日子。因此，這叫羅馬人們怎麼可能明白眼前的大難呢？

但是，我在前一章曾經告訴過你，造成國家腐敗的深層原因未曾改善，改革也就沒有成功的可能。

自始至終，羅馬都是個城邦都市，一如古希臘時代雅典和科林斯的那種城邦。它是有能力主宰義大利半島，但若要它成爲全體文明世界的統治者，這在政治上是項不可能的任務，眞要做了也無法維持長久。羅馬的年輕男子在無窮無盡的征戰中一一死去，農民階級在長年的兵役和重稅下崩壞瓦解。農人們若不想淪爲專職的乞丐，就只好成爲「農奴」，向有錢的大地主們出賣自己的勞力，以換取基本食宿。這群不受命運眷顧的農奴雖然不是奴隸，卻也不是自由人；他們是人，但是他們已經變成自己工作的土地的一部分，就像許多動植物一樣，譬如肉牛或是果樹。

國家（帝國）成爲一切，平民一文不值。至於奴隸，他們聽到了保羅的話，他們接收到那名謙卑的拿撒勒木匠想要傳達給他們的信息，所以他們並不急於反抗主人。相反地，基督教告訴他們要溫順，要服從上司的命令。不過，他們對一切世俗大事再也不感興趣了，畢竟這個塵世對他們來說，只是如此充滿苦難的居所。若是爲了讓自己有可能進入天國，他們願意奮力一戰。然而，若是一位野心勃勃的皇帝爲了自己的榮耀，對外國發動戰爭——不論是對帕提亞人、努米底亞人，或是蘇格蘭人，這時候，這些奴隸根本就無心參戰。

隨著時間一世紀一世紀地過去，情況變得越來越糟。最初的幾位皇帝還能夠倚靠自身的「領袖魅力」來登上帝位；古老時代的部族首領之所以能對自己的屬下族人發號施令，也是依據自身的領袖魅力。但是，西元第二和第三世紀間的皇帝乃是「軍閥皇帝」，不只本身是軍人出身，平時也倚靠著自己的私人護衛，也就是所謂的禁衛隊，才得以延續自己的政權。他們以驚人的速度遞嬗更替，靠著暗殺得到帝位，也因爲被暗殺而失去帝位——只要繼任者取得足夠的財富，可以買通前任者的護衛叛變。

同樣在這段期間，野蠻人開始在北部邊界叩關。由於羅馬再也沒有任何由本國人組成的軍隊，可以阻止野蠻人南下，只好雇用外族傭兵來對抗入侵者。然而，一旦這些外族士兵剛好與他們面對的敵人屬於同一個民族，他們就很容易在戰場上大肆放水。最後，羅馬只好嘗試使用懷柔政策，讓少數蠻族可以定居在帝國境內。眼見如此，其他部落當然也一一跟進。接下來，很快地，這些部落人民開始痛苦地抱怨：帝國的收稅官實在太貪心了，甚至不留一毛錢給他們。當情況沒有改善，他們便群起擁進羅馬，強烈要求政府正視他們的心聲。

這樣的羅馬讓皇帝住起來很不舒服了。於是，西元三二三到三三七年在位的君士坦丁計畫遷都。最後他選擇了拜占庭這個歐洲與亞洲的通商門戶，該地因而改名君士坦丁堡，而整個官廷也正式東遷。當君士坦丁死後，他的兩個兒子爲了能更有效地治理國家，所以平分了帝國的領地。年紀較長的那位回到羅馬，治理

羅馬人的城市被蠻族蹂躪過後

帝國西半部；年紀較小的那位留在君士坦丁堡，是帝國東半部的統治者。

然後到了西元第四世紀，發生了那場可怕的匈奴之禍。這支源出亞洲的馬背民族，有超過兩個世紀的時間都待在歐洲北部，不停地讓他們經過的地方流下鮮血，一直到西元四五一年，他們在法國馬恩河邊的夏隆吃了敗戰爲止。話說回頭，當匈奴人來到多瑙河地區的時候，便對哥德人的生存造成很大的壓力。爲了活命，哥德人只好大舉擁入羅馬城。當時在位的皇帝瓦倫斯設法要阻止這波動亂，結果卻在三七八年於亞德里亞堡附近被殺。二十二年後，同一個哥德人族群（爲了更精確一點，讓我們叫這批人是西哥德人）在國王亞拉利克的率領之下，又向西而來，對羅馬發動攻勢。不過，他們並沒有大肆殺人放火，破壞的宮殿數目也很少。接著，汪達爾人來了，他們對這城市古老而珍貴的傳統事物可就沒有那麼尊敬了。接下來是勃艮第人，然後是東哥德人，下一個是阿勒曼尼人，再來是法蘭克人。蠻族的入侵眞是沒完沒了。到了最後，羅馬的安危完全繫於他人之意，因爲任何一位想要大撈一筆的匪徒，只要能夠召集一些黨羽，都可以來這裡肆虐。

西元四〇二年，皇帝逃至拉芬納，這是一個防守堅固的海港。但七十三年後，也正是在拉芬納，羅馬日耳曼人傭兵團（這些傭兵腦中想的只是如何奪取義大利的農田）的司令歐多瓦克，用相當溫和但效果十足的手段，把西部帝國[1]的最後一位皇帝羅穆勒斯・奧古斯都請下王位，然後宣布自己是「治國貴族」——一個可以統治羅馬的身分。帝國東半邊的皇帝由於自顧不暇，也就大方地承認他的地位。於是有十年之久，歐多瓦克就是帝國西半部殘餘各省的正式統治者。

[1]譯註：就是我們後世人常說的「西羅馬帝國」。

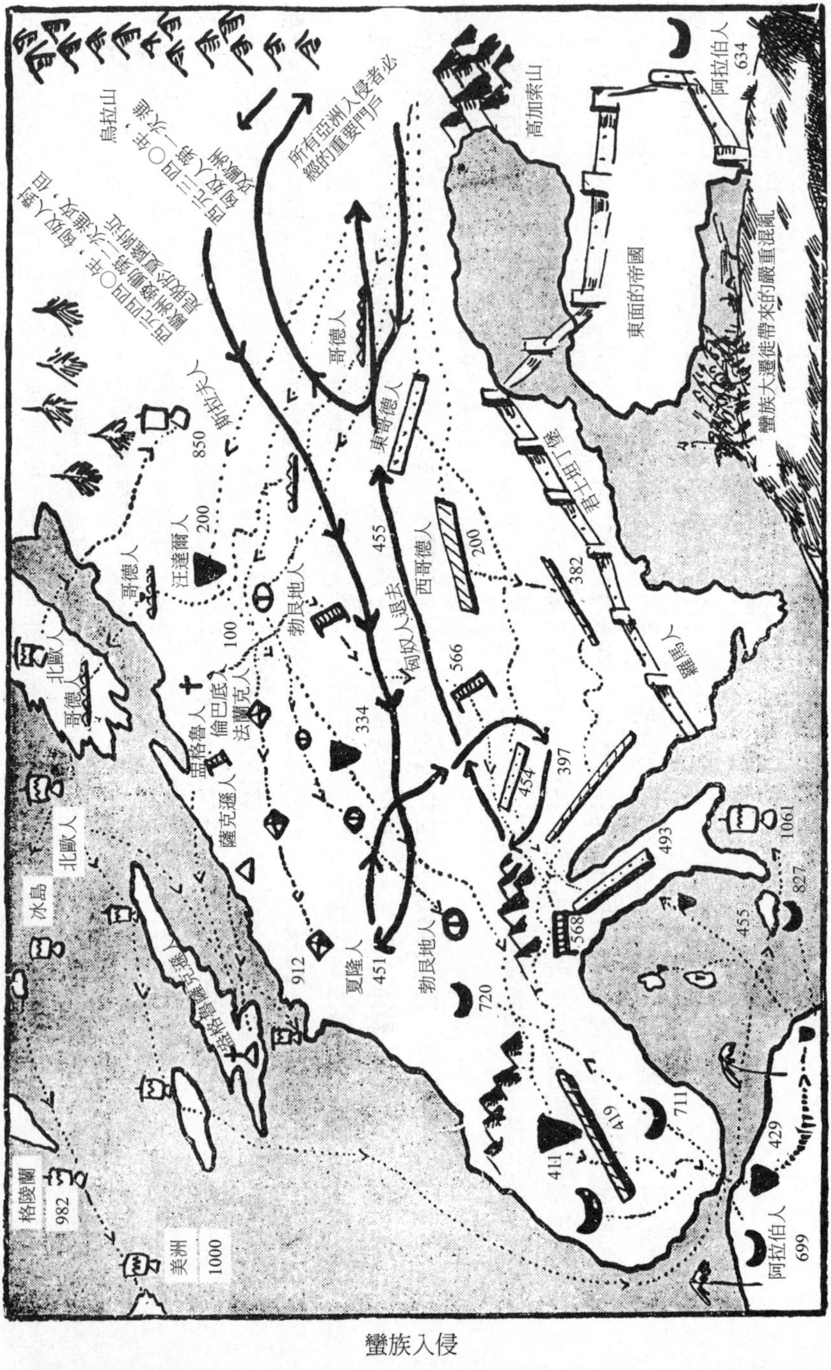

所有亞洲入侵者必經的重要門戶
高加索山
阿拉伯人
634
東面的帝國
蠻族大遷徙帶來的嚴重混亂
君士坦丁堡
羅馬人
東哥德人
西哥德人
200
匈奴人退去
455
斯拉夫人
850
哥德人
汪達爾人
200
北歐人
哥德人
勃艮地人
100
倫巴底人
法蘭克人
盎格魯人
薩克遜人
334
566
454
397
382
493
568
1061
827
455
冰島
北歐人
格陵蘭
982
美洲
1000
夏隆人
451
912
勃艮地人
720
419
411
711
429
阿拉伯人
699

蠻族入侵

但之後又過了幾年，東哥德人的共主希奧多里克帶兵攻入這個新成立的「貴族領國」，奪下拉芬納，在宴席上刺殺了奧多瓦克。同樣地，希奧多里克也在帝國西半部的廢墟之中建立了一個哥德人的王國，但他的貴族領國也沒有維持多久。西元六世紀時，倫巴底人、薩克森人、斯拉夫人、阿瓦爾人聯手入侵義大利，摧毀了這個哥德王國，然後建立了一個以帕維亞為首都的國家。

到了最後，羅馬，這個帝國過去的都城，陷入全然荒蕪與絕望的谷底。古老的宮殿一次又一次遭到洗劫。入侵者燒毀了學校，讓失去工作的教師活活餓死。別墅裡的富人被趕了出去，現在裡面住的是渾身異味、體毛雜長的蠻族。道路失修，橋梁斷裂，商業活動成為一灘死水。文明，這個由埃及人、巴比倫人、希臘人、羅馬人，歷經數千年的時間，耐心刻劃而成的作品，曾經把後世子孫抬高到遠在人類始祖所能幻想之外的高度，如今面臨了即將在（歐洲）西部大陸上就此消失的危機。

確實，在遙遠的東方，君士坦丁堡依舊是名為羅馬這個帝國的中心，甚至之後還又延續了一千年，但是我們很難把它算作歐洲大陸的一部分。那個帝國[2]關懷的重點在東方，它正慢慢淡忘自己源出於西部的傳承。他們漸漸地不說羅馬話，改說希臘話；他們的孩子已經不學羅馬字母表了。雖然他們繼續採用羅馬法，但法條與判決是用希臘文寫成，為法律做出解釋的是希臘裔的法官。那個帝國的皇帝也已經成為亞洲色彩的專制君主，他的人民對待他的方法與態度，就像三千年前尼羅河流域的人民把底比斯國王當成神來崇拜祭祠那樣。當拜占庭教會的傳教士想要找尋佈道的新天地時，他們的腳步是向東而去，進而把拜占庭文明的種子帶到俄羅斯的廣闊荒野上。

[2] 譯註：我們後世人通常稱它「東羅馬帝國」或「拜占庭帝國」。

至於西邊的生滅，那就只能看蠻族的意思了。於是，前後有十二代人的時間，如果要說歐洲社會還有秩序，那麼這個秩序就是凶殺、戰爭、縱火和掠奪。歐洲之所以沒有完全毀滅，沒有回到穴居，回到與土狼共存的時代，都是因爲有「它」，而且就只有它。

它就是教會，是偉大的羅馬當初或許只是爲了解決敘利亞邊境某處小城市裡的街頭暴動，而不惜殺死的那位拿撒勒木匠，在死後所留下來的一群謙卑的善男信女——多少世紀以來，他們都堅持著自己是耶穌的信徒。

27 教會的興起

羅馬又是怎樣成為基督教世界的中心呢？

羅馬帝國裡，只要是擁有常人智性的羅馬人，對於他先祖一輩會祠奉的諸神幾乎都不感興趣。一年之中，他或許會去個幾回神廟，但那只是出於習俗。當有群衆組成盛大的遊行隊伍，慶祝某個宗教節日的時候，雖然他願意在一旁靜靜地看，不過在他的心中，其實覺得崇拜朱比特、密涅瓦、涅普頓等神明的行爲很幼稚，是文明還未進步的共和國時代遺留下來的殘留風俗。像他這麼一位熟讀斯多葛學派、伊比鳩魯學派，以及其他偉大雅典哲學家作品的人，對於這些信仰就敬謝不敏了。

這樣一種態度也讓羅馬人成爲對宗教相當寬容的民族。當然，政府堅決表示：帝國內所有人民，不論羅馬人、外域人、希臘人、巴比倫人、猶太人等等，都要在自己每間神廟裡擺上一尊羅馬皇帝的肖像，然後至少在外表上對它表現出崇敬之意。但這個要求只是儀禮性質，只是形式要求，沒有更深層的涵意。整體而言，帝國內所有人民都可以崇敬自己想崇敬的，熱愛自己想熱愛的神。結果就是，羅馬城裡充斥著各種各類千奇百怪的廟宇寺院，供奉著源自埃及、非洲和亞洲的各路神仙。

所以，當耶穌的門徒第一次踏進羅馬城，開始宣揚他們以博愛爲主的新教義時，沒有受到任何反對，路人三三兩兩停下來聆聽他們要說些什麼。身爲全世界的首都，一直以來，羅馬都充斥著周遊各地的佈道者，每一位都暢談著他獨有的「奧義」。這些自封的教士大多數都是訴諸人們的感官享受，也就是說，都是向信徒保證，只要信了他們口中的那位神明，就可以得到榮華富貴，無窮享受。所以，街上的群眾很快就發現一件事：這些所謂的「基督教徒」（因爲他們是基督的信徒，所以就這麼叫他們；而基督這個稱號，最早的意思是「受油膏儀式的人」）所說的東西眞是與眾不同。他們似乎對財富和地位不爲所動，他們讚揚貧窮、謙卑和順從的優點——這些可不是讓羅馬成爲世界主人的美德。在羅馬帝國正如日中天的時候，這些人卻告訴人們：塵世的成功與榮耀並不一定可以帶來永久的幸福，聽到這種「奧義」的羅馬人不禁感到相當有趣。

除此之外，散播基督奧義的這些人還說，誰要是拒絕聽從這位唯一眞神的話語，等著他的就是種種可怕的結局。「好吧，沒事何必要冒險忤逆神呢？」「當然我們有古羅馬諸神，但是祂們夠力嗎？祂們可以保護我們不受這位

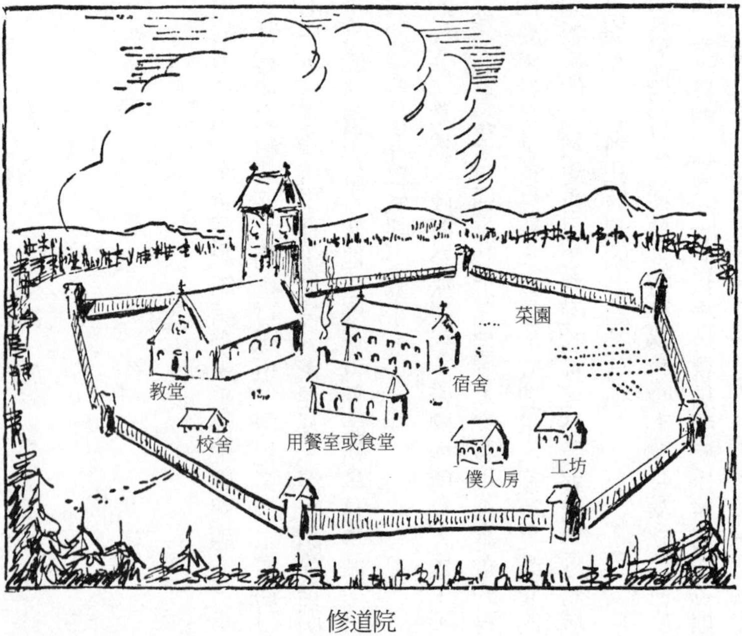

修道院

新神的懲罰嗎？畢竟這一位可是從遙遠的亞洲過來的啊！」——羅馬人心中開始浮現這些疑慮，於是他們又返回來，聆聽這陌生的教義有沒有什麼更進一步的說法。過了一陣子，他們開始與傳播耶穌話語的男男女女們接觸。他們發現，這群人跟羅馬城裡一般的佈道者非常不一樣。最基本的就是，這些人並不竭力求取金錢，而是把手上僅有的錢財施捨出去。這種以身作則的無私精神，帶動許多羅馬人拋棄原有的宗教，加入各個基督徒的小團體，一起在私人住家的密室，或是某處空曠的原野聚會，再也不去他們之前的神廟了。

如此年復一年，基督徒的數量持續增加。教徒們開始選出「地方教會長老」，或是「牧師」（英文裡的這兩個字都是源自希臘文的「長者」），負責維護各個小教會的利益。然後一個省再選出一位主教，作爲省內所有教會的領導人。曾經跟隨保羅來到羅馬的彼得，就是首任羅馬主教。隨著日後的發展，羅馬主教更成爲教宗（教宗這個英文字，就是從教徒對羅馬主教的尊稱變化過來的）。

教會逐漸成爲帝國內一個強大的制度與機構。基督教教義深深吸引那些對這個世界感到絕望的人們；同時也吸引到許多富有能力、胸懷大志的人——帝國政府不願讓他們一展長才，但是在這群謙卑的耶穌信徒之中，他們擔任領導人物的天賦卻不會被埋沒。最後，國家不得不過問了。羅馬政府對宗教的寬容表現在它的漠不關心上（這點我前面提到過），它允許每個人採取自己的方式追求自己的救贖。但它強調的是，不同宗教或教派之間要和平相處，遵守「同生共榮」這條隱含著極大智慧的法則。

然而，基督教社群卻拒絕做出這類寬容表現。他們公開地宣稱，唯有他們的上帝才是俗世與天國的眞正主宰，所有其他神祇全都是冒牌貨。這種態度對其他宗教來說似乎不太公平，警方也不願看到這類言論；但是基督教徒毫不讓步。

很快地，又出現進一步的爭議：基督教徒拒絕向皇帝表現敬意與忠誠，哪怕只是行使外在的禮儀也不肯。此外，他們也拒絕接受徵召入伍。羅馬帝國的地方官拿懲罰來威脅他們，但是基督教徒對官員說：這個世界只不過是前往美好天國的等候室，而且如果要他們為了自己的信仰而死，那是再樂意不過的事。面對這樣的舉動，羅馬人們不知所措。有些時候，他們會處死這些拒絕守法的基督徒，但大多數時候是覺得就由它去吧。在基督教會剛成立之初，民間確實存在著一些攻擊虐待基督教徒的私刑行為，但這主要是有一部分暴民心知基督徒說什麼也不會反擊，所以肆無忌憚地，甚至當作是種消遣般，樂得把所有想像得到的罪名（例如，像是殺嬰、吃嬰、散播傳染病、在國家危急時背叛國家等等）通通加諸在基督徒身上。

就在教會漸漸發展的同時，羅馬也一直遭到蠻族的入侵。每當羅馬的軍隊又一次阻擋不了蠻族南下，基督教的傳教士就挺身而去，向那些粗野的條頓人宣揚和平的福音。這些傳教士都是意志堅決、不怕犧牲的人。而且關於不知向上帝懺悔的罪人會有什麼樣的後果，他們說得是如此斬釘截鐵，所以條頓人也深深地被打動——畢竟，條頓人對於羅馬城悠久的智慧還是

哥德人來了！

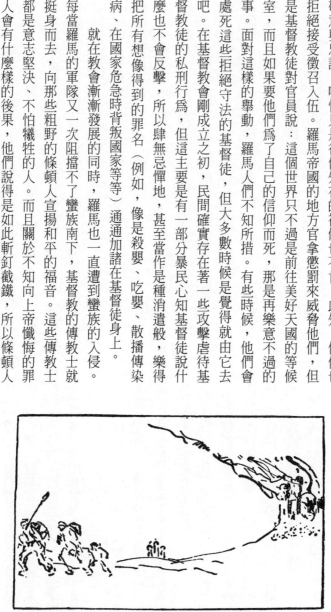

存有高度敬意；條頓人心想：「既然這些傳教士是羅馬人，他們說的多半是眞的吧！」很快地，基督教傳教士就在條頓人和法蘭克人占領的地區內取得一股強大的影響力；一小隊傳教士簡直跟一支軍團一樣有用。而羅馬皇帝也逐漸理解到：基督教對他們說不定大有用處。於是在一些省分裡，基督教徒開始得到跟依舊維持舊有信仰的公民相同的權利，不過，最大的改變則是在西元第四世紀後半發生的。

當時乃是君士坦丁在位，他有時候被稱爲君士坦丁大帝，天知道這是爲什麼？因爲他其實是個糟透的惡棍。當然，太溫和的人在當時那些不是你死就是我活的鬥爭下，是不用指望自己可以活下來的。總之，他在漫長且局勢變化多端的在位期間，經歷了許多起起落落，曾經有一次，在他即將敗給敵人時，他想到或許可以來試試看，這個衆人都在談論的新興亞洲神明究竟有何能耐。他發誓，假如他在接下來的這場激戰中獲勝，就願意皈依基督教。事後他果眞得勝，也就從此對基督教上帝的力量深信不疑，並且讓自己受洗成爲基督徒。

從那一刻起，基督教教會得到官方正式承認，這點大大提升了這支新宗教的地位。

不過這個時候，基督徒依然只占總人口中非常少數（不超過百分之五或六）。爲了要贏，他們只好拒絕做出任何妥協，他們一定要把其他傳統宗教的神祇消滅。曾有一段短暫的時間，熱愛古希臘智慧結晶的朱利安皇帝，設法要拯救這些異教之神受到基督教的進一步迫害。但是，隨著朱利安在征伐波斯時傷重不治，他的後繼者裘維安皇帝又重新定基督教爲國教，全力扶植教會。於是，一間接著一間古老的神殿廟宇紛紛關上大門。接著，又來了那位查士丁尼皇帝（君士坦丁堡的聖索菲亞教堂就是他建的），把柏拉圖在雅典創立的那所哲學學院關閉了。

「學院」的關閉象徵著古希臘世界的終結——那個人人都可以有自己的思考，可以憑著自己的渴望編織夢想的世界。在世界原本建立好的秩序，被野蠻與無知的洪水沖毀之後，哲學家所說的那些模模糊糊的行爲準則，已經無法有效地爲漂浮在上的生命之舟指引方向。人們需要某種更確定、更足以供人信仰的東西。這正是教會所能提供的。

在那一切都不確定的年代，教會就像一片磐石，他們對心目中正確、神聖的信念，都不會退讓任何一步。這種絲毫不會動搖的態度與勇氣，讓人民感到景仰不已，也讓羅馬教會安然度過毀滅羅馬帝國的種種危難。

不過，基督教之所以能享有最終的勝利，還是有某些運氣的成分。在希奧多里克那個既有羅馬又有哥德成分的王國滅亡之後，西元五世紀時的義大利，受到外來入侵的次數相對而言就比較少了。接手哥德人領土的倫巴底人、薩克森人和斯拉夫人，是實力較弱而且更爲落後的民族。在這樣的條件下，羅馬歷任主教於是有能力維持自己城市的獨立性。也就是因爲如此，很快地，四散在整個義大利半島上的帝國殘餘領地，就公認羅馬大公（也就是指羅馬主教）是他們政治上與精神上的最高領袖。

這麼一來，可以說舞臺已經準備好了，就等待一位強人的出現。西元五九〇年，這樣一位強人到來了，他的名字叫格列哥利，出身自古羅馬的統治階級，而且曾經擔任過羅馬市長。之後，他投身教會成爲教士、主教。那一天，儘管他非常不願意，還是被人硬是拉到聖彼得大教堂晉升爲主教（原本他其實是希望能擔任傳教士，去英格蘭向那些異教徒宣揚基督教義）。雖然他只擔任羅馬主教十四年，但是在他去世時，西歐的基督教世界已經正式認定羅馬主教是所有基督教會的領袖，並且稱之爲教宗。

然而，教宗的權力並不及於東方。在羅馬帝國的東半部，皇帝依舊維持著舊有的習俗，他們是奧古斯都與提比略這兩個名號的繼任者，一方面是國家的元首，一方面也是國教的領袖（大祭司）。直到西元一四五三年，土耳其人征服東羅馬帝國，占領君士坦丁堡，將羅馬最後一位皇帝君士坦丁・帕列歐羅格殺死在聖索菲亞教堂的臺階上爲止。

就在東羅馬帝國滅亡的前幾年，托馬斯，也就是這位末代皇帝的兄弟，把女兒柔伊嫁給俄羅斯的伊凡三世。從此之後，莫斯科歷代的大公就成爲東羅馬帝國傳統的繼承人。舊時拜占庭的雙鷹（爲了紀念羅馬分爲東西兩半）成爲現代俄羅斯的代表徽章。原本在俄羅斯貴族中雖然居於首位，但跟其他貴族仍屬同一階級的沙皇，也開始採用羅馬皇帝高高在上、尊貴非凡的那一套，成爲萬人之上的帝王。從此在他面前，其他人不論貴賤，都只是無足輕重的奴僕。

俄羅斯宮廷也依東羅馬帝國的模式重新打造——那是東羅馬帝國的皇帝們從亞洲和埃及引進，（自以爲是）仿照亞歷山大大帝宮廷的風格。拜占庭帝國在垂死前留給俄羅斯的這些遺產，雖然俄羅斯事先沒有任何心理準備，但是卻讓它可以在一望無際的俄羅斯平原上，繼續生氣勃勃地滋長了六個世紀以上。甚至我們必須說，最後一位頭戴拜占庭雙鷹皇冠的人，也就是沙皇尼古拉，一直到不久前才被殺害【1】，遺體被丟到井裡，子女無一倖免。他手上那些歷史悠久的君權全數遭到廢除。教會在俄國也被貶低到在君士坦丁入教以前，它在羅馬所處的那種地位。

至於西邊那個教會則有著大不相同的遭遇，就如我們將在下一章見到的：有位阿拉伯駱駝隊商，他那足以和基督信仰匹敵的教義，即將帶給基督教世界毀滅性的威脅。

【1】譯註：本書在西元一九二一年完成，而這裡提到的尼古拉二世死於一九一七年。

28 穆罕默德

現在讓我們把目光轉向阿拉伯沙漠地區，有位名叫阿米德的駱駝商人成為一位先知。他所感化的信徒們，為了盡其所能地榮耀他們唯一的真神阿拉，幾乎征服了所有人類已知的世界。

[1]從迦太基和漢尼拔之後，我們就隻字未提閃族人。或許你還記得，前面章節那些關於遠古時代的故事，每一則都有他們的身影。巴比倫人、亞述人、腓尼基人、猶太人、阿拉米亞人、迦勒底人，這些全都是閃族人；三、四千年來，他們一直是西亞的統治者。後來他們遭到來自東方，屬於印歐民族的波斯人，以及來自西方，同樣也是印歐民族的希臘人所征服。然後，在亞歷山大大帝去世一百年後，原本是閃族腓尼基人殖民地的迦太基，跟屬於印歐民族的羅馬人，爲了爭奪地中海的寶座，又狠狠地打上一架。迦太基戰敗滅亡後，有八百年的時間，羅馬都是全世界的主宰。然而，到了西元第七世紀，有另一支閃族部落登上歷史舞臺，向雄踞西方世界的強權提出挑戰。他們是阿拉伯人，最初是一群與世無爭、愛好和平的牧人，從亙古以來就在沙漠遊蕩，一直以來都不曾讓人覺得他們有任何建立帝國的野心。

然後他們聽了穆罕默德的話，拿起武器，跨上馬背，用不到一個世紀的時間，就推進到歐洲心臟地帶，向被他們嚇壞的法國農夫，宣揚唯一的眞主「阿拉」以及「阿拉的先知」穆罕默德的榮耀。

阿米德的故事聽起來就好像《天方夜譚》裡的一則。他出生於麥加，雙親是阿布達拉與阿米娜。一般都稱他爲穆罕默德，意思是「應該被頌揚之人」。他可能患有癲癇，有時候會短暫地失去意識。而他曾在這種時候做過一些神奇的夢，夢裡他可以聽到天使加百列的聲音，後來他把加百列的夢中之言都寫在一本名爲《可蘭》的經文裡。他原本是位駱駝商隊的隊長，這職業讓他走遍阿拉伯各地，也不時會遇到信奉猶太教或基督教的商人。漸漸地，他意識到：崇拜一位唯一眞神是件非常能夠激起人心的事情。他想到自己的民族阿拉伯人，就跟他們幾萬年前的祖先一樣，依舊把各地的奇石巨樹當成神靈來敬畏。像在阿拉伯人的聖城麥加，就有一間小小的方形建築，叫作「天房」，裡頭都是地方崇拜用的各種神像與奇奇怪怪的物品。

穆罕默德決定要成爲阿拉伯人的摩西。但是，他沒辦法一邊當先知，一邊做生意。所以他娶了自己的僱主：有錢的寡婦查迪嘉，讓自己可以取得經濟獨立。然後，他向麥加的同胞說：「我是人們期盼許久，由阿拉派來拯救世界的先知」；衆人一聽，莫不開懷大笑。但是，穆罕默德一直不停拿這類話來煩他們，惹得他們決定要殺了他，因爲在他們看來，穆罕默德不只是瘋子，還是人人都討厭的傢伙，所以不值得任何憐憫。不過，他們的歹意被穆罕默德知道了，他便帶著自己那位名叫阿布·伯克爾的忠實門徒，連夜逃到麥地那。這件事發生在西元六二二年，是伊斯蘭教歷史上最重要的一年，又被叫作「Hegira」，意思就是「大逃亡」之年。

穆罕默德來到麥地那就變成生面孔了。所以他發現：他在這裡宣稱自己是先知，會有比較多人相

[1] 譯註：以下是一個從基督徒作者口中說出的，關於伊斯蘭教的故事，我們都知道，基督徒與伊斯蘭教徒處得並不太好。所以，讀者也可以去看看伊斯蘭教徒，或者不屬於任何一邊的人，會怎麼說這個故事。

信，不像在家鄉那裡，每個人都知道他不過是個駱駝商人。很快地，跟在他身後的信徒就越來越多。這些信徒自稱是穆斯林，意思是信奉「伊斯蘭」，也就是「遵從神的意旨」的人——敬神這一點，正是穆罕默德最讚頌的美德。整整七年，他都在向麥地那的居民傳教。等到他覺得自己實力已足，可以回去找他在麥加的舊識算帳時（當初在他還是駱駝商人時，這些人竟敢取笑他，甚至還取笑他神聖的任務），便率領一支由麥地那人組成的軍隊，越過沙漠，沒費多少力氣就攻下麥加。隨後，在殺了一些居民之後，他們突然發現，要讓其他人相信穆罕默德真的是一位偉大的先知，眞是非常容易的一件事。

從那時開始，一直到他去世爲止，穆罕默德不論做什麼事都很走運。

伊斯蘭教能成功有兩個原因。首先，穆罕默德教給信徒的信條非常簡單。他教他們必須愛阿拉，祂是世界的主宰，是慈愛的、悲憫的。他們必須聽父母的話，並且讓父母以他們爲榮。在跟自己的鄰人往來相處時，不可以虛假欺騙。對待窮人或病人，一定要保持謙卑與慈善。最後，阿拉要求他們在吃的方面不可以過度奢華浪費，在喝的方面則不可以碰酒。這就是全部的戒律。伊斯蘭教沒有那種靠著大衆的供養，身爲羊群牧羊人[2]的「牧」師。伊斯蘭的教堂，也就是清眞寺，只是個寬闊的石頭大廳，裡面沒有長椅，不掛畫像，而是只用來給特別虔誠信徒聚集在裡面（如果他們想要來的話），一起唸頌，或者討論《可蘭經》（伊斯蘭教的聖經）裡的某段章節。即便是名普通的信徒，伊斯蘭教也時刻不曾離開過他的身邊，但與此同時，他卻不會覺得這個國教的教規律法，對他構成什麼限制或不便。因爲除了每天必須面向聖城麥加的方向簡單朝拜五次，其餘時間，他只需要帶著耐心，聽天由命地接受阿拉賜給他的宿命，因爲只有統治著世界的阿拉，知道什麼才是這個世界該有的樣子。

這樣一種人生觀能讓每一位穆斯林都可以獲得某種心靈上的滿足，讓他們不管在面對自己，或是面對自己所處的這個世界時，都可以感到心平氣和；這是一件非常好的事。

穆斯林在與基督徒的戰爭中，能夠取得勝利的第二個理由，則是關於伊斯蘭戰士的行爲——他們被派來爲眞正的信仰而戰，先知向他們保證，只要是因作戰而亡，死後就可以直接進入天堂。所以，在戰場上一刀斃命，會比長壽而無味的人生更可取。它讓穆斯林在與十字軍作戰時，握有非常大的優勢，後者總是在畏懼自己死後面對的會是地獄，也總是牢牢抓著塵世的美好事物不放，能抓住多久就抓住多久。它也順帶解釋了：即使到了今日，爲何穆斯林還是不顧一切地向歐洲人機關槍的炮火中衝去，毫不在乎等待著他們的彼世爲何，也向我們說明爲何這些穆斯林是多麼危險又不願放棄的敵人。

在把宗教層面整頓好之後，穆罕默德也開始成爲政治上獨攬大權者：他成爲阿拉伯衆多部族無庸置疑的領導人。然而，對大多數能夠生於憂患的人來說，他們除了會死於安樂之外，也會毀於成功，穆罕默德也不例外。他努力想要贏得富人團體的好感，於是定下許多對這些富人有利的規定。譬如，他允許

穆罕默德出逃

【2】譯註：這是基督徒常用的比喻，羊群指需要指引的一般人。

信徒可以擁有四位妻子。有鑑於在那遙遠的年代，取得新娘的方法是直接向她的父母購買，因此，一位妻子就已是一項昂貴的投資了，擁有四位妻子便無疑是種奢侈的表現，只有那些擁有數不清的駱駝與一望無際的棗椰樹園的人，才能負擔得起。於是，這個最初是為了在廣大沙漠裡討生活、辛勤堅韌的獵人們而創立的宗教，漸漸變成是在迎合住在都市市集裡，那些沾沾自喜的商人們的需要。念及它的初衷，這眞個令人遺憾的轉變，對伊斯蘭教的理想與目標更是幾乎沒有任何助益。至於那位先知本人呢？他還是不為所動，繼續宣揚阿拉的眞理，提出新的行為規範，一直到他在西元六三二年六月七日，突然死於熱病為止。

繼承穆斯林「哈里發」（也就是領導者）位置的，是穆罕默德的岳父阿布・伯克爾。他曾經與先知共同度過早期患難的日子。兩年後，阿布・伯克爾去世，由奧瑪・賓・阿爾・卡塔布接下哈里發之位。他在不到十年的時間內，征服了埃及、波斯、腓尼基、敘利亞和巴勒斯坦，然後把大馬士革定為這史上頭一個伊斯蘭世界帝國的首都。

在奧瑪之後繼承哈里發的是阿里，他是穆罕默德的女婿（穆罕默德的女兒叫作法蒂瑪）。但是，信徒間對穆斯林教義起了爭執，阿里因此被殺。在他死後，哈里發地位就改為世襲，而且這個原本是「信徒領袖」的頭銜，它的持有人也從一開始宗教上的精神領袖，搖身一變成為大帝國的統治者。經過幾任哈里發的努力，帝國在幼發拉底河畔建立了一個名叫巴格達的新城市，位置就在巴比倫城遺跡的附近。此外，原本鬆散的阿拉伯騎馬戰士在被組訓成強力的騎兵團後，也出發去把信仰伊斯蘭宗教的幸福散播給所有不信阿拉的人。西元七〇〇年，一位名叫塔里克的穆斯林將軍穿越歷史悠久的赫丘力之門，來到歐洲這邊的高大石山上，他把這個地方叫作 Gibel-al-tarik，意思是「塔里克之山」，後來拼法

十字與彎月之爭

演變，就成了直布羅陀。

十一年後，在夫隆特拉一役中，塔里克擊敗了西哥德人的首領，隨後穆斯林的軍隊向北行進，沿著當年漢尼拔的路線，跨過庇里牛斯山，打敗試圖在波爾多附近阻擋他們的阿奎塔尼亞大公後，繼續朝巴黎前進。但是，西元七三二年時（剛好是穆罕默德逝世一百週年），這些穆斯林在土爾與波瓦提之間輸給了法蘭克人的軍隊。換句話說，在那一天，法蘭克人的指揮官夏爾．馬特拯救了歐洲，讓它免於伊斯蘭教的征服。雖然夏爾．馬特把穆斯林趕出法國，不過，他們還是在西班牙站穩了腳步，由阿卜杜．拉赫曼在那裡建立了一個叫作哥多華的哈里發王國——這王國之後還成為中古歐洲最傑出的科學與藝術中心。

這個摩爾人的王國延續了七百年（之所以要叫他們摩爾人，是因為這些穆斯林是來自摩洛哥的「茅利塔尼亞」，經過一番文字演變後，英文唸起來就變成「摩爾」）。一直要到歐洲人在一四九二年，攻下穆斯林在歐洲的最後一處堡壘格拉納達之後，哥倫布才有辦法取得皇家贊助，讓他可以踏上地理大發現之旅。後來穆斯林也很快地在對亞洲和非洲發動的新戰事中，恢復了他們的元氣。如今，在這個世界上，穆罕默德的信徒跟耶穌基督的信徒，人數依舊不相上下。

29 查理曼

法蘭克國王查理曼是如何取得皇帝的稱號，又是如何努力想要再次實現世界帝國這種古老的理想呢？

波瓦提一役，讓歐洲免於落入穆斯林之手，但是歐洲的內部問題——也就是當羅馬帝國維持秩序的能力消失後，那種令人絕望的混亂狀態卻依然持續著。雖然歐洲北部新近皈依基督教的人們，對偉大的羅馬主教懷有深深的敬意，但是當羅馬主教放眼望向北方遠處的山脈，心裡想著：「天知道會不會有哪個生面孔的蠻族，已經準備好越過阿爾卑斯山，要再對羅馬發動一次攻擊？」這時候，我們可憐的教宗實在無法感覺自己有多安全。因此，這位全世界的精神領袖不免覺得有必要，而且是非常有必要，替自己找尋一位擁有利劍與鐵拳，並且願意在危急時刻，為保衛教皇陛下而戰的盟友。

就這樣，不但非常聖潔，同時也非常務實的歷代教宗，開始環顧四周，尋找可以結交的朋友，沒多久，教宗就主動向最有希望的日耳曼部族示好。自羅馬覆亡之來，他們就占據著歐洲的西北部。這支日耳曼部族叫作法蘭克人。他們最早的幾任國王中，有一位名叫墨洛維，法蘭克人在他率領之下，曾經在西元四五一年的那場夏隆戰役中，幫助羅馬人打敗匈奴人。他的直系子孫建立了所謂的墨洛林王朝[1]，

[1] 譯註：「墨洛林」在英文裡意思就是「姓墨洛維的」。

他們持續搶占羅馬帝國境內的小塊領土，直到四八六年，當時的首領克洛維（這是古法文中「路易」這個名字的寫法）認為自己的實力已經足夠，便公開和羅馬開戰。雖然他打了勝仗，大幅擴張了領土，但是他的後代子孫們卻是些軟弱的人，最終還把國家大事交給自己的宰相，或者又稱「宮相」，也就是宮廷長的意思。

這年，矮子丕平從他父親，也就是那有名的夏爾·馬特那裡，繼承了宮廷長的職位，不過，他不太知道該怎麼處理眼前的情況：他的國王只知醉心鑽研神學，對政事興趣缺缺。丕平向教宗尋求建議，我們那位務實的教宗回答他：「誰是實際執行運用國家權力的人，誰就有資格擁有這權力。」丕平聽出教宗的弦外之音，於是說服墨洛林王朝的最後一位國王希爾德利克退隱至修道院，然後在其他日耳曼族首領的承認下，宣布繼承王位。不過，光是這樣還不足以滿足狡猾的丕平，他想當的不只是一位蠻族國王。於是，他在朋尼菲斯舉行了一個精心策劃的儀式，由當時歐洲西北部一位偉大的傳教士替他施行塗油禮【2】，加冕他為「蒙上帝恩典所賜之王」。把「蒙上帝恩賜」這幾個字悄悄塞進加冕典禮中，是多麼容易的一件事；然而，要把它拿掉卻花了後人將近一千五百年的時間。

丕平對於教會向他表示的善意，是真的銘記在心。他兩次派兵遠赴義大利協助教宗對抗敵人，還從倫巴底人手中搶下了拉芬納及其他幾個城市，然後把它們獻給教宗。這些新領土都被收進所謂的教宗國，一個到半世紀以前【3】都還維持獨立的國家。

丕平死後，教宗的羅馬與法蘭克國王的艾克斯·拉·夏貝爾【4】、奈維根，或是英格爾罕姆（法蘭克國王不設固定的正式居城，乃是帶著所有大臣與宮廷官員不時從一地遷徙至另一地），彼此之間的關係越來越親密。到最後，教宗與法蘭克國王跨出將會影響歐洲歷史至深至遠的一步。

這要從查理（一般多稱他查理曼大帝）在西元七六八年時繼承了丕平的王位說起。從那之後，他打下薩克森人在德國東部的土地，並且建設了遍布歐洲北部大部分地區的村鎮和修道院。此外，與阿卜杜．拉赫曼為敵的某些部族，請求他出兵西班牙對抗這些摩爾人。不過，途中來到庇里牛斯山區時，查理曼遭到野蠻民族巴斯克人的攻擊，只好被迫撤軍。正是在這個時刻，不列塔尼侯爵羅蘭向世人展現了那個時代的法蘭克人部族首領，是何等了不起的角色——為了實踐向國王查理曼盡忠的誓言，羅蘭和他忠心的手下用自己的生命，換來王室軍隊的安全撤退。

查理向外擴張的腳步，到了西元第八世紀的最後十年，不得不有所停頓，因為此時他被迫將所有的心思全部放到南面的事務上。大事發生在西元七九九年十二月，當時的教宗雷歐三世被一群羅馬暴徒攻擊受傷，還被丟在街上任憑他自生自滅。還好有一些善心人士替他包紮傷口，並且協助他逃到查理的營地求援。查理的軍隊很快就恢復了羅馬的秩序，然後護送雷歐回到拉特朗宮——它從君士坦丁的時代以來就一直是教宗的居所。隔年的聖誕節，當時仍停留在羅馬的查理曼，出席了在歷史悠久的聖彼得大教堂所舉行的一場基督教禮拜，而當他結束祈禱站起身來時，教宗將一頂皇冠放在他頭上，但這頂皇冠不是法蘭克人的，而是羅馬人的皇冠。是的，此時此刻，教宗用了一個世人已經有幾百年沒聽到過的稱號來稱呼查理曼——「奧古斯都」。

【2】譯註：這是象徵王者的儀式。
【3】譯註：西元一八七〇年。
【4】譯註：也就是亞琛。

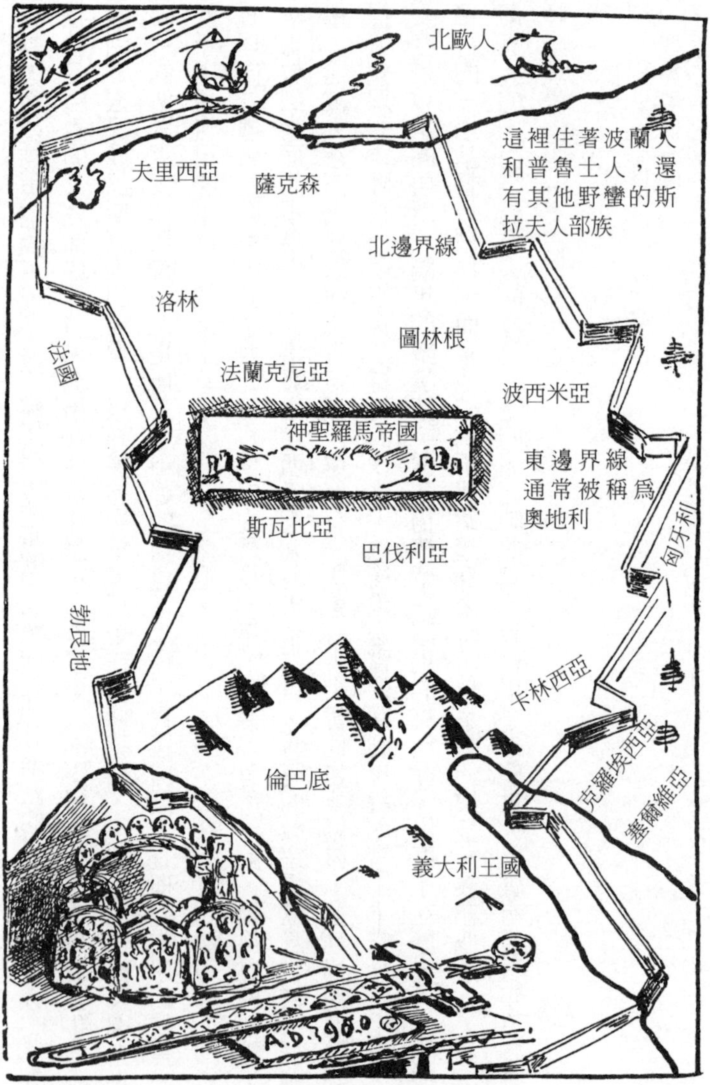
北歐人
這裡住著波蘭人
和普魯士人，還
有其他野蠻的斯
拉夫人部族
夫里西亞
薩克森
北邊界線
洛林
法國
圖林根
法蘭克尼亞
波西米亞
神聖羅馬帝國
東邊界線
通常被稱為
奧地利
斯瓦比亞
巴伐利亞
匈牙利
勃艮地
卡林西亞
克羅埃西亞
塞爾維亞
倫巴底
義大利王國
A.D. 960

日耳曼民族的神聖羅馬帝國

這麼一來，歐洲北部又重歸「羅馬的帝國」所有了。只不過，皇帝的寶座現在是由一個日耳曼人的首領坐在上面。他認得的字不多，更不用說是提筆寫字，但是講到打仗，他就在行了。因此，他成功地維持住歐洲的秩序，雖然為期不甚長久。即便是處於對立狀態的東羅馬帝國皇帝，都送了一封信來承認他這位「親愛的兄弟」。

遺憾的是，這位了不起的老先生在西元八一四年去世了。馬上，他的兒孫輩就為了誰能繼承王國最大的部分而開戰。所以前後兩次，加洛林王朝【5】的自己人必須簽訂停戰和約來回復和平，並且瓜分祖上帝國的領土：一次是八四三年的凡爾登條約，一次是八七〇年的（馬士河畔的）梅爾森條約。後面這個條約把屬於法蘭克人的大王國劃成兩塊。禿頭查理【6】取得西半部，範圍涵蓋名為高盧的那個舊羅馬帝國省分。由於被羅馬帝國統治過的關係，高盧居民的語言已經徹底羅馬化了；比較晚來到這裡的法蘭克人，也很快地就學會了這種語言。這一點替我們解釋了一個奇怪的現象，那就是為什麼法國這種由凱爾特人和日耳曼人所構成的國家，說的是拉丁語系的語言。

查理曼的另一位孫子得到王國的東半部，主要涵括羅馬人稱為日耳曼尼亞的地方。那是一片不適合人居的區域，羅馬人從來沒有把它收入自己的帝國版圖。屋大維．奧古斯都曾經試圖征服這片「遠東地區」，但是他的羅馬步兵團於西元九年時，在條頓堡森林裡被殲滅，從而這裡的人民自然也就一直未曾受過羅馬成熟文明的洗禮。條頓人說的是一般通行的日耳曼語。不過，由於在條頓語

【5】譯註：由丕平．查理曼一脈傳下來的王室後裔被稱為加洛林王朝。
【6】譯註：因為歐洲王族的名字常常重複，所以有時候會在後面加上一世、二世來區別，有時候則是用綽號來標示。

中，「人」是唸作「thiot」，基督教傳教士聽了，就用他們的拉丁文拼成「theotisca」語，或「teutisca」語，來代表日耳曼語，意思就是「那群人在說的語言」，日後，「teutisca」這個字變形成爲「Deutsch」，也就是德語，而這塊地方也就是「Deutshland」（德國）。

至於前面提到代表羅馬帝國的那頂皇冠，則很快就從加洛林王朝的後繼者頭上滑了下來，滾啊滾地又滾回義大利平原，成爲一群小國的國王透過一次次的血腥手段，交替從別人頭上奪過來的玩物，當然，（無論他們戴上它有沒有得到教宗的允許）往往也只能戴到被哪個野心勃勃的鄰居搶走爲止。在這種情況下，教宗再度陷入被不懷好意之人重重包圍的慘況，於是他向北方尋求援助。這一次，他請求的對象不是西邊的法蘭克人王國，他的使者跨越阿爾卑斯山，努力向東法蘭克的鄂圖使力——鄂圖原先是薩克森王公，但這時各日耳曼部族都已經不得不承認，他是他們之中最強盛的國王。

山隘

鄂圖和接受自己統治的人民一樣，深愛著義大利半島上的藍天大地，還有生活在當地愉快、優美的民族。因此，一聽到教宗有難，就迅速趕來救援。爲了回報他的功勞，教宗雷歐八世加冕他爲「皇帝」，於是查理曼那個舊王國的東半部，從此成爲「日耳曼民族的神聖羅馬帝國」[7]。

雖然這麼一個政治產物非常怪異，它還是想盡辦法活到八百三十九歲的高壽。西元一八〇一年，以最無禮的方式，它被掃進歷史的垃圾堆裡，讓這一年不但是十九世紀的起點，也是一個新時代的起點。摧毀這個老邁日耳曼帝國的殘忍傢伙，是一位科西嘉島的公證人之子。自投身法蘭西共和國軍旅以來，這位仁兄一直成就非凡，拜他手下那支聲震四方的「護衛軍」所賜，他成爲歐洲的統治者。但是，我們這位拿破崙將軍所渴望不只這些，所以，他派人去羅馬請來教宗，爲的是讓教宗在旁邊看著他，把帝國皇冠自己戴到頭上，然後宣布自己繼承了查理曼的精神。

你看歷史就像人生一樣，事物一直在變幻，雷同也一直在出現。

[7] 譯註：雖然這個帝國從鄂圖起算，不過，這個長長的名稱是更後來才湊齊的。

30 北歐人

為什麼十世紀的人們要祈禱上帝保護他們，免於北歐人的來襲呢？

西元第三、四世紀時，歐洲中部的日耳曼人部落紛紛衝破羅馬帝國的防線，是否掠劫羅馬，或是否靠搜刮帝國境內的民脂民膏爲生，就看他們的意思如何。然而到了八世紀時，換成這些日耳曼人變成被搶的一方。他們一點都不喜歡這種感覺，即便兇手就是他們的遠親：居住在丹麥、瑞典和挪威的北歐人。

到底什麼原因逼這些強悍的水手上了梁山，成爲海盜，這我們並不曉得。但是一旦他們嘗到海賊生活的甜頭之後，就沒有人擋得住他們了。他們會突然降臨法蘭克人或弗里西亞人那些位於河口的平靜小村莊，把村內的男子都殺光，女子都擄走，然後再駕著他們的快船溜走，等到國王或皇帝的士兵趕到，這些強盜早已走得無影無蹤，只剩下依然冒著煙的廢墟留在現場。

歐洲在查理曼去世後，出現了一段期間的失序狀態，北歐人趁此時機大爲活躍。他們的船隊搶遍所有國家；他們的水手沿著荷蘭、法國、英國和德國的海岸，建立起一個個小型獨立王國；甚至他們的行蹤最遠還曾經來到義大利。這些北歐人其實很聰明，很快就學會當地——也就是受他們統治的人民的語言，進而放棄了自己早期維京人（意思就是海上的王者）時代，那種未開化的生活方式——那種生活雖然確實有如故事一般別具風格，但也非常粗俗，而且極度殘忍。

北歐人來了

十世紀初，有位名叫羅洛的維京人一而再、再而三地進犯法國沿海地帶。法國國王由於太過無力，不敢對抗這些來自北方的匪徒，於是設法用收買的方式讓他們「放下屠刀」。法國國王向這夥維京人說，只要他們保證不再騷擾法國其他部分，他願意把諾曼地省送給他們。羅洛覺得這交易划算，於是就這麼成了「諾曼地公爵」。

雖然他答應不侵犯法國，但是對於征服的渴望，依舊在他子孫的血液裡沸騰。他們遠眺海峽的另一面，在距離歐洲大陸不過幾小時航程的地方，就可以看到英格蘭的灰白峭壁和碧綠草原。那片可憐的土地經歷過許多艱苦的歲月：有兩百年的時間，它是羅馬的殖民地；羅馬人走後，它就被兩支來自什列斯威的日耳曼部族——盎格魯人和薩克森人給征服；接著來的是丹麥人，他們占領了英格蘭的大部分地區，建立了克努特王國。丹麥人後來被趕走了，如今（在這裡指的是十一世紀）統治英格蘭的是一位薩克森人的國王，名叫懺悔者愛德華。但是愛德華沒有子嗣，看起來也將不久於人世，整個情況對野心勃勃的諾曼地公爵大大

【1】譯按：德國沿海的民族。

北歐人的家鄉

北歐人前往俄羅斯

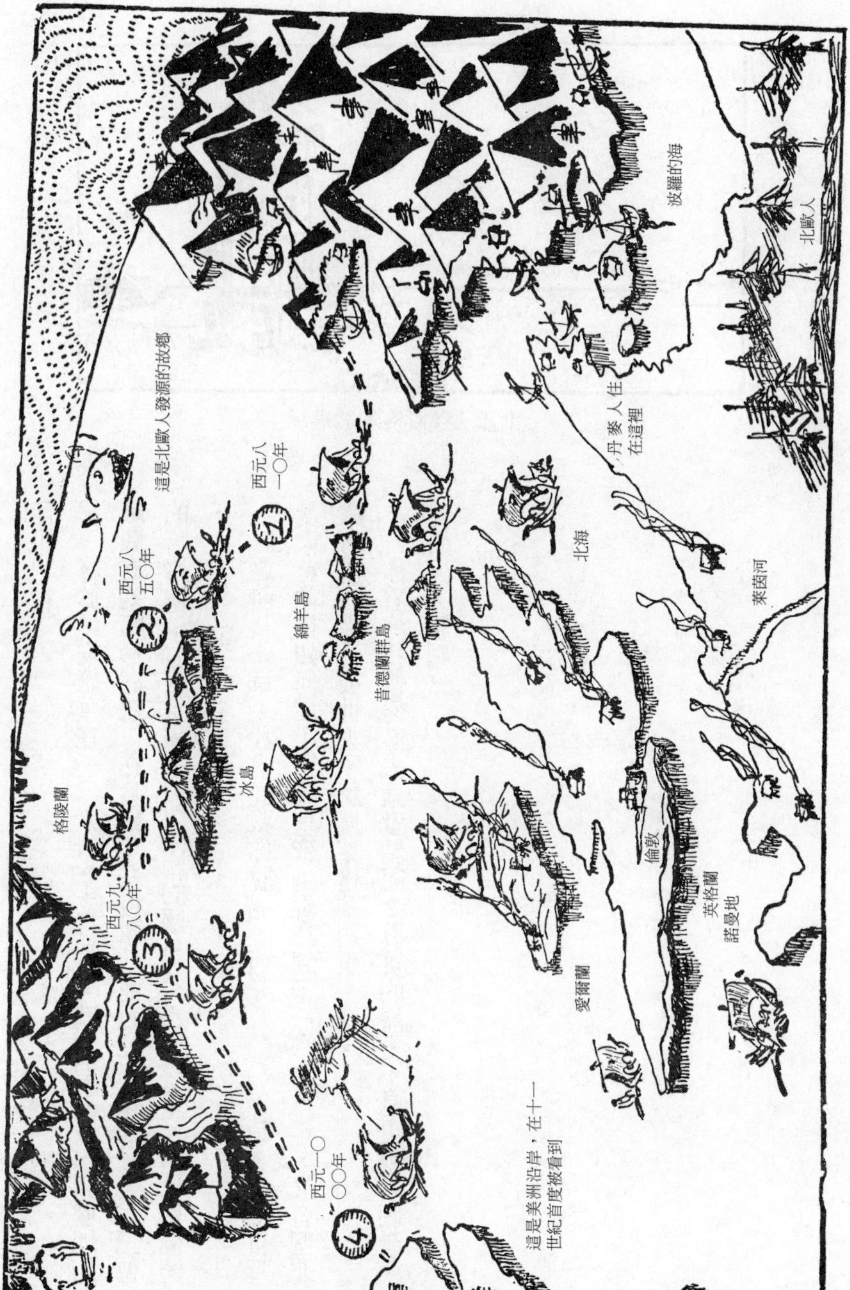
這是北歐人發源的故鄉
西元八一〇年
西元八五〇年
綿羊島
昔德蘭群島
丹麥人住在這裡
波羅的海
北歐人
北海
萊茵河
格陵蘭
冰島
西元九八〇年
倫敦
英格蘭
諾曼地
愛爾蘭
西元一〇〇〇年
這是美洲沿岸，在十一世紀首度被看到

北歐人的世界

北歐人遠眺海峽彼端

有利。

終於，愛德華在一〇六六年去世了。聽到消息後，諾曼地的威廉立刻跨過海峽，在哈斯丁一役擊敗並殺死了接任愛德華王位的哈洛德（原爲韋塞克斯王國的國王），然後自立爲英格蘭國王。

之前某一章，我曾經跟你說過，西元八〇〇年時，有位日耳曼人首領是如何成了羅馬皇帝；現在到了一〇六六年，又有個北歐海盜的孫子被世人承認爲英格蘭國王。

你看，我們何必去讀童話呢？眞實的歷史不是更精彩刺激、更引人入勝嗎？

31 封建制度

三面受敵的中歐是如何成為一個大軍事營區，而又為什麼假如沒有那些既是職業軍人、也是地方治理者的人（他們構成封建制度的一部分），歐洲便會整個崩毀。

下面要談的，是歐洲在西元一〇〇〇年時的境況。當時大多數人的日子都苦到不能再苦，甚至每當有人預言世界末日就要到時，他們非但對預言欣然接受，還連忙擁入修道院祈禱，以便在末日審判的那一刻來臨時，讓上帝看到他們正在努力實踐祂的教誨。

歐洲之所以來到這種地步，先讓我們話說從頭。不知在多久以前，日耳曼部族離開了他們在亞洲的老家，向西來到歐洲。然後，單純靠著人數的優勢，他們順利地強行進入羅馬帝國的領內。西半部這個大帝國漸漸被他們摧毀，而東半部那個，由於不在這場大遷徙的主要路線上，成功地存活了下來，微弱地延續羅馬古代榮光的傳統。

在接下來這段秩序混亂的日子裡（那是歷史上貨眞價實的「黑暗時代」，時間是西元第六和第七世紀），日耳曼部族被說動信了基督教，並且承認羅馬主教爲教宗，也就是全世界的精神領袖。到了九世紀，在查理曼傑出的組織能力下，羅馬帝國重現江湖，讓西歐大部分區域再度成爲一個一統的國家。這個帝國在十世紀間再度四分五裂，它的西半部成爲一個獨立的王國：法國；東半部則是以「日耳曼民族的神聖羅馬帝國」爲人所知。而爲了對得起這個名字，這個聯邦性質的帝國統治者還得一直自稱是凱撒和屋大維的直接繼承人。

不幸的是，一方面法國國王的實權，連自己都城的護城河都跨不出去；另一方面，神聖羅馬帝國的情況也沒好到哪去，它那些有力的臣下，不管是出於眞的有利可圖，或者只不過是心血來潮，都可能會公開藐視皇帝的旨意。

此外，三角形的西歐（請看一下前面的圖），一直以來都暴露在來自三個方向的攻擊，這等於是讓已經飽嘗苦難的黎民百姓再添一樁慘事。它的南面住著不曾被消滅的可怕穆斯林；西面的海岸不時遭到北歐人的襲擊；東面邊界除了喀爾巴阡山之外，完全無天險可守（而喀爾巴阡山延伸的長度又不夠長），只能任憑匈奴、匈牙利、斯拉夫、韃靼等游牧民族宰割。

羅馬帶來的和平已經是遙遠的過去，是那個只能在夢中緬懷，但絕對不會再復返的「美好舊時光」。如今要考慮的只有「要打，還是要死？」，理所當然的，人們都寧可要打。就是在這種環境逼迫下，歐洲成爲一大片軍事營區，而且迫切需要有人可以提供強而有力的領導。然而，無論國王或皇帝都是天高地遠，住在邊陲地區的人民（不過對西元一〇〇〇年的歐洲來說，其實絕大部分都已是「邊陲」）必須仰仗自己才行。因此，假如有位國王的代表被派來替國王管理這類外部地區，那麼，只要這位代表的確有能力保護人們不受敵人侵害，居民也就樂於服從他的命令。

於是過不了多久，中歐的土地上就布滿了一個個由公爵、伯爵、男爵，或主教等顯赫人士（究竟是哪一種，則視實際情況而定）施行統治的公國，把轄下的人民組織起來，成爲一個作戰單位。這些公爵、伯爵、男爵都曾向國王宣誓絕對會效忠於他，爲他效勞或作戰，並且繳納一定的稅金，以回報國王賜予他們「封地」的恩惠（所以才會被稱爲「封建」）。雖說如此，不過在那個時代，人員的移動非常緩慢不便，通訊聯繫的方式也極度落後，所以，這些國王或皇帝的代理統治者擁有非常大的獨立自主性，可以在屬於自己的領土範圍內，行使絕大多數事實上專屬於國王的權利。

不過，請別誤以為十一世紀的老百姓對這種政治制度不滿意。當時的人們支持封建制度，因為這個制度不只非常切合實際需要，而且人們無法想像若是沒有它，事情會變得如何。一般百姓會稱自己公國的統治者為「領主」或是「主人」，這些人通常住在用石材建造的城堡裡，而且把城堡建在高起的石丘頂上，或是用深深的護城河把城堡包圍起來。但是無論如何，城池所在地都會在自己子民的視線內，好讓他們在危險逼近的時候，可以在城堡的高牆後面尋得庇護。這就是為什麼當時的人們會盡可能住得離城堡越近越好，這也是為什麼許多歐洲城市最早都是圍繞著封建城堡開始發展的。

話說回來，中古時代早期的騎士絕對不是只需要負責作戰而已，在那個時代，他也要負責文官的工作。他是地方上的法官，也是警察局長；他要追拿強盜，保護巡迴小販（對十一世紀來說，他們已經算是大商人了）；他要照護堤防，這樣農村才不會遭遇水患（這就跟四千年以前，在尼羅河流域首度出現的貴族所做的事一樣）；他為吟遊詩人提供支持——他們從一地遊歷到另一地，到處講述在那些大遷徙時代的偉大戰役中，英勇奮戰的古代英雄傳說。除了這些，他還要保護自己領地內的教堂和修道院。而雖然他既不會讀也不會寫（在那個時代，會讀寫代表你不夠男子氣概），他也知道要雇請一些牧師來幫他記帳，替自己領地內的人民做結婚登記，以及出生和死亡登記等等戶口紀錄。

當時間來到十五世紀，國王們的實力重新強大到可以親自行使原本就屬於他們的權利（至於原本為什麼他們擁有這些權利呢？因為他們乃是由「神所加冕」的國王），封建騎士們便失去原先那獨立自主地位了。他們淪為地方上的鄉紳，而且由於不再具有實際功能，因此，他們的存在很快就成為地方上的麻煩。但是再怎麼樣，假如在黑暗時代沒有這套「封建體制」，歐洲將會連一片瓦礫都不剩。這期間出過許多壞騎士，就好像即使在今天，世上也有許多壞人；不過整體來說，十二、十三世紀這些流氓般的領主，其實也是非常勤於政事的代理統治者，替歐洲進步的過程做出最有用的貢獻。學術和藝術這把曾經照亮過埃及、希臘和羅馬世界的貴重火炬，在那個時代只剩下零星的火苗微微燃燒著。要是沒有騎士，以及他們的好朋友：教士，文明或許就全然熄滅了，人類也就只能從穴居人的階段重頭發展一次。

32 騎士

中世紀這些以作戰爲職業的戰士們，會去努力建立出某個嚴密的組織，來追求共同的利益與保障，其實是非常自然的事。騎士制度的誕生，就是爲了滿足這種對團體組織的需求。

關於騎士的起源，我們知道得實在少之又少。不過，騎士制度一建立起來之後，馬上就爲世人帶來迫切需要的東西，那就是一套明確的行爲準則。它讓當時種種殘忍暴力的習俗得以緩和下來，也讓這前後五百年的黑暗時代生活，日子過起來不那麼難受。馴化粗野的邊疆居民並不是簡單的事——這些人可是將大部分時間都花在和穆斯林、匈奴人，或北歐人作戰上。在學習當個文明人這件事上，他們常常都有開倒車的問題，譬如早上才發了各種毒誓，一定要當個仁慈又博愛的人，結果還不到晚上就把自己的俘虜都殺光了。不過，進步本來就不是一步登天的事，而是一種滴水穿石般的成果。到了最後，即使是性格最野蠻的騎士，也不得不遵守自己「階級」的準則，否則就要嘗嘗苦頭了。

隨著地方不同，騎士該遵守的規範內容也有所出入，但是不管怎麼變，強調的都是「服務精神」和「盡忠職守」。中世紀的人們認爲，「服務」乃是一件非常高貴而且美好的事情。在當時，身爲一位僕役並不可恥，只要你是位工作不怠慢的好僕人。而當人人的生命安危都必須仰賴騎士是否忠實盡到各種責任與任務時，「忠誠」當然是那個時代的騎士最首要的美德。

於是，年輕騎士必須宣誓：他將成爲上帝和國王最忠貞的僕人。除了這點以外，他也誓言會慷慨對待比自己窮困的人；會控制個人言行舉止要謙卑，絕不吹噓誇耀自己的成就；並且會幫助所有受苦受難的人（除了穆斯林以外，他對穆斯林應該要格殺勿論）。

這些東西不過是把《十誡》用中世紀人可以理解的話再講一遍。不過，騎士由於有它們做基礎，得以發展出一套精密的，關於態度、禮節、舉止等等外部行爲的體制。騎士們以吟遊詩人口中那些英雄作爲自己的榜樣——或許是亞瑟王的圓桌武士，或許是查理曼的殿前武士，努力讓自己的人生也能跟他們一樣。他們希望自己可以像蘭斯洛特那樣勇敢，像羅蘭那樣忠心。他們不會讓自己的尊嚴掃地，說話時措詞謹慎，詞藻優雅，好讓他人可以知道他們是眞正的騎士，即使他們的外表再怎麼樸素，阮囊再怎麼羞澀。

從這樣的角度來看，騎士團就是一所學校，專門訓練上述這些行爲規矩，而良好的規矩則是社會這部機器的潤滑劑。騎士風範逐漸成爲禮節的同義詞。封建城堡也向世人展示著：該怎麼穿、該怎麼吃，該如何邀請一位女士共舞，以及其他種種數不清的日常禮儀。有了它們，生活會過得更圓潤、更有味道。

只是，人類所有的制度都是一旦不再有用處後，就註定要消失。騎士制度也不例外。

自十字軍開始東征以來（這是後面會講到的故事），原本停滯的貿易活動大爲復興。城市瞬間取得發展，市民逐漸變的富裕，有能力聘請優秀教師來習得良好教育。所以很快地，城市居民在相關方面都不遜於騎士了。其次，火藥的發明使得騎士喪失了原本身爲重裝「騎馬戰士」的優勢；城市採用傭兵團以後，也讓作戰這件事再也不可能像下棋對奕一樣，去講究那些細微而優雅的禮儀。騎士已經是多餘的人了，沒多久更淪爲一種荒謬可笑的人物，因爲他們致力去追求的，不過是一些早已沒有實用價值的理想。聽說那位情操無比高尚，來自曼查的唐吉訶德，是最後一位眞正的騎士。不過也有人說，在他死後，他珍視的寶劍和盔甲，都被別人賣了抵債。

但不知怎地，他那把劍似乎輾轉來到一些人手中。華盛頓身在福吉谷地那段絕望的日子中，就帶著這把劍[1]。戈登[2]拒絕拋下那群被託付給他的人民獨自逃生，而留在卡土穆[3]遭到重重包圍的城堡裡時，一直到他戰死之前，這把劍就是他唯一的倚仗。

還有一個例子，雖然我不敢說一定是這樣，不過我覺得盟軍之所以可以贏得大戰[4]，也是由於這把劍提供了無以估計的力量。

[1] 譯註：這是比喻如果不是受華盛頓的精神感召，革命軍就很難撐過福吉谷地的那年冬天。
[2] 譯註：他是一位英國將領。
[3] 譯註：位於蘇丹。
[4] 譯註：指第一次世界大戰。

33 教宗與皇帝之間的對抗

中世紀的人們面臨一種必須分別向兩個對象效忠的詭異情境，讓我們來看看它如何導致教宗與神聖羅馬帝國的皇帝們無休無止的衝突。

要理解那些屬於過往世界的人，是非常困難的事。你的祖父，即使你每天都看得到他，但他其實是一個神祕的存在，從思想、服飾，到行為舉止各方面，都活在一個與你不同的世界。而現在我要說的故事，裡頭的主角卻是距離你二十五代人的祖先。所以我猜，如果你沒有把這一章再重讀個幾次，恐怕沒辦法抓到我的意思。

在中世紀，一般百姓的生活極為單純，波瀾不起。就算他的身分是自由公民，想去哪裡就可以去哪裡，但其實他很少離開自家鄰近地區。那時候沒有印刷的書籍，頂多就是一些手抄本。雖然各地都可以看到有一些勤奮的教士，會教居民們讀書、寫字，或者一些算術，但是科學、歷史或地理的學問，都還深埋在希臘和羅馬的廢墟底下。

因此，對於過去，人們所知的一切都是由傳說與故事聽來的。雖然這些由父子口耳相傳的事跡，在細節上常常有錯誤的地方，但是，卻依然以驚人的準確性保存住主要的史實。你看，即使超過二千年後，印度的母親如果要嚇唬她們頑皮的孩子，說的還是：「再不乖，伊斯坎達就來把你抓走喔！」這伊斯坎達不是別人，正是曾經在西元前三三〇年造訪印度的亞歷山大大帝；經過這麼多年，他的故事依舊流傳下來。

生活在中古時代早期的人們，從來沒有讀過任何一本描寫羅馬歷史的教科書。有許多事情，在今日是連還沒畢業的小學生都知道的知識，當時的人們卻對它們一無所知。然而，對你而言羅馬帝國只不過是個名字，對他們來說卻是非常眞實的事物，他們親身感受著它的存在。他們樂於承認教宗是他們的精神領袖，因爲他是羅馬的教宗，給人一種「有如羅馬般無比強盛」的感覺。因此，這時代的人們也非常感念查理曼或是鄂圖，重新爲世界帝國這樣的概念注入新的生命力，奠基並開創了神聖羅馬帝國，因爲如此一來，世界說不定就可以回復過去美好的模樣。

然而，羅馬的道統竟然有兩個不同的繼承者，這件事讓對羅馬忠心耿耿的中世紀人民陷入一個棘手的情境。支撐著中古時代政治體制的，是一個既簡明又有力的理論：世俗世界的統治者（皇帝）負責子民物質、肉體方面的福祉，而精神世界的統治者（教宗）則負責守護他們的靈魂。

然而實際上，這套系統運作得非常糟糕。皇帝總會試著要插手教會管轄的事務，而教宗也會教訓皇帝該如何治理國家以作爲回敬。接下來當然就是他們都會叫對方別多管閒事，然後雙方用詞越來越不客氣，於是戰爭就成了躲不掉的結局。

身處如此環境，人們該如何應對？一位好基督徒既應該服從教宗，卻也應該服從皇帝或國王，然而現在教宗和皇帝互相爲敵，既身爲對皇上盡忠的子民，又身爲對上帝同樣虔誠的信徒，他究竟該站在哪一邊呢？

就連想要選對邊站都不是件容易的事。如果當時的皇帝恰好能力出衆，同時又已取得充足的資金，可以組織一支軍隊，那麼只要皇帝覺得有必要，他非常有可能跨過阿爾卑斯山，來到羅馬包圍教宗的居處。總而言之，他能夠迫使這位教皇陛下或者遵從帝王的意旨，或者就等著瞧瞧後果為何。

但更多時候是教宗實力較強。這時候如果有衝突，皇帝（或國王）以及所有效忠他的子民都會被開除教籍。這時，境內所有教堂都會把門關起來，於是沒有人可以受洗，沒有人可以在死前聽到牧師為他念頌恕罪祈禱——長話短說，意思就是中古時代政府的機能會有一半要癱瘓。

不只如此，教宗還會特別准許人民，不必遵守那項對君主效忠的誓言，並且呼籲他們要反抗他。但是，假如人民聽了這番從遙遠的羅馬傳來的教宗之言，真的揭竿起義，結果又不幸被抓到，結局就是被附近聽命於君王的領主吊死；同樣不是什麼美滿的結局。

確實，可憐的百姓還真是進退兩難，而其中最慘的，莫過於生活在十一世紀下半葉的人了。當時的德意志皇帝[1]亨利四世與教宗格列哥里七世，在這段期間來回打了兩回合的仗，然而非但沒有解決任何事情，反倒破壞了歐洲將近五十年的和平。

事情最早要從十一世紀中葉開始講起。當時出現了一波強烈的教會改革運動：一直到那時為止，教宗的選舉都完全沒有任何常例可循。有鑑於如果是一位對皇帝抱持好感的主教當選教宗，對神聖羅馬帝國的皇帝來說將是非常有利的事，於是每當舉行教宗選舉時，他們經常會親自來到羅馬，運用一些影響力讓自己的朋友有望當選。

情況在西元一〇五九年時有了變化，教宗尼古拉二世在那年下了一道文告，將由羅馬城和周遭地區最首要的牧師和執事組成所謂的「樞機團」，再由這群教會最重要的神職人員（英文的樞機主教這個字，同時也具有「重要」的意思）選出下任教宗，除此之外的其他人都沒有教宗選舉權。

西元一〇七三年，樞機團選出一位名叫希爾布蘭的主教作為教宗，他挑選了格列哥里七世作為名號。格列哥里出身多斯加尼一個單純的家庭，全身上下似乎有用不完的精力，更有著如同花崗岩般堅定的信念和勇氣；以此作爲基石，他堅信教宗一職的權能是至高無上的。在他的想法，教宗不只是基督教教會的絕對領袖，更是所有塵世事物的最高仲裁者。既然是教宗把只不過是德意志王公身分的人抬舉到皇帝的地位，同樣地，教宗當然也有權任意罷黜他們。教宗也有權否決任何一項由王公、國王，或是皇帝所通過的法律。反過來，誰要是敢質疑教宗發出的文告，誰就得小心點，因爲他很快就會遭受毫不留情的懲罰。

格列哥里派了使者到歐洲每個王國，去向每位君王傳達他的新規矩，並且請他們搞清楚他是認眞的。征服者威廉[2]答應會乖乖聽話；但是，亨利四世一點也沒有要讓教宗擺布的意思——他可是個打從六歲起，就不停跟自己臣下交戰的國王。他召集了一個德意志主教團大會，指控格列哥里犯了天底下所有的罪行，然後，這個在窩姆斯舉行的會議便宣布廢除格列哥里的教宗身分。

面對如此回應，教宗用開除教籍的處分來反擊，同時要求其他德意志王公們，把這位已經不配當他們國王的傢伙推翻。德意志王公們早就巴不得要除掉亨利四世了，他們也邀請教宗到奧格斯堡來，協助推舉一位新的皇帝。

格列哥里欣然允諾，他離開羅馬，向北而來。至於亨利，他可不是傻瓜，他很清楚自己的處境有多危險；然而他必須不顧一切代價與教宗和解，而且必須要快。時値當年的冬天，亨利四世越過了阿爾卑

【1】譯註：也就是最早期的德國，這塊地方是神聖羅馬帝國的主要部分。
【2】譯註：就是前面幾章提到的那位諾曼地公爵，因爲他征服了英格蘭，所以得到這個綽號。

斯山，快馬加鞭地來到卡諾薩，也就是教宗部隊停下來稍事休息的地方。那是一〇七七年一月二十五到二十八日，整整三天，亨利都穿著麻衣，就跟那些爲了表示懺悔而苦行的朝聖者穿得一樣（唯一不同的是他的修士服底下，比他們多了一件溫暖的毛衣），在卡諾薩城堡大門外苦苦等候，直到教宗終於願意接見他，最後他也獲得原諒。然而，沒多久亨利四世的「悔意」就不見了。當他一回到德意志，馬上就故態復萌，結果他又被教宗開除教籍，而德意志主教團會議也再次廢除格列哥里的教宗地位。不過這一次，當亨利越過阿爾卑斯山的時候，他背後還帶著一支非常大的軍隊，讓他包圍了羅馬城，逼迫格列哥里撤退到沙勒諾，後來客死在該地。教宗與皇帝首度的暴力衝突，並沒有眞正解決任何事情。亨利一返回德國後，雙方的角力就又開始了。

沒多久之後，德國的皇帝寶座落到了霍恩史陶芬王朝手裡，比起前面的德意志皇帝，這個王室甚至更不願受到教宗干涉。格列哥里聲稱教宗的權限之所以高過任何國王，是因爲教宗是在審判日來臨時，爲他照顧的羊群（也就是人民）之所做所爲的負責人，而在上帝眼裡，國王也是信衆裡的一位而已。

對此，霍恩史陶芬家族的腓特烈一世（他時常被稱爲「巴巴羅薩」，也就是「紅鬍子」）提出了駁斥的論調。他說：我繼承的這個帝國，不是由教宗，而是由「上帝親自」交給他前任皇帝的。而且既然神聖羅馬帝國的領土包含義大利還有羅馬，現在這些地方又都不聽令於他，於是他當然有理由發動一連串「光復失土」的戰爭，把這些省分拿回來。巴巴羅薩本人在參與第二次十字軍東征時，不小心淹死在小亞細亞，但是他的「光復大業」由兒子[3]腓特烈二世接棒。他是一位頭腦聰明的年輕人，早前曾經在西西里島接觸過伊斯蘭文化，因此教宗指控他是異端。確實，對於自己身處的這片北方，沒什麼文化的

亨利四世在卡諾薩的時候

基督教世界，只有一些粗鄙無文的德國騎士，以及心懷不軌的義大利牧師，他似乎眞的是出自內心地深深感到輕蔑。不過他沒有公開表示出來，反而參與了一次十字軍聖戰，把聖城耶路撒冷從異教徒手中搶回來，也順理成章地被加冕爲耶路撒冷國王。但是，即使有這些動作，都安撫不了教宗的敵意，他們開除了腓特烈的教籍，並且把他在義大利的領土[4]賞給安朱的查理（他有位兄弟就是後來被稱爲「聖路易」的法國國王路易）。這種舉動當然帶來更多的戰事。康拉德四世[5]的兒子康拉德五世，身爲霍恩史陶芬王朝最後一位繼承人，努力想要取回自己的王國，最後在拿波里兵敗被斬。只不過，二十年之後，得到西西里的法國人，由於欺壓當地人太過[6]，引發了那場被稱爲「西西里晚禱」的事

【3】譯註：應該是孫子。
【4】譯註：也就是西西里。
【5】譯註：他是腓特烈二世的兒子。
【6】譯註：這時候的西西里國王就是上面提到的那位查理。

城堡

件，所有法國人都被殺害，當地的戰亂也一直持續下去。

至於教宗和皇帝之間的爭執，雖然不曾眞正化解開來，但是經過這麼長一段時間之後，雙方終於學會了別去招惹對方。

一二七三年，哈布斯堡王朝的魯道夫被選爲德國皇帝時，他沒有跑去羅馬給教宗加冕，省得自找麻煩。教宗對這點也沒有表示反對，因爲他也想對德國敬而遠之。和平確實到來了，但已經有兩百年過去，歐洲大可用這些時間來從事內部整頓的工作，結果卻浪費在無用的戰事上。

不過凡事有弊也有利——義大利的小城市在這段時間小心翼翼地取得統治權的平衡狀態，成功地削弱皇帝和教宗對它們的權威，同時增加自身權力，強化獨立自主的地位。當十字軍東征的熱潮一起，面對成千上萬名熱情的朝聖者爭相要求把他們送到東方去時，這些城市也有能力滿足這龐大的交通運輸需求。到了十字軍運動結束時，它們已經有足夠的資金和軍備充做強大的後盾，能夠對皇帝或教宗都同樣冷淡，甚至公然違抗。

一言以蔽之，「教會」和「國家」鷸蚌相爭，中世紀城市漁翁得利。

34 十字軍

但是，上一章所說的恩恩怨怨，在土耳其人占領耶路撒冷，褻瀆了聖地，並且嚴重妨礙東方到西方的貿易後，全都一筆勾銷了——歐洲發起了十字軍東征！

除了在西班牙和東羅馬帝國這兩個看守歐洲大門的國家邊境上，基督徒與穆斯林之間已經有三個世紀未起干戈了。西元第七世紀時，穆斯林征服了敘利亞，當然也就拿下了基督徒心目中的那片聖地。不過，對穆斯林來說，耶穌其實也是偉大的先知（雖然比不上穆罕默德偉大），所以他們不會妨礙基督教徒，前來那座由君士坦丁皇帝的母親聖海倫娜於聖墓上所建造的教堂朝聖祈禱。然而到了十一世紀，有支來自亞洲荒野，被稱為塞爾柱人，也被稱為土耳其人的韃靼部落，成為西亞伊斯蘭國家的統治者，同時也結束了這段宗教寬容的時代。此外，土耳其人也漸漸從東羅馬帝國皇帝手上奪走整個小亞細亞，終止了東方與西方之間的貿易。

於是，當時在位的東羅馬帝國皇帝阿雷希斯，原本是幾乎不曾與他那些同為基督徒的西鄰打交道的，如今卻來向他們說明，一旦土耳其人攻下君士坦丁堡，將會對歐洲構成多大的威脅，所以拜託他們伸出援手。

而那些在小亞細亞和巴勒斯坦沿岸擁有許多殖民地的義大利城市，也因為擔心自己這些領地的安危，紛紛向歐洲宣傳關於土耳其人有多殘暴，基督教徒在那裡又有多痛苦的悲慘故事。這麼一來，整個歐洲都義憤塡膺了！

當時的教宗烏爾班二世（他是來自理姆斯的法國人，跟格列哥里七世同樣結業自那間著名的克倫尼修道院）認爲是時候該採取行動了。畢竟，歐洲整體而言的生活狀況很難令人滿意：光靠當時那些從羅馬時代以來就沒有進步的原始農耕技術，生產出來的糧食年年都不夠吃；處處都有失業或三餐不濟的人口，而這很容易引發民衆的抗議或暴動。相比之下，中古時期的西亞已有能力養活幾百萬人口，眞是個理想的移民目標。

因此，在一〇九五年那場克勒蒙會議中，教宗起身發言，訴說那些異教徒對聖城做出了多麼令人髮指的惡行；然後再對那片從摩西時代起，就流溢著牛奶與蜂蜜的土地，做了一番精彩熱情的描述與讚美；最後勉勵在場的法國【1】騎士，還有全歐洲所有的人民，要勇敢地拋妻別子，把巴勒斯坦從土耳其人手中解救出來。

於是，宗教狂熱的浪潮席捲了歐洲大陸，所有理性思考都停了下來。人們丟下手上的鐵槌和鋸子，走出自己的店鋪，就近踏上通往東方的路，只爲了去殺些土耳其人。乳臭未乾的少年爲了「前往巴勒斯坦」而離家遠走，相信單憑自己年輕的熱情和對基督教的虔誠，就可以讓惡劣的土耳其人乖乖就範。這些狂熱分子裡，有九成根本到不了耶路撒冷。他們的旅費本來就不夠，必須沿路乞討或是偷竊來維生，結果因爲威脅到幹道沿線地區的安全，被當地憤怒的居民就地正法。

首度踏上東征的十字軍是一群紀律鬆散的烏合之衆，裡頭雖然有正直的基督教徒，但同樣也有積欠

【1】譯註：這位教宗出身法國，而召開會議的克勒蒙也位於法國。

債務的破產者、身無分文的貴族，以及逃避司法制裁的罪犯。他們的領導者是心智有點不太正常的「隱士彼得」和「窮鬼瓦特」之流的人物，甚至把殺光所有在路上遇到的猶太人，當成他們所謂「對異教徒的聖戰」的序幕。這群人最遠只到達匈牙利，他們在那裡就全軍覆沒了。

這次經驗給了教會一次教訓：光有熱忱是不足以解救聖地的；善意與勇氣當然不可或缺，但組織工作也一樣重要。於是歐洲花了一年的時間，籌措訓練一支二十萬人的軍隊，並且任命一些精通帶兵打仗之道的貴族為指揮官，為首者包括布容的戈弗雷、諾曼地公爵羅伯特，以及法蘭德斯伯爵羅伯特。

這第二支十字軍是在一〇九六年踏上遙遠的征途。他們在君士坦丁堡向東羅馬帝國皇帝致敬後（我曾經告訴過你：「傳統」要完全消逝是很不容易的，所以就算羅馬皇帝的國庫再空虛、國力再虛弱，依舊極受尊敬），渡海登上亞洲，殺光所有落到他們手上的穆斯林，風捲殘雲地攻進耶路撒冷，屠殺城內的伊斯蘭百姓，然後來到聖墓所在地向耶穌禮讚與感恩；他們口中祈禱之時，臉上兀自帶著虔敬與感激的眼淚。但是，沒多久，土耳其人的軍力因為增援而有所提升，耶路撒冷又被他們奪回去，輪到基

第一次十字軍東征

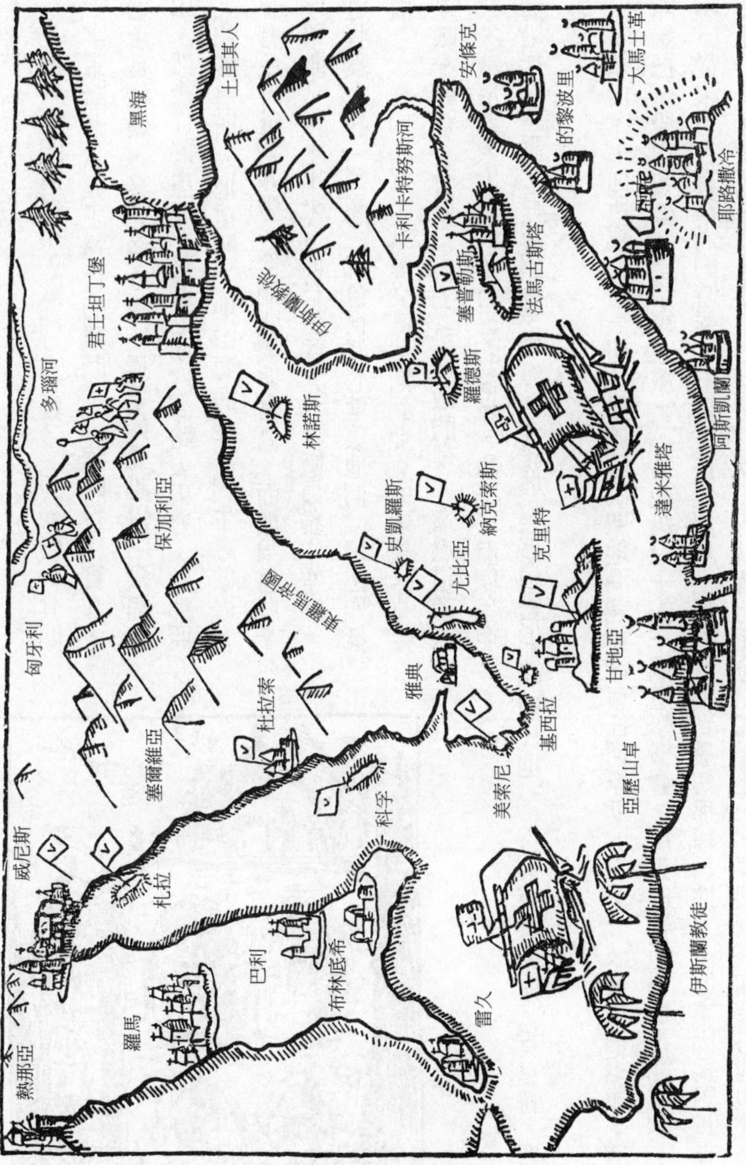
黑海
土耳其人
君士坦丁堡
多瑙河
保加利亞
匈牙利
塞爾維亞
威尼斯
札拉
羅馬
熱那亞
巴利
布林底希
雷久
杜拉索
科孚
東羅馬帝國
伊斯蘭教徒
卡利卡特努斯河
林諾斯
羅德斯
塞普勒斯
法馬古斯塔
安條克
的黎波里
大馬士革
耶路撒冷
阿斯凱蘭
達米雅塔
克里特
納克索斯
史凱羅斯
尤比亞
雅典
基西拉
甘地亞
美索尼
亞歷山卓
伊斯蘭教徒

十字軍戰士的世界

督教的忠誠信徒被殺了。

接下來的兩百年，歐洲又發動了七次聖戰。其間十字軍漸漸掌握了遠行的竅門——陸路行程實在太過漫長枯燥，又充滿危險，還不如先越過阿爾卑斯山，然後從熱那亞或是威尼斯取海路去東方。熱那亞人和威尼斯人把這門「地中海海運」的生意做得有聲有色，獲利甚豐。他們開價非常高，而如果這些十字軍戰士付不出來（而且這些人大多數口袋空空），這些義大利「奸商」就會很好心地讓他們「用工作抵債」。譬如，爲了抵償從威尼斯到亞克的船費，十字軍戰士要負責幫船東打一定次數的仗。透過這種方式，威尼斯大大拓展了自己的領域，拿下了亞德里亞海沿岸、希臘半島境內許多地方（連雅典也成爲威尼斯的殖民地），以及賽普勒斯、克里特、羅德斯等島嶼。

十字軍攻下耶路撒冷

然而，上面所說的這一切，對於解決聖地問題並沒有任何幫助。在第一波熱情消退後，有錢人家開始把一段短暫的「十字軍之旅」，當成給兒子的一個遊學機會，反正巴勒斯坦那裡開放的「從軍名額」從來不曾有額滿的時候。但是，在他們身上絕對看不到最初那種熱忱了。原本因爲對穆斯林恨之入骨，因爲熱愛東羅馬帝國與亞美尼亞，所以踏上征途的基督徒十字軍戰士，如今心態也完全翻轉過來。他們開始覺得是這些拜占庭人騙他們來作戰，而且這些希臘人還常常違背基督的教誨，眞是讓人瞧不起；至於羅馬尼亞人，以及其他任何一支黎凡特[2]民族，也都同樣不值得他們尊敬。反倒是穆斯林，也就是十字軍的敵人，是如此慷慨大度，而且無時無刻都堅持公平的精神；對手所展現出來的美德開始贏得他們的欣賞。

當然，這種心情絕對不可以公開表示出來。但是，當這些十字軍戰士返回家鄉，他們有很多人開始模仿屬於異教敵人的種種行爲，覺得跟那些穆斯林比起來，一般的歐洲騎士簡直就像鄉巴佬。他們也把一些新糧食種子（例如桃子和菠菜）帶回家鄉，把它們種在自家的庭院裡，當作是項收藏與紀念。他捨棄了外出時身著重裝盔甲的粗野習俗，開始穿起源自土耳其人，後來成爲伊斯蘭教徒傳統服飾的衣服——飄逸的絲質或棉質長袍。事實上，一開始是爲了對異教徒施加懲罰的十字軍，最後卻成爲一場學習文明的大衆教育課程，全歐洲爲數百萬的青年都是這項課程的學生。

十字軍戰士的墳墓

[2] 譯註：指地中海東岸往內陸延伸的這塊地區。

從軍事和政治的觀點來看，十字軍東征的結果是失敗的。耶路撒冷跟其他一些城市即使曾經被攻下，之後也都還回去了；因爲東征而在敘利亞、巴勒斯坦，和小亞細亞出現的十幾個小王國，土耳其人後來一一把它們收復了。土耳其人對耶路撒冷的掌控力在一二四四年之後已經完全無法撼動，聖城的所有權狀態又回復到一〇九五年以前的模樣。

不過，歐洲在這段期間經歷了巨大的變化。西方人得以驚鴻一瞥東方的光芒、熱力與美麗，從此之後，他們再也無法滿足於自己那些黯淡無光、沉悶枯燥的城堡。他們想要更多彩多姿的生活，那是教會或國家都無法提供的——但是，城市可以！

35 中世紀城市

這章我要告訴你：為什麼中世紀的人們會說「城市裡才有自由的空氣」。

中世紀早期是一個開拓的時代，也是一個定居的時代。在那以前，一直都居住在羅馬帝國東北邊境之外，也就是住在比那些由森林、山脈和沼澤溼地所構成的荒涼地帶還要外面的新民族，如今已經強行進入西歐各地的平原，占據了這裡大部分的土地。不管任何時代，所有的開拓者都是很不安分的，這群人當然也一樣，他們喜歡手上有事要做，腳下有地方要去；他們砍起樹來從不手軟，砍起彼此的喉嚨也不例外。這些人堅持要活得「自由自在」，幾乎不會想要住在城市裡。他們熱愛趕著羊群的時候，山坡上的草原被風吹過，把清新的空氣灌進肺裡那種沁人心脾的感覺。而當他們對原本的居處感到厭煩時，就拔起營帳的樁子，離開去追尋新的冒險。

弱者是捱不過這種日子的，只有堅韌而善戰的男人，以及追隨著他們，能夠在野外生活的勇敢女人，才存活得下來。就這樣，他們將自己培育成一支強悍的民族。生活中優雅的面向不是他們關心所在，這些人沒有閒工夫去拉拉小提琴，或者作它幾首詩；也不太相信「討論」能解決問題。牧師就是村裡的「學者」（在十三世紀中葉之前，如果你不是神職人員卻能讀能寫，只會讓人看輕你），只要是沒有直接實用價值的事務，那多半就是牧師處理的範圍。與此同時，德國的王公、法蘭克的男爵、北歐的公爵（他們的名字與頭銜族繁不及備載），在大羅馬帝國過去的疆域內，以及在它過往榮光的餘輝上，各自占下一塊塊領土，建立起一個讓這些王公滿意至極的世界，一個對他們而言相當完美的世界。

他們盡自己所能地管理城堡裡以及附近鄉間所發生的事物。他們願意遵守教會的戒律，遵守的程度，就跟在任何一位意志薄弱的凡人身上所能期待的一樣。他們也願意對國王或皇帝展現剛好足夠的忠誠，好跟這些雖然遙遠，但還是必須畏懼的君主，維持良好的關係。簡而言之，他們會努力行走正道，也會公正地對待他人，只要這麼做沒有直接妨礙到他們的利益的話。

他們知道自己身處的世界並不十全十美。當時世上大部分人都是農奴，或者文雅一點講，都是「隸農」。他們是附著在土地之上的農業生產力，成為土地本身的一部分，就跟牛羊一樣；確實，他們跟牛羊也都住在同一個棚舍下。像農奴那樣的人生，當然不算特別好命，但也不能說特別苦命。而且就算不開心，他又能怎麼樣呢？統治這個時代、這個世界的全能上帝，當然已經把任何事情給安排到最好了，既然依祂至高無上的智慧，認定就是應該要有騎士，也應該要有農奴，我們這些上帝的子民，這些對教會最為虔誠的信徒，就不應該去質疑祂的安排。因此，農奴是不會抱怨的，但是當他們被逼得太緊，他們可能會像餵養不得其法的牛隻一樣死去；一旦有這種事發生，統治者的命令也一定會馬上有所調整，讓農奴的狀況獲得一些改善。這就是中世紀的情況。但假如世界的進展就交在這些農奴和他們的封建領主手上，我們現在將會依然過著十二世紀般的日子：當你牙痛的時候，就唸一唸「天靈靈，地靈靈」來讓它不痛；如果有位牙醫說，我可以用「科學」的方法幫你治療，你一定會打從心底不相信，並且對他心懷敵意，因為他口中的「科學」，一定是從穆斯林或是哪種異教徒那邊學來的，非但不可能有用，而且還是邪惡的事物。

當你長大以後，會發現有許多人不相信「進步」這件事，而且他們會拿我們這個時代的人所做的惡劣行徑來向你證明：「世界一如以往，未曾變過」。我希望你不要太把這類言論當眞。我們的祖先花了幾近一百萬年，才學會怎麼用雙腳行走；之後又過了幾千年，人類那動物般的嘟噥聲才發展成可以理解的語言，替後代子孫保存我們思想的技巧，而且沒有它就不可能有任何「進步」的書寫與文字，而書寫與文字的問世離現在不過四千年而已；此外，把大自然的各種力量轉換成人類乖順的僕人——這種想法是一直到你祖父那一代才開始慢慢普及的。因此，在我看來，我們這代人正以前所未聞的速度在進步。或許，我們在提升物質生活的便利與享受方面，確實有點投注了過多的注意力。但是隨著時間繼續發展，這種情況一定會產生變化，屆時就可以動手解決其他的問題——那些與健康、工資、管線、機械等等事物沒有關連的問題。

而且，也請你不必對所謂「過去美好的時光」抱持太浪漫的情懷，許多人只看到中世紀留下來的美麗教堂、偉大藝術作品，就滔滔不絕地說著我們自己的城市裡，這個充斥著匆促緊張、吵鬧噪音，還有汽車廢氣的醜陋文明，是如何比不上一千年前的光景。然而，中世紀的教堂每一間在當時都是被寒酸破爛的小屋子圍繞著，而且跟那些小屋子比起來，現代的廉價公寓都成了豪華宮殿。尊貴偉大的蘭斯洛特和同樣人格高尚的帕西法爾，這兩位心境純潔、踏上尋找聖杯之旅的少年英雄，確實不必受石油廢氣的味道所苦。但是，他們的時代多的是各式各樣難聞的氣味。直接扔在街上已經開始腐壞的廢物殘渣味；主教宅邸四周的豬圈隨風傳過來的味道；路上那些穿著他祖父傳下來的衣服，而且從來沒有用肥皀洗過澡的骯髒傢伙，身上所散發出的味道。我並不想要描繪一幅令人不悅的情景，不過只要你在古代的編年史裡，讀到那位從自己王宮中往窗外看，就被在巴黎街道上覓食的豬隻氣味給薰昏的法國國王，或是在一卷古代的手鈔本裡，看過對發生流行傳染病或感染天花時的種種描述，你就會開始了解：「進步」絕不會只是現代廣告業者打出來的標語而已。

若不是有了城市，過去這六百年來的進步就不可能發生——絕對不可能。為此，我必須比其他章節多用一點篇幅，因為城市的重要性沒辦法濃縮成只有三、四頁，單純描述政治方面大事件的故事。

埃及、巴比倫和亞述的上古世界，是由城市構成的世界；希臘是一個由城邦所組成的「國家」；腓尼基的歷史就是兩個大城市：塞登與泰爾的歷史；整個羅馬帝國都是那個羅馬城的腹地。文字、藝術、科學、天文、建築、文學、戲劇，還有其他數不清的東西，全都是城市的產物。

我們稱為城市的，是人群匯集在裡面，像個大蜂窩的地方；有幾乎四千年的時間，它都是推動世界進步的所在。接著蠻族大遷徙發生了，摧毀羅馬帝國、燒光各地的城市，令歐洲再次回到一個屬於牧地和小型農村的大陸，而中古時代就有如文明的休耕期。

然後，十字軍東征幫文明的新種子翻好了土壤，現在時間來到可以採收的季節，而摘下這果實的，乃是「自由城市」的市民。

我曾經說過關於城堡和修道院的故事，還有它們厚重的城牆或圍牆；它們是騎士和修士的家，守護著人們的身體，也守護著人們的靈魂。你可以舉一反三，知道在這種情況下，有些以自己一技之長維生的人（各行各業，例如屠夫、麵包師父，有時候還有蠟燭工匠），就會聚集到城堡附近生活，一方面就近滿足領主的需求，一方面當有危險時，方便得到保護。有些時候，這位封建領主也允許他們在自己房子周圍弄一些小型的防禦工事，不過，他們的身家安全還是完全看這位城堡主人的臉色。當這位爵爺要出遠門時，居民們會在他面前跪著親吻他的手來送行。

等到十字軍東征開始後，許多事情便起了變化。當初的大遷徙把人們從東北趕往西方，十字軍則帶動數百萬人從西方遠行到文明高度發展的東南地區。於是人們才發現，世界並不是只局限在他們小聚落的四牆之內。他們漸漸理解到漂亮衣服、舒適住家、新奇料理，和其他種種來自神祕東方的產物所擁有的美好之處。所以，當他們回到故鄉，對那些事物就有了強烈的需求。中古時代唯一的商人：把要賣的東西全揹在自己背上的零售小販，開始把這些貨品加到原先的銷售目錄裡。不過，他的背包塞不下這麼多，於是他買了一臺拉車裝貨，另外雇了幾名參加過十字軍的武士，保護他免受隨著國際大戰[1]而來的犯罪潮所害。就這麼，他以更現代、規模更大的方式，上路做起生意了。這行飯其實也不容易吃，每次他要進入另一位領主的地盤時，他都要繳上一筆稅金和過路費。即使如此，它依舊是一筆賺錢的生意，我們這位小販也就繼續走著固定的巡迴路線。

過不了多久，有些比較積極、永於嘗試的商人發現，那些他們一直以來都是從遠方進口的貨物，其實在家鄉這裡就可以製造。所以，他們把自家的空間挪出一部分，改建成工坊，從此不再是零售商，而成了製造商。他們不但把產品賣給城堡領主或是修道院院長，還會賣到鄰近的城鎮。領主和院長會用田莊裡出產的東西付帳，像是雞蛋、葡萄酒，還有蜂蜜——在那個古早的年代，蜂蜜被用來當糖用。但是，對象如果是遠方城鎮的居民，他們就只願意收現金了。就這樣漸漸地，製造商和從事貿易或銷售的商人都開始擁有一定數量的金幣，這點徹底改變了他們在中世紀社會的地位。

你很難想像一個不使用金錢的世界。現代都市中，沒有人的生活可以脫離金錢而運行。一整天，你

[1] 譯註：就是十字軍東征。

都帶著你的錢包，裡面裝滿許多一小片一小片的金屬，因為不管去哪裡，你都得「留下買路財」。以我們[2]來舉例，你需要一元、五元、十元、五十元的銅板，來買報紙、坐公車、坐電車，或者吃午餐。然而，許多生活在中世紀早期的人，打從出生那刻，一直到閉上眼睛，都沒有見過一枚錢幣。至於希臘與羅馬時代的金幣和銀幣，那時候都還深埋在它們的廢墟遺跡底下。這個承襲自舊羅馬帝國，由大遷徙所造成的農耕世界，在其中，每位農夫所種的穀物、所養的家畜，都足夠供應自己所用。

中古時代的騎士是地方上的大地主，幾乎不曾需要用金錢來購買物資。他自己，還有他的家人，不管是吃喝或穿著所需，幾乎全部都可以從他的莊園生產。蓋房子所用的磚塊，是在最近那條河邊自己做的；大廳屋頂的支架，是去森林裡砍來的。至於少數必須從遠處買來的東西，他也是用自己手上的物品（譬如蜂蜜、雞蛋、柴捆）來交換。

但是，這種舊時農村生活的常規，被十字軍東征來了一次天翻地覆的擾動。讓我們假設希爾茲罕公爵打算去聖城參戰。這一去是幾千幾萬里，而他需要付這一路上的交通旅費和客棧帳單。如果是在家鄉，他可以用自己田莊的產品付帳，但是他不可能為了打發威尼斯的船長，或是布里納山口旅店主人，就帶著一百打雞蛋，再拉著一整車的火腿上路；況且，一路上那些開價甚高的「紳士」，都堅持非現金不收。因此，我們偉大的領主被迫在這趟旅程中，一定要帶些金幣在身上。但是，他要去哪裡找金幣？他可以跟倫巴底人借，他們是古倫巴底王國的後裔，如今做著放款生意。這些倫巴底人坐在交易桌檯後面（這種桌檯一般被稱為banco，拼法變化之後，就成了「銀行」的意思），他們一定很開心可以讓這位爵爺借走幾百枚金幣，因為代價是他必須把莊園當作抵押；假如公爵閣下不小心死在土耳其人手上，那就是債主可以取回的補償。

對借款人來說，這是筆可怕的交易。因爲最終，倫巴底人總是毫無例外地得到被抵押的莊園，而騎士領主也毫無例外地失去自己的一切，被迫受雇於更有力、更謹慎小心的鄰近領主，成爲他的護衛和作戰人手。

另外，領主閣下也可以去到城裡的猶太人區（當時的猶太人被迫只能住在這裡），用百分之五十或六十的利率跟他們借錢。同樣地，這麼做也划不來。那還有其他方法嗎？嗯，聽說城堡周圍那些小鎮上，有些人手上有現金。而且，剛好那些人從小就認識這位年輕的領主，他們彼此的上代都是熟識的朋友，當公爵有所求時，這些人應該不會很難講話才是。太好了！領主大人叫自己的書記（一位能寫字能記帳的修士）寫了張便條，送給其中最著名的一些商家，問他們是否可以借他一筆小錢。收到這張便條的市民，決定在寶石匠（附近教堂裡的聖餐杯都是他做的）的工作室開會討論。他們沒有拒絕的理由，但也不想把錢白白借出去。只是，就

【2】譯註：譯者把幣制換成臺幣。

城堡和城市

算跟公爵要求「利息」也沒有意義。首先，要求利息基本上是一種違反基督教教義的行爲；其次，除了農產品外，領主大人也沒有別的方法能付利息——可是，這些市民不但不缺農產品，甚至自己還有剩。

這時候，在這幾天的討論會中，一直坐在位子上不發一語的裁縫開口了，這位帶有一點智者氣質的仁兄說：「那麼，就向他要一點『方便』，當作是回報吧！咱們不是都喜歡釣魚嗎？只是領主大人從來都不讓我們在河裡釣魚，不如我們借他一百枚金幣，代價就是他要寫一張保證書，准我們不論在哪裡都可以釣魚。這樣一來，他可以拿到他的錢，我們可以開心地釣魚，這就叫作雙贏。」

對我們的領主閣下來說，這辦法似乎可以輕鬆地拿到一百枚金幣，只是那時候他還不知道，當他接受這項提議的那一刻，就是幫自己手上的權力簽下了死亡證書。他的書記幫忙擬好收據和保證書，領主大人在上面畫個押（因爲他不會寫自己的名字），就出發往東方去了。兩年之後他回來，當初借的錢已經花光，田莊也早已荒廢。而鎮上那些人正在他城堡的大池子裡釣魚，看到這般情景，他不禁怒火中燒，便叫侍從把他們通通趕走。釣魚的人們雖然乖乖離開，不過，當晚鎮上居民的代表團就來到城堡裡。代表們非常有禮，先好好恭喜領主大人平安回鄉，再對於他們派去釣魚的人惹得城主生氣，致上深深的歉意……「不過，不知領主閣下是否還記得，您曾經給了我們一張上面有您畫押的釣魚允許狀？」那位裁縫一邊說著，一邊就把那張特許令拿出來——打從公爵前往聖城那天起，居民們就把這張令狀好好地保存在寶石匠的保險箱裡。

這下領主大人更生氣了，可是此時此刻，他又正好需要一些現金周轉。因爲他在義大利的時候，簽署了一些叫作「本票」的文件，這些票目前正在那位著名的銀行家薩爾維斯卓・梅第奇手上，而且還有

鐘樓

兩個月就要到期了，它們的金額共計三百四十五鎊法蘭德斯金幣。在這樣的情勢之下，我們這位尊貴的騎士可不能任意發洩他滿腔的憤怒，或者展示出他高傲的精神。相反地，他向代表們提出另一筆小小的借款請求。而眾位商家則答說，他們得先回去討論。

三天後，他們的回答是願意：「對於可以在領主大人有難時伸出援手，我們感到非常榮幸，不過，領主閣下是否願意再給我們另一份書面承諾（另一張特許令），准許成立我們自己的議會，議員由市裡所有的商家和其他自由公民選出，以後市裡的事務就由這個議會做主，希望城堡這裡可以不要插手，就當作是這三百四十五鎊金幣的禮尚往來如何？」

領主大人簡直氣壞了，但他還是需要這筆錢。他說了聲好，然後簽了這份特許狀，可是隔了一週就後悔了。他召來手下士兵，來到珠寶店裡，要寶石匠把那令狀交出來：「這是你們這些狡詐的子民趁我有難時騙我簽下的。」就這樣，令狀被他搶回去，而且統統被燒掉了。鎮上的人們不發一語，靜靜地在一旁看著事情發生。等到下一次，公爵又需要錢來支付女兒的嫁妝時，他連一毛錢都借不到了。經過那次珠寶店前的「小事件」後，公爵的信用沒有了。他不得不放下身段，表示歉意，並且對市民提出種種補償方案。就這樣，一直到鎮上的人們拿回原本已經拿到的令狀，以及一張全新的、准許他們

中世紀城鎮

設立「市政廳」的特許令，領主大人才終於收到第一筆約定的款項來應急。市民們還特地蓋了一座堅固的塔樓，把所有的特許狀放在裡面，保護它們不會被火災波及，或是被小偷偷走——實際上，也是在保護它們之後不會被領主和他武裝的手下們直接用暴力搶走。

雖然非常簡化，但這就是在十字軍東征後幾百年間所發生的事。權力逐漸從領主轉移到市民手中，是個非常緩慢的進程。其中也發生過一些武力衝突，有些裁縫和寶石匠因此被殺，有些城堡則陷入火海。不過，這類事件並不常見。城鎮越來越富有，領主越來越窮，這幾乎是在不知不覺中發生的。爲了維持自己的生計，封建領主一直被迫用公民權的特許令去換取眼前所需的現金。而城市繼續壯大，它們爲逃跑的農奴提供庇護，而且只要在城市裡住上幾年，這些農奴就可以取得自由與權利。附近鄉間地區中，比較積極有幹勁的傢伙也紛紛往城市集中。這些城市對於自己新取得的地位感到非常自豪，市民在舊市區旁蓋起一座座的教

火藥

堂和公共建築，來展現自己的權力與能力。他們希望自己孩子的人生能夠過得比自己更順遂，所以，聘請修士到城市來擔任學校教師。而如果他們聽說有誰木板畫畫得著實不錯，就會出錢邀請他來，替市裡的教堂和市政廳的牆上，畫滿《聖經》裡的故事。

與此同時，公爵大人坐在陰森又漏風的城堡大廳裡，望向城市那邊，看著他們因爲暴富而發展出來的成就，回想著那天第一次簽下那份把他擁有的各種權力和權利，其中小小一項給讓渡出去的令狀，兀自悔不當初。但是，其實他也無能爲力。如今，把自己的保險櫃裡裝得滿滿的市民，已經對他不屑一顧；他們是自由人了，完全準備好要緊緊把握他們擁有的一切，那是歷經了十幾代人的努力，加上他們自己的血汗，才爭取而來的。

36 中世紀的自治

接下來，城市居民又是如何讓自己在國家的皇家議會中，也能發言主張自己的權利呢？

對游牧民族這種四處遷移的牧人來說，部落裡人人都是平等的，都必須爲全體社群的福祉與安危負起責任。

然而，當游牧民族定居下來之後，有些人開始變得有錢，有的則越來越貧窮。這時候，統治權就容易落到那些不必爲生計操勞，因而能夠全心投入政治的人手中。

我曾經向你提到過，這種過程如何在埃及、美索不達米亞、希臘、羅馬都發生過，當西歐各個日耳曼民族的社會秩序重新回復後，也沒有例外。那時候的西歐世界，最上位的統治者是皇帝。聽到這名稱，你多半會想像他擁有非常大的權力；名義上雖然是如此，但實際上他的實權少之又少，因爲這位皇帝是由幅員遼闊的（日耳曼民族的）羅馬帝國境內，七、八個最強大的國王推選出來的。皇帝之下是一群國王，不過，他們的王座常常坐得很不安穩。實際統治著人民日常生活的，是成千上萬個領地不大的封建王公，農夫與農奴就是他們的子民。當時的城市很稀少，幾乎沒有中產階級可言。不過十三世紀時，在消失了幾乎一千年之後，中產階級（這次主要是商人階級）又再度現身在歷史舞臺上了。而我們在上一章也看到，中產階級權力的擴張，也就意味著城堡領主權力的縮減。

在中產階級出現以前，國王對領地進行統治時，僅需要考慮手下貴族和領內主教的意見就好。但是，這個在十字軍東征後新出現的貿易與經商世界，逼使他若是不承認中產階級的地位，就得面臨自己國庫日漸空虛的窘境。這些國王如果早知道，而且遵循他們深藏在心底的渴望，寧願在有事情的時候找自己田園裡的家畜商量，而不是去找那些（其實原本也是從屬於他的）城裡的「好市民」。但是，國王們還是忍不住咬下了這隻毒餌，因爲上面裹著糖衣——即使這樣，他們從來都不是心甘情願、束手就縛的。

在英格蘭，當獅心王理查缺位時（他原本是去打聖戰，只是征途的大部分時間，他都被關在奧地利的監獄裡），國家大權落在他弟弟約翰手裡。約翰的軍事才能雖然比不上乃兄，但是在如何當個糟糕的施政者方面，兩人就並駕其驅了。約翰剛坐上英國攝政王的位置，就把整個諾曼地，以及大部分的法國領地輸掉。接著，他又「成功地」與教宗諾森三世（就是那位與霍恩史陶芬王朝爲敵而留名的教宗）發生衝突，使得教宗開除了他的教籍，就像一個世紀前，教宗格列哥里七世開除皇帝亨利四世的教籍一樣。於是西元一二一三年，約翰不得不忍氣吞聲地與教宗達成一次丟臉的和議，這也如同一〇七七年時，亨利四世不得不做的一樣。

雖然屢遭挫折，但是約翰不爲所動，繼續堅持他那濫用權力、倒行逆施的統治，一直到手下諸侯的不滿終於爆發，把我們這位由神所任命的統治者給關了起來，逼他承諾不會再亂來，更不會侵害那些臣民屬下自古所擁有的權利。這個大事件發生的地點，是泰晤士河靠近倫尼米德村的一個小島上，時間則是西元一二一五年六月十五日，而約翰那次所簽署的文件名爲《大憲章》。其實，《大憲章》的內容沒什麼推陳出新的東西，它只是把國王傳統上的責任，用簡短而直接的文句再重述一次，再列舉出諸侯與貴族所擁有的特權。占人口絕大多數的農民權利（假設在當時他們確實擁有某些權利的話），《大憲

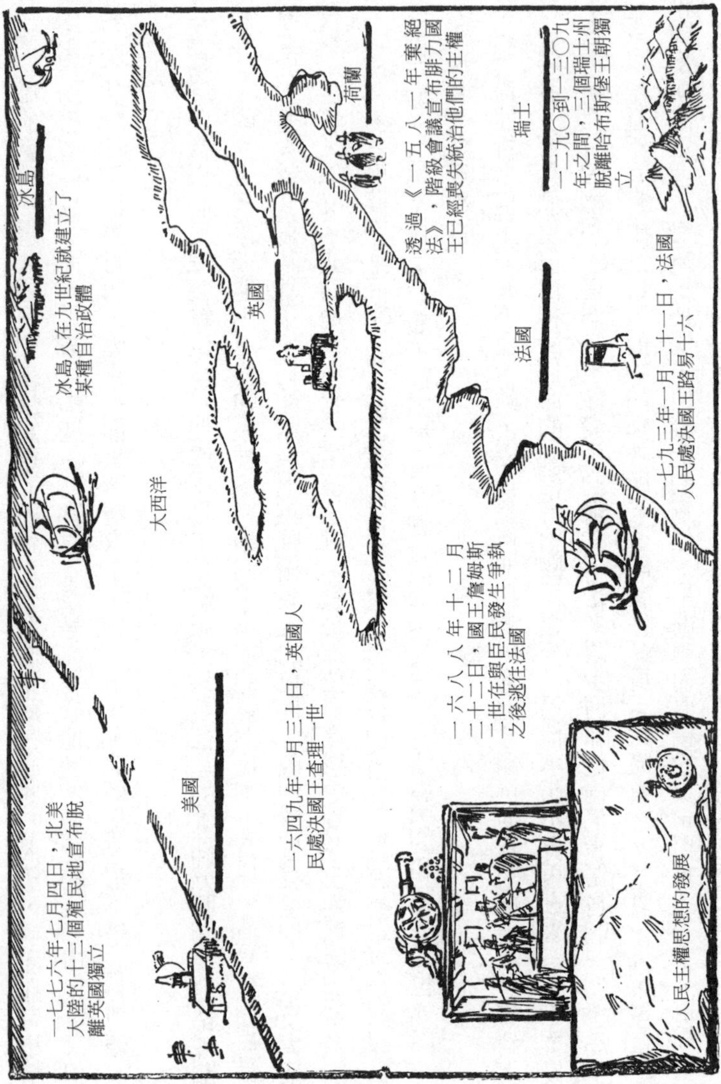

一七七六年七月四日，北美大陸的十三個殖民地宣布脫離英國獨立
美國
一六四九年一月三十日，英國人民處決國王查理一世
一六八八年十二月二十二日，國王詹姆斯二世在與臣民發生爭執之後逃往法國
人民主權思想的發展
冰島人在九世紀就建立了某種自治政體
冰島
大西洋
英國
法國
一七九三年一月二十一日，法國人民處決國王路易十六
荷蘭
透過《一五八一年棄絕法》，階級會議宣布腓力國王已經喪失統治他們的主權
瑞士
一二九〇到一三〇九年之間，三個瑞士州脫離哈布斯堡王朝獨立

人民主權思想的傳播

章》幾乎未曾著墨；不過，它倒是提供了一些保障給新興的商人階級。它之所以是歷史上一份極為重要的憲章，是因為以前從來沒有任何文件曾將國王的權力做精確的界定。但是，它依舊全然是一份屬於中世紀的文件，不會去提及一般老百姓——除了從「平民有時候也是封建領主的財產」這個角度以外。財產確實必須受到保護，讓它免受國王暴政侵害，一如領主擁有的林地與牛隻必須受到保護，免受過度「勤勞」的皇家林務官叨擾。

然而，過了幾年，我們開始在國王陛下的議會中，聽到一股非常不一樣的聲音。約翰煞有其事地保證會遵守《大憲章》，但是，這個徹頭徹尾都是個爛人的傢伙，事後卻把裡面的諸多規定一一違背殆盡，還好他很快就去世了。他的兒子亨利三世繼位後，衆人逼他重新承認《大憲章》的效力。但他即位的時候，由於理查（也就是他的伯父）發動十字軍的關係，讓國家積欠了一筆龐大的債務，所以亨利不得不向各界請求借款，讓他有能力還錢給那些猶太人債主。原本的國王議會成員：大地主和主教，並沒有能力提供國王所需要的金額，因此國王發出了一道新命令，召集一些城市代表前來出席國王議會。西元一二六五年，這些市代表首次出席，他們一開始只是作為財政方面的諮詢專家，單就賦稅問題提供建議而已，並不應該參與其他一般國家大事的討論。

不過，漸漸地，這些「平民」代表也被徵詢其他許多問題的意見，而由貴族、主教和市代表所組成的議會，也慢慢發展成一個常態的國會——國會這個英文字的意思，正是：（在重要的國家大事做出決定以前）「供人們討論發言」的場所。

不過，這個對問題做一般性討論和諮詢，並且擁有部分行政權的議會制度，絕不是由英國人最先發明的——雖然似乎有不少人誤以為如此；而且，「國家的統治權屬於國王與國會」這種觀念，也並非英倫三島獨有。你在歐洲各地都可以看到類似的組織機構。有些國家，像是法國，國王的權力在中古時代急劇增加，以致於完全壓縮「國會」的影響力。法國在一三〇二年就已經允許市民代表參與國會會議，然而一直到五百年後，這個「國會」才有足夠的實力去維護中產階級（法國人稱之為「第三階級」）的權利，打破國王專權的局面。結果，法國中產階級決定討回過去這段漫長時日所失去的一切，於是在法國大革命時廢除了國王，同時也取消貴族與神職人員階級，以一般人民的代表為國家唯一的統治者。西班牙這邊，國會（在西班牙文裡，「國會」的原義就跟英文不一樣了，它的意思是「國王的議會」）早在十二世紀前半葉，就允許貴族或神職人員以外的人民參與。德意志帝國也會賦予一些重要的城市「帝國城市」的資格，讓它們的代表擁有在帝國議會裡發聲的權利。

瑞典的人民代表首度成為瑞典國會的會議成員，是在西元一三五九年。丹麥在中古時代的國民大會，是在一三一四年重新設立的。此後雖然三不五時會由貴族取得國政的控制權，而讓國王與人民靠一邊站，不過，市民代表的權利從來沒有被全部剝奪過。

瑞士人自由的發源地

代議政府在斯堪地那維亞國家的發展故事，更是特別有意思。冰島的全民大會，也就是由所有自由的土地擁有者組成，負責處理島上重要事務的大會，從九世紀時就開始定期開會，此後的一千多年以來一直如此。

另外，在瑞士境內，各州[1]的自由人都努力捍衛自己的議會，免受附近封建勢力的破壞，而且成果非常豐碩。

最後，我們來看低地國這邊。在荷蘭，從十三世紀開始，就已經有「第三階級」的代表參加各個公國或是郡縣的議會了。

十六世紀時，附近的一些小省分聯合起來反抗它們的國王，這些省分鄭重召開一個「階級大會」，決定要斷絕與國王的關係，取消神職人員和貴族在國會中的地位與勢力。總而言之，這個新成立的低地七省聯合共和國的行政權，專屬於「階級大會」所有。之後，荷蘭就在沒有國王、沒有主教，也沒有貴族的情況下，由市議會代表統治了兩個世紀。在這個國家，城市擁有至高無上的地位，而市民階級就是國家的統治者。

[1] 譯註：雖然叫作「州」，可是面積沒有很大。

與腓力二世斷絕關係

37 中世紀的世界觀

中世紀的人認為他所生活的世界，是個什麼樣的世界呢？

日期，是一項非常有用的發明，沒有它，我們很多事都做不了。但是我們得留意一件事，日期也會迷惑、誤導我們；它把歷史變得精確，不過很容易精確過了頭。舉例來說，如果我要介紹某群人的觀點，而這群人正好活在中世紀——這個中世紀的意思，當然不會是在西元四七六年十二月三十一日那天[1]，歐洲所有人都突然說：「啊，羅馬帝國結束了，現在開始，我們是活在中世紀了！很有趣吧？」

假如你置身在查理曼那個法蘭克人的宮廷上，或許你會發現，怎麼有人無論是氣質、舉止、人生觀，都活像是個羅馬人。同樣的道理，當你長大之後會發現，我們這個時代中也有些人，根本從來沒有超越穴居人階段。其實，所有時期、所有時代都是互相重疊的。思想的傳遞也是由一個個世代前後接力。不過，只要我們針對許許多多真正能代表中世紀的人，把他們的想法拿來做深入的研究，如此一來，還是有可能向你說明，當時普通人對於生命，以及其他種種生活上的難題，是抱持著什麼樣的態度。

首先，請你記得，中世紀的人們從來都不認爲自己是生而自由的公民。什麼「人人都有行動自由，可以任意來去任何地方」；或者「個人的命運是依靠自己的能力、性格，或運氣來決定的」——這些對他們來說是無法想像的。相反地，他們相信萬事萬物都是在一個無所不包的計畫裡，無論是皇帝與農奴、教宗與異端、英雄與無賴、富人與窮人、乞丐與小偷，而他們自己當然也是其中的一部分。他們虔敬地接受這個源自上帝的規劃，自然也不會有所質疑。在這一點上，中世紀的人當然與現代人有著天壤之別；我們現代人從不會乖乖認命，而且永遠都在努力提高自身的經濟與政治地位。

對生活在十三世紀的男男女女來說，「彼岸」的世界——若不是充滿美好與歡樂的天堂，就是流洩著硫磺，接受無盡折磨的地獄——不論哪一個，都不只是空談，也不只是含義不明的神學用語。「彼岸」對生活在當時的市民也好，騎士也好，都是活生生的眞實，他們一生中大部分的時間都是在爲它做準備。我們現代人是懷著古希臘或古羅馬人那種寧靜祥和的心情，盤算著在過完充實的一生

中世紀人心中的世界

【1】譯註：西羅馬帝國正式滅亡的日子。

後，好好迎接一個有尊嚴的死亡；具體來說，是在計畫著努力工作個三十年，帶著一切都會順利無事的心情進入長眠。

但是在中古時代，「恐怖」一直長伴人們左右。這位籠罩人心的王者現出那顆帶著猙笑的骷髏頭，拖著一身喀喀作響的骨骸，用他刺耳的提琴聲奏出可怕的曲調，把人們從睡夢中驚醒。當人們用晚餐時，他就坐在他們旁邊；當男人約了女孩出門蹓躂的時候，他就坐在樹叢後面對他們微笑。如果你小時候聽的不是安徒生或格林童話，而是這些關於墓園、棺材、恐怖傳染病等等的怪談，除此之外就沒聽過別的故事，你也會變成像他們一樣，一生都在害怕生命的最後一刻，害怕那冷酷無情的審判之日到來。中世紀的小孩就是這樣長大的，他們生活在一個充滿魔鬼與幽靈，非常偶爾才會有天使降臨的世界。有時候，這種對未來的恐懼讓他們心中滿是謙卑與虔敬之情。但更常見的情況是，它把人們變得殘暴又情緒化。當他們打下一座城市時，第一件做的事就是殘殺城裡的婦人與小孩，殺光之後，他們會馬上前往某個聖地，向慈愛的天神誠心地祈求恕免他們的罪，而他們的手上兀自沾著無辜受害者的血汙。不，他們不只是祈禱而已，他們其實已經止不住痛苦的眼淚，只能不停地向天父告解自己是最邪惡的罪人。不過，第二天，他們就又屠殺掉另一個薩拉森人[2]的營地，揮刀時，心中依然不曾浮現任何惻隱之心。

當然，上一段是拿十字軍戰士舉例，他們都是騎士，遵守的是一套跟普通人有點不一樣的行爲準則。不過，上面所說的情形，在一般老百姓身上也可以發現——中世紀的平民就跟自己的領主一樣，像隻害羞膽怯的馬兒，光是風吹草動就足以嚇到他；雖然既能幹又忠心，可是，一旦他瘋狂的幻想讓他以爲自己見了鬼，就很有可能變得不受控制，甚至造成嚴重的破壞。

然而，在評斷這些「好人」的時候，最好要記得他們所處的環境有多麼苛刻；他們其實只是努力擺出文明人模樣的野蠻人。雖然查理曼和鄂圖曼大帝被稱爲「羅馬皇帝」，但是他們跟貨眞價實的羅馬皇帝，譬如像屋大維．奧古斯都，或是馬爾庫斯．奧列里烏斯，彼此之間差異之巨大，就有如拿剛果河上游某位名叫溫巴溫巴的國王，跟瑞典或丹麥那些受過高等教育的國王相比。中世紀的人是居住在輝煌廢墟之中的粗漢，身爲子孫的他們，無法從父祖輩摧毀的文明成果中受益。那時候的人可說是一無所知，當今隨便一位十二歲小男孩[3]知道的事，他們幾乎完全都不會，因爲他們被迫只能從一本書裡頭獲取知識，那就是《聖經》。然而，《聖經》中幫助人類向上提升的段落，是《新約》中的那些章節，教給我們博愛、慈悲、寬恕這些偉大的情操。但如果要把《聖經》當成天文學、動物學、植物學、幾何學，或者其他所有科學的學習手冊，那就有點靠不住了。到了十二世紀，中世紀圖書館的書架上多了一本書，是一本關於實用知識的大百科，編者名叫亞里斯多德，是一位比耶穌還早四百年的希臘哲學家，也是亞歷山大大帝的老師。爲什麼基督教在詆毀所有希臘哲學家（因爲教會認爲這些人所說的東西都是異教思想）的同時，卻願意給予亞里斯多德如此高的敬意，這點我眞的想不透。無論如何，對於眞正虔誠的基督徒來說，除了《聖經》以外，亞里斯多德是唯一可以信賴的導師，只有他的作品可以安全地交在教徒手上。

亞里斯多德的作品其實是幾經波折後，才到達那個時候的歐洲。它們從希臘來到亞歷山卓後，被七

[2] 譯註：泛指穆斯林或者泛指阿拉伯人。
[3] 譯註：在我們這個社會，也應該包括小女孩。

世紀時征服埃及的穆斯林，從希臘文翻譯成阿拉伯文。然後，它們跟著伊斯蘭軍隊前往西班牙，於是出身馬其頓史坦吉拉的亞里斯多德在去世一千年以後，在哥多華的摩爾人大學中又有了自己學說的傳人。接著，他的作品再被來到西班牙半島遊學的基督徒學子，依阿拉伯文版本的內容翻譯成拉丁文，終於讓亞里斯多德的這些名作在經過長久又遙遠的遊歷後，開始在歐洲西北部各式各樣的學校中傳授。這些譯本文義並不精確，卻反而讓人讀起來覺得更有意思。

好，在《聖經》和亞里斯多德的輔助之下，中古時代最聰明的人們捲起衣袖，開始要來解釋天堂與俗世的萬事萬物，是如何表現傳達出上帝的意志了。這些聰明人後來被稱爲「學究」，他們確實是擁有過人的知識；只不過，他們所知的一切全都是從書上讀來，沒有一項是透過實際觀察獲得的。假設現在有堂課的主題是鱘魚或者毛毛蟲，他們的準備工作是熟讀《聖經》與亞里斯多德，然後把這些「好書」裡面關於鱘魚或毛毛蟲的任何知識，原封不動地教給學生。他們不會走出戶外，到最近的河裡去抓條鱘魚；也不會走出圖書館，去後院抓一些毛毛蟲。也就是說，他們不會好好觀察這些動物本身，也不會研究牠們原生的棲息地。就算是阿爾伯特．馬格努斯，以及托馬斯．阿奎那這般著名的學者，也不曾深入探究巴勒斯坦境內的鱘魚，或者馬其頓地區的毛毛蟲（譯註：《聖經》與亞里斯多德著作裡的生物就分布在這些地區），有沒有可能其實跟西歐的鱘魚和毛毛蟲不大一樣。

學者圈子裡，偶爾還是會出現像羅傑．培根這般深富好奇心的人，開始拿著放大鏡，還有奇怪的小望遠鏡，做起實驗來。他在上課的時候，把附近的鱘魚和毛毛蟲直接帶到講堂上，指出牠們跟《舊約》和亞里斯多德所描述的是不同的生物。見到此情此景，高貴尊嚴的學究學者緩緩地搖了搖頭——培根太超過了：他竟然提倡「實際觀察一小時，勝過苦讀十年書」；他甚至覺得如果要讀亞里斯多德的作品，不讀譯本直接讀原文會比較好。培根根本不明白這些作品帶給世人多大的好處！於是這些學者們找來警察，告訴他們：「這位培根先生對國家安全有害，他竟然要我們學希臘文，好可以讀原文的亞里斯多德。他對這套拉丁文─阿拉伯文的譯本是有什麼不滿？幾百年來，虔誠的人民都不曾有過什麼質疑。爲什麼他對魚類和蟲子的內部這麼有興趣？他多半是一位邪惡法師，想要用他的黑魔法破壞萬事萬物應有的秩序。」這些學者對案情的陳述是如此強而有力，所以即使被嚇壞了，身爲和平的維護者，警方還是勇敢地命令培根在未來的十年內都不能寫下一字一句。培根確實因爲這樣學到了教訓，當他重拾研究後，就透過同時代的人都沒辦法破解的密碼來寫書。當教會變得越來越不顧一切地去阻止人們提出問題──那些會動搖信仰的問題，這種書寫技倆也變得越來越普遍。

但是，教會的這些學者並不是出於某種邪惡的用心，才希望一直讓人民處於愚昧無知之中。當時的人們之所以發起狩獵異端的行動，其實是受到一種良善而體貼的情感驅使。他們深深地相信，不，應該說他們深深地「知道」：彼岸，才是眞實的存在，而此岸的人生，只是在爲它做準備而已。他們堅信：知識一旦太多，便會讓人感到不安，他的心中將充斥著各種危險的想法，這些想法會讓他開始懷疑與動搖，最後讓他墜向地獄。當一位中世紀的教會學者看到學生背離了《聖經》和亞里斯多德的天啓眞理，看到他開始爲了自己的目的而學習與研究，這位做老師的心中那種不安的感覺，就跟一位慈愛的母親，看到自己才三、五歲大的小孩慢慢接近家裡大火爐的感覺一樣。她知道，如果放任這小傢伙去摸火爐，他一定燙到自己的小手，所以這位媽媽會設法把他拉回來；如果有必要的話，她還會拉得很用力，甚至會打他屁股，摑他耳光。她眞的愛自己的小孩，而且只要他肯乖乖聽她的話，她就會對他很好，好得不得了。同樣的道理，在中世紀，這些人民靈魂的守護者，雖然他們在跟信仰有關的事情上，表現得非常嚴厲，同時卻也日日夜夜、辛勤不懈地為信徒做出最大的貢獻。只要他們有能力，就會向他人伸出援手，而當時的社會就是一個實例，為我們展示著無數的善男信女們是如何受到他們的影響，所以盡全力去接受自己身為一位普通百姓的命運。

是的，農奴就是農奴，這地位是不會有所改變的；但是，中世紀這位偉大的上帝雖然給了他身為農奴的一生，同樣也賦予這卑微的傢伙一個不朽的靈魂。正是因為這樣，教會必須保護他靈魂不朽的權利，必須讓他生是一位好基督徒，死也是一位好基督徒。另一方面，當他已經太老，或是太虛弱，沒辦法在田裡工作，領有他的封建領主也必須照顧他的生活。因此，這位農奴縱然過著單調無聊、枯燥沉悶的一生，因為「明天」而生的恐懼卻從來不曾找上他。他知道自己是「安全」的，這意思是說：他不可能會被解僱；在他頭上永遠都有面屋頂在撐著（或許是面會漏水的屋頂，但再怎麼說也是面屋頂啊）；而且他永遠都會有東西吃。

這種「穩定感」和「安全感」在社會中所有階層都感受得到。城市裡，商人和匠人組成同業公會，而公會確保每位成員都能得到穩定的收入。公會不鼓勵一心想要做得比同行更好的企圖心，它幾乎一定會保障那些得過且過的懶人。就算這樣，公會為勞動階級提供了普遍存在的滿足感和確定感——一種在今天這種全面競爭的時代再也看不到的情緒。此外，中世紀非常清楚現代人所謂的「壟斷」，也就是說，只由一位富人掌控了市面上全部的穀物、皀鹽，或是鹽醃鯡魚，然後逼得所有人都要用他的價錢跟他買，會是多麼大的危害。因此，公會當局會抑制批發貿易，並且規定商人只能以什麼價格出售貨物。

中世紀的人不喜歡競爭。末日審判已經不遠，屆時財富將一文不值，壞蛋騎士將被打下地獄的最深處去受苦受難，而好人農奴可以走進天堂金色的大門，既然如此，爲什麼要競爭？爲什麼要讓世上充滿一大群急急忙忙、汲汲營營，而且彼此敵視的人呢？

簡而言之，這時候的人們被迫交出一部分的思想與行動自由，反過來則可以享有更多的安全感，不必擔心遭逢窮困貧乏，不論是在物質上，或是在精神上。

除了極少數人以外，中世紀人其實並不排斥這樣的世界。他們深深相信，自己不過是塵世的過客，他們之所以在這個世上，是爲了替一個更偉大、更有價值的來生準備。他們心知肚明，而且有意地背過身去，不去理會這個充斥著苦難、邪惡，與不公不義的世界。他們把窗簾拉下，以免陽光分散了他們的注意力，因爲他們正在讀《聖經》裡《啓示錄》這一部分，裡面說著那道可以在永恆之中照亮他們幸福所在的天堂之光。他們努力對世上大多數的歡樂視而不見，因爲他們想要在不遠的將來，去享受在彼世等待他們的那些歡樂。生命對他們來說是必經之惡，死亡則是他們光輝之日的開始。

希臘人和羅馬人從來不曾被「未來」所困擾；相反地，他們努力在這個塵世上建立自己的天堂。他們成功地讓生活過起來特別舒適，只要你剛好不是個奴隸。接著而來的中古時代成了另一個極端，因爲當時的人也替自己建立了天堂，不過是在九霄雲外，還把此世變爲一道淚谷，不論你是貴是賤、是富是貧、是智是愚。現在，鐘擺又要開始往另一個方向擺了，至於詳情如何，請見下回分曉。

38 中世紀的貿易

十字軍東征再次讓地中海成為繁忙的貿易中心；義大利半島上的城市也變身為亞洲和非洲商品的大集散地。這些變化是怎麼發生的？

爲什麼該是義大利的城市，成爲中世紀晚期最先開始重新取得重要地位的主角？主要的原因有三：首先，羅馬在非常早以前就已經整頓好義大利半島的內政，所以，這裡有比歐洲其他任何地方都還要多的道路、城鎮與學校。雖然蠻族對義大利的燒殺擄掠，就跟在歐洲別處沒有不同，但是這裡既然有比較多東西給他們破壞，能夠倖存下來的也就比較多。

其次，教宗身在義大利。身爲一個龐大政治機器的首腦，擁有土地、農奴、房舍、森林、河流，而且還統領著法院，這樣的他一直都能受到巨額的獻金。教廷也收金幣、銀幣，這件事就如威尼斯、熱那亞的商人與船東會向你收取現金一樣自然。北方和西方的人民必須把牛、蛋、馬，及其他所有的農產品，先兌換成現金之後，才有辦法付給教宗所在的那遙遠的羅馬城。因爲如此，才造成只有義大利半島擁有相對充足的金幣、銀幣。

最後，在十字軍東征運動結束之後，同樣也是這些義大利城市繼續身居東方貨物的集散中心，因爲待在近東的那段時間，讓歐洲人開始離不開來自東方的商品了。

這些義大利城鎮中，最出名的大概就是威尼斯了。它是一個建在泥岸上的共和政體，居民起初是

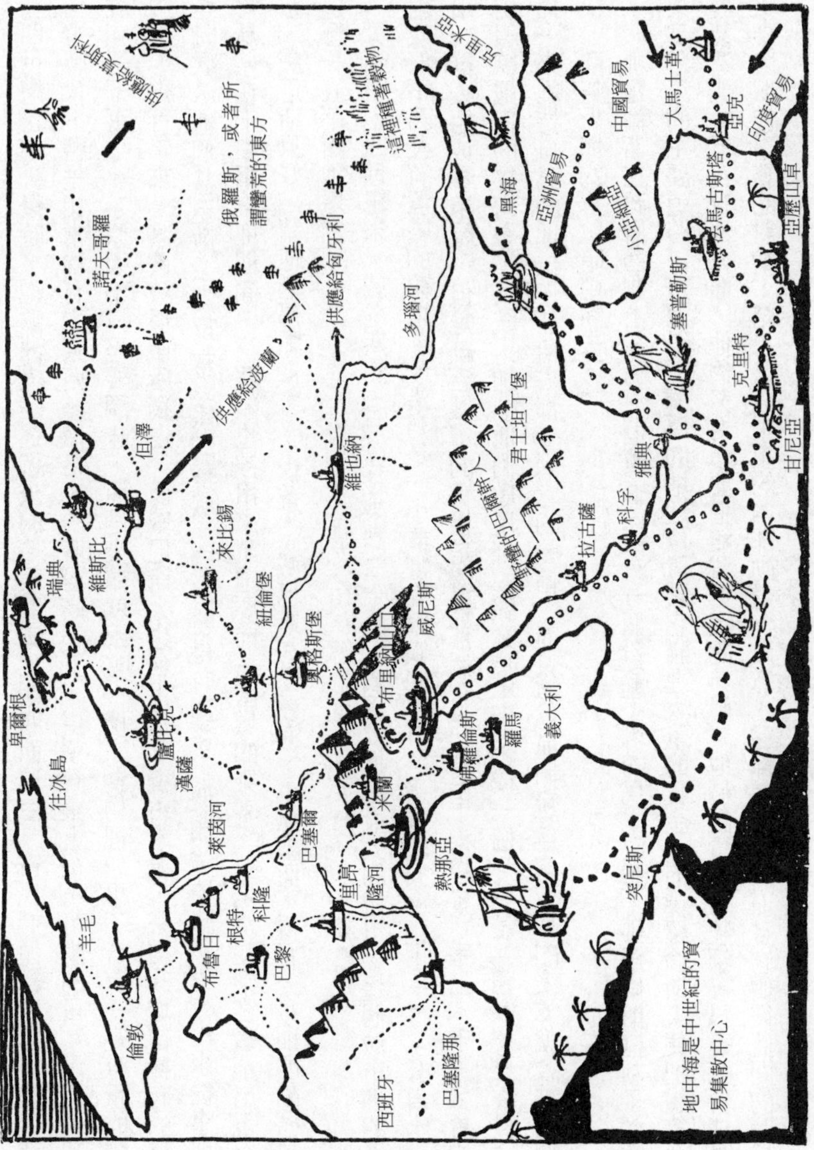
倫敦
羊毛
往冰島
卑爾根
瑞典
維斯比
但澤
諾夫哥羅
俄羅斯，或者所謂蠻荒的東方
盧比克
漢薩
來比錫
供應給波蘭
供應給匈牙利
這裡種著穀物
維也納
多瑙河
布魯日
根特
巴黎
科隆
萊茵河
巴塞爾
紐倫堡
奧格斯堡
布里納山口
威尼斯
里昂
隆河
米蘭
熱那亞
佛羅倫斯
羅馬
義大利
巴塞隆那
西班牙
突尼斯
拉古薩
科孚
雅典
野蠻的巴爾幹人
君士坦丁堡
黑海
亞洲貿易
中國貿易
小亞細亞
塞普勒斯
法馬古斯塔
大馬士革
亞克
印度貿易
亞歷山卓
克里特
甘尼亞
地中海是中世紀的貿易集散中心

中世紀的貿易

在四世紀蠻族入侵時，從歐洲大陸逃過來的。眼看威尼斯四面環海，市民們便經營起製鹽生意來。在中古時代，鹽是相當稀有的東西，價格也一直居高不下。這項餐桌上絕不可少的日常用品（我在這裡說「絕不可少」，原因不只是要調味，而是人類就跟羊一樣，食物裡如果不含有一定分量的鹽就會生病），幾百年來一直被威尼斯所獨占，而威尼斯人也利用這項獨占事業，來提高城市擁有的權力；有些時候，他們甚至敢公然反叛教宗的權威。城市變得有錢後，便開始造起船隻，用來從事與東方的貿易。在十字軍東征期間，這些船也被用來載運要前去聖城的乘客。要是這些乘客拿不出現金來買船票，威尼斯只好「請他們幫點忙」——於是，威尼斯在愛琴海、小亞細亞，還有埃及地區的殖民地，就這麼一直不斷地增加。

到了十四世紀末，威尼斯的人口已經來到二十萬，成為中世紀最大的城市。這個城市裡的一般市民對政府事務沒有置喙的餘地，政治乃是一小群富商家族的私事。這些家族會選出一位「公爵」，也會選出一群人組成參議院，但是統治城市的實權是落在那個有名的「十人議會」手上。十人議會的成員經由組織嚴密的祕密警察系統，加上他們雇用來的職業殺手，組成一個等於是「國家安全委員會」的機構，來維持自己的地位。任何人都受到它的管轄，而只要是他們認為有威脅的人，就會被這個高壓蠻橫、肆無忌憚的單位暗中除去。

佛羅倫斯在政府體制上是另一個極端，擁有一個紛亂不堪的民主政體。佛羅倫斯控制了從歐洲北部來到羅馬的主要道路，這個得天獨厚的地理位置讓它賺進大筆的資金，而佛羅倫斯人便把這筆錢拿來發展製造業。但在政治方面，他們努力想要追隨雅典人的典範。他們讓貴族、牧師，以及公會成員，都可以參與城市事務的討論，結果造成嚴重的內部動盪。政黨永遠都在對立，而且它們彼此間的鬥爭只能用慘烈形容，一旦有一方在議會中取得勝利，就會把對手流放出境，財產沒收。這樣一種組織化的暴民政治持續了數百年後，會發生的註定還是發生了：一個有力的家族躍身為唯一的統治者，以古代希臘「僭主」的手段，取得城市和周遭領地的統治權。這個家族是梅第奇，最早的祖先是做醫生的（「醫生」在拉丁文裡拼成medicus，拼法變化以後就變成中文唸起來像「梅第奇」的姓），不過經過一段時間後，這家人成了銀行家。歐洲比較重要的貿易都市，全都有他們家的銀行與當鋪。即使到了現在，你都可以看到當鋪外面會擺出一面三個金球的招牌，那圖案正是梅第奇這個財大勢大的家族家徽的一部分。話說回頭，總之，梅弟奇家族成了佛羅倫斯的統治者，他們家的女兒身分足以與法國王室通婚，家族成員死後能被埋在有資格成為羅馬皇帝靈寢的大墓園中。

接下來還有威尼斯的大對頭熱那亞，這裡的商人專門從事與非洲突尼斯，還有與黑海糧食產地的貿易。除了上面這三個以外，還有其他超過二百個有大有小的城市，它們全都是完整的商業單位，每一個都在與自己的鄰城交戰──對於可能搶走手上生意的競爭對手，它們全都打從心底懷著怨恨。好了，現在讓我們來看看，來自東方與非洲的產品被帶到這些集散中心後，是如何等著被送上往西和往北的旅程。

熱那亞走海路把貨物送到馬賽，貨物再從這裡裝船送往隆河沿岸的城市，對法國北部和西部地區來說，這些沿岸城市就是它們的市場。

威尼斯則是從陸路前往歐洲北部，這條古道先是穿過布里納山口（也就是古時入侵義大利的蠻族所通過的大門），經過印斯布魯克，然後把貨物送到巴塞爾。有的商品要從這裡順萊茵河而下，前往北海和英格蘭；有的則是再送到奧格斯堡，由那裡的福格家族（他們既是銀行家，也是製造商，這家族曾經靠在付給工人工資的錢幣上偷工減料來獲取巨利）接手，負責進一步運送到紐倫堡、萊比錫、波羅的海各城市，以及維斯比（位在哥特蘭島上）——由維斯比負責滿足波羅的海北部的需求，並且與諾夫哥羅共和國這個俄羅斯舊時的商業中心直接對口（諾夫哥羅後來在十六世紀中葉，被沙皇恐怖伊凡所滅）。

至於歐洲西北部沿海的那些小城市，它們的故事也很有趣。中世紀的人吃很多魚，因爲那時候有許多不許吃肉的齋戒日【1】。所以，如果你不幸住得離海洋和河流很遠，齋戒時就只能吃蛋，不然只好什麼都不吃。十三世紀初，有位荷蘭漁夫發現了醃製鯡魚的方法，如此一來，就可以把鯡魚運到比較遙遠的地方去了【2】。北海的鯡魚捕撈業於是變得非常重要；不過，同樣在十三世紀時，有一年不知怎麼了，這些有用的小魚兒從北海搬家到波羅的海去（原因只有牠們自己知道吧），讓這片內海沿岸的城市也開始賺起錢來，因爲現在所有人都得把船開到這裡來抓鯡魚。不過，一年之中只有幾個月抓得到鯡魚（剩下的時間牠們都待在深海裡，忙著孵出好多好多的小鯡魚），其他日子如果漁夫們不找些別的事來做，他們的船就得閒置在這裡。所以，他們便把船拿來幫忙把俄羅斯北部和中部的小麥運到歐洲的西部和南部。

大諾夫哥羅

然後回程的時候，再從威尼斯和熱那亞運一些香料、絲綢、地毯，還有東方的小毛毯，到布魯日、漢堡，或是不來梅。

就是從如此簡單的起源，日後發展出一個很重要的國際貿易系統，它的範圍從布魯日與根特這些製造業都市（這裡的公會勢力之大，足以和英、法兩國的國王軍多次激戰。但是它建立的勞工專政，卻把工人與僱主階級一同徹底摧毀），一直連接到俄羅斯北部的諾夫哥羅共和國——在伊凡沙皇在位之前，這個共和國一直是個強大的城市，但是伊凡不相信所有的商人，所以他在攻下這個城市後不到一個月內，就殺了六萬名市民，還把所有倖存者都變成乞丐。

爲了在面對海盜的掠奪、過高的規費，還有惱人的法律時可以自保，歐洲北部的商人們組成一個名叫「漢薩」的貿易保護同盟。漢薩同盟的總部設在盧比克，這是一個自願加入的協會，有超過一百個城市是成員。同盟有自己的海軍，負責在海上巡邏維安，並且在英格蘭或丹麥的國王膽敢染指強大的漢薩商人所擁有的權利與特權時，就直接與他們開打。

眞希望能有更長的篇幅，可以多告訴你一些神奇的經商故事。它們有的要翻越高山，有的要橫跨大海，在這許多危險之下，每趟航行都是一次光榮的冒險。但是這樣一來，就得花上好幾本書才寫得完，所以我得就此打住了。

就像我努力要告訴你的一樣，整個中古時代是一段非常緩慢的進程。當時掌有權力的人們覺得

【1】譯註：但不戒魚肉。

【2】譯註：因爲醃過的魚比較不會在路途上腐壞，那時候可沒有製冰器。

漢薩船艦

「進步」是非常討厭的事物，是撒旦的發明，應該加以壓抑。既然他們剛好是掌權者，也就可以很輕鬆地把這種想法硬是加在順從的農奴，以及大字不識的騎士身上。偶爾會有幾個勇敢的人冒著危險，闖入那片叫作「科學」的禁地，但是他們的後果很淒慘——如果能保住性命，就算是要坐二十年牢，都可以稱得上是幸運了。

可是，十二、十三世紀席捲西歐的國際貿易潮流，就像淹沒古埃及河岸兩旁的尼羅河一樣，在所經之處留下能夠帶來繁榮與富足的肥沃泥土。繁榮與富足就意味著空閒時間，讓男男女女都有機會利用這些閒暇，買些手鈔本回來讀，以及培養對文學、藝術和音樂的興趣。

於是，那神聖的好奇心再次流竄在這個世界之中，正是這好奇心，曾經讓人類從其他哺乳類動物中脫穎而出；那些動物雖然是人類的遠親，但卻永遠無法從無知中脫身。而在那些好奇而勇敢的先驅，勇於掙脫萬事萬物既有秩序所構成的狹隘世界時，城市——我在上一章中，曾經向你說過它們的成長與發展——則為他們提供了一個安全的避風港。

就這樣，他們放手去做，他們替原本封閉隔絕的書房打開了窗。頓時，大量陽光射進這個塵封的房間，讓他們看到在過去那段只有暗淡幽光的漫長期間，房裡已經結了多少蜘蛛網。

於是他們開始清理房間，接著又去清理花園。

一切打掃完畢後，他們出門來到一片空曠的原野，將那些斷垣殘壁遠遠拋在身後。他們環顧四周，說道：「這眞是個美好的世界，眞高興我們活在這兒。」

就是在這一刻，中世紀成為過去，一個嶄新的世界就要開始了。

39 文藝復興

再一次，人們不再怯於光是因為「活著」就感到幸福。他們努力保存希臘羅馬那種古老、但更為歡愉的文明所留下的一切，而他們對自己在這方面的成果極為自豪，所以聲稱這是一次文明的「復興」，也就是文明的「重生」。

文藝復興並非一次政治或宗教的運動，它是一種想法、一種精神、一種心態。文藝復興時期的人依然是教會順從的信徒，同時也是國王，或者皇帝，或者公爵的子民；他們對此沒有什麼不滿。

變的是他們對生命的看法。他們開始穿起不一樣的衣服，說起不一樣的語言，在不同的房子裡過著不一樣的生活。

他們不再把所有的思想與努力，都集中於那個在天堂等待他們的幸福永生。他們努力在這個塵世建立自己的天堂——老實說，他們做得還眞的蠻成功的。

三不五時我就提醒你，在歷史日期裡，藏著誤導的危險。太多人只看到表面上的日期，他們以爲中世紀是個黑暗而愚昧的時代，然後時鐘走到某一刻，發出「喀」一聲的那個瞬間，就是文藝復興的開始，熱情、好奇又聰慧的人們就紛紛擁進城市與宮殿，帶來明亮的陽光。

如果我們貼緊現實，就知道不可能畫出一條這麼明確的界線。對，沒有人會質疑十三世紀屬不屬於中世紀時期，所有歷史學家都會同意它是。即便如此，難道十三世紀的人們張眼所見就只有黑暗與停滯？絕對不是。當時的人們可活躍得很。一個個大國在當時建立形成；商業中心開始發展出來；新蓋的哥德式大教堂，它的錐型塔頂高過城堡塔樓尖端，也高過市政廳大樓的尖型屋頂。無論哪裡，世界都不曾停下腳步。市政廳裡，那些有頭有臉、有權有勢的商紳，剛剛才對自己的力量（這力量是源自於他們新近取得的財富）有了自覺，開始為了取得更多的權力，與自己的封建領主鬥爭角力；另一方面，方才明白「人數是關鍵」這個重點的公會成員，也開始以市政廳裡的權貴商紳為對手，發起權力的爭奪戰。看到眼前這淌渾水，國王和他身邊狡詐的顧問當然不客氣，趁機摸走了很多魚，然後大搖大擺地當著驚訝、失望的市政廳議員與公會成員面前，把這些漁利給烤來吃。

在這漫漫的長夜裡，那些燈光昏暗的街道，引不起人們有興趣站在那裡談論政治和經濟問題。給這幅暗沉景象增添些許活力的，是吟遊詩人向所有漂亮女人說著一則則英雄傳奇故事，唱著一首首歌頌忠誠的詩歌。與此同時，「進步」的腳步之緩慢，已經讓年輕學子感到不耐煩了，他們蜂擁來到大學，對此我又有個故事可講。

不過，我要先從中古時代的一項特色說起。當時人們的思維模式是「跨國際」的，這話聽起來不好懂，待我慢慢向你道來。我們現代人的思維模式是帶著「國家框架」的。例如，我們是美國人、英國人、法國人、義大利人，說著英語、法語或義大利語，讀的是英制、法制、義大利制的大學；除非我們想要攻讀特定的學術領域，而且恰巧這門學問只有別國有教，我們才會學習外國語言，去慕尼黑、馬德里或莫斯科求學。但是生活在十三、十四世紀的人，很少說自己是英國人、法國人，或義大利人。他們會說：「我是雪菲爾、波爾多，或者熱那亞人[1]。」因為讓他們感到如兄弟般同胞之情的，是與他們同屬於一個市區教會的市民。同時，當時受過正規教育的人都通曉拉丁文，也就是說，知識分子擁有一種國際語言，可以消除愚蠢的語言障礙。這項語言障礙在歐洲是近代才形成的，它讓人數較少的民族吃了一個大虧。我舉伊拉斯謨來當例子，這位十六世紀偉大的作家向世人宣揚寬容，給讀者帶來歡笑。雖然他出身自荷蘭的小村莊，但是用拉丁文寫作的他，讀者可以遍及全世界。如果他活在現在，他將會用荷蘭文寫作，全世界只有五、六百萬人有能力閱讀，光是要讓歐洲和美洲可以接觸他的作品，出版商必須把它們翻譯成二十種不同的語言。這樣一來就得花上不少成本，絕大多數的出版商或者不想替自己攬麻煩，或者也不想冒賠錢的風險。

出版商的這種煩惱，在六百年前是不存在的。當時大多數人依舊非常愚昧無知，既不會寫，也不會讀。至於精通了那項高難度技巧，可以輕鬆駕馭鵝毛筆的人，全都屬於一個跨國的「文人共和國」，它的疆界無遠弗屆，涵蓋整片歐洲大陸，語言和國籍對它都不構成限制。大學就是這個共和國的軍事要塞。但是，有別於現代的戰爭防禦策略，這些要塞並不是沿著國界分布，而是「哪裡是老師與學生相遇相聚之處，哪裡就是大學」。這又是中世紀及文藝復興時期與我們的時代不同的一點；現今，如果要成立一所新大學，流程一如下述（這幾乎是沒有例外的流程）：最初可能是一些有錢人有心回饋自己的社會；或者某支宗教教派想要透過一所學校，讓虔誠的年輕信徒可以得到正確的引導；又或者是國家需要培養醫師、法律人才和教師。基於這樣的原因，主事者努力弄來一大筆錢存在銀行裡，然後拿這筆錢來蓋教學大樓、實驗室、宿舍等等。硬體準備好後，最後就是聘僱老師、舉辦入學考試，然後這間大學就開始上路了。

中世紀的情況則大不相同。最初可能是一位智者在心中發願：「我這些想法確實是了不起的眞理，我應該把這些知識傳授給其他人。」於是，他開始對他人宣揚自己的知識，無論何時何地，只要他能夠吸引到一些聽衆就好。這點還蠻像現代的街頭藝人，只不過他所表演的內容是很正經的授課演說。假如他口才不錯，說的內容引人入勝，群衆會駐足傾聽；但要是他說話乏味，路人也就聳了聳肩，繼續走他的路。沒多久，開始有一群年輕人會定期過來，聆聽這位偉大老師的智慧之語。他們帶著筆記本、墨水瓶，還有一支鵝毛筆，把自己覺得重要的地方記下來。有一天，天空下起雨來，這群師生或者撤退到一間沒人用的地下室，或者是就回「教授」的家裡繼續上課。無論如何，房間裡，那位已經得道之人坐在椅子裡，而前來求道的年輕弟子們散坐在周圍地上——這就是大學的起源。大學的拉丁文原文 universitas 其實提醒了我們：中世紀的大學，最開始就是一個由教授和他的學生共同組成的團體[2]。因此在那個時候，「老師」才是大學中最首要的，而供他教學的那所建築物則一點也不重要。

讓我告訴你一件發生在九世紀的事當作例子。在拿坡里附近有一座城鎮名叫沙勒諾，那裡有一群非常傑出的醫師，渴望進入行醫這門行業的人們，都受到他們的吸引而來，於是有了沙勒諾大學。將近一千年以來（到西元一八一七年爲止），這所大學一直教給學生們希波克拉底（他是古希臘的名醫，早在基督出世前五個世紀，就已經在希臘地區行醫）的學問。

[1] 譯註：它們分別是英、法、義境內的城市。

[2] 譯註：中文的「大學」，是我們取四書裡那篇《大學》作爲譯名，所以沒辦法看字面就知道這件事。

再舉一個例子。一位來自布列塔尼的年輕牧師亞博拉，十二世紀初時，就在巴黎教授神學與理則學。當時有成千上萬滿懷熱情的學子蜂擁至這個法國城市，爲的就是要聽他上課；課堂上也有與他不同意見的牧師站出來說明自己的立場。不一會兒，巴黎就充斥著一群熙熙攘攘的英國、德國、義大利，甚至是瑞典、匈牙利的學生——是的，那所著名的巴黎大學就是如此這般，在塞納河中的一座小島上，環繞著一座古老教堂發展起來。

中古時代的實驗室

在義大利的波隆納，有位名叫格拉提安的修士，替需要通曉教會律法的人們編纂了一部教科書。於是，歐洲各地的年輕牧師，甚至許多非神職人員，都前來聽他說明他對教會法的理解——波隆納大學的開端，就是始於這群人想要保護自己，免受地主、旅館老板、公寓房東等人的欺壓敲詐，而形成的團體。

另一方面，巴黎大學裡發生了一場爭執。事情的起因沒人清楚，不過，造成一群怨氣難消的老師，帶著他們的學生渡過海峽，在泰晤士河邊一處名叫牛津的小村莊，找到了合適的新家——著名的牛津大學就這樣問世了。同樣地，西元一二二二年，波隆納大學也出現了分裂，心生不滿的老師（一樣也帶著他們的學生）出走到帕多瓦，從此這個城市便可以驕傲地誇耀他們也有一座自己的大學了。此外，從西班牙的瓦雅多利，到遠在波蘭的克拉考，或者從法國的波瓦提，到德國的羅斯托克，也都是這種情形。

這些古時教授所講述的大部分內容，對我們受過對數和幾何定理的耳朵來說，聽起來根本是荒謬不堪。這點確實如此，然而在這裡我要強調的重點是：中世紀，尤其是十三世紀，並不是一個完全靜止不動、停滯下來的時代。在年輕一代的人們身上還有生命力，還有的是熱情，也許開口時有些羞澀，但是他們一直不停地在發問。文藝復興便是孕育自這片騷動。

不過，就在中世紀最終幕的布簾即將拉上之前，有個孤獨的身影從舞臺上走過；這個人值得你多了解一些，而不是只聽過名字而已。他名叫但丁，出身佛羅倫斯的阿利吉耶里家族，父親從事法律工作。但丁在西元一二六五年時來到這個世界，在自己歷代先祖住過的城市中度過童年，當時喬托[3]正在聖十字教堂的牆上，畫著聖方濟的生平故事。但是，當他長大一點開始上學以後，他那驚恐的雙眼最常看到的，卻是路上一灘灘的血跡，訴說著古爾夫派（支持教宗派）與吉伯林派（支持皇帝派）之間，那永

文藝復興

【3】譯註：他是文藝復興時代一位著名的畫家。

無休止又殘酷可怕的鬥爭。

長大後，但丁成了教宗派，因爲他的父親也是教宗派，這就跟今天某位美國少年之所以支持民主黨或共和黨，原因只不過是他的父親剛好支持那個黨而已。不過，幾年後，但丁覺得半島上這近千個小城市，除非統一在一位統治者手裡，否則一定會因爲爭權奪利之心，造成整體的混亂與失序，而最終一定對全義大利帶來浩劫。所以，他轉而投向皇帝派。

但丁指望阿爾卑斯山的另一端能夠有一位強而有力的皇帝，讓義大利再度歸於一統，重新取回秩序。唉，他的期盼終究是一場空：支持皇帝派在一三〇二年被逐出佛羅倫斯，從那時候起，到一三二一年，他在拉芬納某個昏暗的廢墟中，嚥下最後一口氣爲止，他一直都無家可歸，四處流浪，吃著贊助人士在慈善餐會上提供的麵包維生——這些有錢人家的姓名原本絕不可能有機會讓後世記得，他們之所以沒有落入被遺忘的深淵，就只是因爲在我們這位大詩人最落魄的時候，及時向他伸出援手。話說回來，在漫長的流亡歲月裡，但丁覺得他一定要爲當初身爲家鄉政治領袖時的所做所爲，還有爲他自己這個人做個辯駁。還有，他也忘不了當年，他花了許多天沿著亞諾河畔徘徊，就只爲能夠看她一眼的可愛的貝雅特麗齊，即便她已經嫁給他人，而且在他被逐出家鄉的十幾年前就去世了。

他已經無法實現自己的政治理想。他爲了自己出生成長的城市忠心效力，卻被人指控他竊占公款，對手買通了法官判他有罪，下令若是膽敢走進佛羅倫斯城，就要把他活活燒死。所以，但丁要向自己的同代人，而且也要向自己的良心，證明自己的清白；他創造了一個想像的世界，非常詳細描述這個造成他失敗的環境，刻畫了他當時所處的絕望局面——貪婪、欲望、仇恨，已經將美麗而且是他最鍾愛的義大利，變成讓一個個邪惡而自私的僭主，任命手下殘酷無情的傭兵去爭戰的修羅場。

但丁

於是但丁告訴我們，他是如何在西元一三〇〇年復活節前的禮拜四，在一片濃密的森林裡走丟，又是如何被獅子、狼，還有花豹擋住去路。就在他覺得這下死定的時候，樹叢間突然出現一位白衣人。他是維吉爾，那位羅馬時代的詩人及哲學家。是聖母和貝雅特麗齊特別派他來解圍的，因爲其實但丁才是貝雅特麗齊此生的眞愛，所以她一直在高高的天上守護著他。接著，維吉爾帶著但丁走過煉獄層，又走過了地獄層。沿著路線，他們越走越深，一直走到地底最底的深淵，魔王撒旦就是在這，凍結在永不融化的堅冰裡，他四周盡是最可怕的罪人、叛徒、騙子，以及那些用謊言和欺騙來獲取名聲與成就之人。不過，這兩位地獄遊客還沒走到這個最可怕的景點以前，在前面的行程中，但丁就已經逐個遇到每一位在他心愛的故鄉歷史上，以各種方式扮演著一定角色的人物。不管是皇帝或是教宗，是雄壯瀟灑的騎士，還是滿腹牢騷的高利貸商，他們全都在那裡，或者無法掙脫身上永恆的懲罰，或者苦苦等待自己的救贖之日——當那天到來時，他們才可以離開煉獄，前往天堂。

但丁這部作品不只是一個新奇特別的故事，也是一本指南，告訴我們十三世紀的人們所感受到的、所懼怕擔憂的，以及促使他們不停禱告的一切。整本書中，我們都可以看到這位孤獨的佛羅倫斯流亡者，在其中來往遊移，自始至終，他心裡那片絕望的陰影都不斷緊隨在他的身後。

但是，快看那邊：在生命的大門就要向中世紀這位傷心詩人關上時，它卻在另處向文藝復興時代的領頭者打開了。這位甫出生在阿雷索鎮上的孩子，名叫法蘭西斯科・佩脫拉克，是鎮上公證人的兒子。

佩脫拉克的父親與但丁屬於同一個佛羅倫斯的政治黨派，而且也被放逐了，所以，佩脫拉克才會不是在佛羅倫斯出生。他在十五歲的時候被送到法國蒙特佩利爾，父親希望他可以在那裡學習，日後跟自己一樣從事法律工作。但是，這孩子並不想要以法律為職業，他痛恨法律，他想要當的是學者與詩人。而且，因為他對這件事的渴望，比其他任何事都還要強烈，於是他真的成功了——擁有強烈意志的人們總是特別容易成功。這段期間，他做了許多長途旅行，前去藏書之地抄寫古代經典，足跡遍布法蘭德斯、萊茵河沿岸的修道院、巴黎、列日，還有羅馬。然後，他去佛克路斯荒山中渺無人煙的山谷裡閉關，在那裡苦讀與寫作。他的作品詞藻優美，又包含淵博的學識，讓他馬上就名聲大噪。巴黎大學和那不勒斯國王同時對他發出邀請，一個希望他來教導學生，一個希望他來教導臣民。在前往上任新工作的途中，他不得不經過羅馬，而那裡的人們早就聽聞他的名聲，因為就是他為一些已經漸漸被遺忘的羅馬作家編校作品，為此，羅馬市民決定表揚他。於是，佩脫拉克就在城裡那座歷史悠久的講壇上，被加冕為「桂冠詩人」。

從那一刻起，終其一生，佩脫拉克得到的表揚與讚賞從未停過，因為他筆下寫的是人們最希望聽到的東西；對那些神學上的爭議，人們早就已經感到厭倦了。際遇可憐的但丁想要漫遊地獄多久，就讓他去吧，至少佩脫拉克會寫給我們關於愛、關於陽光、關於大自然的作品，從來不會提到那些陰沉灰暗的事情，那些東西給人感覺都已經是上個世代的慣用筆法了。當佩脫拉克來到某個城市，所有人都想趕來一見他的尊容，還會用迎接戰爭英雄的方式迎接他。假如他剛好帶著那位忘年之交、擅說故事的薄伽丘一同前來，那就更好了。這兩位都是當代的代表人物，他們充滿了好奇心，無論什麼書都有興趣一讀，還會在荒廢腐朽的圖書館裡「尋寶」，看看能不能找到維吉爾、奧維德、盧克萊修，或是其他古代拉丁詩人還沒被發現的手鈔本。他們是不是好基督徒？當然是！大家都是。但就算是好基督徒，也沒有必要整天板起臉孔，或者只因爲「我們終將會死」，就非得穿著髒汙的衣服不可。生命其實是美好的，活著應該是要快樂的。你想要證據嗎？很好，拿把鏟子來往地下挖，看看你挖到什麼：美麗的雕像、漂亮的花瓶、羅馬的建築。這些都是古代留下來的，都是那個過往偉大帝國裡的人民製作出來的，他們曾經統治過全世界有一千年之久，他們一個個家境富有，體格強健，面貌英俊（只要看看奧古斯都皇帝的半身像就可以知道）。對，他們都不是基督徒，永遠都進不了天堂，頂多只能待在煉獄，但丁不久之前才剛剛探望過他們。

可是誰在乎這些呢？能夠生活在古羅馬人所生活的世界，對終將一死的凡人來說，就是活在天堂。此外，再怎麼說，我們也只有一次能活。就讓我們活得開心、歡樂——只因爲我們活著！

簡單來說，漸漸開始在許許多多義大利小城市裡，那狹窄又曲折的街道上流動的，就是這種精神。

你知道所謂的「腳踏車狂熱」或是「汽車狂熱」是什麼意思嗎？[4]那是在講，有一天某個人發明了腳踏車，於是多少年來，只能靠雙腳費力地慢慢移動的人類，一想到可以靠著它輕鬆又迅速地翻山

【4】譯註：作者寫書的那個時代，自行車和汽車都還是很新奇的東西。

越嶺，馬上就為它「瘋狂」了。之後，又有一位聰明的技師做出了第一輛汽車。從此之後，就不必再「踩、踩、踩」了，你只要坐在那裡，讓幾滴汽油去代替你燃燒就好。於是，每個人都想要擁有一部車，每個人都在談論著勞斯萊斯和福特[5]，大家滿嘴都是汽化器、里程數，還有汽油。探險家們開始深入未知國度的深處，看看是否能找到新的石油蘊藏。生長在蘇門答臘和剛果的森林，則能提供給我們橡膠。這兩樣東西變得如此珍貴，甚至有人為了占有它們而開戰。整個世界都為了汽車陷入瘋狂；甚至小孩子在會說「爸爸」、「媽媽」之前，就先會說「車車」。

十四世紀的義大利人對新發現的、埋藏於地下的羅馬世界之美，就是陷入這種「瘋狂」；而很快地，整個西歐都跟著一起瘋。若是某天有人找到一本之前未曾發現的鈔本，這一天足以拿來訂為城市的紀念假日。文法書的作者所受到的熱烈歡迎，就跟我們現在對待發明出新火星塞的人一樣。人文研究者，也就是把時間精力投注在研究「人」或者「人類」的學者（而不是把時間浪費在沒有實益的神學研究上），比剛剛征服了食人族荒島的英雄還要更受尊敬，能得到更大的榮譽。

在這場關於知性的大動蕩中，有件事對研究古代哲學家與作家的工作，帶來很大的助力。這要從土耳其人又重拾對歐洲的侵略說起。東羅馬帝國首都君士坦丁堡，也就是最初那個羅馬帝國的最後殘餘物，其形勢已經非常危急了。於是在西元一三九三年，曼紐爾・巴列歐羅格皇帝派了伊曼紐・克利索羅拉斯去西歐，向各國說明拜占庭帝國的凶惡處境，希望他們伸出援手。然而，沒有一個人願意。西歐是羅馬天主教的世界，早就巴不得看到東邊的希臘正教世界，得到他們作為邪惡異端早就該得到的懲罰。不過，無論西歐人對於拜占庭帝國的命運有多麼漠然，這時的他們對古希臘可是有著極大的興趣；而拜占庭這個城市，正是當初古希臘的殖民者早在特洛伊戰爭的五百年前，就在博斯普魯斯海峽邊建立起來的。西歐人要學希臘文，好直接閱讀亞里斯多德、荷馬，以及柏拉圖的著作。他們對希臘文想學得不得了，但是卻沒有原文書、沒有文法書，更沒有老師。現在，佛羅倫斯的官員聽說克利索羅拉斯造訪西歐，也知道城裡的人都「發狂地」想學希臘文。他問：「克利索羅拉斯先生是否願意撥冗來到敝城教教他們呢？」太好了！那位特使答應了，於是他成了歐洲第一位希臘文教授。而成千上百位熱情無比，就算一路乞討，就算住在馬廄或髒亂黑暗的閣樓裡，也要來到亞諾城的年輕學子，則急切地想要從他那裡學會希臘文的字母以及動詞變化法，好讓自己能與手上那本索弗克勒斯悲劇，或者荷馬詩集直接交談。

與此同時，舊時的教會學者依然在大學裡教著他們蒼老的神學，或者過時的理則學；還在向學生說著《舊約》裡隱藏的奧祕，討論著從手上那本「希臘─阿拉伯─西班牙─拉丁」譯文的亞里斯多德所創造出的怪異科學。他們看著眼前的發展，心裡感到無比驚慌與害怕。接著，害怕變成憤怒：這一切實在是太過分了！年輕人們紛紛拋下好好的大學講堂，去聽那些發了瘋的「人文愛好者」，說什麼關於「文明重生」的新觀念。

於是，他們跑去找政府當局抱怨。但是，沒有人可以強迫不想喝水的馬喝水，正如沒有人可以強迫不想聆聽的耳朵，去聽他們實在沒有興趣的東西。這些學究的影響力消退得很快，即使偶爾他們還會取得短暫的勝利。他們也有盟友，因爲社會上也有些人痛恨看到別人因爲某些他無法理解與接受的事物，而能夠感到如此快樂。像是在文藝復興的中心佛羅倫斯，新秩序與舊秩序之間就有過一場非常慘痛

【5】譯註：這是兩個非常元老的汽車品牌。

的爭鬥。事情源自一位道明會的修士薩沃納羅拉，他是捍衛中古時代舊觀念的領導者，他生來面貌愁苦，對美麗懷抱恨意，不過，他確實是英勇地投入自己這場戰爭之中。日復一日，他都在聖母百花聖殿大廳裡咆哮著，警告人們小心上帝神聖的怒火。他大叫著：「悔改！快為你的不敬神悔改，為你對不神聖的事物感到快樂而悔改。」後來他開始出現幻聽，聽到上帝任命他為先知，也開始出現幻覺，看到一把把燃燒的火焰劍劃過天空。他改而向小孩子傳教，希望他們不要重蹈令他們父親沉淪的覆轍；他也組成了很多童子軍，帶領他們致力於侍奉上帝的服務。一方面被他的言行嚇到，一方面也出於心裡一時湧現的激動，人們答應薩沃納羅拉要為自己的墮落，也就是為自己沉迷於美麗與快樂，做出贖罪的行為：他們把書本、雕像、繪畫全部拿到市集廣場，舉行一個「狂歡節」，主題是去除這些「無意義之物」——他們一邊唱著最敬神的歌曲，一邊卻跳著最不敬神的舞，然後看著薩沃納羅拉舉起火把，點燃他們堆積在地上的珍貴收藏。

然而，就在灰燼漸漸冷卻下來後，人們開始理解到自己失去的是什麼。這位可怕的宗教狂熱分子，竟然讓他們把自己最熱愛的東西毀掉了。他們要薩沃納羅拉付出代價，於是把他關到監獄裡。薩沃納羅拉在裡面遭到酷刑對待，可是他拒絕對自己的所做所為表示反悔。他其實是個正直誠信的人，也盡全力去追求聖潔的人生，所以，他非常樂意消滅那些出於真心不願接受他的觀點的人。畢竟，只要發現罪惡，就須將其除去，這原本就是他的責任。在這位教會的虔誠僕人眼中，熱愛異教徒的書，狂戀異教徒的美，就是罪惡。但是，只剩下他這麼想了。他是在為一個早已逝去且將不再返的時代戰鬥。身在羅馬的教宗，連嘗試要救他都沒有。相對地，當狂暴的佛羅倫斯群眾把薩沃納羅拉押到絞刑臺，在歡呼與叫囂聲中把他吊死，而且焚燒他的屍體時，教宗反而支持這些「虔誠的佛羅倫斯人」。

這結局眞是悲慘，但卻是無法避免。如果薩沃納羅拉生在十一世紀，他一定會是位偉大的人物；但是在十五世紀，他所做的一切都將是徒勞。

無論結局是好是壞，當教宗本身也是人文愛好者，梵蒂岡也成爲收藏希臘羅馬古物最重要的博物館，這時中古時代已經進入尾聲了。

40 表現的時代

現在，人們開始感覺到一股需要——把新發現的這種「生命之喜」表現出來的需要。於是，他們在詩歌、雕像、建築、繪畫，還有印刷的書本裡，表現出自己感受到的快樂。

西元一四七一年這一年，有位虔誠的老人離開了人間，他九十二年的人生中一共有七十二年的光陰，是在茲窩勒這個美麗小鎮（茲窩勒是位於荷蘭莱瑟河畔的舊漢薩同盟都市）附近的聖阿格尼斯山修道院度過。這位老人是托馬斯修士，因爲他出生在肯朋村，所以被稱爲肯朋的托馬斯。他在十二歲時便被送到位於德文特的「共同生活弟兄會」。這個弟兄會的創辦人名叫格爾哈德·格魯特，是巴黎大學、科隆大學，與布拉格大學的傑出畢業生，因他周遊列國傳教而聞名於世。弟兄會的弟兄們都是謙卑向善的俗世信徒，有木匠、油漆工、石匠等等，他們努力在日常工作之餘，去追求早期耶穌門徒所過的那種簡單樸實的生活。這個兄弟會辦了一所非常好的學校，讓窮苦人家的善良小孩，可以從教會那裡學到上帝恩賜的智慧。小托馬斯在這所學校裡熟記拉丁文的動詞變化，學習抄書的技巧。之後他宣誓出家，挑了幾本書放在背包裡，離開弟兄會，一路漫遊來到茲窩勒，最後他站在山上修道院門口，朝著外面舒了一口氣，然後關上了門，把這個紛紛擾擾、引不起他興趣的世界關在外面，心裡感到一陣輕鬆。

托馬斯活在一個動蕩不安、瘟疫盛行、生死難料的時代。當時中歐的波希米亞一地，正因爲揚·

約翰．胡斯

胡斯之死而興起戰爭。胡斯和英國的宗教改革領袖約翰．威克里夫交情不淺，而且也深受其啓發。因此，康士坦茲宗教會議要求他來瑞士，向教宗、皇帝、二十三位樞機主教、三十三位大主教及主教、一百五十位修道院院長，還有超過一百名侯爵王公——全是爲了教會改革問題而在此聚頭——解釋他爲何質疑教廷。結果原本保證只要他肯來，就不會對他怎麼樣的會議首腦，最後卻下令把他綁在柱子上活活燒死。胡斯的忠實追隨者於是發起了復仇之戰。

在西邊，爲了把英國人從自己的領土上趕出去，法國已經打了一百年的戰爭。就在不久之前，法國人才幸運地靠聖女貞德的出現，從險些全盤盡輸的危機中反敗爲勝。隨後，幾乎還沒等到這場百年戰爭結束，法國就與勃艮第爲了西歐的霸權，展開一場不是你死就是我活的血戰。

而在南邊，羅馬教宗正在呼喚上帝降禍給位在亞維農（在法國南部）的另一位教宗，後者當然也以其人之道還治其人之身。至於在遙遠的東方，土耳其人正在一步步摧毀羅馬帝國最後的殘遺部分；俄羅斯人也正在進行他們最後一次徹底推翻當地韃靼統治者的戰鬥。

但是以上所說的一切，待在他安靜的小房間裡的托馬斯修士，連一件也不知道。只要有手鈔本供他抄讀，再加上自己腦海裡的思想供他探究，托馬斯就感到心滿意足了。他把自己對上帝的熱愛傾注在一本小冊子中，名之爲《遵主聖範》。這本書在問世之後，就被翻譯成各種語言，種類之多只有《聖經》能勝過。只要有心鑽研《聖經》之人，一定都讀過它。這本書不知影響過多少人的人生，而它的作者對於生命的最高理想，就表現在他那簡單的願望上：「我希望可以拿著一本小書，靜靜地坐在角落，一生都這麼過。」

我們這位托馬斯修士代表的正是中世紀最純潔的理想，是當四面都已是文藝復興勝利的楚歌，人文愛好者大聲宣布「現代」已經到來時，中世紀匯聚全身力氣所發出的最後一擊。修道院制度開始有所改革，修士們屏棄了財富與惡習。樸質、正直、誠實的人，以身作則地過著清白無瑕、虔誠堅信的生活，好設法把人們帶回上帝身邊，讓他們回到正確的道路，並且謙卑地服從祂的意志。但這一切終究是徒勞無功。新世界飛快地經過這些善良好人身邊，繼續向前而去。安靜冥想，探求內心的日子已經過去，現在是「表現」的大時代了。

在這裡，讓我說聲對不起，因為我實在沒辦法不用到這麼多高深、專門的詞彙，我多麼希望可以只用國小課本裡的名詞，就寫完這本歷史書，但這是行不通的。你不可能寫一本幾何教科書，裡面

西元一四〇〇年
一個人抄寫一本書要用一百天
西元一五〇〇年
印好一百本書只要一天

手抄書與印刷書

完全不提到斜邊、三角形、長方體；你必須弄清楚這些名詞的定義，不然就乾脆不要學數學了，歷史（還有生命中所有的事）也是這樣。如果要學歷史，你終究必須學會這許許多多、奇奇怪怪，從拉丁文和古希臘文變來的字。那麼，何不在這裡就把它學起來呢？

回過頭來，當我說文藝復興是一個表現的時代，我指的是：人們不再滿足於只是當個聽眾，靜靜地坐在那裡，聽皇帝或教宗告訴他們該做些什麼，又該想些什麼。如今，他們也想要當生命舞臺上的演員，他們強烈想要把自己個人的想法「表達」出來。如果一個人對治國之道特別有興趣，就好比佛羅倫斯的歷史學者尼可洛．馬基維利，就會把自己認爲什麼才是成功的國家，或者才是能幹的統治者，在自己的書中「表達」出來。

如果有一個人愛的是繪畫，他就會把自己對美麗線條與漂亮顏色的熱愛，「表現」在圖畫上，而這些人就留下了喬托、安基利柯、拉斐爾等等上千個家喻戶曉的名字——只要那一家人學會如何欣賞那些表現出眞實而歷久彌新之美的畫作。

假如這股對色彩與線條的熱愛，恰好伴隨著對力學、機械，與水力學的興趣，就會產生一位李奧納多．達文西。他會畫畫，會做熱氣球、飛行器的實驗，會協助排除倫巴底平原溼地的積水。總之，他在散文、繪畫、雕刻，還有構思奧妙的機械中，「表現」出他在這個世界萬事萬物中感受到的趣味，以及對它們所懷抱的興趣。當一個人擁有像米開朗基羅那樣驚人的力氣，發現畫筆和調色板對他強壯的雙手來說，實在過於柔弱，他會投向雕刻和建築的領域，在巨大厚重的大理石塊上，劈砍出各種最讓人震攝的生物形態，或者爲聖彼得大教堂完成設計藍圖，而這座教堂正是對自己的榮耀感到意氣風發的基督教教會，所擁有的一座最具體的「表現」。

一切就這樣發展了起來。整個義大利（而一轉眼就是整個歐洲）都有這樣的人：他們活著，就是把自己的生命化成一坏土，傾倒在人類共同累積起來那座知識寶山、智慧寶山，還有美之寶山的頂端。

大教堂

而在德國的梅因斯，約翰·甘澤弗萊希，也就是人們所熟知的約翰·古騰堡，則剛剛發明了複製書籍的新方法。他在對舊式的木質刻板做了番研究之後，將一套新技術改善到十分完備的程度，透過這套新系統，可以把一個個軟鉛製成的字母，排列成任何字詞與句子，構成一整頁的內容。確實，沒多久之後，古騰堡在一場關係到這項印刷術發明的官司中，輸光了自己所有的財產，然後在窮困中死去，但是他傑出發明才能所做出的「表現」，也就是印刷術，在他身後卻依然長存。

沒多久，各個出版社，像是威尼斯的阿爾德斯、巴黎的艾提恩、安特衛普的普朗丁，以及巴塞爾的弗羅本，就用古騰堡本《聖經》所用的哥德式字體，或者用我們這本書所使用的義大利字體[1]，或者是用希臘文，甚至是用希伯來文，來印製他們細心編排的經典著作，然後把這些書本盡量散布出去。這麼一來，對於有話想說的人，全世界都成爲他熱情的聽衆。學問被少數幸運兒獨占的時代過去了。當位於哈倫的愛思維爾出版社開始印製它便宜而通俗的書籍後，這世界再也沒有藉口可以自我沉溺於無知。只要花一點點錢，不論亞里斯多德與柏拉圖，或是維吉爾、賀拉斯與普林尼，所有優秀古代作家、哲學家、科學家的豪華團隊都會成爲你忠實的朋友。對人文的追求，讓人人在書本前面都是自由與平等的。

【1】譯註：當然這是指英文原著。

41 地理大發現

但是，人們既然打破了狹隘的中世紀所設下的藩籬，就需要更大的空間來任自己遨遊。歐洲已經變得太狹小，無法滿足人們的雄心壯志——這是踏上偉大發現之旅的時代了。

十字軍東征讓歐洲人學會有別以往的旅行技巧。即便如此，很少有人會不照著那條人人熟知，往來熱鬧，從威尼斯到雅法的路線來走。十三世紀時，威尼斯商人波羅兄弟一路遊歷，穿越了浩瀚的蒙古大沙漠，爬過與月亮比肩的高山，來到震旦國的大汗皇宮，也就是偉大的中國皇帝面前。兄弟中其中一人，有個名叫馬可的兒子，曾經寫過一本書，記錄此次前後超過二十年的冒險旅程。世人看了他對奇妙的齊盤古（這是用義大利文去拼「日本」的發音）島上，那些黃金閣樓的描寫，無不瞠目結舌，訝異不已。許多人因此想要前去東方，夢想著或許能找到馬可波羅所說的黃金之國，讓自己一夜致富。但是

馬可・波羅

去東方的路途實在太遠，也太危險，一想到這點，他們還是決定待在家鄉就好。

當然，何不從海路過去？這可能性一直都存在。但是，中世紀的海洋非常不討人喜愛，原因很多，而且極為有理。首先，那時候的船非常小。讓麥哲倫完成那著名的環遊世界航行（而且一上路就是許多年）的船隻，大小還不及現代的渡輪。它們可以搭載二十到五十人，這些人必須睡在昏暗粗陋的隔間裡，隔間的天花板低到沒有人可以在裡面站直。水手必須吃著幾乎沒有熟的食物，因為船上的廚房設備實在太差，只要天公哪怕有一點點不作美，火就生不起來，雖然中世紀人知道怎麼醃製鯡魚和製作魚乾，不過畢竟他們還沒發明罐頭食品。此外，只要一離岸，餐桌上就再也沒有新鮮蔬菜可吃了。飲水是裝在小木桶裡，於是很快地，聞起來就有臭味，喝起來也有木頭腐敗和鐵框生銹的味道，水裡還會長出一堆黏黏的東西。中世紀沒有人知道微生物的存在（之前提到的那位很有學問、生活於十三世紀的修士羅傑．培根，似乎懷疑過可能有微生物這種東西，不過，他很明智地把這個想法放在心裡），所以，水手就這樣喝著不清潔的水，有時候甚至整船的人都死於傷寒。確實，在這些早期遠程航海者的船上，人員的死亡率是很嚇人的。跟著麥哲倫於一五一九年離開塞維爾，踏上那次環遊世界著名航行的，一共有二百名水手，最後平安回來的只有十八位。而且，當時間都到了十七世紀，西歐與印度之間的貿易已經非常頻繁時，來回阿姆斯特丹到巴達維亞[1]的航行，百分之四十的船員死亡率還是很平常的事。這些人大部分是死於壞血病，是一種由於缺乏新鮮蔬菜而引起的疾病，它會破壞牙齦，造成血液感染，令病人單純因為虛弱而死去。

[1] 譯註：就是現在的雅加達。

既然面對的是這樣的條件，當我說：當時最傑出的人才大多不太願意出海，你一定可以理解是爲什麼。像麥哲倫、哥倫布，或是瓦斯科．達伽馬這些著名探險家是擔任船長，但他們手下的船員幾乎全都是由囚犯、性格乖戾之輩，或是以偷竊爲生的人所組成。

這些航海家爲了完成他們成敗沒人能肯定的任務，而在途中所遭遇的各種困難，是我們生活舒適的現代人完全無法設想的。但是，他們還是憑藉著勇氣與毅力把難題一一克服，這點毫無疑問地值得我們獻上敬意。他們的船底不時有水漏進來，船上的裝備用來也不順手。雖然從十三世紀中葉之後，他們手上有了類似羅盤的東西（那是從中國，經過阿拉伯，然後由十字軍之手帶到歐洲來的），可是他們的地圖簡陋不堪又錯誤百出。在設定航線時，他們靠的是猜測，或者就只能靠上帝。假如運氣站在他們這邊，他們會在一年、兩年、三年之後回來；如果運氣不好，他們的白骨就會留在某片無人的海灘上。但他們是眞正的開拓者，把性命賭在運氣上；生命對他們來說是場光榮的冒險。當他們的視線接觸到一道未知海岸線的模糊輪廓，或者發現一面從太初就被世界遺忘的平靜大洋時，所有的辛苦與煎熬，口渴、飢餓、痛楚，都在那一瞬間被忘卻了。

講到這裡，我又希望這本書能有一千頁長了，關於大發現早期的這個主題，實在是精彩萬分。不過，歷史是要讓你對過去有一個眞實而正確的認識。它應該像林布蘭的蝕刻畫一樣，把鮮明的光線集中在某些重要的部分上，也就是集中在最美好、最偉大的事件，然後把剩下的部分留在陰影中，或者只用幾條線勾勒一下。所以在這一章中，我只會挑最重要的幾個發現來告訴你。

不過在此之前，你要先謹記一件事，十四、十五世紀期間的所有航海家，努力想要完成的只有一件事：找出一條安全、舒適的路線去震旦國（中國）、去齊盤古島（日本），以及去那些生長著各種香料的神祕島嶼——中世紀人從十字軍東征以來，就喜歡上這些香料。而且，在那個冷凍儲藏還沒問世的時代，需要香料不單純只是喜不喜歡的問題，因爲除非先灑上厚厚一層胡椒或肉豆蔻，否則肉類和魚類都會在短時間內腐壞。

威尼斯人和熱那亞人曾是地中海上偉大的航海家，然而探索大西洋沿岸的榮耀，卻由葡萄牙人奪得。因爲長年以來都在與摩爾人入侵者對抗，西班牙與葡萄牙兩國人民都充滿著愛國情懷。這種愛國情懷一旦培養出來，就很容易用在保家衛國以外的管道上。十三世紀時，葡萄牙國王阿方索三世征服了西班牙半島西南端的阿爾加夫王國，把它併入自己的版圖。到了下個世紀，葡萄牙人已經逆轉了與穆斯林之間的局勢。他們渡過吉布羅陀海峽，占領了休達。休達與兩個阿拉伯轄下的都市：塔里法以及坦吉爾遙遙相對。其中，塔里法在阿拉伯文的意思乃是「貨品清單」，後來這個字從西班牙文傳入英文，就變成了「關稅」的意思；而坦吉爾則是阿爾加夫王國在非洲地區的首都。

此時，葡萄牙人已經準備好踏上探險生涯了。

葡萄牙國王若昂一世有個兒子亨利王子，後人也稱他「航海家亨利」，至於亨利的母親菲麗帕，則是岡特的約翰（你可以在莎士比亞的《理查二世》中讀到這位岡特的約翰）之女。西元一四一五年，爲了在非洲西北部做有計畫的探險，亨利開始著手行前的準備工作。在此之前，非洲西北部那炎熱的沙灘，只有腓尼基人和北歐人曾經造訪過。北歐人還記得這裡是「滿身毛髮的野人」的家鄉，後來我們知道那指的是黑猩猩。之後，一個接著一個，亨利王子以及手下船長們先是發現了加那利群島；「重新發現」了馬德拉島（因爲在一個世紀之前，就有一艘熱那亞人的船來過這兒）；仔細畫下了亞速群島的地圖，在此之前，葡萄牙人和西班牙人都只是大略知道它的位置而已；然後在非洲西部海岸，看到了塞內

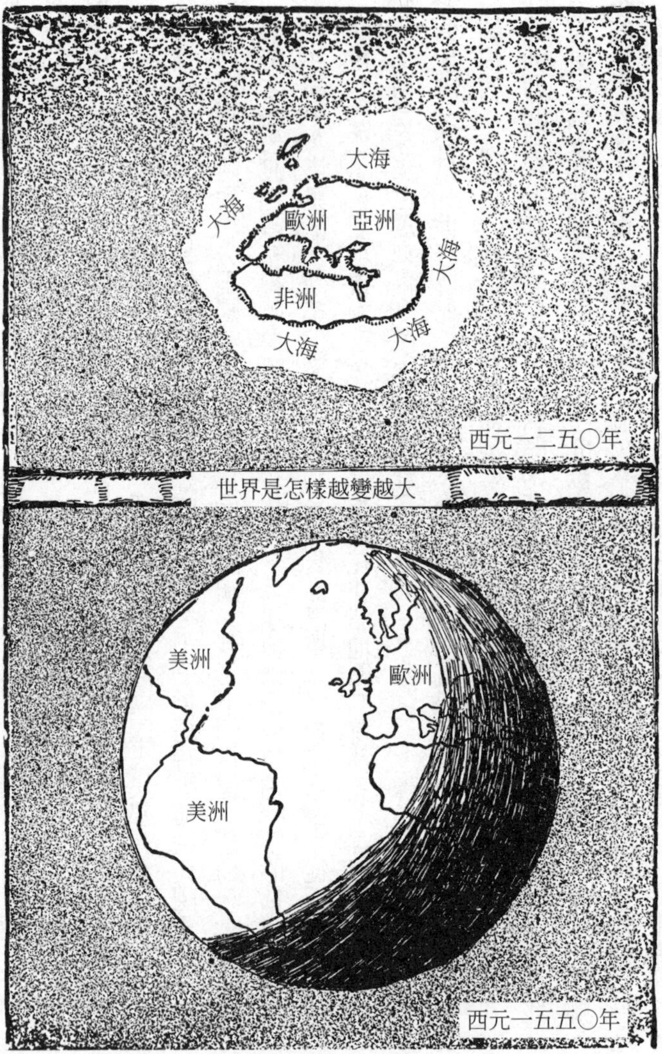

世界是怎樣變大的

加爾河的出海口，不過他們以爲那是尼羅河在西方的出海口；最後（此時已是十五世紀中葉），他們看到了維德角（又稱綠角）和維德角群島——它們分布的位置就在從非洲到巴西這條航線的路上。

不過，亨利並沒有把自己的探險限定在海洋上。他本身是基督騎士團的大統領。基督騎士團是十字軍時期聖殿騎士團在葡萄牙王國的延續。聖殿騎士團本身，則於一三一二年，在法國國王「美男子腓力」的請求之下，被教宗克雷芒五世宣告解散；其實，腓力正是要藉此機會「趁火打劫」——他把自己本國的聖殿騎士綁在柱上燒死，然後沒收他們所有的財產。至於亨利王子，則是把領內屬於基督騎士團的領主繳給他的收入，拿來組織贊助幾支探險隊，深入撒哈拉沙漠和幾內亞海岸的內陸進行探索。

不過，亨利王子很大程度上依然是位中世紀之子，因爲他付出大筆資金，花費多少光陰，主要都是想要找出神祕的「牧師王．約翰」——傳說中的基督教牧師，同時也是位於東方某處一個廣大帝國的皇帝。有關這位神奇君主的故事，最早是在十二世紀中葉開始在歐洲流傳的。三百年來，歐洲人都在設法找到這位「牧師王約翰」以及他的後代，亨利在其中也參了一腳。只是，一直到他去世後的三十年，傳聞的謎底才被解開。

巴薩洛繆．迪亞茲於一四八六年時，試著要透過海路尋找約翰所在的國家。他來到非洲最南端，一開始，迪亞茲把這裡叫作「暴風角」，因爲這裡的暴風實在太強勁，逼得他沒辦法繼續往東航行。不過，里斯本的領航員知道發現非洲最南端這件事，對於找尋前往印度的航線來說，具有多麼關鍵的重要性，所以他們把這裡的名字改成「好望角」[2]。

[2] 譯註：意思是有好的希望、展望。

一年之後，佩卓．考維漢帶著梅第奇家族發出的使節證書，從陸上展開了目的相同的冒險任務。他先渡過地中海，從埃及往南走，經過紅海來到亞丁，從這裡換成水路，穿越波斯灣——自從一千八百年前的亞歷山大大帝以來，就沒有多少白人看過這片海域——到了印度沿岸的果阿，以及卡利卡特。他在這個地帶聽到很多關於月亮之島（也就是馬達加斯加島）的傳聞，人們說它應該就位在從印度到非洲的航線上。接著他從印度折返，回到阿拉伯半島，中間偷偷去了麥加以及麥地那，再度穿越紅海後，終於在一四九〇年找到約翰的國度！原來傳說中的牧師王約翰，指的就是阿比西尼亞【3】的「黑尼古斯」，也就是他們的國王。他們的祖先早在四世紀的時候，就已經信奉基督教，比起基督教傳教士進入斯堪地那維亞的時間還早了七百年。

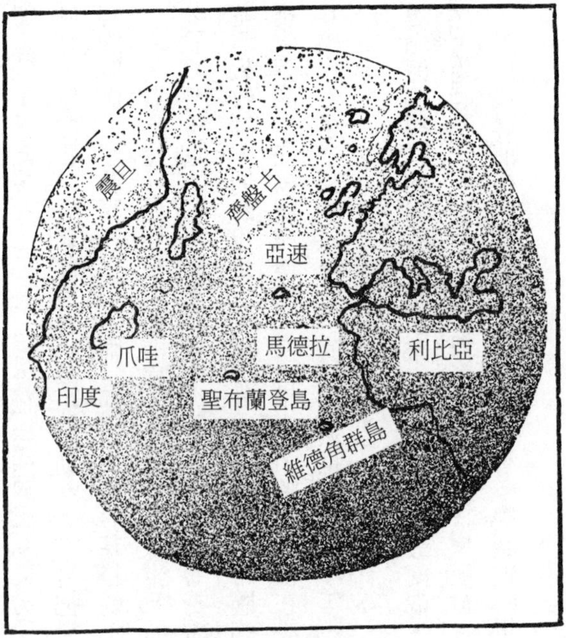

哥倫布心目中的世界

眼見這麼多探險航行一一成功，葡萄牙的地理學者和地圖繪製者更是肯定：沿海路向東前往印度是可行的！不過非常辛苦就是了。在肯定了這點之後，出現一場激烈的爭辯：有些人想要從好望角繼續往東探索，有些人卻說：「不對，要向西橫渡大西洋才對，這樣應該就可以直接到達震旦。」

在這裡我要先做個說明：當時大多數比較有見識的人，都堅定地相信，地球不是塊平平的煎餅，而是個圓球。中世紀用的是由克勞狄．托勒密所發明，並且做出詳細解說的宇宙體系。他是生活在西元二世紀，一位埃及的偉大地理學者。中世紀的人對天文方面的需求不多，這套東西對他們來說正好合用。但是，文藝復興時期的科學家早就屏棄了這套托勒密學說，他們接受的是波蘭數學家尼可拉斯．哥白尼的說法。哥白尼在經過一番研究之後無法不去相信：地球只是繞著太陽運轉的衆多圓形星球之一。但是整整有三十六年，他都不敢公開發表這項發現（一五四三年，哥白尼的理論正式出版，正是他去世的那一年），因爲他害怕受到宗教裁判所的迫害。這個教宗轄下的法庭建立於十三世紀，起因是當時法國的阿爾比教派，以及義大利的韋爾多教派，一度對教宗的絕對權威構成威脅，因此需要對這些「異端」加以整治。但其實他們都是非常溫和的「異端」，更是極爲虔敬的基督徒，他們所做的只不過是質疑私人財產制，希望追求像基督一樣貧窮簡單的生活。回到正題，當時的航海專家之間，普遍相信地球是圓的。而我剛剛提到，現在他們正辯論著，往東和往西，哪一條航線會比較好。

支持向西航線的人群中，有一位名叫克里斯多弗洛．哥倫布的熱那亞水手，他的父親是一位羊毛商人。哥倫布似乎曾經在帕維亞大學主修過數學和幾何，之後他接下父親的生意，但是沒多久，我們就在

【3】譯註：現在的衣索比亞。

東地中海的巧斯島上看到他，他自己說是為了生意才來這裡旅行的。可是在這之後，我們又聽說他去了英格蘭，究竟他是去買便宜的羊毛，還是去探險，只有他自己才知道了。一四七七年二月，依他自己的說法，哥倫布踏上了冰島——不過，有很大的可能他沒走得那麼遠，踏上的只是法羅島而已【4】，那個地方的二月天就已經夠冷了，冷到任誰都有可能誤以為這裡就是冰島。哥倫布在這裡遇到那些威猛北歐人的後代，聽他們說，從十世紀開始就已經有北歐人住在格陵蘭。此外，他們也有祖先在十一世紀時踏上美洲；那是位叫作萊夫的船長，他的船被大風吹到文蘭，也就是拉布拉多的海岸上。

不過，他們也不清楚祖先這些位於遙遠西方的殖民地，現在變得怎麼樣了。萊夫有位兄弟的遺孀，後來又再嫁給一位名叫索爾芬・卡爾謝夫尼的人，西元一〇〇三年時，他在美洲建立了一個殖民地，但是三年後，他們與當地的愛斯基摩人已經無法和平相處，只能放棄這個地方。至於在格陵蘭這邊，從一四四〇年以後，就沒人聽說過那裡居民的消息了。很有可能格陵蘭人已經全部死於黑死病，畢竟這瘟疫才剛奪走挪威一半人民的性命。無論是什麼情況，當時在法羅島上，或者說在「冰島」上，「遙遠的西方有座廣闊大地」的傳說依舊是流傳了下來，而哥倫布一定在那裡聽人提過這件事。在向蘇格蘭北方各島的漁夫們打聽蒐集了一些更進一步的資訊之後，哥倫布來到葡萄牙，在這裡結了婚（他的岳父曾經在航海家亨利王子手下擔任過船長）。那是一四七八年的事情，從那一刻起，哥倫布就全心投入探尋西行前往印度的路線。

他分別向葡萄牙和西班牙王室提出西向的航行計畫。但是，當時的葡萄牙人覺得自己在東向航線上的壟斷地位非常穩固，對他的計畫毫無興趣。至於西班牙，亞拉岡的費迪南與卡斯提的伊莎貝拉於一四六九年的聯姻，才剛讓西班牙成為一個統一的獨立王國。所以，西班牙人正忙著把摩爾人從最後的根據地格拉納達趕出去，王室沒有錢從事冒險活動，連拿來打仗的錢說不定都還不夠。

很少有人能像哥倫布這位勇敢的義大利人一樣，爲了實現自己的想法，必須如此不顧一切地拚命奮戰。而哥倫布的故事實在太家喻戶曉了，不需要在這裡重複。總之，摩爾人在一九四二年一月退出格拉納達，同一年的四月，哥倫布就和西班牙國王與女王簽好合約，然後在八月三日禮拜五這天，帶著三艘小船、八十八位船員從帕羅斯出發；船員中有許多人都是罪犯，爲了換取免刑才加入探險隊。十月十二日禮拜五凌晨兩點，

【4】譯註：在不列顛島與冰島之間。

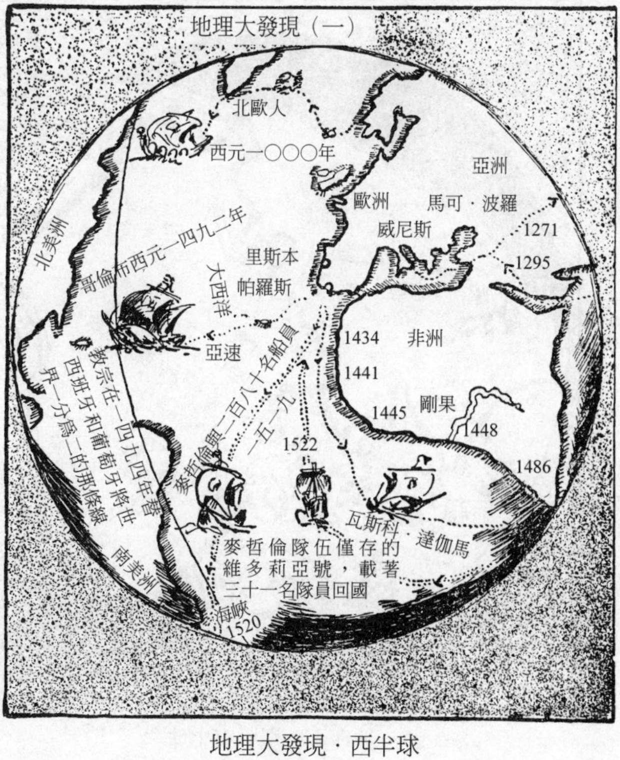

地理大發現・西半球

哥倫布發現陸地了！哥倫布把這裡取名叫「拉・那維達德」，意思就是「聖誕節」【5】，然後在岸邊建立了一個小堡壘。隔年一月四日，哥倫布揮別了留在這裡殖民的四十四位船員（之後這些人的下場，若不是下落不明，就是只剩屍體），開始回航。他在二月中旬時來到亞速，差點被那裡的葡萄牙人丟進大牢裡。終於，在一四九三年三月十五日，這位海軍上將帶著船上的「印度人」返抵帕羅斯；他一直深信不疑自己發現的島嶼就在印度外海附近，於是他把世居當地的紅人稱為「印度人」【6】。一上岸後，他就飛快地趕往巴塞隆納，向信任他的贊助者西班牙王室報告成功的消息：通往震旦和齊盤古的黃金與白銀之

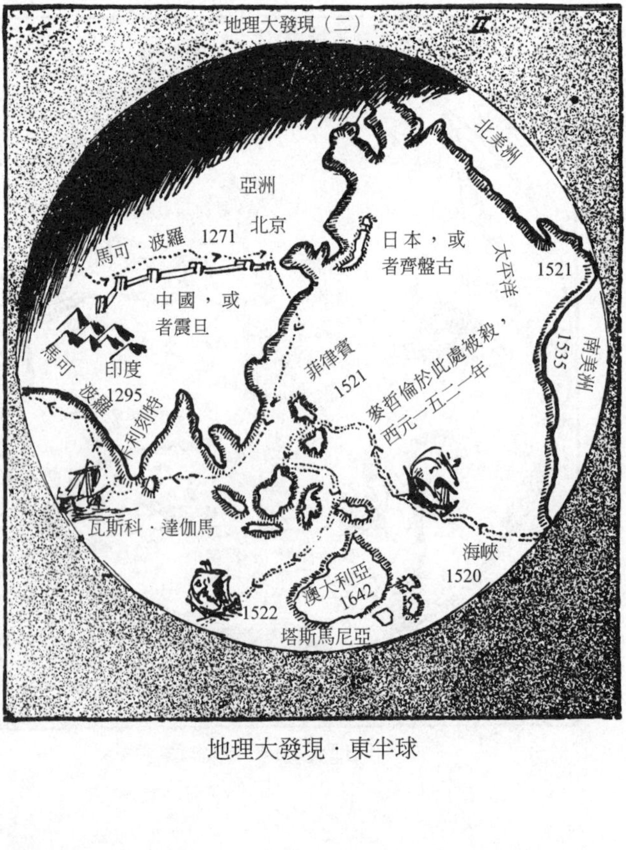

地理大發現・東半球

路，已經盡在我天主教西班牙國王和女王陛下之手了！

唉呀，終其一世，哥倫布都不知道眞相爲何。在他剩下的餘生中，又進行過四次航行。當他踏上南美洲大陸時，或許曾經懷疑過，他所有的發現其實都不大對勁。不過，在他闔上雙眼時，他還是堅定地相信：歐洲與亞洲中間並沒有一塊大陸，而他已經找到了直達中國的航線。

同一時間，依舊緊抱著東行路線的葡萄牙人則比較幸運。一四九八年，瓦斯科．達伽馬就已經能夠航行到馬拉巴【7】沿海，然後帶著一船香料平安地返回里斯本。而且在一五〇二年，他又再做了一次。相反地，西向航線的探索則讓人失望透頂。約翰．卡伯特與塞巴斯提安．卡伯特分別在一四九七和一四九八年時，努力想要找出通往日本的路線，但是除了探索紐芬蘭那被冰封的海岸與巨岩之外，他們一無所獲；然而，紐芬蘭早在五百年前，就已經有北歐人看到過了。亞美利哥．韋斯普奇——一位成爲西班牙總領航官的佛羅倫斯人，新大陸就是以他的名字命名的【8】——探索了巴西沿海，不過，他再怎麼找也找不到印度的影子。

西元一五一三年，也就是哥倫布死後七年，歐洲的地理學者終於開始明白事情的眞相——瓦斯科．努尼耶茲．巴爾博亞走到了巴拿馬地峽的另一端，爬上著名的達連峰，從上頭往下一望。他看到一片一望無際的水面，似乎在提示著他：還有另一座大洋的存在。

【5】譯註：位置在現在的海地。
【6】譯註：這就是爲什麼，印度人和印第安人在英文有些外文中拼法一模一樣。
【7】譯註：在印度西南方。
【8】譯註：美洲的音譯是亞美利堅。

終於在西元一五一九年，一支由五艘西班牙小船組成的艦隊，在葡萄牙探險家費南迪・麥哲倫的指揮下向西揚帆（之所以不是向東，是因為東行航線已經徹底掌握在葡萄牙人手裡，他國完全沒辦法與之競爭了），想要前去尋找香料群島。麥哲倫從非洲與巴西之間橫越大西洋，然後繼續往南前進。走著走著，他來到一座狹窄的海峽，就位在巴塔哥尼亞高原，也就是那個「大腳人之國」的最南端，以及火地島之間（之所以叫「火地島」是因為有一天晚上，水手們在島上看到了火光；而除了這件事情之外，島上就沒有其他有人居住的跡象）。整整將近五週的時間，麥哲倫的船隊都動彈不得，因為可怕的暴風雨與大風雪當時正好經過海峽，他們唯一能做的只有等待。期間，還發生了水手反叛事件，麥哲倫用最嚴厲的手段撫平了叛變，還把兩位船員丟上岸，請他們好好用接下來的空閒時間，反省他們的罪過。最後，風雨終於平息下來，峽面也變寬了。通過海峽之後，麥哲倫航進一片全新的海洋，它的浪濤平靜又安詳，所以麥哲倫就叫它「平靜之海」，也就是太平洋。他繼續向西航行，總共有九十八天沒有見到一塊陸地，船員幾乎要死於飢餓和口渴，他們只好以船上的老鼠為食；而等到連老鼠都吃完後，為了平息啃噬著腹內的飢餓感，他們便把帆布拿來吃。

陸地在西元一五二一年三月又出現了，只是島上的居民偷走了任何他們能偷的東西，所以麥哲倫叫這裡「拉卓尼島」（意思就是強盜島）。無論如何，他們又再往西行，因為他們要到香料群島去！

走著走著又看到了陸地，這是一群與世隔絕的島嶼，麥哲倫用腓力二世的名字來幫這個群島取名，也就是「菲律賓」；因為腓力是麥哲倫的國王查理五世的兒子（怎知後來腓力二世在歷史上的名聲不太好）。一開始，菲律賓人給麥哲倫非常善意的款待，但是麥哲倫為了讓他們改信基督教，拿出船上的火槍來對付居民，結果包括麥哲倫本人，還有幾位船長跟一些水手，通通都被反抗的居民殺掉了。這時候艦隊還剩下三艘船，但剩下的船員已經不夠，他們只好燒掉其中一艘後繼續上路。之後，他們發現了摩鹿加群島，這就是那著名的香料群島；目擊了婆羅洲島；並且登上蒂多島，在這裡，其中一艘船也因為漏水太嚴重，無法再使用，只好連同船員留在當地。僅剩的這艘「維多利亞」號，在塞巴斯提安・卡諾的率領下繼續橫越印度洋。可惜他們與澳洲東北岸擦肩而過，後來一直要到十七世紀前半段，才由荷蘭東印度公司的船對這片平坦但不適合人居的大陸進行探索。最後，歷經了千辛萬苦，維多利亞號又回到了西班牙。

這是歷史上最值得注目的一次航行。前後費時三年，耗去大量的資金，更損失許多人命。不過，它證實並且確定了兩件事：那就是地球是圓的，而哥倫布發現的新領域並非印度的一部分，而是一個獨立的大陸。從那時起，西班牙和葡萄牙莫不用盡全力，發展與西印度群島和美洲的貿易。為了避免這兩個競爭對手爆發武裝衝突，教宗亞歷山大六世（他是當選這個神聖職位

麥哲倫

的人中，唯一一位公然擁護「異教」的人）【9】非常熱心，卻讓人難以違逆地，替他們以西經五十度線為界，把世界分為兩半。按照這所謂的一四九四年「托德西拉斯劃界」，葡萄牙人以後只該在界線以東建立殖民地，而西班牙人則是以西。這就是為什麼整個美洲大陸，除了巴西以外，都屬於西班牙，而東印度群島及大部分的非洲都是葡萄牙的。一直要到十七、十八世紀，英國和荷蘭的殖民者（他們可不會理睬羅馬教宗的決定）把這兩國的領地搶了不少過來，情況才有所變化。

當哥倫布成功有所發現的消息傳回威尼斯的里奧托，也就是中世紀的「華爾街」，馬上造成一陣嚴重的恐慌，讓這裡的「股票」和「債券」價格暴跌了四、五成【10】。過了一段時間，當情況指出哥倫布其實沒有找到通往震旦的路線，威尼斯商人才從驚嚇中回復。可是，達伽馬和麥哲倫的航行證明了向東的海路也到得了印度。這時候，熱那亞和威尼斯的統治者才開始後悔當初沒有採用哥倫布的計畫。無論這兩個地方再怎麼是中世紀和文藝復興時代的大商業中心，現在都已經太遲了，他們那片地中海已經成為一座內海；他們與印度和中國間的陸路貿易，重要性也越來越低，直到變為無足輕重。義大利美好的光輝時代已經過去，大西洋成了新的商業中心，因而也成為新的文明中心，一直到今天都是如此。

你看，這是多麼奇妙：打從古早開始，也就是五千年前，文明是如何一路進展過來。最先是尼羅河流域的居民，開始用文字記載下歷史。然後文明從尼羅河來到美索不達米亞，那個兩河之間的國度。接著輪到的是克里特島，再來是希臘，再來羅馬。這期間，地中海這個內海發展成文明世界的貿易中心，而它範圍內的城市，則是哲學與一切知識的中心。現在到了十六世紀，它又一次往西移去，讓環大西洋的國家成為世界的主宰。

有些人認為，第一次世界大戰對歐洲各大國影響甚鉅，大大降低了大西洋國家的重要性。這些人預期，文明會跨過美洲大陸而去，在太平洋找到新的居處。但我對此深感懷疑。

文明的西進之旅伴隨的是船隻大小穩定地成長，以及航海家知識的逐漸累積。尼羅河與幼發拉底河上的平底船，被腓尼基人、愛琴海民族、希臘人、迦太基人，以及羅馬人的航海船取代。之後，輪到它們被葡萄牙人和西班牙人的方形帆裝帆船取代。更之後，這種船又被英國人及荷蘭人的全套帆裝帆船給逐出大海。

新世界

可是，時值今日，文明倚賴的再也不是船隻。飛機已經搶下帆船與汽輪的地位，而且將會一直占據不放。下一個文明中心的所在，將是由飛機和水力的發展而定。屆時，大海將再度成為小魚兒們寧靜不被打擾的故鄉——曾經，我們人類最早的祖先也在這座深邃的家園居住過。

【9】譯註：前面提到的薩沃納羅拉，就是在他任內被逮捕處死的。

【10】譯註：里奧托是當時威尼斯重要的商業地區，這裡只是做個比喻，並非那個時候就已經出現我們現在的證券交易市場。

42 佛陀與孔子

這章要說的是關於佛陀與孔子的故事。【1】

葡萄牙人與西班牙人完成種種地理大發現，讓印度和中國的人民，與西歐的基督徒有了密切的接觸。西歐人當然知道基督教不是世上唯一的宗教，先別說穆斯林，北非也有些不信基督的部落，還在對拐杖、石頭、枯樹林這類東西崇拜獻祭。但是，基督教征服者在印度與中國又發現了一大堆數不清的、沒聽過耶穌大名的人，而且他們也沒有興趣聽。因爲印度人和中國人覺得自己也是有幾千年歷史的宗教，比西方人的要好得多。既然我要說的是人類的故事，不是只限於西方人，或是西半球的歷史，你也應該要知道兩位人物【2】。畢竟和我們一同在地球上進行生命之旅的夥伴中，直到現在依然有半數以上，他們的思想與行爲都是受到這兩位的教誨以及典範所影響。

先來說說佛陀，這位印度人心目中非常偉大的精神導師。他的經歷很有意思：他比基督還早六百年出生，佛陀誕生之處，抬頭就望得見那巍峨高聳的喜馬拉雅山——四百年前，亞利安人（印歐民族往東發展的分支，亞利安人是他們的自稱）歷史上第一位偉大的領袖查拉圖斯特拉，或者又名索羅亞斯德，就是在喜馬拉雅山區這樣教導著他的子民：生命，就是善神歐姆茲德與惡神阿里曼之間，持續不斷的對抗過程。

佛陀的父親淨飯王是釋迦族一位有力的首領。佛陀的母親摩訶摩耶則是鄰近一個國王的女兒，她在很年輕的時候就已完婚，但是經過了無數次的日升月落，她與丈夫依舊膝下無子，夫婦倆不禁擔憂，在他們死後這片領地會沒有繼承人。不過終於，摩訶摩耶在五十歲的時候懷孕了。於是她出發前往娘家待產，讓孩子可以由母親的家人迎接到這個世界上。

讓摩訶摩耶度過童年的故土乃是天臂城，從釋迦要過去那裡可是一段漫長的旅程。結果在途中，當某一天夜裡，摩訶摩耶在藍毗尼園中的樹下乘涼時，佛陀就這麼誕生了。他被取名為悉達多，不過我們通常都稱他為佛陀，意思是大徹大悟之人【3】。

隨著時間經過，悉達多長成一位俊美的青年王子。十九歲時，他與表妹耶殊陀羅成親。之後的十年，他都在王宮大牆的保護之下，過著遠離世間所有痛苦與折磨的日子，只待有一天他的父親過世後，接下釋迦族國王的位子。

然而，當他三十歲時，有一次他坐車出了宮殿大門，在路上看到一位老人，因為一生工作的操勞而萬般憔悴，他虛弱的四肢幾乎難以撐起生命的重擔。悉達多指著那位老人給車伕車匿看，可是車匿只回答他：這世界上有許多可憐人，多他一位不多，少他一位不少。聽到這樣的話，年輕的悉達多非常傷心，但是他沒有再說什麼，只是回去自己原本的生活，跟他的妻子與父母在一起，設法讓自己開心。過

【1】譯註：不過這裡必須指出，這篇關於他們兩位故事，是生活在約一百年前，而且沒有深入接觸過佛經與中國經典，或是實際在東方文化深入生活的西方人所寫的。

【2】譯註：本書作者原本設定的讀者是西方人。

【3】譯註：佛陀一般專指釋迦牟尼，但佛教裡凡能大徹大悟之人皆稱為「佛」。

了一小段時間，他又有事出宮，這次他的座車遇到一位身患重病的人。悉達多問車匿是什麼讓這個人如此痛苦，車匿卻只回答他：世上就是有許多生重病的人，這種事任誰也無能為力，王子您也不必太在意。聽了這話，這位年輕王子非常難過，不過同樣地，他還是靜靜回到家人身邊。

過了幾個星期，有一天晚上，悉達多想去河邊洗浴淨身，便召來了座車上路。途中，他的馬突然受到驚嚇，因為牠看到一個死人腐爛的屍體，倒臥在路邊的溝渠裡。從小到大，旁人都不曾讓悉達多見到這種情景，因此這位年輕的王子也嚇了一跳。可是，車匿告訴他別在意這種小事，這世上到處都是死人，死亡是生命的法則，萬事萬物都有終結的時候，沒有東西是永恆的，墳墓在等著我們所有人，而且誰也逃不了。

當晚，悉達多一進家門，就有音樂響起，原來在他出去的這段時間，他的妻子替他生了個兒子，眾人對此感到非常開心，因為這下子王位未來的繼承人有著落了。許多人為了慶祝還敲起鼓來，可是悉達多卻沒辦法跟著高興；今晚，生命的簾幕向他拉開，他已經看到生命所帶來的恐懼，死亡和痛苦的景象就像一道可怕的陰影跟隨著他。

那天夜裡，悉達多獨自醒來，看到皎潔的月亮掛在天上，他開始思考起許多事情。他知道，如果他沒辦法解答生命之謎，就再也沒辦法真正開心。為了取得答案，他決定遠離任何自己所愛的人。他悄悄地走進耶殊陀羅的房間，她跟兒子正睡得香甜。看了他們最後一眼後，悉達多叫來忠心耿耿的車匿，帶著他一起離開。

這兩個人就這麼走入夜裡的黑暗之中，一位是為了尋求內心靈魂的安寧，一位則是為了向自己敬愛的主人盡忠。

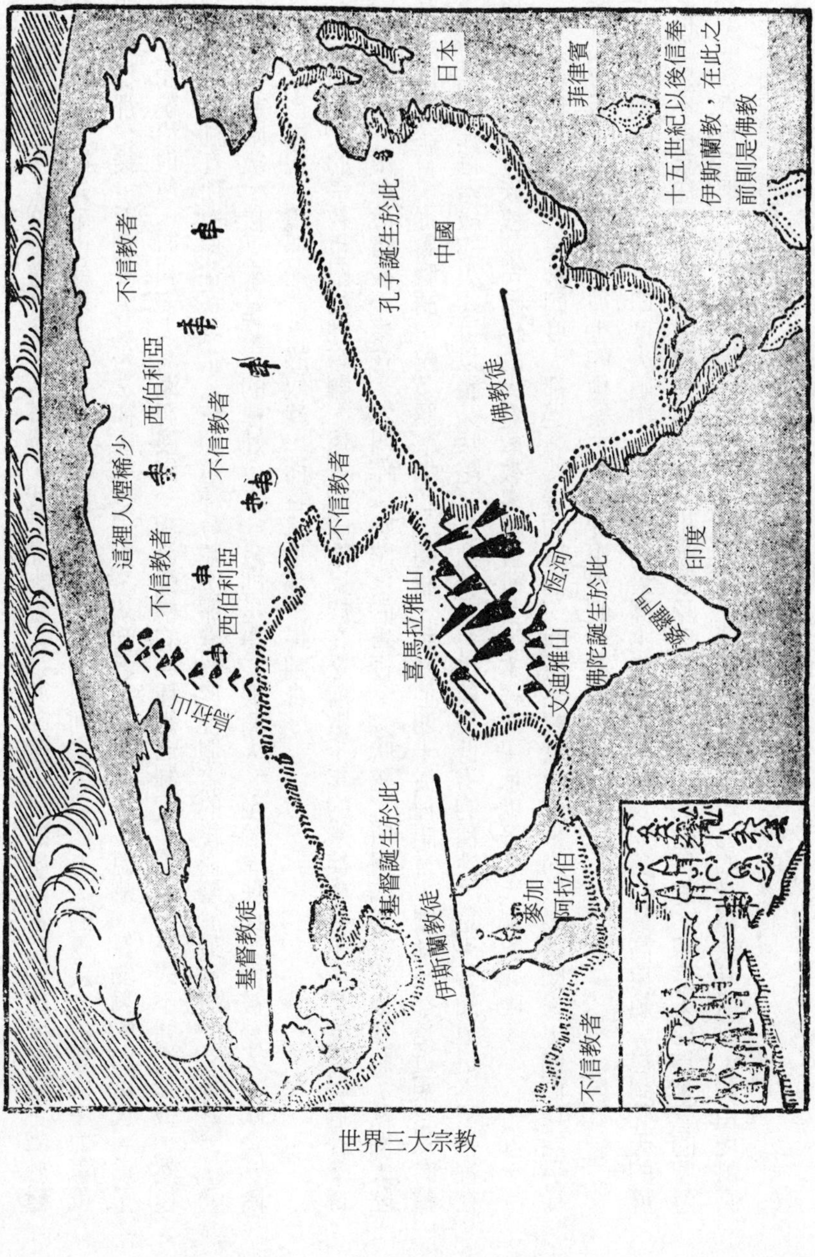
這裡人煙稀少
西伯利亞
不信教者
西伯利亞
不信教者
不信教者
不信教者
孔子誕生於此
中國
日本
菲律賓
十五世紀以後信奉伊斯蘭教，在此之前則是佛教
佛教徒
喜馬拉雅山
恆河
印度
文迪雅山
佛陀誕生於此
阿拉伯
麥加
基督誕生於此
伊斯蘭教徒
基督教徒
不信教者

世界三大宗教

此後悉達多在人群中遊歷多年，不過，我們先來說說這些印度人民的事。當時的印度社會正處於變遷之中，他們的祖先，也就是土生土長的印度人，被好戰的亞利安人（西方人的遠親）沒費太多力氣就征服了。從那之後，亞利安人就是法律，就是主人，統治著上千萬矮小、溫馴、黑黝黝的印度人。為了維持自己的統治地位，亞利安人漸漸發展出一套最嚴格的「種姓」制度，將人們分成不同的階級，然後將這個制度強加在所有原住民身上。依照這種分類，印歐民族征服者的後裔屬於最高級的「種姓」，乃是貴族和戰士階級。接下來是祭司的種姓。次一級則是農人與商人。至於原住民，則被分入「吠舍」階級，成為最被鄙視、境遇最悲慘的奴隸，而且永世都不得翻身。

甚至印度人的宗教也跟種姓有關。遠古的印歐民族在之前數千年的遷徙歲月中，曾經經歷過許多奇妙的冒險故事，這些故事被蒐集在一本叫作《吠陀》的書裡。《吠陀》所用的語言叫作梵語，歐洲大陸上許多不同的語言，從希臘語、拉丁語、俄語、德語，到其他四十從種語言，跟梵語都是近親。只有種姓中比較高的三個階級的人才可以讀《吠陀》，至於吠舍這種最低劣的種姓，是不許知道這本聖書裡在說什麼的。若有貴族或祭司階級的人竟敢教導吠舍研習這本經典，那就等著大禍臨頭吧！

在這種情況下，大多數印度人都過著悲慘的生活。而既然塵世能帶來的歡樂這麼少，他們只能另從他處尋找解脫，努力冥想著彼世的極樂，企圖從中得到一些慰藉。

萬物的創造者梵天，是印度人眼中一切生死的最高主宰，也是代表完美的最高典範。達到梵天的境界，也就是不再有任何對財富與權力的欲望，也就被認為是生命最崇高的目的。印度人認為神聖的智慧比神聖的行為更重要。有許多人因此前往沙漠裡，只靠樹葉為生，逼自己的身體挨受飢餓，藉由虔誠冥想梵天（即智慧、善良、仁愛之神）偉大之處，讓自己的靈魂得到祂聖潔的滋潤。

悉達多之前也常常看到這些爲了追求眞理，因此遠離都市與村莊的塵囂，刻意離群索居的修行者。他決定要學他們這樣做，於是剪掉頭髮，把身上穿戴的珍珠寶石摘下，叫一直忠心隨侍在側的車匿幫他送回去給家人，順便替他向他們告別。就這樣，這位年輕的王子在沒有任何人陪伴下，前往荒野裡隱居。

很快地，關於他種種神奇事蹟的名聲，就在山野裡傳了開來。有五位年輕人前來見他，希望可以跟在他旁邊，聆聽他的智慧之言。他請他們必須跟著他走，才答應收他們爲徒。這些年輕人當然願意，所以他就帶著這些弟子進了山區，接下來的六年，都在這渺無人煙的靈鷲山上，傳授他所知的一切。但是這段教學來到最後，他深深感覺到自己離最完全的智慧還很遙遠，他已經拋下了世界，但世界依然能夠對他產生誘惑。所以，他請弟子們暫時讓他一個人，他要在一棵老樹的樹根上絕食修行。就在他絕食了四十九個日夜之後，終於得到了他想要的成果：第五十天黃昏將盡，夜幕初起時，梵天向祂這位虔誠的僕人現身了。從那一刻起，人們即稱悉達多爲佛陀，尊他爲大徹大悟之人，相信他是來拯救世人脫離苦海的。

佛陀死前的四十五年都待在恆河流域，把他有關服從與溫順的教義，一視同仁地教給所有人。西元前四八八年，他享盡高齡，在無數人的愛戴中去世。因爲他並非單單爲了某一個階級的利益，才向人宣揚自己的信念，即使是最低賤的吠舍也可以是佛陀的門生。

然而，這點卻讓貴族、祭司和商人階級不太高興，他們也用盡全力，來摧毀這支主張萬物平等，並且承諾人們來生（投胎轉世）將會更美好的宗教。一有機會，他們就鼓勵印度的人們重新回到梵天信仰的古老教義，重新從事那些齋戒和自我折磨，好淨化自己的罪身。但佛教就是無法被完全消滅。而且慢慢地，佛陀的門徒穿越了喜馬拉雅山脈，來到中國。然後他們又渡過了黃海，把佛陀的智慧傳授給日本人。佛陀子弟非常忠實地遵守他們偉大導師的意旨：堅持不使用武力。今日，將佛陀當作自己人生導師的人越來越多，他們的總數也超過基督徒和穆斯林的總合。

至於中國那位智慧的長者孔子，他的故事就簡單得多。他生在西元前五五〇年，一生平靜、尊優、沒有大風大浪。他所處的中國時值中央政府式微，強盜匪徒在每個城市燒殺擄掠，這城完事之後就到下一城去，不只讓人民陷於水深火熱之中，還將繁華的華北與華中變成一片糧食短缺的荒蕪之地。深愛自己同胞的孔子，努力想要挽救這些百姓。孔子愛好和平，並不相信武力可以改善世界。他知道唯一可能的救贖之道，就是改變人心，但是他並不認為只要制定許多新法律就能辦到這件事。所以，他知其不可為而為之，開始試著轉化生活在這片東亞平原上千千萬萬名同胞的性情。中國人對西方意義的「宗教」並沒有多大興趣。跟大多數原始的民族一樣，他們相信有妖魔鬼怪；但是他們沒有「先知」，也不認為有「天啓的眞理」。在偉大的心靈導師中，孔子幾乎是唯一的一位，自始至終都不曾說自己由於什麼神祕經驗而看見某種願景，或者堅持自己是神明派來的使者，或者聲稱自己是聽到來自上天的聲音而獲得啓示。

他就只是一位通情達理、體貼善良的人。如果可以，他更想一個人在天地中漫遊，用他不變的簫聲吹出憂傷的曲調。他不追求浮名，不要求他人追隨他或崇拜他。他讓我們想起古希臘的哲學家，尤其是斯多葛學派的人，他們相信應該要過著正直的生活，掌握正確的思想，但不是為了任何報償，只是單純為了維護良心的純潔，從而讓心靈得到平靜。

孔子也是個非常能夠容納異己的人。他曾經專程去拜訪老子——中國另一位偉大的導師，同時也

佛陀進入深山

是「道家」哲理的奠基者；然而所謂的道家，只不過是一個出現在古代中國的基督教「黃金律」【4】。

孔子對誰都不會記恨。他要弟子們學會自制，絕對不能迷失本心，更教他們「君子不怨天，不尤人」，要像聖賢一樣坦然接受自己的命運，因爲通曉世間道理的哲人都知道，任何事都有它最好的一面。

一開始，孔子沒有多少學生，不過漸漸越來越多，當他於西元前四七八年去世前，甚至有幾位國王諸侯都自承是他的學生。當孔子的思想已經成爲絕大多數中國人基本思維的時候，基督都還沒在伯利恆出生，而且它直到今日都繼續影響著中國人，從未有一刻間斷——雖然已經不是它最原本、最純粹的模樣。大多數的宗教都會隨著時間變化。基督本人宣揚的是謙卑、溫和，以及屏除世俗的野心；但是，在他被釘在十字架上

【4】譯註：黃金律的內容就等於「己所不欲，勿施於人」，實際上這不是道家，而是孔子的主張；而且，不論道家或儒家哲學，都比基督教還早出現。

一千五百年以後，基督教教會的領導人卻花上無以數計的金錢，來蓋一棟與伯利恆那座冷清的馬廄天差地遠的建築物。

同樣地，老子教人遵守黃金律，但是才不到三百年，無知的大衆就完完全全把他變成神明，而且還是個很殘酷的神明。人們把他智慧的戒律深埋在垃圾般的迷信之下，而這些迷信就這樣讓一般的中國人生活在無數的驚恐、畏懼與害怕之下。

孔子向學生指出，尊敬父母是一種美德。結果沒多久，弟子們就過度著重於對死去雙親的懷念，甚至嚴重到不顧自己兒孫的幸福。他們刻意不去考慮未來的需要，只想要用力在一片巨大的黑暗中窺探到過去。對祖先的崇拜成爲一個實實在在、不可違背的宗教體制。爲了不去打擾祖墳，他們避開向陽而肥沃的坡面不用，寧可把稻子麥子種在背陽面，哪怕是貧瘠到寸草不生的硬地上；而且他們寧願捱餓，也不肯把那座祖墳移走。

即便如此，孔子的智慧不但沒有失去其力量，甚至影響越來越多東亞的人民。在其深刻見解與精妙論述之下，儒家思想把淺顯易懂的哲思灌輸至每一位中國人的心靈中，並且從此影響其一生，不論他是在冒著蒸氣的地下室裡工作的小洗衣工，或是身居深宮高牆之後統治著這個廣大帝國的皇帝。

十六世紀的時候，那些來自西方，滿懷熱忱，但卻相當沒有文明精神的基督徒，首次與年代更爲悠久的東方信仰面面向對。那些最早抵達的西班牙人和葡萄牙人，看著佛陀令人心境平和的塑像，凝望孔子令人肅然起敬的畫像，壓根不知道該拿這些値得尊敬、臉上悠然微笑的哲人怎麼辦。最後他們選擇了最不花精神的結論：這些詭異的神祇不過就是些魔鬼，是偶像崇拜，是異端，不値得我們這種純正的教會之子尊敬。於是，每當佛陀或孔子的精神似乎妨礙到香料與絲綢的貿易時，歐洲人就用子彈和炮彈把

西元前一三〇〇年
摩西
猶太人的領袖
西元前一〇〇〇年
查拉圖斯特拉
亞利安人的領袖
西元前六〇〇年
佛陀
印度人的悟道者
西元前五〇〇年
孔子
中國人的智慧長者
CHINA
古希臘偉大的哲學家們
西元前三十年
耶穌基督
西元六二二年
穆罕默德
阿拉伯沙漠中的先知

偉大的精神領袖

這些「邪惡的影響」驅散。這種做法有些非常明顯的缺點，它讓我們[5]承受了許多不舒服的敵意，對我們當前的未來一點好處也沒有。

43 宗教改革

如果要拿一個東西來比喻人類進步的過程，最貼切的就是永遠都在來回擺盪的鐘擺。你看，緊接在對宗教問題不感興趣，熱衷藝術與文學的文藝復興之後而來的，是對藝術與文學不感興趣，熱衷於宗教問題的宗教改革。

當然，你一定聽人提起過宗教改革[1]。一講到這個名詞，你就會想到一群人數不多、但是很勇敢的清教徒，跨過大海去追求他們的「宗教信仰自由」。隨著時間經過，「宗教改革」這四個字，漸漸變得隱約象徵著「思想自由」的觀念（在我們這種新教國家特別是如此）[2]，馬丁路德也成爲「進步」先鋒部隊的隊長。但是，如果歷史不只是一堆歌功頌德的言論，不只是用來彰顯我們自己祖先的榮耀，甚至借用德國歷史學家蘭克的話：如果歷史是要試著去發現「眞正發生」的事，那麼很多屬於過去的片段，其實有它截然不同的面向。

世間很少有事情不是全然的好，就全然的壞；很少有事情不是黑，就是白。誠實的歷史紀錄者有責

【5】譯註：指西方人。
【1】譯註：對生活在基督教文化中的人來說，這或許是從小就會聽到的事。
【2】譯註：作者成年以前生活在荷蘭。

任要為每個歷史事件，把好的一面和壞的一面全部如實地予以說明。這是一項極為困難的任務，因為我們每個人都有個人的好惡。但我們必須努力試著去做，盡可能保持中立與公平，不能讓成見影響自己太多。

就拿我自己的經歷當例子[3]：從出生起，我就是在盛行新教的國家裡，一個新教色彩最濃厚的都市長大。一直到十二歲以前，我都不曾見過天主教徒。而第一次與天主教徒的相遇，讓我心裡感到非常不安，更帶有一點害怕。我曾經聽過那個奧巴公爵的故事，他為了矯正相信路德和喀爾文[4]異端說法的荷蘭人，透過西班牙的宗教裁判所，把成千上萬的人民燒死、吊死，或者把他們肢解分屍。對我來說，它們不只是故事，它們非常眞實，就好像是昨天的事一樣，而且說不定會再發生——說不定，發生在聖巴薩洛繆節那天晚上的事情會重演一遍，然後我這可憐的小孩子也會在睡夢中被殺死，屍體被丟出窗外，就像科利尼上將當初那樣[5]。

多年以後，我離開家鄉，到天主教國家住了不少年。我發現這個國家的人民，完全不會比我家鄉的人愚昧，而且反倒更隨和開朗，更願意包容不同的人事物。我開始發現：關於宗教改革，其實不是只有新教徒的說法，也有屬於天主教徒的一面。這點讓我自己都大吃一驚。

當然，實際經歷著宗教改革時代，也就是活在十六、十七世紀的那些善良百姓，觀點可不一樣。他們會認為：自己一定是對的，敵人一定是錯的。眼前的處境是：不是吊死人，就是被吊死。而不管是哪一方，都比較想要當吊死對方的人。這種想法不過是人類的本性，也不該拿這點評批他們。

當我們把時間倒轉到一五〇〇年（一個很好記的年分），也就是神聖羅馬帝國皇帝查理五世出生的那一年，我們會看到如下的景象。中世紀封建社會的失序與混亂，已經被一些王權高度集中的王國所建立起的秩序弭平了。其中最強大的一個，就是查理五世日後將擁有的國家，當然，這時候他還是襁褓裡的嬰兒。查理的祖父是哈布斯堡王朝的馬克西米連一世，人稱「最後一位騎士」。查理的祖母瑪莉，則是勃艮地公爵「大膽查理」的女兒；查理這位勃艮地的外曾祖父雄心不小，曾經在與法國的交戰中取得過勝利，不過後來卻死於瑞士農民之手。至於查理的外祖父母，則是西班牙國王及女王：斐南迪與伊莎貝拉。靠著這樣的家世，還是個小孩子的查理，就已經是歐洲地圖上大部分地區的繼承者了。他的雙親、祖父母、外祖父母、叔伯、舅舅、姑姑、姨媽，在德國、奧國、荷蘭、比利時、義大利，西班牙的土地，以及各國在亞洲、非洲、美洲的殖民地，日後通通都會由他繼承。命運有時候會向人類做出一些奇妙的反諷：查理是誕生在位於法蘭德斯[6]的根特，一位伯爵的城堡裡。巧的是，前一陣子，德國占領比利時期間[7]，便將同一座城堡當作監獄來使用。而雖然他是西班牙人的國王，是德國人的皇帝，但他接受的卻是法蘭德斯人的教育。

由於父親早死（傳聞是被毒死的，可是沒有任何證據），母親又發了瘋（她帶著死去丈夫的棺材，在自己的領地內四處旅行），因此，小查理是交給管教甚嚴的瑪格莉特姑姑帶大的。日後他不得不統治德國人、義大利人和西班牙人，還要統治上百個對他來說很陌生的民族；但查理從小受的教養與薰

【3】譯註：從這章開始，書中不時會提到「新教」和「天主教」，它們是「宗教改革」中互相敵對的雙方，但其實它們都是屬於基督教陣營。
【4】譯註：他們是當時新教的代表人物。
【5】譯註：一五七二年的那天晚上，法國的天主教徒對新教徒展開大屠殺，而科利尼正是當時法國的新教領袖之一。
【6】譯註：現今大約荷蘭、比利時、盧森堡跟和法國北部的地方。
【7】譯註：第一次世界大戰時。

陶，讓他在精神上成爲一位法蘭德斯人，因此，雖然他是一位忠誠的天主教教會之子，對於那種不能容納異己的宗教態度卻也感到非常反感。他其實是個相當懶惰的人，不只小時候如此，長大後也一樣。命運害他要統治這個已經因爲宗教狂熱而陷入混亂的世界，讓他不停地在從馬德里趕路到印斯布魯克，或者從布魯日趕到維也納的路上。他愛好和平與寧靜，但是卻一直有仗要打。在他五十五歲的時候，我們看到他決定轉過身去，對世事再也提不起勁，因爲仇恨如此之深，愚昧如此之重的人類，實在太令他作嘔了。三年之後，這位極度疲憊與失望的老人去世了。

查理皇帝的部分已經說很多了，你或許會問：那教會呢？那個世界上勢力第二大的權威。話說，這時候的教會正値它開始去征服異端，向異端們展現：只要活得「正直虔誠」，就可以換來什麼好處的時候。它跟中古時代早期的教會已經大爲不同了。首先，教會變得太有錢了。教宗不再是一群謙卑基督徒的牧人，而是在他那所寬廣的宮殿裡，被藝術家、音樂家，以及著名的文人群群圍繞。他轄下那些大教堂和小禮拜堂裡，最近擺上的那些聖徒畫像，容貌身形看起來反而更像是希臘諸神的畫像——嚴格來說，這種風格完全沒有必要。他花在國家事務和藝文活動上的時間很不平均，前者大概只占一成，剩下的九成時間，他都拿來積極投入各種興趣：賞析羅馬時代的雕像、觀賞最近發現的希臘人花瓶、規劃夏季行宮的建設藍圖、參觀新戲的試演等等。眼見如此，大主教和樞機主教自然上行下效，教區主教們也設法有樣學樣。然而，鄉下與村莊裡的一般牧師，則繼續忠於自己的職責，努力讓自己不受世俗誘惑影響，不去沾染這種異教的、對美麗與享樂的熱愛。他們甚至也對修道院生活敬而遠之，因爲裡面的修士似乎已經忘了關於簡樸與安貧的古老誓言，而是大搖大擺過著他們覺得開心的生活，只要不搞出太多公衆醜聞就好。

最後就是一般百姓，他們的生活比起前面的時代要好得多了。他們變得比較富裕，住進更棒的房子，孩子們可以去更好的學校，城市也變得比以前更漂亮。他們手上的火槍，讓自己可以跟舊時的敵人平起平坐，也就是那些如同搶匪般的領主，不然之前幾百年，這些公侯都要對他們辛苦的生意抽上一筆重重的稅。好，有關宗教改革的三大主角，介紹到這裡就差不多了。

接著，讓我們看看文藝復興為歐洲帶來什麼影響。如此一來，你就能理解，一場學問與藝術的復興運動，是如何無可避免地促使世人重拾對宗教的興趣。文藝復興發源自義大利，之後從義大利傳播到法國；它在西班牙沒有太多發展，這是一個與摩爾人交戰了五百年的國度，因此人民的思考模式非常狹隘，對於任何宗教事務都極為狂熱。總之，受文藝復興影響的範圍日漸擴大，但只要越過了阿爾卑斯山，情況就變得有些不同。

生活於歐洲北部的人，由於氣候的劇烈差異，在人生觀上與自己南方的鄰居有著奇特而顯著的對比。義大利人可以頂著晴空，在開闊的戶外度日；要他們歡笑、歌唱、覺得開開心心，都是很容易的事。反觀德國人、荷蘭人、英國人、瑞典人，大部分的時間都待在室內，聽著雨水打在窗上的聲音，感覺著自己小小的房子是多麼安穩舒適。他們不太常開懷大笑，也把任何事都看得很認眞。他們無時無刻都在意著自己不朽的靈魂，而且不喜歡別人拿他們覺得神聖不可侵犯的事務來開玩笑。他們對於文藝復興中「人文」的這個部分極有興趣，對各類書籍、研究古代作者、文法、教科書也是；然而，如果要全面復興希臘羅馬那種古老的異教文化——而這點正是文藝復興在義大利造成的主要影響，這種想法其實會讓他們心生畏懼。

但是，歷代教宗以及樞機主教團幾乎全是由義大利人擔任。他們已經把教會變成一個歡樂的俱樂部，人們在裡頭討論的是藝術、音樂、戲劇，很少提起宗教。因此，嚴肅看待信仰的北方，跟文化發展比較高，但是沒那麼嚴肅，比較不關心信仰問題的南方，彼此之間的隔閡就持續不停地擴大加深。而似乎沒有人察覺到，這會是一項威脅到教會權威的危機。

另外有一些次要的原因，可以說明爲什麼宗教改革是肇始於德國，而不是瑞典或英國。德國人對羅馬教廷的積怨已久；教宗與皇帝之間無止境的爭執，對雙方都帶來嚴重苦果。其他的歐洲國家，如果掌權的是一位強而有力的國王，他們常常有能力保護自己的子民，免受貪婪的神職人員所害。然而，德國是由一個沒什麼實權的皇帝，統治著一大群爭吵不休的小公國，於是相對來說，德國老百姓更直接受到當地主教和高階教士的宰割。他們利用自己尊貴的身分，用各種方法收取大把大把的金錢來蓋華麗壯觀的教堂（這種風格的建築，是那些受文藝復興影響的教宗的最愛）。德國人覺得這根本就是搶劫，所以他們不太高興也是理所當然。

還有一個很少被提到的理由：德國是印刷術的故鄉。書籍在歐洲北部很便宜，《聖經》也已經不是牧師手上才有，而且只有他們才有資格講解的奧祕書。許多家庭都收有一本《聖經》，只要父親和小孩懂得拉丁文，每一家每一戶都在讀——儘管這已經違背教會規定了。人們發現：很多牧師告訴他們的事情，跟《聖經》裡所說的怎麼不大一樣？這讓他們心存疑惑，開始提出問題。而問題一旦讓被問的人不好回答，常常就會帶來很大的「問題」。

最先是歐洲北方的人文研究者對修士開炮，吹起了宗教改革的號角。他們內心最深處對教宗還是有太高太多的景仰與尊敬，令他們不願批評這位「最神聖的人」。但是，懶惰、愚昧，而且在修道院大牆的保護傘下變得太有錢的修士，卻是個很棒的目標。

奇妙的是，這場「戰事」的領導人是一位非常虔誠的基督徒：格拉爾德．格拉爾宗；他另外有個更有名、更普及的名字：德西得里厄斯．伊拉斯謨。伊拉斯謨小時生活有點坎坷，他生於荷蘭鹿特丹，曾經上過德文特那所拉丁學校，就是肯朋的托馬斯畢業的那間。之後他成爲牧師，也在修道院裡住過一段時間。接著他離開修道院，做了不少旅行，而且建立自己能文善寫的名聲。當他開始以寫作供一般人閱讀的小冊子爲生時（如果他活在今日，就會是我們所說的社論作家），世人正爲一本名爲《愚人信件》的書大大著迷。這本小書是由許多封匿名發表的信件組成，信裡的德式拉丁文諷刺詩（令人聯想起英文的五行格式打油詩），將中古時代晚期修士普遍存在的愚蠢與自大展露無疑。伊拉斯謨本人則是位學養豐富，而且相當嚴肅的學者。他通曉拉丁文和希臘文，曾由希臘文翻譯出內容較無錯誤的拉丁文《新約》，同時對《新約》的希臘文原文做了一番校正。

他相信羅馬詩人賀拉斯的一句話，那就是「如果我們說出事實時臉上帶的是微笑」，就不會受人阻撓。因此，當伊拉斯謨於一五〇〇年前往英格蘭拜訪湯馬斯．摩爾爵士時，他在那裡用了幾個禮拜的時間，寫出一本歡笑逗趣的小書，名爲《愚人頌》。這是他用世界上最危險的武器——幽默，來對教會修士，以及受他們所迷惑的信徒發出的攻擊。這是十六世紀最暢銷的一本書，幾乎所有語言都有它的譯本，而且它讓人們開始對伊拉斯謨的其他作品產生興趣。在那些作品裡，他也鼓吹應該對教會許多腐爛的事情進行改革，同時呼籲其他的人文研究者，協助他一起完成這項能爲基督教信仰帶來偉大革新的任務。

但是，他這些了不起的構想並沒有眞正催生任何成果。伊拉斯謨這個人太過理性冷靜，太願意包容自己攻擊的對手，以致於他沒辦法去滿足、迎合大多數對教會心存不滿的人，這些人等待的是一位性格更強烈的領導人物。

而他們等到了，這位領袖的名字叫馬丁．路德。

路德出身自德國北部的農家，他不只有第一流的頭腦，更有非凡的意志力。他受過大學教育，後來又在艾福特大學取得碩士學位。這之後，他加入一所道明會的修道院，然後在維騰堡的神學院擔任大學教授，開始向他家鄉薩克森那些對神學沒什麼興趣的莊稼漢，解說基督教經文的涵意。教職工作帶給路德許多空閒時間，而他都拿來研究《舊約》和《新約》的原文內容。很快地，他就漸漸發現，上帝的話與教宗和主教所宣揚的說法之間，存在著許多相當大的差異。

路德翻譯聖經

一五一一年，路德因爲公務而有了拜訪羅馬教廷的機會，當時教宗亞歷山大六世已經去世了；這位出身波吉亞家族的教宗，靠著自己生前的地位，爲兒女留下了大筆遺產。而現任的繼位者儒略二世，雖然在人品上無法挑剔，卻把大部分時間都花在打仗和興建建築上。因此，對神學問題態度非常嚴肅的路德，在這位教宗身上也感受不到對信仰的虔誠。他就這樣帶著失望的心情回到維騰堡，但更糟的還在後面。

儒略二世決定興建雄偉輝煌的聖彼得大教堂，在他去世之後，未完成的工程就落到了後面「無辜」的繼任者上。雖然初步的工程才進行到一半，部分建物卻已經有修理的必要了。話說回來，教宗的庫房早就被亞歷山大六世花得一乾二淨，所以，當雷歐十世在一五一三年繼任儒略二世的教宗位置時，他已經處在破產邊緣。爲了籌募現金，他只好訴諸一種古老的辦法：販賣「贖罪券」。贖罪券是一張必須花上一筆錢才能買到的羊皮紙，這張紙上面保證，將會縮短購買它的罪人待在煉獄的時間。對中世紀晚期的教會信條來說，贖罪券完全合乎教義：既然只要是眞心誠意地懺悔，教會就有權力在人死之前原諒他的罪孽，那麼，教會自然也有權力（透過向聖徒們求情）縮短靈魂在幽暗的煉獄中接受淨化的時間。

只可惜，這些贖罪券一定得用錢買才行。不過，它可以很輕鬆替教會賺到許多收入；更何況，眞的太窮所以買不起贖罪券的人，教會也願意免費提供。

事情發生在一五一七年，薩克森境內的贖罪券限定專賣區，被分派給一位名叫約翰．特澤爾的道明會修士管領。這位約翰修士是位過於積極的「推銷員」，老實說，他對推銷贖罪券的熱情已經過頭了。他的銷售手法惹惱了薩克森這個小公國境內的虔誠百姓，性子非常耿直的路德同樣也感到很生氣，因而做了一件很莽撞的事：一五一七年十月三十一號那天，他來到宮廷教堂前，在門上貼了一張紙，紙上列有抨擊贖罪券販賣行爲的九十五條聲明（或論點）。這些聲明都是用拉丁文寫的，這代表路德的本意並不在鼓吹什麼群衆抗爭活動；他其實不是革命者。確實，他是反對贖罪券制度，也希望自己的教授同事知道他對他們的作爲有什麼意見。然而，這依舊只是神職人員與學院教授的圈內事，他並不希望把它交由不夠理智、不夠中立的一般人民來判斷。

不幸的是，在那個時間點上，任何人對於宗教事務都開始希望置身其中，想要單純討論某個宗教議題卻不會馬上搞得人心惶惶，已經是完全不可能的事；不到兩個月的時間，全歐洲都在討論我們這位薩克森修士的那份《九十五條論綱》。路德越是不希望，人們越是要選邊站，越是會有許許多多默默無聞的神學家忙著出版自己的看法。於是，教廷當局開始覺得不對勁了，他們要求這位住在維騰堡的路德教授，前去羅馬解釋一下他的行爲。路德的頭腦很清醒，他還記得上次胡斯答應教廷去解釋一下的時候，發生了什麼事，所以他待在德國不動，因而被教宗開除了教籍，作爲懲罰。當路德把教宗開除他教籍的文告，當著一群仰慕群衆的面燒掉的那一刻，他與教宗之間和平共處的可能性，也隨之消失在火光中。

雖然他本人絲毫沒有意願，路德還是成爲衆人的領袖。他們是一群心懷不滿的基督徒大軍，德國的愛國之士像是烏爾里奇・胡騰，爲了怕教廷當局硬要抓他下獄，趕來保衛他的安全；維騰堡、艾福特、萊比錫的學生也聲明願意爲此而戰。薩克森選帝侯【8】也向這些熱心的學生再三保證，只要路德留在薩克森的土地上，一定不會受到任何傷害。

這些事全發生在西元一五二〇年，查理五世正當二十歲，已經當上了半個世界的統治者【9】。他必須與教宗保持和睦的關係，於是召集了德國國是大會，預定在萊茵河畔美麗的窩姆斯市舉行，命令路德必須出席，解釋他爲什麼要做這種脫序行爲。此時的路德已是德國的國民英雄，他聽命出席，但是在會上，他拒絕收回他曾經寫過或說過的一字一句。只有神的話語可以支配他的良心，他爲了自己的良心而生，當然也願意爲它而死。

經過一番審議之後，窩姆斯大會宣布：不論就上帝或人世的律法而言，路德都有罪；進而禁止任何德國人提供他飲水、食物、住處，以及保護，也禁止任何德國人閱讀這位卑鄙的異教徒所寫的書。不過，這對我們偉大改革家的人身安全還不致於帶來直接危險，在德國北部的大部分人眼裡，大會的這項官方判決不過是份不義至極、令人髮指的文件。為了更安全的考量，路德藏身在瓦特堡的城堡裡，城堡主人正是薩克森選帝侯。路德在那裡把整部《聖經》翻成德文，讓所有德國人都可以自己閱讀，並且知曉究竟神的話語為何，這等於是對教廷權威最徹底的藐視之舉。

到了這時，宗教改革已經不是單純精神和宗教上的事。那些厭惡當代教堂之美的人，著手利用這個紛亂時節去破壞他們不喜歡的建築——而他們之所以不喜歡，只是因為他們不了解。已經淪為窮光蛋的騎士，趁此機會去霸占修道院的土地，當作是彌補他們在過去這段時間所失去的一切。欲求不滿的王公，趁著皇帝捲入宗教改革問題而不在國內的時候，趕快擴張自己的權力。肚子餓壞的農民，在有點陷入瘋狂的鼓動者帶領下，把這次機會做了最好的利用：攻下領主的城堡加以燒殺擄掠，狂熱猶如在打一場十字軍聖戰。

主宰整個帝國的，已經是一個如假包換的混亂狀態。成為新教徒（新教徒的英文跟「異議者」是同一個字，這是因為他們在當時被稱為「追隨路德的異議者」）的部分王公，開始迫害自己天主教徒的子民；而繼續信奉天主教的王公，也動手吊死自己新教徒的百姓。一五二六年的斯派爾國是大會，盡其可能地要解決這個棘手的信仰問題，因而做成了一個命令，要求「所有子民都應該皈依與自己王公相同的教派」。結果讓德國成為一個大戰棋盤，上面星羅棋布著近千個互相敵視的小公國，創造出一個在數百年間都令德國無法正常發展的局面。

【8】譯註：選帝候侯指有資格推選德意志國王或皇帝與神聖羅馬帝國皇帝的德國王公。
【9】譯註：包括薩克森。

路德於一五四六年二月去世，他下葬的教堂，就是二十九年前，被他貼上那篇反對銷售贖罪劵之著名文件的那一間——從那刻起，文藝復興那個不關心宗教事務、戲謔、笑鬧的世界，在不到三十年內，搖身一變爲辯論、質問、爭吵、中傷的宗教改革社會。教宗轄下那個統一的宗教帝國散去得很突然，整個歐洲西部也因此成爲一片戰場，供新教徒與天主教徒互相殘殺，好讓自己的神學教義可以更加發揚光大，而這些教義對我們這個世代的人來說，幾乎就如古時伊特魯里亞的神祕銘文一樣無法理解。

44 宗教戰爭

接下來繼續介紹這個充滿嚴重宗教爭議的時代。

十六與十七世紀是個充滿宗教爭端的時代。

如果你加以留心，你會發現，你身邊幾乎每個人談來談去都是在談「經濟」，討論著工資、工時，或者罷工對社會大眾的生活所帶來的影響，因爲這就是我們這個時代最感興趣的主題。

或許你覺得這有點糟，不過，生活在一六〇〇或一六五〇年時候的可憐孩子，聽到的東西更糟糕。除了宗教，他們聽到的還是宗教。他們的腦袋裡塞滿了「預定論」、「聖餐化質說」、「自由意志」，還有其他上百個奇奇怪怪的詞語，因爲不論是天主教或新教，都想要用它們來向人灌輸「正確的信仰」，卻總說得含糊不清，抑或晦澀難懂。按照他們父母的意思，當時的小孩們在出生時就受洗爲天主教、路德派、喀爾文派、茲文里派，或者再洗派的信徒[1]。當時的小孩從路德編的《奧格斯堡答問》，或者喀爾文寫的《基督教要義》學到他們所知的神學，或者用他們發音還不標準的童言童語，唸頌著《英國國教公禱書》裡的「三十九信條」。然後大人們跟他們說：只有這套，才是「眞正的信仰」。

[1] 譯註：可是再洗派不承認嬰兒受洗的效力，不知道爲什麼作者在這邊把再洗派也包括進去。

天主教的小孩都聽過亨利八世國王的故事：那位結了好多次婚，說自己才是英國教會的最高首領，奪去原本屬於教宗的主教與牧師任命權，還把屬於教會的財產全部偷走的英國君主。而每當有人提到「宗教裁判所」的時候，新教的小孩一想到它那些地牢，還有折磨拷問罪人的密室，晚上就會做惡夢。當時的小孩也都聽過，關於一群荷蘭的新教徒暴民，如何抓到一群手無寸鐵的老牧師，然後只是爲了要從殺害信仰不同的人中獲得樂趣，就把他們通通吊死。

陷入爭鬥的雙方如此勢均力敵，眞是件不幸的事，否則這場交戰可以很快結束，而不是拖上八代人之久。這中間的關係發展得過於錯綜複雜，因而我只能告訴你一些最重要的枝節，但請你一定要去找本以宗教改革爲主題的歷史書，才能夠弄清楚全貌。

緊接在新教徒這波盛大的改革運動之後，羅馬教會的核心內部也出現了徹底的改革。那些原本只不過是業餘的文藝愛好者，甚至幾乎是個希臘羅馬古董文物交易商的教宗，從此退出了歷史舞臺，取而代之的是些非常嚴肅認眞的人，願意每天花上二十個小時處理手上遇到的聖職工作。

修道院裡長期以來那種可恥的享樂生活到此結束，教士與修女要日出而起，要研讀早期教父的著作，也要去照顧生病患者、安慰垂死之人。宗教裁判所日夜監控，不讓任何人能透過印刷刊物來散播「危險的」教義。照慣例，這裡應當說一下發生在

宗教裁判所

伽利略身上的悲慘故事。伽利略在借助他奇特的小望遠鏡來解釋天體運行時，實在有點太不小心了，竟然吐露出一些完全違背教會官方觀點的說法，結果就被軟禁起來。不過，我們也該針對教宗、天主教神職人員，以及宗教裁判所保持公道，所以，我必須說新教徒也敵視科學與醫學，程度就跟天主教徒一樣，並且用同樣愚昧、同樣不寬容的行動，展現出這種想法：那就是爲了自己而去研究事物的人，眞是人類最可怕的敵人。

我也必須說說喀爾文，這位法國的宗教改革者、日內瓦的「暴君」（不論在政治或宗教上，他都是一位「暴君」）。他不但協助法國當局企圖吊死米格爾．塞爾維特（他是一位西班牙醫生與神學家，以身爲史上首位大解剖學者維薩里的助手聞名）的行動，而且在塞爾維特成功從法國越獄，逃到日內瓦之後，喀爾文還下令把這位人才關起來。經過一場漫長的審判之後，喀爾文批准以異端之罪燒死塞爾維特的判決，完全無視於他身爲科學家的聲譽。

這類事情還有很多。不過，整體來說（雖然我們手上可靠的相關資料不多），新教徒對這場「異端狩獵」感到厭倦，比天主教徒要早許多。所以，那些只是因爲宗教信仰有別就被燒死、吊死、砍頭的好男好女，裡頭比較多是被較爲積極但也極爲嚴厲的羅馬教會所害。

請你在長大之後，也要記得這件事：「包容異己」是非常晚近才出現的想法，而且即使是我們這個時代裡，這些所謂的「現代人」，也都很習慣只對自己不感興趣的事情才會予以寬容。他們[2]一點也不在意一位非洲的原住民是不是信了佛教或者伊斯蘭教，對這件事他們怎樣都可以包容，因爲不論佛教或

【2】譯註：這裡指西方人。

伊斯蘭教，對他們來說都沒有意義。但是，當他們聽到原本跟他們同樣都是擁護自由貿易，反對高額保護性關稅的鄰居，突然加入了關稅改革黨，開始支持對進口貨物課稅的政策，他們的包容就到這裡為止了；而且這時候，他們口中會吐出來的詞彙，就跟十七世紀時一位和善親切的天主教徒（或者新教徒），聽到自己一直又敬又愛的摯友，竟然受可怕的異端迷惑而成為新教徒（或天主教徒）時，所說出來的話語一模一樣。

一直到不久之前，「異端」都被當成是疾病。現今，如果我們看到一個人不顧個人身體和居家的清潔，把自己和小孩暴露在感染傷寒，或其他可預防之疾病的危險之下，我們就會通知衛生局，然後衛生局可能會請警察幫忙把這位仁兄帶走，免得他對整個社會造成危險。不管對新教或天主教來說，異端指的就是對信仰賴以建立的基本原則，公然予以質疑的人，在十六和十七世紀，這類人被看成是比傷寒帶原者還要可怕的危險來源。傷寒或許（應該是非常有可能）會毀滅人的身體，然而異端，依照當時人的想法，則是百分之百會毀滅人不朽的靈魂。因此，所有能夠正確判斷是非對錯的善良公民，都有責任要告知警察那些破壞事物既定秩序的公敵何在；如果他們不這麼做，那就好像一位生活在現代的人，發現隔壁房客得了霍亂或天花，卻不向最近的醫生通報一樣不應該。

未來，你會聽到一大堆關於預防醫學的事情。預防醫學的意思很簡單，就是醫生不會等到病人生病以後，才站出來治療他們。相對地，他們會在病人還健健康康的時候，就先仔細診視病人和他的生活環境與條件，然後透過清理垃圾，或是教導他吃什麼，忌什麼，又或者給他一些簡單的個人衛生建議，藉此把所有可能的致病因素排除。甚至還有更多的努力，譬如，有些熱心的醫生會到學校裡，教導孩童正確的牙刷使用方式，還有避免感冒的方法。

剛剛我就努力要告訴你：十六世紀的人認爲，身體上的病痛，還不如會威脅到靈魂的病痛來得嚴重。所以，他們也建立了一個精神性的預防醫學機制：當小孩能夠拼出這輩子第一個生字的時候，大人就會教給他什麼才是關於信仰的眞正（而且是唯一眞正的）原則。這種做法爲歐洲人民的整體進步發展帶來一些間接的好處，因爲在新教勢力範圍內很快地就布滿了一間間的學校。雖然學校教育花了非常多的寶貴時間在解釋說明教義問答上，不過，它們還是傳授了一些神學以外的知識。此外，老師們也鼓勵學生閱讀，而教學活動更是印刷業大爲興旺的主因。

但是天主教也不落人後，他們也在教育方面花了許多時間與心思。而當時剛成立的耶穌會，就成爲教會在這項工作上的可貴盟友。耶穌會這個値得注目的組織，創建者是一位西班牙軍人，他在歷經一些不甚光彩的冒險生涯後，決定洗心革面，重新做人。就像許多眞正做過壞事，再被上帝的救世大軍指出自己過錯所在，因而誠心悔改的人一樣，他的內心也深深感覺到：自己一定要把餘生奉獻給教會，替教會做好爲不幸之人提供援助與慰藉的工作。

這位西班牙人名叫伊格納修．羅耀拉，出生於哥倫布發現美洲的那一年。他曾經受過重傷，所以瘸了一條腿。當年在他住院的時候，看到聖母和聖子向他顯靈，告訴他要改過向善。於是他決定前去聖地，完成十字軍聖戰的大業。不過，去到耶路撒冷之後，他就知道這任務不可能完成，所以他返回歐洲，協助天主教進行對路德教派異端的戰鬥。

一五三四年，羅耀拉正就讀巴黎索邦大學，他與其他七位學生一起成立了一個兄弟會社團。這八個人彼此發誓，將會不求財富，但求神聖、正當地生活，並且獻出自己的肉身與靈魂爲教會服務。幾年之後，這個兄弟會社團發展成一個正規組織，得到教宗保羅三世的正式承認，替其取名爲「耶穌會」。

由於羅耀拉曾經是位軍人，所以相信「紀律」。對上級命令的絕對服從，也成為耶穌會獲得巨大成功的主要因素之一。此外，對於會裡日後要擔任老師的人，一定要先給予最嚴格、最徹底的培養，才允許他們對任何一位學生傳道。耶穌會的老師會與學生一同生活，甚至參與學生在玩的遊戲。他們以溫柔和關心監護著學生，成功培養出一群虔誠的下一代天主教徒，願意認眞嚴肅地負起宗教的責任與義務，就好像中古時代的人一樣。

除了這個面向以外，耶穌會的人也很精明，不會把所有努力都用在教育窮苦人民上。他們走進權貴的宮殿裡——裡頭有些小孩未來可能成為皇帝或國王，而耶穌會的教士就去擔任這些人的家教。等我跟你說三十年戰爭的時候，你就會明白他們這麼做的意義。但是，在歐洲的宗教狂熱最終爆發為那場可怕至極的戰爭以前，中間還發生了許許多多的事件。

話說查理五世去世後，德國與奧國由他的兄弟費迪南繼承，而剩下其他的領地：西班牙、荷蘭、西印度群島與美洲，則是由兒子腓力繼承。腓力是查理和葡萄牙公主所生的兒子，不過，這位葡萄牙公主是查理的大表妹。這種近親聯姻所生的小孩常常會非常古怪。像腓力自己的兒子：命運悲慘的唐・卡洛斯，就是個瘋子（之後在他親生父親腓力的同意之下被殺害）。腓力本人雖然神智很清醒，但是，他對教會的熱忱已經讓他來到宗教狂的邊緣。他相信上帝派他來拯救人類，因此誰要敢頑固不靈，不接受這位國王陛下對宗教的觀點，就等於公然宣告自己是人類的敵人，必須加以拔除消滅，免得這種人的壞榜樣腐蝕了其他虔誠人民的靈魂。

西班牙無疑是個很有錢的國家，新世界所有的黃金與白銀都流進卡斯提與亞拉岡王國的國庫。但是，西班牙的經濟卻受一種奇怪的病症所苦——儘管它的農民都是些努力工作的男人，以及一些更為辛苦的女人，然而，西班牙的上層階級一直以來最鄙視的就是勞動這件事，無論是哪一種勞動，他們甚至因此不涉足軍方或行政部門的職位。至於出產勤勞工匠的摩爾人，老早以前就被逐出這個國家了。結果就是，西班牙雖然貴為世界的寶庫，卻一直很窮困，因為金錢全都流到國外去了：去買那些自己不願意或無能力生產的小麥和其他生活必須品。

於是，腓力這位十六世紀最強大國家的統治者[3]，必須非常仰賴荷蘭這個繁忙的商業中心，作為自己的重要稅賦收入來源。但是，那些法蘭德斯人和荷蘭人都是虔誠的路德教派和喀爾文教派信徒，他們把聖母、聖徒像或其他聖畫都清出教堂，還通知教宗不會再奉他為精神領袖，而是打算只聽從自己良心的指引，只遵守他們新翻譯完成的《聖經》裡的要求。

這讓腓力國王非常兩難，他無法容忍底下這些荷蘭子民的異端行為，卻又需要他們的錢。對腓力來說，假如就放任他們當個新教徒，置他們墮落的靈魂於不顧，會有損他對上帝應盡的責任；而假如他把宗教裁判所派去荷蘭，把他們通通綁在火刑柱上燒死，他又會失去大部分的收入。

腓力是個優柔寡斷的人，所以他猶豫了好長一段時間。他扮過白臉，扮過黑臉，試過威脅，也試過利誘。但是荷蘭人依然執迷不悟，繼續唱著新教的聖歌，聽著他們路德派或喀爾文派的牧師傳道。所有期待都落空的腓力，派出他手下的「硬漢」：奧巴公爵，去強迫這些固執的罪人悔改。奧巴到了荷蘭之後，第一步就是把那些呆呆留在當地，沒有趁他尚未抵達前先逃走的新教領袖全砍了頭。西元一五七二年（就是法國新教領袖在可怕的聖巴薩洛繆之夜被屠殺的那一年），奧巴對數個荷蘭城市發動攻擊，然

[3] 譯註：雖然有上面講的問題，但在十六世紀時，西班牙的國力還是非常強盛。

聖巴薩洛繆節之夜

後屠殺裡頭的居民，意圖對其他荷蘭都市殺雞儆猴。隔年，他又對來登這個荷蘭的製造業中心發動圍城戰爭。

同一時期，北荷蘭地區的七個小省分[4]組成了一個防禦同盟，也就是所謂的烏特列支同盟。它們推舉奧蘭治的威廉（他是一位德國親王，曾經擔任過皇帝查理五世的私人祕書）作爲最高指揮官，統率同盟的陸軍，以及那支號稱「海上乞丐」，偶爾從事掠奪行爲的海軍。爲了拯救來登，威廉挖開堤防，創造出一片水鄉澤國，同時派海軍利用平底接駁船，又划、又推、又拉地在這片大水與泥濘中前進，終於到達城牆之下，解救了來登圍城之危。

西班牙國王麾下所向無敵的軍隊首度遭遇如此羞辱的挫敗。這件事帶給世人的震驚，就好比日俄戰爭中日本在瀋陽的勝利，帶給我們這個世代的驚訝一樣。經過這場交戰，新教方面有了新的勇氣，而腓力則開始編織新的計謀，來征服這些叛變的子民。他找了一位沒錢、愚蠢，又對宗教瘋狂投入的傢伙，付了一筆錢叫他去刺殺奧蘭治的威廉。這詭計雖然成功了，但是七省同盟的人民見到自己領袖之死，非但沒有屈服，反而讓他們滿腔憤慨。西元一五八一年，階級大會（成員爲七省的代表）在海牙召開，決定正式且無比莊嚴地與「邪惡的腓力國王」脫離關係，由他們自己接下統治國家的重擔——到當

決堤解救來登城之危

時爲止，那一直是「蒙上帝恩惠而擔任國王之人」才擁有的權利。

這是人類爭取政治自由的偉大過程中非常重要的一件大事，比起英國那次最後只簽署了《大憲章》的貴族起義又前進了一大步。這些善良老百姓說的是：「在國王和他的臣民之間有一項不必明說的協議，那就是雙方都應該履行某些義務、承擔某些清楚的責任。假如有一方沒有完成這項合約的要求，另一方便有權利認定合約遭到終止。」一七七六年，英國國王喬治三世在美洲的那些子民也得出類似的結論；不過，他們跟自己的君主中間還隔著五千公里遠的大洋，然而，階級大會卻是在聽得到西班牙軍隊槍炮聲的距離內，並且無視於將來必須一直擔心西班牙艦隊報復的情境之下，做出這種不成功便成仁的決定（而且一旦他們不成功，到他們「成仁」那一刻之前，他們還會受到一段酷刑折磨）。

當信奉新教的伊莉莎白繼承了天主教的「血腥瑪

【4】譯註：在此之前，被稱爲「荷蘭」的「地方區」，比現代的荷蘭這個「國家」要大上不少，而北荷的七省同盟就是現代荷蘭的基礎。

沉默者威廉遇刺

莉」，成為英格蘭女王之後，就一直有傳言說：會有一支神祕的西班牙艦隊前來征服荷蘭和英格蘭。上岸的水手都提到過這種說法，這一傳就是許多年。然而，到了十六世紀的八〇年代，傳聞變得不再只是傳聞：據從里斯本回來的領航員說，所有西班牙和葡萄牙的船塢都在加緊造船[5]。而且，帕爾馬公爵也在南荷蘭地區（現在的比利時）集結一支龐大的遠征軍，打算等到西班牙的船隻一過來，就從奧斯坦德搭乘它們，攻往倫敦和阿姆斯特丹。

西元一五八八年，西班牙無敵艦隊開始航向北方。不過，法蘭德斯沿岸已經遭到荷蘭艦隊的封鎖，而英吉利海峽則由英國人把守。習慣了南方平靜海況的西班牙人，不善於在北方這種風勢強勁、寒冷刺骨的氣候中航行，我也不必跟你多說這支無敵艦隊在風雨和敵船的夾攻之下結局為何，不過，當時他們慘敗的消息，只能由少數繞過愛爾蘭島逃離戰場的西班牙海軍回報；剩下的人都消逝在海面上，永遠靜臥於北海海底了。

對英國與荷蘭的新教徒來說，以牙還牙才叫公平。因此，如今換他們把戰火推進到敵人的境內。在林秀騰（是一位在葡萄牙軍服役過的荷蘭人）那本小冊子的幫助下[6]，霍特曼終於找到了去東印度群島的航線，因而催生了那間了不起的荷屬東印度公司。之後，為了染指亞洲與非洲，英荷和西葡之間正式

西班牙無敵艦隊來了！

展開一系列的殖民地爭奪戰。

就是在這段殖民大戰的早期，有一場激烈攻防的法律訴訟在荷蘭法庭上熱烈展開。在十七世紀初，有一位名叫希姆斯科克的荷蘭船長在麻六甲海峽扣住了一艘葡萄牙商船。這位希姆斯科克頗有來頭，他率領過一支探險隊，意圖找到經由大西洋東北方通往印度的航線，途中這支探險隊還曾經在冰封的新地島[7]上度過一個冬天。言歸正傳，你一定記得教宗曾經把地球分成兩半，一半分給西班牙，一半分給葡萄牙。所以，葡萄牙人很自然地認為，東印度群島周遭的海域都是屬於他們的領地範圍，而既然在事情發生的時候，葡萄牙與七省聯合共和國[8]並非處於交戰狀態，因此他們主張：這位隸屬於荷蘭一家私人貿易公司[9]的船長，沒有權利進入葡萄牙的領海，更沒有權利

[5]譯註：前面提到由於腓力娶了葡萄牙公主，所以他從一五八一年起也是葡萄牙國王。
[6]譯註：裡頭翻印了屬於葡萄牙國家機密的航海地圖。
[7]譯註：在俄羅斯的北岸，離北極海不遠了。
[8]譯註：是那當時候荷蘭的國名。
[9]譯註：也就是荷屬東印度公司。

擄走他們的船。葡萄牙人便是據此提出控告。爲了這場官司，荷屬東印度公司的董事們請來一位傑出的年輕律師，名叫格魯特，又名格勞秀斯。他提出了一套驚人的辯詞，那就是：大海是屬於所有人的；一旦出了從陸地上發射一發炮彈所能及的距離，大海就是，（根據格勞秀斯的說法）也應該是開放給所有船隻和所有國家使用，不具任何限制的水上通道。這還是第一次有人在法庭上，公開提出這種駭人的理論，其他的航海民族全都群起而反對。爲了對抗格勞秀斯這篇著名的辯護理由，也就是「公海說」，英國人約翰・薛爾登也寫了同樣著名的「私海說」論文，主張國家將領土周圍的海域視爲同屬於領土的一部分，乃是一種自然權利。我之所以在這裡提到這場訴訟，是因爲其實這個爭議還沒有完全獲得解決，而且在上一次大戰【10】期間，它還造成各式各樣的難題與麻煩。

回到關於西班牙與荷蘭、英國之間的戰事。在不到二十年內，東、西印度群島一些最有價值的殖民地，以及好望角、錫蘭，甚至那些中國和日本沿岸殖民地，通通都落入新教徒手裡了。一六二一年，荷屬西印度公司也成立了，它之後征服了巴西，並且在北美洲那條由亨利・哈德遜於一六〇九年時發現的河口，建立了一個名叫新阿姆斯特丹的堡壘【11】。

這些新殖民地爲英格蘭及荷蘭共和國所帶來的財富，數量之大甚至足夠讓他們雇用外國士兵，幫他們從事陸地上的征戰，他們自己則專心致力於商業與貿易活動。對這兩個國家來說，新教徒反抗代表著獨立、繁榮。但是，對許許多多的其他歐洲國家來說，新教徒反抗卻是代表著接踵而來的恐怖與災難，我們歷經的前次大戰若與當時的情況相比，根本像是主日學校的乖小孩們去郊遊遠足一樣溫馨。

總之，這場爆發於一六一八年，然後由那個著名的一六四八年西伐利亞條約畫下句點的「三十年戰爭」，它的出現並非偶然，而是一百年來不斷增加累積的宗教仇恨必然會引發的結果。就像我說過的，它是一場非常殘酷且悲慘的戰爭，沒有人能夠置身事外，而戰事之所以能夠結束，也只是因為所有參戰的勢力都已經耗盡元氣，就算想要繼續打下去也沒辦法。

這場戰爭才用了不到一代人的時間，就把歐洲中部的許多地方變為一片荒野，逼得當地飢餓的農民必須和更飢餓的野狼爭食一匹死馬。德國地區的村莊與城鎮有六分之五毀於戰火，其中西部的帕拉廷納一地，就被各方勢力掠劫了二十八次。一千八百萬的人口更銳減到只剩下四百萬。

各國對彼此的敵意，幾乎是從哈布斯堡王朝的費迪南二世[12]剛當選神聖羅馬帝國皇帝時，就開始萌芽了。他是耶穌會最精心訓練之下的產物，對天主教會抱持最高的虔敬與服從之心。他在少年時就立下誓言，將要掃除自己國家境內所有異端或其他教派，之後他也用盡全力來達成這項誓言。在他當選前二天，他的死對頭：信奉新教的帕拉廷納選帝侯腓特烈（他是英格蘭國王詹姆斯一世的女婿）被人擁為波希米亞國王——這當然是直接違背費迪南的期待。

於是，哈布斯堡的軍隊馬上就開進了波希米亞，年輕的腓特烈國王四處找尋是否有人可以協助他抵抗眼前這危險的敵人，可惜一無所獲。荷蘭共和國雖然願意伸出援手，只是荷蘭自己正在和西班牙（西班牙國王也是哈布斯堡家族的分支）打得你死我活，能幫的實在不多。英格蘭的斯圖亞特王朝比較想要強化在自己國內的專制力量，對於要把人力物力送到遙遠的波希米亞去冒險，其實興趣缺缺。結

【10】譯註：第一次世界大戰。
【11】譯註：這就是指紐約，而那條河依發現者命為哈德遜河。
【12】譯註：就是前面提到的查理五世的兄弟。

哈德遜之死

果在經過幾個月的苦戰後，這位帕拉廷納選帝侯只能逃走，而他的領地則被併入信仰天主教的巴伐利亞王室。這就是三十年戰爭的序幕。

隨後，哈布斯堡的軍隊在提利與瓦倫斯坦的率領之下，一路殺進德國的新教徒地區，直到抵達波羅的海沿岸。這表示現在天主教勢力與丹麥比鄰而居了，對信奉新教的丹麥國王克利斯提安四世構成非常大的威脅。他試著用先發制人的方式自保，避免對方的實力增長到無法應付的程度。然而，進入德國境內的丹麥軍隊吃了個敗仗，瓦倫斯坦並趁勝追擊，在他積極又凶猛的進攻之下，丹麥不得不提出議和。此時，波羅的海沿岸只剩下一座新教徒的城市了，那就是史特拉桑。

一六三〇年的夏初，那位瓦薩家族的瑞典國王古斯塔夫・阿道爾夫，從史特拉桑登上了歐洲大陸。這位國王既是爲瑞典抵抗俄羅斯入侵的名君，也是位野心無窮的新教徒，渴望把瑞典打造成一個強大的北歐帝國。當然，歐洲的新教徒國家對於古斯塔夫・阿道爾夫的到來非常高興，認爲他將是路德宗教改革大業的救星。他先將提利擊敗（之前提利才剛輕鬆屠殺了信奉新教的馬德堡居民），之後他的軍隊就展開了一場大進軍：穿越德國的中心地帶，目標鎖定哈布斯堡王朝在義大利的領地。在發現自己後方受到天主教軍隊的包圍後，古斯塔夫突然將大軍調轉回頭，成功地在盧珍之戰中打敗了哈布斯堡的主力。只可惜這位瑞典國王因爲和自己的軍隊走散，結果戰死異鄉。然而，哈布斯堡王朝的勢力就此打破了。

遭到這樣的挫敗之後，性好猜忌的費迪南馬上懷疑起自己的手下，他的總司令瓦倫斯坦在他的指使之下被人暗殺。而統治著法國的波旁王朝，雖然同樣屬於天主教陣營，但是卻仇視著哈布斯堡王朝。當斐迪南殺掉手下大將的消息一傳到法國，法國國王路易十三世就決定與信仰新教的瑞典聯手。他派出軍隊入侵德國東部，這段時間，法國將領蒂雷納、孔德和瑞典將領巴納、威瑪，都因爲對哈布斯堡王朝領土的燒殺擄掠而大爲出名。由於這些勝仗使得瑞典人名利雙收，引發了丹麥人的嫉妒，同屬於新教陣營的丹麥因此對瑞典宣戰。至於法國這個瑞典人的天主教盟友，它的執政者樞機主教黎塞留也背離了一五九八年《南特詔書》保證的內容，剝奪了法國人新教徒可以公開進行敬神活動的權利。

三十年戰爭正如絕大多數戰爭一樣，即使當它於一六四八年，透過西伐利亞條約而結束後，都不曾眞正解決任何問題。戰爭過後，天主教國家依舊堅持天主教信仰，新教徒國家也繼續死守著路德、喀爾文，或是茲文里的教義。瑞士與荷蘭獲得承認，成爲獨立的共和國。法國取得美次、土爾、凡爾登這幾個城市，還有部分亞爾薩斯的土地。神聖羅馬帝國則依舊是個稻草人——一個沒有人民、沒有財源、沒有希望、也沒有意志的帝國。

三十年戰爭唯一帶來的好處只有消極面：就是讓天主教和新教徒再也不敢訴諸武力，從此之後，他們不會再去找對方的麻煩了。然而，這並不表示宗教性的情緒，以及因爲信仰而產生的仇恨，就此從這個世界上消失了。事實剛好相反，雖然天主教和新教之間的爭端告一段落，但是不同新教派別之間的

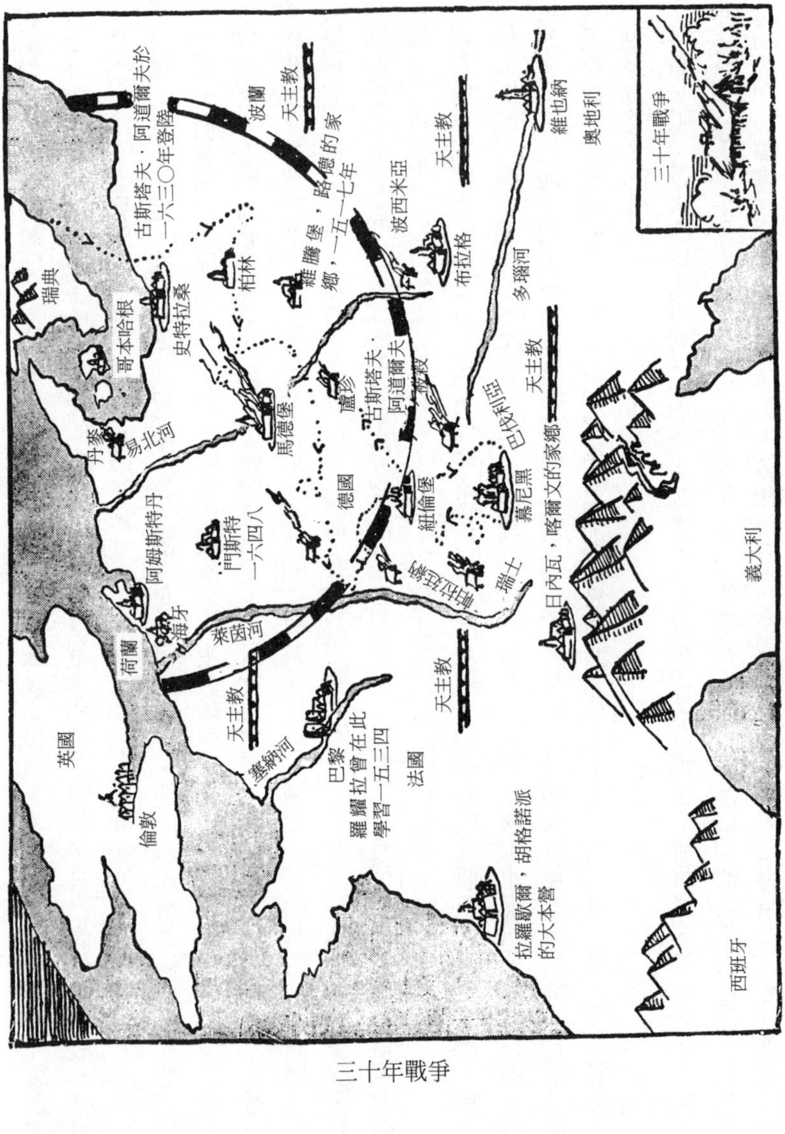
三十年戰爭
瑞典
哥本哈根
丹麥
易北河
史特拉桑
古斯塔夫．阿道爾夫於
一六三〇年登陸
波蘭
天主教
柏林
馬德堡
維騰堡，路德的家
鄉，一五一七年
波西米亞
布拉格
天主教
維也納
奧地利
多瑙河
盧珍
古斯塔夫．
阿道爾夫
被殺
巴伐利亞
天主教
慕尼黑
紐倫堡
德國
門斯特
一六四八
阿姆斯特丹
海牙
荷蘭
萊茵河
天主教
瑞士
日內瓦，喀爾文的家鄉
英國
倫敦
巴黎
羅耀拉曾在此
學習一五三四
塞納河
法國
天主教
拉羅歇爾，胡格諾派
的大本營
西班牙
義大利

三十年戰爭

一六四八年的阿姆斯特丹

爭議卻像從前一樣激烈。在荷蘭，由於對「預定論」的眞正意義（這是神學上非常含糊不清的一個爭議點，但是對你的曾祖父輩來說，卻是件再重要也不過的事）見解不一樣，所引發的爭議，最後竟然導致像歐登巴納維特的約翰這樣傑出的政治家被砍頭——他可是荷蘭共和國在剛獨立的二十年間可以成功發展的功臣，荷屬東印度公司的籌組過程，他也是其中的要角。而在英格蘭，宗教的對立則引發了內戰。

英格蘭所爆發的內戰，最後造成某位英國國王，淪爲史上第一位經由正當法律程序遭到處決的歐洲國王。但是，在我告訴你關於他的故事以前，我必須先介紹一些更早以前的英國歷史。在這本書裡，我盡量只說那些有助於理解當前世界局面的事件，如果我沒有提到某些國家，並不是因爲我暗自討厭那些國家。我也很想告訴你，挪威、瑞士、塞爾維亞，或是中國，都發生了些什麼事，但是，這些國家對十六、十七世紀歐洲的發展，都不會帶來什麼重大影響。因此，我只能懷著深深的敬意，很有禮貌地鞠個躬，然後放過它們不管。然而英格蘭並不一樣，那個小島上的人民在過去五百年間的所做所爲，牽著世界上每個角落的鼻子走。如果對英國歷史的背景理解不夠正確，你會看不懂報紙上講的一些東西【13】。因此，

【13】譯註：對臺灣來說可能沒有那麼嚴重，但是對快一個世紀前世界上不少國家來說，確實是如此。

你絕對有必要了解一下：英國是如何在偶然之下，當歐洲大陸其他國家還依舊受到專制君主統治的時候，卻發展出一個議會式的政府。

45 英國革命

一邊是國王的「神聖權利」，一邊是國會沒有那麼「神聖」，但是比較講道理的「權利」。我們來看看這兩者之間的鬥爭，如何帶給查理國王最悲慘的結局。

凱撒是歐洲西北部最早的探索者，他在西元前五十五年就渡過英吉利海峽，征服了英格蘭。之後的四百年，這個地方都是隸屬羅馬的省分。不過，當野蠻人開始對羅馬構成威脅後，駐紮在島上的守軍就從前線被召回，寄望能靠他們保衛家鄉，而不列顛省就沒了政府，也沒了防禦。

當這樣的消息一傳到德意志北部那些飢渴的薩克遜人耳裡，他們馬上航渡北海，把這座富庶的島嶼當成自己的家。他們在這裡建立了許多獨立的盎格魯·薩克遜人王國。這一長串的名字，是用兩支最早來到島上的入侵者為名，一支是薩克遜人，一支是盎格魯人，也就是英格蘭人。這些小王國彼此間的爭吵永不停歇，任何一位國王都不曾擁有足夠的實力統一全島，當上最高的王者。這些名叫默西亞、諾森布里亞、韋塞克斯、薩塞克斯、肯特、東安格利亞，還有其他不管叫什麼名字的王國，接下來有超過五百年的時間，都受到許許多多分屬不同部族的斯堪地那維亞海盜侵襲。最後，十一世紀時，英格蘭與挪威、德意志北部，一起被併入卡努特大帝所統治的大丹麥帝國，令島上最末一絲獨立的痕跡又消失得無影無蹤。

隨著時序發展，丹麥人後來也被趕了出去，但這不表示英格蘭就此獨立了，因為它又被人給征

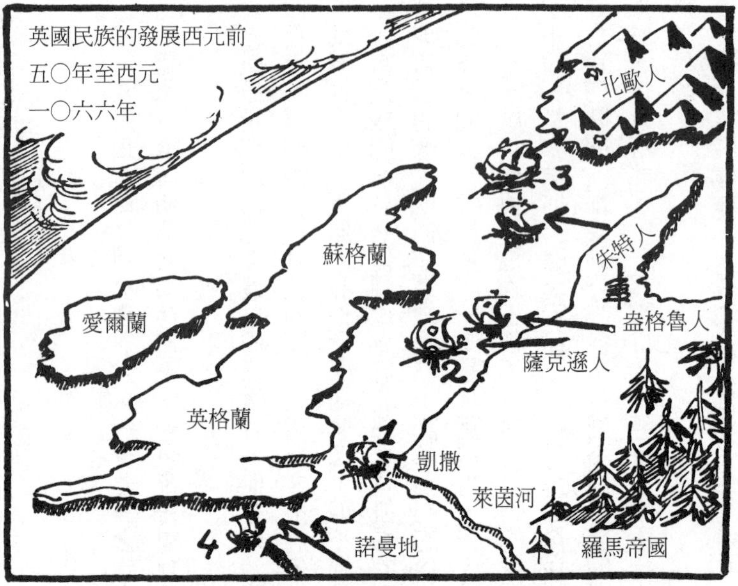

英國民族

服，連這次已經是第四次了。這次的敵人又跟北歐人有關係：十世紀時，有一支北歐部族入侵法國，建立諾曼地公國；他們的後代諾曼地公爵威廉，已經覬覦海峽另一端很久很久了。時間是一〇六六年十月，威廉終於渡海而來。十四號那天，他在哈斯丁一役徹底擊敗韋塞克斯國王哈洛德手下脆弱的軍隊，如此一來，結束了英格蘭的盎格魯．薩克遜王朝，他自己也加冕為英格蘭國王。但是，不論是威廉本人，或是他的安朱王朝與金雀花王朝的繼任者，都沒有把英格蘭當成自己眞正的家。對他們來說，這個島只是繼承歐洲大陸的公國後，附帶拿到的遺產，某個意義上就像是個殖民地，上頭住了一群相當落後的居民，還得強迫這些人學習歐陸先進的語言與文化。然而，這個英格蘭「殖民地」的發展漸漸贏過了「母國」諾曼地。與此同時，法國國王也正竭盡全力，想要趕跑這個強大的諾曼地——英格蘭鄰國——在法國國王眼中，這群人事實上只不過是一些不聽話的下人。經過長達一世紀的戰事之後，法國人終於在一位名叫貞德的少女領導下，把這些「外人」逐出自己的土地。貞德本人則在一四三〇年的康皮恩之役中被俘，抓住她的勃艮地人把她賣給英國軍方，最後被以女巫的罪名燒死。英國在歐洲大陸上從來不曾成功站穩腳跟，終於反而使得它的國王能夠把全部的時間精力，都投入在這個不列顛島上。由於島上的封建貴族彼此之間，一直處於那種對我們來說很陌生的世仇積怨之中（但其實這在中世紀，是有如得到麻疹或天花一樣平常的事），再加上這些島上原本的土地擁有者，大部分都已死於那場「玫瑰戰爭」中，所以對於英格蘭國王來說，擴張自己的王權其實並沒有什麼難處。於是到了十五世紀末，英格蘭已經是個權力大爲集中在國王手中的國家，由都鐸王朝的亨利七世統治。他手底下有個遺臭後世的法院，也就是那有名的「星法院」，專門替他用嚴厲至極的手段，壓制任何蠢蠢欲動的殘餘貴族，讓他們無法取回以前對政府擁有的影響力。

一五〇九年，亨利八世繼承父親亨利七世成爲國王，從那一刻起，英格蘭的歷史有了全新的重大意義——它不再是一個屬於中古時代的島嶼，而是成爲一個現代國家[1]。

這位亨利國王對宗教沒有任何深刻的興趣，他很樂於利用自己個人與教宗間的衝突（衝突是由他某一次離婚引起的；而這位國王離的婚可多了），宣布自己從羅馬教會獨立，並且把英格蘭教會樹立爲史上第一個「國家的教會」，使得世俗的統治者同時也兼任全國人民在信仰方面的領導人。這次和平的宗教改革發生於一五三四年，它讓都鐸王室得到國內神職階級的支持，因爲長久以來，路德派的宣教

[1] 譯註：這句話也提醒我們了我們，「現代」這個概念，不一定只是從科技面，而是可以由許多不同面向來定義。

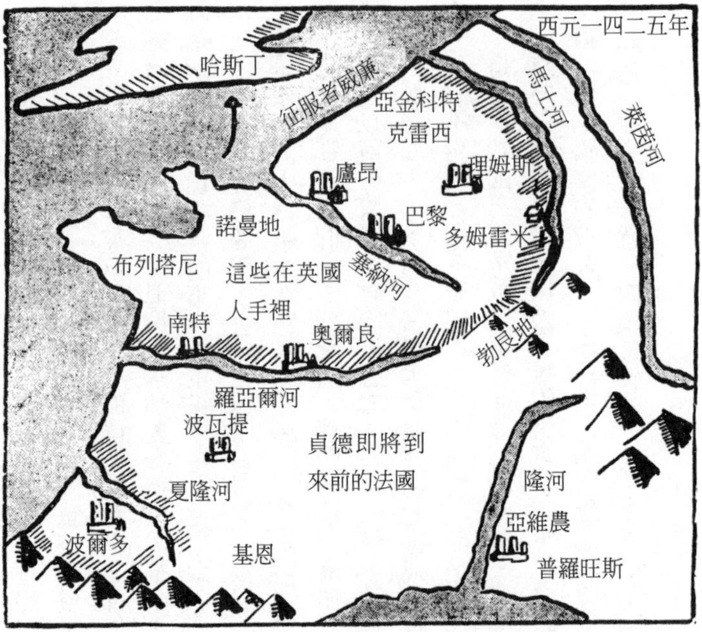

百年戰爭

者都一直在猛烈批評英格蘭教會；此外，沒收修道院的財產進一步提高了國王的權力。這麼做也讓亨利廣受商人階級的歡迎——身爲這個藉由又寬又深的海峽獨立於歐洲之外的小島，讓既自豪又富裕的英國商人，對於「外來的」一切都抱持著強烈的反感，當然也不希望由一位義大利人的主教來主宰他們誠正的英國人靈魂。

亨利於一五四七年去世，王位交到他年僅十歲的小兒子手上。由於這個小孩國王的監護人多數比較喜歡當代路德派的教義說法，所以他們盡可能協助新教在英國發展。但是，這個孩子還沒十六歲就死了，王位由他的姊姊瑪莉繼承，她是西班牙國王腓力二世的妻子。她在繼位後，就下令把新「國教」的主教燒死，在其他方面也處處效法她那身爲西班牙君主的丈夫[2]。

幸好她在一五五八年也過世了，王位由亨利八世的女兒伊莉莎白接任。她是父親與第二任（總共有六任）妻子安妮．波蓮所生，但是她的母親因爲不再有辦法取悅亨利，就被丈夫砍了頭。曾經被囚禁過一段時間，在神聖羅馬帝國皇帝的請求之下才重獲自由的伊莉莎白，對於所有與天主教和西班牙有關的事物，都打從心底深惡痛絕【3】。不過，她跟她父親一樣，對宗教事務並不熱衷，而在長達四十五年的在位期間，她也利用了繼承自父親的識人之能來加強王室的力量，以及增進她美好家國的領地與收入。就這樣，在各方能人志士隨侍左右的輔佐之下，伊莉莎白時代成了歷史上相當重要的年代，值得你再去挑一本專門討論的書來弄清楚它的細節故事。

然而，現實環境讓伊莉莎白沒辦法覺得自己的王位高枕無憂，她不但有位對手，而且還是位很有威脅性的對手。這位對手是斯圖亞特家族的瑪莉【4】，她父親是蘇格蘭貴族，母親則是法國女公爵。瑪莉的丈夫是早逝的法國國王法蘭西斯二世，而她的婆婆就是那位策劃聖巴薩洛繆節之夜大屠殺的凱撒琳．梅第奇。瑪莉所生的那位小男孩，日後將成爲英格蘭斯圖亞特王朝的首任國王。關於瑪莉還有一件事：她是一位虔誠的天主教徒，而且也非常樂意與伊莉沙白的敵人結交往來。由於瑪莉缺乏政治手腕，又對自己喀爾文教派的子民施加粗暴嚴厲的制裁，結果在蘇格蘭引發了一場革命【5】，逼得她亡命英格蘭尋求庇護。她一來英格蘭，就在這裡待了十八年，其間一直在密謀各種計畫，想要不利於提供庇護給她的伊莉

【2】譯註：指狂熱擁護天主教，迫害非天主教的異端。
【3】譯註：把她關起來的人是瑪莉，而請求瑪莉放了她的神聖羅馬帝國皇帝，其實正是她的丈夫——兼任西班牙國王的腓力二世。
【4】譯註：同樣叫作瑪莉，但不是前面幾段提到的那位「血腥瑪莉」。
【5】譯註：瑪莉是當時的蘇格蘭女王。

莎白女王。而伊莉莎白最後只好接受心腹謀士提出的建議：砍掉蘇格蘭女王的頭。

一五八七年，該砍的頭確實被砍下來了，但這件事也讓英國與西班牙陷入交戰。當然，英國與荷蘭的海軍聯手擊潰了腓力二世的無敵艦隊，這是我之前告訴過你的。總之，原本計畫會摧毀反天主教兩大領導國的一擊，反而讓這兩個國家從此有了機會，能開始從事極爲賺錢的商業冒險。

因爲正是在擊敗西班牙之後，多年來一直猶豫不決的英格蘭人（當然荷蘭人也是），終於覺得現在該換成他們正正當當地前進西印度群島和美洲，替在西班牙人手裡受折磨的新教徒弟兄們報仇了！而且，英國人是最早追隨哥倫布腳步的人。一四九六年時，英國船隻在威尼斯人領航官喬凡尼．卡波托（又名卡波特）的率領之下，首度發現並且探索了北美大陸。雖然像拉布拉多和紐芬蘭這樣的地方，對殖民來說沒什麼重要性，不過，紐芬蘭沿岸爲英國捕魚船隊提供了豐厚的報償。一年之後，也就是一四九七年，同樣由卡波特帶領，英國又探索了佛羅里達沿岸。

接著就是亨利七世與亨利八世在位時的多事之秋，這段時間，他們沒有多餘的錢拿來從事探險活動。不過，英國在伊莉莎白的統治下繁榮安定，而瑪莉．斯圖亞特正被軟禁，不會構成大礙，所以，水手們又可以不必爲家人的命運擔心，只管放心揚帆出海了。回過頭說，在伊莉莎白還小的時候，威洛比就曾經航行超越北角，而他手下一位船長理查．昌瑟勒爲了尋找前往印度的航線，更繼續向東航行，最後來到俄羅斯的阿干折，讓英國與這個距離遙遠的莫斯科帝國，以及它神祕無比的統治者，建立起外交和貿易上的關係。之後，伊莉莎白在位早期，英國人也進行過許多次其他的探險航行。至於商業領域的冒險者，爲了替「股份公司」賺錢而努力工作，也爲各家貿易公司奠定了基礎——隨後的幾個世紀，這些貿易公司便轉型爲殖民地。總之，伊莉莎白時代的英國航海者既是海盜，也是外交官；願意把一

約翰・卡伯特與塞巴斯提安・卡伯特目擊紐芬蘭海岸

切賭在一場憑運氣定生死的航行；只要是能搬得上船的，什麼東西都走私；不管是人還是物，都是他們買賣的商品；除了利潤之外，對什麼東西都沒興趣——他們就這樣慢慢地把英國國旗，還有他們童貞女王的名號，帶到五洋七海的每個角落。與此同時，留在祖國的威廉・莎士比亞，讓女王陛下有了不起的戲劇可看。另外，全英國最聰明、最有智慧的人們也願與女王共同合作，將亨利八世留下的封建遺產轉換成一個現代的民族國家。

一六〇三年，女王以七十歲高齡去世。繼承她王位的詹姆斯一世，正是她那位死對手瑪莉・斯圖亞特的兒子，算起來是她的表甥，因爲伊莉莎白的祖父亨利七世是詹姆斯一世的曾祖父。承蒙命運眷顧的他，接手的是一個獨自發展的國家，不必與歐陸上那些對手面臨同樣的命運。正當歐洲新教徒與天主教徒忙著自相殘殺，希望能夠擊敗對手的勢力，建立只由他們自己教派統治的秩序，但卻又再怎麼樣都無法成功的時候，英格蘭卻一片祥和，輕輕鬆鬆就完成了宗教「改革」，完全不曾落入新教或天主教任何一方的極端。在即將來臨的殖民地爭奪戰中，這一點帶給這個島國極大的優勢。它也確保了英國在國際事務中的領導地位，並且一直維持到今日。即使是發生在斯圖亞特家族身上的那件大災

伊莉莎白時代的舞臺

難，也不曾妨礙到這個常態發展。

說來說去，斯圖亞特王朝到底發生過什麼事呢？話說，雖然他們繼都鐸王朝之後成爲英格蘭王室，但對英格蘭來說，他們一直是「外人」。只是，他們自己似乎未曾了解或者意識到這一點。生於斯長於斯的都鐸王朝，打個比方，他們或許可以偷一匹馬也沒事，但是身爲「外人」的斯圖亞特王朝，就算只是朝轡頭看上一眼，即使沒引發衆人多大的不滿，依舊是不受允許的。伊莉莎白女王[6]很大的程度是完全可以憑她的意思來統治國家，不過整體而言，她一直都遵循一項方針，那就是讓財富進到誠實英國商人的口袋（或者，進到那些不誠實商人的口袋也無妨）。因此，女王總能得到心存感激的人民打從心底全力支持她。而女王若爲了偶爾權宜方便，從國會手上拿走一些權利或特權，人們也都樂於睜一隻眼、閉一隻眼，因爲這位女王陛下強硬而成功的外交政策，日後多半能爲國家帶來好處。

表面上看起來，詹姆斯國王維持同樣的方針；不過，他缺乏伊莉莎白非常特有的那種個人感染力。即使他繼續鼓勵商業發展，也繼續限制天主教徒一部分的自由；但是，當西班牙努力與英國建立和平關係，而向英國釋出善意的時候，詹姆斯馬上表現出禮尙往來的態度。大多數英國人民都不喜歡他這麼做，但是他才是國王，人民只好先保持沉默。

很快地，又出現其他產生摩擦的事由。詹姆斯國王，以及後來將於一六二五年繼承王位的兒子查理一世，兩個人都篤信「君權神授」的理論，也就是他們可以依照自己覺得適合的決定來治理國家，不必徵詢子民的意願。這不是什麼創新的觀念，譬如歷代教宗，他們在不少方面都繼承了當年羅馬皇帝的理念（或者應該說是羅馬的「帝國」理念——把全部已知世界都納爲版圖，成爲單一、不加以分割的國家），所以他們一直都認爲，也公開宣稱自己就是「基督在塵世的代理人」。既然沒有人會質疑上帝是不是有權利依照祂覺得合適的樣子來統治世界，那麼理所當然地，也不太有人膽敢質疑神聖的「代理人」是否有權利依樣照做，或者質疑他沒有權利要求大家服從他的命令。因爲他是受全宇宙那位絕對主宰直接委任的代理人，他只須向全能的上帝負責。

當路德的改革運動有所成功以後，許多成爲新教徒的歐洲君主，就把那些先前掌握在教宗手裡的權利搶了過來。身爲自己國族的元首，又身兼由王室掌握的教會首領，他們堅決主張：在自己領土的範圍內，他們就是「基督的代理人」。人民不曾質疑過自己的統治者是否有權利踏出這麼一步，他們只是接受它，就像我們現代人接受代議政治的觀念一樣；如果我們覺得代議政治稱得上是唯一合理而正當的政

【6】譯註：屬於都鐸王朝。

府體制，那麼，當時的人們也是這樣看待「君權神授」。因此，當詹姆斯國王三不五時就大聲疾呼他那「神授的君權」，這種作法卻激起英國人民特別的厭惡與憤怒，若只歸因於路德或喀爾文教義的影響，其實不太準確。英國人特別不吃「君權神授」這一套，一定還有其他更貞切的原因。

對君主之「君權神授」最早出現的堅決否定，是發生在荷蘭。一五八一年，階級大會決定與自己合法的君主西班牙國王腓力二世斷絕關係。他們如此說道：「國王破壞了合約，人民也就斥退了國王，就像是斥退其他不克盡職守的僕人一樣。」從那時起，這個關於國王必須對自己的子民負責的特殊觀念，就在北海沿岸的許多國家間傳播開來。這些國家的處境特別有利，因爲它們比較富裕；歐洲中部核心地帶的窮苦人民，在君主禁衛隊的監視掌控之下，只要討論這種話題，立刻就會讓自己身陷附近城堡最深處的地牢，他們實在禁不起這種代價。但是，荷蘭和英國的商人就不同了，他們手上握有國家維持強大海陸軍所必要的資本，也知道該怎樣善用那項名爲「信用額度」的終極武器，所以他們心中無所畏懼。他們非常願意拿自己手上的「金權神授」，與哈布斯堡、波旁或是斯圖亞特，不管其中哪一個王朝的「君權神授」，來互相較量一番。他們心知他們的荷蘭錢或英國錢，一定可以擊敗國王手上唯一的武力：孱弱的封建領主軍隊，所以他們有膽量行動。至於其他地方的人民，則註定若不願默默忍受，就得承受被送上斷頭臺的風險。

當斯圖亞特王朝因爲主張自己可以爲所欲爲，不必考慮什麼責任問題，而開始惹怒英格蘭的人民時，英國的中產階級透過下議院，爲自己布下第一道阻止君主濫權的防線。但是國王拒絕讓步，而且還解散了國會。整整十一年之久，查王一世就這樣獨攬大權。他開徵了一些稅賦，但大多數人都認爲那不合法；他治理國家的方式，讓人覺得他根本就是把不列顛王國當成自己的莊園。但是他有一些能力不錯的助手，而且我們不得不說，他擁有足夠的意志力來貫徹自己的信念。

不幸的是，雖然蘇格蘭子民原本對查理比較忠誠，但是他卻沒有鞏固這股力量，反而讓自己與蘇格蘭長老教會信徒起了爭執。因此，雖然再不願意，他對現金的需求還是逼他必須再度召開國會。一六四〇年四月，國會重新集會，議員馬上明白表露出他們怒氣。幾個禮拜之後，查理就又解散了這個國會。等到十一月，他再召集一個新的國會，可是這個國會甚至比前面那個還不聽話。國會議員們都知道，「由神授的君權來統治」或者「由國會來統治」，這個問題必須在這次徹底解決。他們逮捕了國王的心腹謀臣，並且處決其中五、六個，隨後公開宣布：除非得到他們的同意，否則國會不能被解散。最後，在一六四一年十二月一日，他們向國王提出《大諫章》，裡頭詳細說明了人民對這位君主抱持的許多不滿。

查理期待能在倫敦以外的地區取得支持，便在一六四二年一月離開倫敦。於是，不論是君主的絕對主權，還是國會的絕對主權，雙方都籌組好了軍隊，準備正式一決高下。在這場戰鬥中，英格蘭實力最強大的宗教派系：清教徒，馬上就第一個站出來。清教徒是英國國教的一支，主張將教義淨化至最純粹的程度[7]。由清教徒組成的「神之部隊」軍團，在奧利佛．克倫威爾的指揮之下，由於擁有鐵一般的紀律，以及對於「自己的目標是神聖的」這件事存有無比的信心，很快就成為所有反國王軍的榜樣，也讓查理一共吃了兩次敗仗。

[7]譯註：「淨化」與「清洗」的意義有所關聯，而且英文中也是同一個字，所以中文把他們稱為「清」教徒。

查理在一六四五年的內斯比戰役之後，便逃往蘇格蘭，但蘇格蘭人卻把查理抓起來，賣給英格蘭人。接著而來的是一連串的陰謀詭計，此時蘇格蘭長老教會也因爲受不了英格蘭的清教徒而發生反抗動暴。直到一六四八年八月，那場歷時三天的普雷斯頓潘戰役，才替這第二次內戰劃上休止符。英格蘭方的首領還是克倫威爾，他在此役攻下愛丁堡，同時他手下的士兵由於已經厭倦了宗教爭議，認爲人們只會說要再進一步討論，討論的結果卻都是浪費時間，所以決定自己主動行事：這些士兵把國會中與他們清教徒觀點不同的議員全部殺光。隨後，這個「殘餘國會」——就是由剩下的議員繼續運作的國會——馬上就沒有爭議地以加重叛國罪名控告國王。由於上議院拒絕組成法庭[8]，爲此還另外由一個特別法庭來進行審判，並且將查理判處死刑。西元一六四九年一月三十日，查理國王不發一語地走出白廳的窗門，步上了斷頭臺。就是在那一天，統治者首度被擁有主權的人民（透過他們選出的代議士）處決，因爲他無法理解自己在現代國家中的地位究竟是什麼。

查理死後的這段期間，通常被稱爲克倫威爾時期。克倫威爾一開始是讓自己先以幕後獨裁者行事，到了一六五三年，他正式成爲英國的「護國主」。他前後統治了五年，繼續貫徹伊莉莎白時代的政策；西班牙再度成爲英國的大對頭，對西班牙人的戰爭既是國家大事，亦是宗教大事。

這套政策的要點是：英國的貿易以及商人的利益一定擺在第一順位；並且，積極維護最嚴格解釋的新教教義[9]。就維持英國在海外的地位而言，克倫威爾是成功的；然而，就解決社會問題而言，克倫威爾非常不及格。世上人有千百種，而且各有各的看法，長遠來看你會發現，這似乎是種充滿智慧的安排，因爲它使得政府若是只由社會上部分特定人士組成，而且只以他們的意志爲依歸，又只爲他們的利益而運作的話，這種政府一定沒辦法長久。因此，雖然清教徒在矯正國王濫權的努力中，是一股非常強大的正面力量，但是，當它搖身成爲國家專制的統治者，就變得讓人無法忍受了。

於是，在克倫威爾於一六五八年去世之後，斯圖亞特王朝不費吹灰之力就成功復辟，將英國再回復爲王國。實際上，他們得到「拯救者」般的歡迎，因爲人們發現，溫馴的清教徒施加在國人身上的桎梏，比起獨裁的查理國王不會好到哪裡去。只要這些姓斯圖亞特的傢伙，願意忘記他們那位可悲的先父生平最愛的那套「君權神授」，同時願意承認國會的優越性，英國人民就保證他們會在國王底下好好做個忠心耿耿的子民。

但是，這個新局面在經過兩代人的努力之後，運作起來還是沒有很順利。斯圖亞特家族很明顯地沒有學乖，戒不掉他們的壞習慣。一六六〇年復位的查理二世，雖然人很和善，卻也一無是處。他的懶散，他那柿子一定要挑軟的吃的性格，以及出色的說謊技巧，都讓他成功避免了與人民公然決裂。一六六二年的《同一法》，規定可以把所有不順從國教的神聖人員逐出教區，藉此查理二世打破了清教徒在神聖人員階級中的獨大勢力。接著，他設法藉由一六六四年那項所謂的《祕密集會法》，禁止對國教抱持異議者進行宗教集會，違反者會被流放到西印度群島。這些舉動看起來太像是要走回「君權神授」老路去了。人們開始再度展現出那些令國王感到十分熟悉的不耐煩跡象，別的不說，光是國會，就突然間又籌不出給國王的款項了。

既然查理沒辦法從不情願的國會手上拿到錢，他開始向住在自己對面的遠親，也就是法國國王路易

【8】譯註：這是英國的司法制度，上議院具有司法功能。

【9】譯註：也就是清教徒的觀點。

偷偷借錢。爲了每年二十萬英鎊，他背叛了自己的新教盟友，還在心裡嘲笑國會裡那些頭腦單純的可憐傢伙。

經濟上的獨立，讓國王突然對自己的力量有了無比的信心。查理曾經在外流亡許多年，生活在他那些信奉天主教的親戚之中，這讓他對天主教暗中頗有好感。他想：或許就由他來把英國帶回教廷的懷抱吧！他通過了《寬宥令》，中止了那些對天主教徒或不信國教者不利的法律。這件事發生的時間，剛好就是查理的弟弟詹姆斯皈依天主教之事傳開來的時候。種種事情看來，就連大街上的路人都會起疑，人們開始擔憂，是不是羅馬教宗正在編織某種可怕的陰謀。不安的情緒又再度入侵這座島嶼。對此，多數人都希望不要爆發另一次內戰。對他們來說，不論國王濫權蠻橫，或者國王改信天主教，是的，甚至是「君權神授」，都比同國人再次自相殘殺要好。不過，有些人的態度就沒那麼溫和，他們就是那些不信奉國教的人【10】。多數人一直很戒備他們，這些人對於自己的信念，總是有著不會動搖的意志；他們的領導者是某幾位重要的貴族，這些人的立場是不願意看到舊日的絕對王權又死灰復燃。

這兩派人，一派稱爲「輝格」黨：由中產階級組成，之所以會有這個怪怪的名字，是因爲在一六四〇年，有許多趕馬維生的蘇格蘭人由長老教會的牧師帶領，集聚到愛丁堡來反抗國王【11】，這群人在當時的語言中唸起來是「輝格摩爾」，把它簡化就成爲「輝格」。另一派稱爲「托利」黨：這個稱號原本是用來指那些主張保皇的愛爾蘭人，現在則被拿來用在國王的支持者身上。有將近十年的時間，這兩大派系都互相對立，不過，雙方也都不希望讓局面演變成某種危機狀態；所以他們都能容忍查理，一直到他壽終正寢。他們也同意那位信奉天主教的詹姆斯二世繼承他哥哥的王位，這些是一六八五年的事。但是詹姆斯二世即位以後，先是因爲引進了「常備軍」而讓全國人民大感不安——這項制度源自於外國這一點已經夠糟了，而且它竟然是交給信仰天主教的法國人指揮。之後，他又發布了一六八八年第二次《寬宥令》，要求全國所有的英國國教教堂都要宣讀這項法令。這麼一來，他就有一點點越界了——那條敏感的界線，只有最受人民愛戴的統治者在非常例外的情況下，才可以被跨越，而詹姆斯二世顯然不是。當時拒絕遵從國王命令的七位主教，被控以「煽動傷害國家罪」，必須接受司法審判。結果陪審團認定這樣指控不成立，民眾也對此判決感到非常認同。

偏偏就在這時候，詹姆斯當爸爸了。這是他的第二次婚姻，妻子瑪莉亞是來自信奉天主教的莫德納·埃斯提家族。這件事有個重大意義，那就是將來王位不會由詹姆斯信奉新教的兩位姊姊瑪莉或安妮繼承，而是會落在這個天主教的小男孩手上。人民不禁又開始懷疑：莫德納的瑪莉亞年紀已經那麼大了，怎麼生得出小孩？這些事背後一定有個大陰謀！一定是某個耶穌會的牧師把一個來路不明的嬰兒帶進王宮，為的是要讓英國日後會出現一位天主教的君主。還有許多其他諸如此類的謠言，情況看起來似乎又要爆發一場內戰了。這時候，有七位分別出自輝格黨與托利黨的知名人士，共同署名寫了一封信給詹姆斯的大女兒瑪莉，和她的丈夫荷蘭執政官（也就是荷蘭共和國的元首）威廉，請他們前來英國，把這個國家從一個合法但是完全不被接受的君主手中解救出來。

威廉在一六八八年十一月五日這天從托爾灣上了岸，由於他不願意讓自己的岳父「犧牲」，所以他讓詹姆斯安全地逃往法國。一六八九年一月二十二日，威廉召集了國會，然後於同年二月十三日，他與

【10】譯註：但他們主要還是屬於新教陣營，只是與英國國教不同教派。
【11】譯註：即查理一世。

妻子被加冕爲英國的共主，讓這個國家成功被救回新教徒的手裡。

威廉之前曾經承諾，在他的統治下，國會將不會只是國王的一個諮詢單位而已，國會當然也就全力把握這個機會。他們從檔案室某個被遺忘的角落裡，找出一六二八年那份舊的《權利請願書》，改成一份主張更強烈的《權利法案》，內容包括：英格蘭君主必須由信奉英國國教的人出任；君主沒有權利停止法律的效力，也沒有權利允許特定人民擁有不遵守某些法律的特權；還有很重要的一點：只有在國會的同意之下，才能徵稅和建立常備軍。英國就這樣於一六八九年，取得其他歐洲國家前所未見的自由程度。

但是，威廉在位期間的英國，之所以直到現在都還值得人們記得，原因並非只是自由的「程度」而已。在威廉去世以前，由「負責任的」內閣來治理國家的制度就已經建立起來了。沒有國王可以靠自己一個人統治國家，這是理所當然的事，他一定需要一些可以信任的諮詢對象。都鐸王朝採用的是由貴族和神職人員組成的「大顧問團」，但是這個組織後來人數變得太多，所以改組成人數有限的「樞密院」。隨著時間發展，樞密院成員在王宮中某個閣間內與國王開會的這件事，逐漸形成一個慣例，因此樞密院就被人稱爲「內閣院」，再經過沒多久，就成了大家所熟知的「內閣」這個名字。

一開始，威廉跟在他之前的大部分英國君主一樣，會從所有黨派中挑選顧問成員。但是隨著國會權力提升，他發現下議院的多數黨是輝格黨的時候，托利黨的顧問在協助他形成決策上，是不可能提供什麼助力的。因此，他乾脆解除托利黨顧問的職務，讓組成內閣院的通通都是輝格黨成員。幾年之後，當輝格黨失去在下議院中的優勢，同樣也是出於方便的理由，國王變成一定要爭取在下議院中位居領導地位的托利黨的支持。另一方面，在他於一七〇二年去世以前，威廉都一直忙於與法國國王路易之間的戰事，沒辦法太分心在實際治理國家上，因此，所有重要事務實際上都是交由內閣院去決定的。威廉的小姨子安妮在他去世那年繼承王位以後，也依舊維持這樣的現況。當她於一七一四年駕崩後，由於很不幸地，她所生的十七位子孫竟然沒有一位還在世，王位就來到了漢諾威王朝的喬治一世手上（他是詹姆世一世的曾孫，母親名叫蘇菲）。

這位一句英文也不會講，有點土里土氣的君王，完全無法理解英國的政治制度。他就像迷失在一座複雜的迷宮裡。所以，他也把所有的國務交給內閣院，自己大部分時間都待在歐洲大陸，甚至連內閣院會議也不出席，畢竟他一句英文都聽不懂，叫他出席，他也只能無聊地發呆。這一路下來，英國就形成由內閣治理英格蘭和蘇格蘭（一七〇七年之後，蘇格蘭國會也與英格蘭國會合併了），無須國王參與的傳統。

喬治一世與喬治二世在位的這段期間，內閣院成員都是由一群能力不錯的輝格黨人接續擔任（其中，羅伯特．瓦爾波爾爵士擔任院士長達二十一年）。終於使得輝格黨的領袖被公認為既是內閣院「首相」，也是國會多數黨的「黨魁」，從此這兩種身分皆在政治上取得正式意義。喬治三世曾經幾次試圖把國家大事拿回自己手上，不再交給內閣治理，引發了一些相當糟糕的後果，之後便再也沒有人敢嘗試了。所以，從一進入十八世紀到現在，英格一直由「代議政府」和「責任內閣」來管理國家事務。

當時的政府並未能代表社會上所有的階級，這一點是無法否認的。譬如，擁有選舉權的人還不到全國人口的十二分之一。不過，它依然是現代代議制政府的形成基礎。它以一種安穩和平、循序漸進的方式，將國王的權力移轉到國會，也就是轉移到一群人數持續增加的人民代議士手上。這項制度雖然沒有替英國帶來什麼盛世，但是它讓英國躲過非常多次的武力革命；反觀十八、十九世紀的歐洲大陸，則爲此付出了慘痛的代價。

46 均勢

另一方面，「君權神授」在法國卻盛況空前、無比輝煌地繼續發展，唯一能夠約束住這位法國國王野心的，只有新近出現的「均勢」法則。

在這一章裡，我要告訴你正當英國人奮力爭取自由的時候，在法國又發生了些什麼事；這兩者剛好可以做個對比。

對的人，在對的時間，存在於對的國家，這種美好的組合在歷史上是極少出現的，路易十四就是這種美夢成眞。不過，只有對法國來說是如此，因爲歐洲其他國家都會夢想：如果沒有路易十四該多好。這位少年國王所繼承的法國，是當代人口最多，各項表現也最優秀的國家。在他接掌王位之前，馬札林和黎塞留這兩位傑出的樞機主教，才剛把古老的法蘭西王國打造成十七世紀權力最集中的國家。路易十四本人也擁有超乎常人的才能。即使到了二十世紀，我們四周的事物依然不斷讓人回想起這位太陽王的輝煌時代。我們的社交生活賴以奠基的禮儀，不論是舉止上或措辭上的「優雅」，都是在路易十四的宮廷上發展完成，達到完美。在外交和國際關係方面，法語仍然是外交活動及國際會議的正式語言，因爲它在兩百年前，就已經達到其他語言到現在都無法企及的優美洗練、簡潔精確。路易十四建立的學校到現在都還在幫我們上課，學不會只能說是我們自己太駑鈍。在他統治期間，法蘭西學院（這是黎塞留的構想）在文人世界中取得的地位，任憑其他國家再怎麼仿效，也只是更彰顯它的光彩而已。其他與路易十四有關的事物再繼續講個幾頁都行；現代餐廳裡的菜單之所以印上法文，這件事一點都不是偶然——高級美食所需的困難調製技巧，此一人類文明的最高表現形式，當初就是爲了服侍這位偉大的君王才開創出來的。總而言之，路易十四時代是一段光輝燦爛、直到現在都還能帶給我們許多啓發的時代。

不幸的是，這幅美好的畫面也有它遠遠沒那麼動人的另一面。對外創下的輝煌，每每意味著國內人民的不幸，這時的法國也不例外。路易十四是在一六四三年繼承父親王位，而他本人則死於一七一五年，意思是說，前後七十二年，幾乎是整整兩代人的時間，法國政權都掌握在「一個人」手裡。

這裡先讓我們好好理解「掌握在一個人手中」的觀念是什麼意思會比較好。正是路易首開了我們稱之爲「開明專制」的先例，在此之後有許多國家的君主，都仿效他建立起這種講求高度行政效率的專制體制。路易不像那些只是占著王位、愛當不當的君主，把處理國事當成參加一次愉快的野餐。開明專制的君主比自己每一位子民都還要努力工作。他們比別人都要晚睡，都要早起；他們認爲因爲他們有「神授的權利」，當然可以不諮詢子民的意願就施行統治，但是他們也同樣強烈地認爲，自己的肩上背負有「神授的責任」。

當然，國王不可能凡事都自己來，只好在自己身邊放上幾位助手或顧問、一兩位將軍、一些外交政策專家、數名精明的財政和經濟好手，才能達成他把國家治理好的理想。不過，這些地位顯要者的作爲並不是自己的，而是只能透過國王顯現出來，沒有屬於個人的存在。對於一般大衆來說，君主實際上就是一位帶有神性的人，國家與政府就呈現在他這個人身上。過去，光榮是屬於大家共同生長的這片故土家鄉，現在則是屬於「君主建立的朝代」。法國是由波旁王朝依照他們的意思與目的來統治。這種想法與民主的理想完全背道而馳。

這種制度的缺點顯而易見：國王成了一切，其他人則淪爲什麼都不是。原本有其用處的貴族階級，被迫交出他們在地方上的統治權力。如今是從舉目不可見的遙遠首都，由一位直屬於國王，坐在政府辦公室的綠窗後面，手上還沾著墨汁的小官僚，執行著一百年前由封建領主負責的工作。而這些封建主在沒有用武之地後，只能搬到巴黎住在皇家宮廷裡，並且盡可能讓自己過得開心快活。沒多久，他的經濟基礎就得到一種非常致命的惡疾，那就是對於他在地方上的莊園地產來說，他開始成爲一位「在外領主」。結果，僅僅一個世代的時間，這些勤奮且很有用處的封建制代理首長，就轉型成凡爾賽宮裡面那些舉止有禮、但是毫無用處的閒人。

三十年戰爭因爲西伐利亞合約締結而結束的那一年，路易才十歲。但是這場戰爭打下來，讓哈布斯堡王朝失去它在歐洲的主導地位。對於擁有雄心壯志的路易來說，免不了想利用這個有機可圖的時間點，將之前屬於哈布斯堡王朝的榮耀占爲己有。路易在西元一六六〇年時娶了西班牙的公主瑪莉亞．德瑞莎。這樁婚事完成沒多久，路易的岳父腓力四世（西班牙哈布斯堡王朝出了數位智能有問題的君主，腓力四世就是其中一位）就過世了。路易便馬上聲稱，西屬尼德蘭（現在的比利時）是她妻子的嫁妝。眼見這個國土併吞的動作，對歐洲的和平來說會是場災難，對新教國家的安全來說更是很大威脅，因此在七省聯合共和國的外長揚．維特的推動下，第一個重大的國際聯盟：英瑞荷「三國同盟」於一六六四年成立。然而，這是個短命聯盟，因爲路易用錢買通英國國王查理，用花言巧語說動瑞典階級大會。被兩個盟友背棄的荷蘭，只能獨自面對自己的命運。一六七二年，法軍入侵低地國[1]，直入荷蘭

【1】譯註：地低國泛指現在的荷蘭、比利時，甚至包括盧森堡這塊地方，當然，這個時候作者只是用來代稱荷蘭七省同盟。

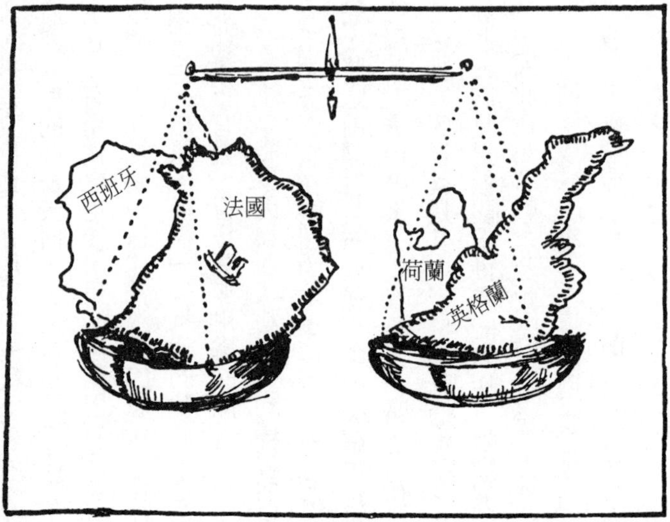

均勢

的核心地區。荷蘭人只好再次把堤防挖開，把這位法國太陽王的軍隊陷在荷蘭沼澤的泥淖中。雖然兩國在一六七八年，於尼姆維根簽定終戰和約，但是和約沒有解決任何事，只預告了下一場戰爭的到來。

一六八九年，法國人再度入侵，戰事一直到一六九七年，才以《里斯維克和約》結束，這份和約依舊沒有帶給路易垂涎已久，能夠主導歐洲事務的地位。雖然他的老對手揚．維特已經死於荷蘭人暴民之手，不過，維特的後繼者威廉三世（就是你在上一章見過的那位威廉三世）對於路易企圖讓法國登上歐洲主宰者的所有努力，都能找到辦法徹底加以粉碎。

另一方面，西班牙哈布斯堡王朝[2]的最後一位國王查理二世死後，西班牙王位的繼承大戰立刻就在一七〇一年開打了。一七一三年終止這場戰爭的《烏特列支和約》，同樣沒有解決任何事，只不過這場仗打下來，幾乎掏空了路易的國庫。而且，雖然這位法國國王在陸上的戰事大體算是成功，但是英國與荷蘭的海軍，讓他在軍事上取得終極勝利的希望終究是場夢；此外，長期的爭戰催生了一項新的國際政治原則，從此之後，再也沒有一個國家能夠單憑一己之力統治整個歐洲（或者說整個世界）太久的時間。

這項根本原則就是所謂的「均勢」，它不是什麼明文的規定，不過三百年來，人們就像遵守著自然法則一樣遵守著它。均勢思想的構思者堅決認爲，對於已經發展到民族國家時期的歐洲來說，唯有維持絕對的勢力均衡，才能讓所有人在這大陸上各種利益衝突的角力之下存活下來。必須不讓任何單一勢力或國家宰制其他人，而且絕對不允許任何例外。哈布斯堡王朝在三十年戰爭期間，漸漸成爲這項法則適用之下的犧牲品。然而，他們從頭到尾都沒有意識到原來是這麼一回事；宗教爭執的謎團在戰爭期間深深地把問題核心掩蓋起來，讓我們沒有辦法非常清楚地望穿位於這場大戰背後的主流趨勢。但是從那個時候起，我們便開始會看到，經濟上冷靜甚至冷酷的考量與計算，是如何在所有重要的國際事務上成爲決策的依據。我們也發現一種新的政治家類型逐漸成形，他們就像捲尺或收銀機一樣，完全不會受到個人情緒影響。揚·維特是這支新政治流派第一位成功的導師，威廉三世則是頭一位偉大的學生；而路易十四儘管擁有多少名聲和榮耀，依舊是第一位明知如此卻依然陷進去的犧牲者，而在他之後又有許多人重蹈覆轍。

[2] 譯註：這裡的哈布斯堡王朝前面特別加上西班牙，是因爲哈布斯堡王朝有分家，分家的起因是當初他們的先人祖先查理五世，在把奧地利與西班牙的王位分別交給繼任者時，曾要求他們的後代不可互傳王位。

47 俄羅斯的崛起

神祕的莫斯科帝國突然間躍上歐洲政治的大舞臺，我們來看看它的故事。

西元一四九二年，哥倫布發現了美洲，這是你已經知道的。不過在這一年初，也有一位名叫施納普斯的提洛爾人[1]，依提洛爾大主教之意，帶著最隆重的介紹信，接受了高額的贊助，率領一支學術性質的探險隊，設法要抵達神祕的莫斯科城。這次任務沒能成功，施納普斯照著歐洲人模糊的猜測來到歐洲最東邊，但是他到了幅員廣大的莫斯科公國邊境時，就被堅決地請了回去。莫斯科不想跟外國人打交道。施納普斯於是轉往君士坦丁堡，拜訪一下異教徒的土耳其人，好讓自己回去見到那位大主教主顧的時候，至少有些東西可以交差。

六十一年後，理查·昌瑟勒在試著找到由歐洲東北方向通往印度的航線時，被一陣大風吹到了白海，來到德維納河的河口，從而發現了莫斯科公國的村莊科爾摩哥里，後來阿干折於一五八四年建城的所在地，離這裡只有幾小時的路程。這一次，這些外國人被請到了莫斯科，讓莫斯科大公看看他們。他們返回英格蘭的時候，身上帶著那份俄羅斯與西方世界首度做成的通商條約。其他國家很快也群起仿效，於是關於這個神祕國度的事情，開始漸漸爲人所知。

地理方面，俄羅斯是一片廣大的平原，高度不高的烏拉山，沒辦法拿來當作抵擋入侵者的屏障。平原上的河流雖然寬闊，水位卻常常很低，眞是游牧民族的理想大地。

在羅馬帝國建立、興起、強盛，然後消失的這段時間，離開中亞家鄉已經很久的斯拉夫民族，漫無目的地在平原與森林間漫遊著，漸漸穿越了聶斯特河與聶伯河之間的地區。先前，希臘人遭遇過斯拉夫人幾次，第三、第四世紀的旅人也曾經提到過他們；除此之外，世人幾乎對斯拉夫民族一無所知，就像一八〇〇年時的人們完全不清楚內華達州的印第安人一樣。

對這些原始民族的生活安寧來說，很不幸的是，有一條非常便利的貿易路線正好穿過他們的土地，它是從歐洲北部要到君士坦丁堡的主要路線。要走這條路的貨，先是沿波羅的海海岸來到尼瓦河，穿越拉多加湖後，接上佛科夫河往南，再穿越伊爾門湖，從小小的洛瓦特河逆流而上，然後要走一小段陸路到聶伯河，再順流而下進到黑海。

北歐人很早以前就知道這條路線，他們從九世紀開始就在俄羅斯北部定居，同一時間，其他北歐民族也在德國和法國地區，爲之後的一些獨立國家奠下基礎。不過，在西元八六二年時，有三位北歐人兄弟渡過波羅的海，創建了三個小王國。三兄弟裡，只有一位名叫留里克的比較長壽。於是，在初次有北歐人來到的二十年後，他併吞了其他兩人的領土，形成一個以基輔爲首都的斯拉夫人國家[2]。

基輔到黑海的距離不遠，沒多久，君士坦丁堡方面就得知有一個斯拉夫國家已經形成。這代表一件事：熱情的基督教傳教士有一片新天地可以施展手腳了。拜占庭的教士們沿著聶伯河一路向北，很快就深入俄羅斯的中心。他們看到這裡的人民正在崇拜奇奇怪怪的神明，祂們有的棲身在樹林裡，有的在河

[1] 譯註：位在奧地利與義大利之間的阿爾卑斯山區。
[2] 譯註：因爲主要人民還是斯拉夫人，只有首領是北歐人。

這裡住著野蠻的芬蘭人
這裡住著北歐人
拉多加湖
尼瓦河
諾夫哥羅
佛科夫河
窩瓦河
波羅的海
伊爾門湖
洛瓦特河
陸運通道
德維納河
大商路
莫斯科
頓河
基輔
聶伯河
華沙
這裡住著波蘭人
亞速夫湖
拜占庭，
也就是君士坦丁堡
黑法
亞洲
РОССІЯ

俄羅斯的起源

裡，有的則是在山洞裡。這些傳教士開始把耶穌的故事說給當地人聽。羅馬傳教士正忙著教化異教的條頓人，沒有閒工夫理這些遙遠的斯拉夫人。少了羅馬那邊的競爭，拜占庭的教士成功地讓俄羅斯接受他們的宗教、他們的字母表，也從他們那裡第一次學到關於藝術和建築的觀念。而既然身為羅馬帝國遺緒的拜占庭帝國本身已經變得如此「東方」，失去許多屬於歐洲的特色，俄羅斯也因此蒙受其害。

就政治面來說，這些俄羅斯大平原上的新興國家命途並不順利。北歐人有個習慣，就是父親的遺產在繼承的時候是由所有的兒子均分。於是一個小國家才成立沒多久，就要分給八或九個繼承人，之後他們又要再把自己的領土分給越來越多的子嗣。如此，就免不了變成一些互相競爭的小國家，彼此紛紛擾擾，爭吵不休；沒有秩序，才是當時的秩序。結果，當東邊地平線上升起的那道紅光，告訴人們亞洲野蠻民族的入侵即將到來時，這些小國都已經太脆弱，也太分裂，面對這可怕的敵人，連要做出一丁點兒抵抗都沒辦法。

時間是一二二四年，中國、布卡拉、塔什干、土耳其斯坦的征服者成吉思汗的族人首度出現在西方，帶來了第一次韃靼人[3]大入侵。隨著斯拉夫人的軍隊在卡爾卡河附近被擊敗，俄羅斯便任憑蒙古人宰割了。這次他們來得迅速，去得也同樣突然。只是十三年後的西元一二三七年，他們又來了。這一次，他們用不到五年的時間，征服整個俄羅斯大平原。此後，韃靼人一直是俄羅斯人的統治者，一直到一三八〇年，莫斯科大公狄米崔·東斯科伊在庫利科夫平原打敗他們為止。

總地來說，俄羅斯人用了二個世紀才掙脫蒙古人的枷鎖。就一道枷鎖來說，這還真是最令人討

[3]譯註：韃靼人是一個通稱，蒙古族也包括在內。

厭、最令人無法接受的一個。蒙古人把斯拉夫人民變成悲慘的奴隸。在俄羅斯南部大草原上的一座大帳裡可以看到這般光景：除非俄羅斯人願意屈服在朝他吐著口水，矮小、骯髒的蒙古人腳下，否則就不可能活命。蒙古人的統治方式，把所有榮譽感和獨立性都從人民心中奪走了，它讓飢餓、不幸、虐待、辱罵成爲生活的常態，最終讓任何一個普通的俄羅斯人，不管平民或貴族，都驚驚惶惶埋首於自己的工作，有如一隻太常遭到毒打，心靈已經崩潰的喪家之犬，沒有主人的同意，連尾巴都不敢搖。

而且，俄羅斯毫無退路可去，韃靼人大汗麾下的騎馬戰士速度太迅捷，心腸太狠毒；一望無際的草原，給人一點點穿過原野進入鄰近安全地區的可能性都沒有。他只能不發一語，默默地忍受黃種人主子決定施加在他身上的一切，如果想逃，就是以寶貴的生命爲代價來冒險。當然你會想：如果有歐洲勢力來到這裡，情況或許不一樣。但是，當時的歐洲正在忙著自己的事情：不是爲了教宗與皇帝之間的紛爭打仗，就是在鎮壓這裡或那裡的異端。於是，歐洲人放著斯拉夫人去面對自己的命運，後者不得不靠自己的努力，尋求自己的救贖。

前面介紹早期北歐人統治者建立了衆多小國中，而最終拯救俄羅斯的正是其中之一。它坐落在俄羅斯平原的中心，首都莫斯科乃是依著陡峭的小山，傍著莫斯科河而建。這個小公國在十四世紀時，藉由反覆無常的手段，當非討好韃靼人不可的時候就討好他們，在反對他們也不會有危險的時候就反對他們，讓自己成爲開創民族新頁章的領袖。這裡我必須指出，韃靼人只會滅國建國，卻完全沒有治國的能力；他們征服新疆域的首要目的是要獲取收入，爲了要以稅賦的方式取得收入，就必須讓當地原有的政治組織能有部分延續下來。因此，在大汗的「恩賜」之下，會有許多小市鎮存活下來，一方面作爲收稅的單位與來源，另一方面由它們去掠劫鄰城鄰國，同樣也可以充實韃靼人的國庫。

於是，莫斯科公國便以鄰近地區爲代價，國力日漸增長，最後強大到足夠承擔公然反叛韃靼統治者的風險。叛變終獲成功後，莫斯科公國憑藉著自己的名聲，還有在這場俄羅斯獨立大業中擔任領導者的地位，讓所有依舊對斯拉夫民族的未來懷抱樂觀態度的人，自然而然都以它爲俄羅斯的中心。就在君士坦丁堡於一四五三年被土耳其人攻下的十年以後，在伊凡三世的統治下，莫斯科讓西方世界知道一件事，那就是有一個斯拉夫人的國家，希望可以繼承逝去的拜占庭帝國的一切傳統，不論是在世俗方面，還是在宗教方面。而既然君士坦丁堡保存的是那個偉大羅馬帝國的傳統，莫斯科自然也是；所以，又經過一個世代的時間後，當莫斯科大公恐怖伊凡[4]領導之下的莫斯科公國已經足夠強大時，他便決定採用「凱撒」的稱號（凱撒的發音轉換成俄語之後，中文就把它譯爲「沙」皇）並且要求位於歐洲的西方各國承認他這樣的地位。

隨著費奧多爾一世在一五九八年去世，源出於北歐人留里克的古老家族在莫斯科絕了嗣。接下來的七年，都是由具有韃靼血統的鮑里斯．戈東諾夫擔任沙皇——俄羅斯廣大人民的未來命運，正是在這段期間決定的。這個帝國雖然地產富饒，但是卻奇缺資金；沒有貿易活動，也沒有工廠。它所擁有的少數城市，實際上只不過是一些髒兮兮的村莊。帝國是由一個強而有力的中央政府，和爲數甚多、目不識丁的平民所組成。由斯拉夫人、北歐人、拜占庭人、韃靼人各民族的有力人士形成的政治權貴，治理的方針乃是絕對把國家的利益擺在第一。爲了防衛國家，就需要養一支軍隊；而爲了養軍隊，就需要稅收；要有稅金，就必須有公務人員去收；爲了要養這批公務人員，就需要土地。土地這項貨品，俄羅斯

[4] 譯註：也就是伊凡四世。

是不缺的，不論從莫斯科向東或向西看，都是一片廣袤的原野。但是如果沒有一些勞動力在土地上翻土耕田，照顧牲畜，那麼土地再多也是一毛不值。正因爲這樣，原本過著游牧生活的老百姓，被剝奪掉一項又一項權利，直到最終他們淪爲自己所居住的土地的一部分爲止，而這一切就發生在十六世紀的第一年。俄羅斯的農人再也不是自由人，他們被變成了農奴和奴隸，一直持續到一八六一年，他們的命運已經悲慘到讓他們開始大量死亡爲止。

十七世紀的時候，這個新國家在領土上大有成長，迅速將版圖伸進西伯利亞，同時，也成爲其他歐洲國家不得不正視的一股力量。在鮑里斯・戈東諾夫去世一段時間後，俄羅斯貴族在一六一三年從自身當中，選出莫斯科羅曼諾夫家族的米哈伊爾擔任沙皇。他是費奧多爾[5]的兒子，他們家就住在克里姆林宮外頭的一間小房子。

一六七二年，米哈伊爾的曾孫彼得（他父親也是叫費奧多爾）出生了。當小彼得長到十歲時，他的同父異母姊姊索菲亞取得俄羅斯的王位。她沒有要了自己弟弟的命，只是逼他住到首都圈的市郊去，那裡也是外國人居住的地方。那些蘇格蘭人酒館老闆、荷蘭人貿易商、瑞士人藥房老闆、義大利人理髮師、法國人芭蕾舞老師，以及德國人校長，給了這位少年皇子一個最初但是非凡深刻的印象——在那個遙遠又神祕的歐洲，一切似乎都是那麼不一樣。

到了彼得十七歲的時候，他出人意料地成功把姊姊索菲亞趕下王位，換成由他來統治俄羅斯。但是，他並不滿足於擔任這樣的沙皇；因爲在他眼裡，他的民族還是那麼野蠻、那麼「亞洲」。他下定決心，一定要成爲一個文明國家的君主。然而，想要在一夕之間，把俄羅斯這個受拜占庭和韃靼人文化影響的國家，轉變成一個歐洲色彩的帝國，並不是一件簡單的事。要達成這樣的目標，必須有足夠的能力以及強硬的手腕，彼得剛好兩者皆備。一六九八年，將當時最進步的歐洲，移植到老邁的俄羅斯身上的大手術展開了。接受這次手術的病人雖然沒有因而死去，卻也一直沒有從術後的衝擊中復原，而它在最近五年間發生的種種事件〔6〕，正在血淋淋地告訴我們這項事實。

〔5〕譯註：這位費奧多爾與前面那位費奧多爾一世只是同名，並非同一人。
〔6〕譯註：作者寫作本書的一九二〇年代前後，俄國正經歷革命。

48 俄羅斯與瑞典之爭

為了決定誰才是歐洲北部的主導勢力，俄羅斯與瑞典因此交戰連連。

西元一六九八年，沙皇彼得踏上他第一次歐洲西部之旅，他先到柏林，再前去荷蘭和英國。當他小時候住在郊區時，就曾經用自家做的船，在他父親養鴨的大池塘裡玩，結果差點淹死。這個經驗不但沒有嚇到他，相反地，他對航海的熱情到死都不曾減退。他之所以希望幫被陸地環繞的俄羅斯取得一個出海口，也是這股熱忱在現實面的展現。

既然這位嚴酷到不討人喜歡的年輕沙皇出國去了，莫斯科那些俄羅斯舊時代的擁護者，便著手推翻他所做的一切改革。聽聞禁衛軍（也就是「火槍營」）突然叛變的彼得，不得不盡速返回國內。亂事平定後，他決定親手制裁亂黨，或者吊死，或者

參觀荷蘭船塢的彼得大帝

車裂，總之，火槍營被殺到一個也不剩；而這次叛變的首腦：皇姊索菲亞，則被軟禁在修道院度過餘生。至此，彼得才真正完全掌握俄羅斯的大權。反叛彼得的行動，在他於一七一六年進行第二次西歐之旅時再度出現，反對改革者這次擁立彼得的笨蛋兒子阿列克謝[1]。又一次，彼得火速趕回國內平定叛亂。阿列克謝在牢房裡被活活打死，所有希望維持舊拜占庭文化與制度的人，通通被迫走上幾千公里的漫漫長路，前往他們此生最後的目的地：西伯利亞的鉛礦坑。之後，人民的不滿就沒有再延燒成暴動，一直到彼得去世為止，都沒有人來打擾他的改革工作。

要按照時間順序一一列出他的改革措施，可不是一件簡單的工程。彼得做起事來有如急驚風一般，他不會先擬定好完整的計畫再按步就班進行，他只是不停地做出改革命令，進度之快，連要準確計算這些命令的數量都很困難。他似乎認為，眼前任何既存的事物通通都是錯的，因此，整個俄羅斯當然必須在最短的時間內加以改造。於是，他在身後替國家留下一支為數二十萬訓練精良的陸軍，還有由五十艘船艦組成的海軍。另外，就是在極短的時間內就廢止了俄羅斯舊有的政治制度：貴族會議被取消，取而代之的是只由沙皇，以及他身邊那個「參議院」（由國家官員組成的諮詢會議），來治理國家。

此外，全國被畫分為八個省。各地開始興修道路，建立市鎮。工業開始動了起來，不過是彼得想要它在哪裡發展，就在哪裡發展，完全不考慮原物料供給的問題。他挖通運河；在東方山脈裡開發礦

[1] 譯註：原文就是說他笨蛋，不過，有興趣的讀者可以找一下阿列克謝與他父親彼得的故事，然後可以自己評價他是不是「笨蛋」，以及阿列克謝是不是「叛變」。

坑；在這個滿是文盲的國度裡興立小學、高等教育機構、大學、醫院，還有職業學校。他鼓勵荷蘭的海事工程師和貿易商，以及來自世界各地各行各業的工匠，遷居到俄羅斯。俄羅斯境內開始有了印刷書店，但是，所有的出版物必須先由皇家審查機關看過一遍才行。他訂定了一部法律，將每個社會階級應盡的責任與義務詳細寫明，而整套民事與刑事領域的各部法律，也都統整起來印成一系列的成文法典。彼得也下令禁止穿著傳統俄羅斯服裝，叫每個警察身上都要帶把剪刀，在各地鄉間的馬路上監看，如果有還留著長髮長鬚的俄羅斯農民經過，就把他們變成面容乾淨、看起來舒舒服服的西歐人模樣。

在宗教事務方面，彼得決定絕對不讓歐洲那種皇帝與教宗之間的競爭，發生在自己的國家身上，他不容許權力被一分為二。於是，在西元一七二一年，他自命為俄羅斯教會的領袖，隨後取消莫斯科大牧首一職，創立教會總大會，讓它成為國教的最高決定機關，處理一切宗教事務。

然而，如果放任舊俄羅斯留下的種種，依然可以仰賴莫斯科城作為其大本營，這許許多多的改革是不可能成功的，所以彼得決定把政府遷到一個新首都。他打算在波羅的海邊，一片不利人居的沼澤地上興建這座新都城；這塊國土是他在一七〇三年取回的。總共由四萬名農民，花了許多時間，才為新城市完成基礎工程。其間瑞典人曾經前來進攻，想要毀掉這座彼得的都市，更有疾病和過度辛勞的問題，奪走成千上萬工人的性命。但是，工程依舊不分寒暑地堅持下去，直到完成為止，而且這座人為規劃的城市也很快發展起來。一七一二年，彼得正式宣布它是「帝都」，才經過十二年，它就擁有七萬五千名人口了。城市每年都要被尼瓦河的洪水淹過兩次。不過，在彼得可怕的意志力之下，堤防和運河一一被建好，河水氾濫也就不再成災。當他於一七二五年去世時，這座聖彼得堡已是歐洲北部最大的城市了。

彼得大帝建立他的新首都

當然，俄羅斯突然長成一個這麼危險的敵手，讓所有的鄰國都坐立不安。至於彼得這邊，他也密切留意著在波羅的海的對手，也就是瑞典王國所發生的大小事情，或者進行的各種活動。一六五四年，那位三十年戰爭的英雄古斯塔夫．阿道爾夫的獨生女克莉斯蒂娜宣布退位，前去羅馬以一位虔誠天主教徒的身分過完往後的人生[2]。這位瓦薩家族的最後一任女王，是將王位交給自己信奉新教的表哥接手，他即位後被稱爲查理十世，和兒子查理十一前後接棒將瑞典國勢的發展帶到一個新高峰。但是，事情到了查理十一突然於一六九七年駕崩時有了轉變——繼任王位的查理十二是個年僅十五歲的小孩。

這正是許多北方國家等待已久的契機；十七世紀那場大宗教戰爭[3]期間，瑞典靠著占盡鄰國的便宜來成長茁壯，現在這些國家心想：該是好好算帳的時候了！戰爭馬上爆發開來，一邊是俄羅斯、波蘭、丹麥、薩克森，另一邊則只有瑞典。一七〇〇年十一月，彼得手下那些沒有經驗、又未經訓練的軍隊，在那場有

[2] 譯註：瑞典是新教國家，她放棄王位有一部分是由於信仰問題。
[3] 譯註：指三十年戰爭。

莫斯科

名的納瓦之役中，慘敗給查理這位當代最令人感興趣的軍事天才。之後，查理把大軍轉向其他的敵人，整整有九年的時間，他一路摧枯拉朽，掃蕩波蘭、薩克森、丹麥，和波羅的海各地的城市與村莊。與此同時，彼得則在遙遠的俄羅斯嚴加訓練新的軍隊。

此消彼長的結果，就是在一七〇九年那場波塔瓦之役中，輪到俄國打敗了已經精疲力竭的瑞典軍隊。然而，儘管經歷此次挫敗，查理依舊不脫他那不切實際的個性；說來，他其實類似小說裡的英雄人物，只是他為了復仇所做的種種嘗試，掏空了自己國家的所有國力。他在一七一八年時意外身亡，或者其實不是意外，而是有心人所爲，但眞相我們並不清楚。而隨著一七二一年《尼斯塔德和約》簽定後，除了芬蘭這塊地區，瑞典先前在波羅的海區域擁有的領地都拱手讓人了。由彼得所建立的全新俄國，一躍成爲歐洲北部的領導勢力。但就在此時，俄國的新對手不久之後就要登上歷史舞臺了：普魯士正在逐漸成形中。

49 普魯士的興起

這章讓我們來看看，那個名為普魯士的小國，是如何從暗淡的德國北部地區，不同凡響地興盛茁壯起來。

普魯士的歷史是一部邊疆開拓史。在九世紀時，查理曼大帝把文明的中心地區，從原先的地中海區域轉移到歐洲西北部的荒原地帶。他手底下的法蘭克人士兵將歐洲的疆界一再地向東推進。這些法蘭克人從異教的斯拉夫人和立陶宛人手裡征服了許多土地──也就是當時由後兩者定居其上，從波羅的海到喀爾巴阡山之間的這塊平原。隨後法蘭克人便開始經營起這些遍遠地區，這點和美國一樣，在某塊領土還沒成爲正式的州之前，就已經開始治理當地了。

布蘭登堡這個邊境省分，最早是由查理曼建立的，目的是要用來防禦東部的領地，免受野蠻的薩克森民族襲擊。原本住在這個地區的斯拉夫部落：文德人，因而在十世紀間開始被迫服從法蘭克人的統治，而文德人的交易市集所在地，也就是他們稱爲「布雷納伯爾」的地方，就是這個新省分布蘭登堡的名字由來，它同時也繼續作爲該省的中心城市。

十一、十二、十三、十四世紀，貴族家族們代代相傳，在這個邊疆省分撐起帝國總督該做的事情。最終到了十五世紀的時候，他們之中冒出頭的乃是霍恩佐倫家族。在掌握大權之後，身爲布蘭登堡選帝侯的這個家族，便開始動起手來，把這片荒煙漫布、遍地沙土的前線地區，逐漸變成現代世界中一個最有效率的帝國。

這支才剛剛被歐洲與美洲的聯軍，合力逼下歷史舞臺的霍恩佐倫家族【1】，最初是來自南德地區，而且出身非常卑微。十二世紀時，他們家許多位腓特烈的其中之一，靠著一樁婚姻關係，幸運地被任命為紐倫堡的城堡管理。之後他的後代子孫就一直把握每次經過眼前的機會，增加自己手上的權力。經過幾個世紀抓準時機擴充權力的過程後，他們終於取得選帝侯的地位，成為可以選出舊德意志帝國皇帝的王公之一【2】。宗教改革時期，霍恩佐倫家族選擇站在新教這邊；之後到了十七世紀初，他們已經是北德實力最強的王公之一了。

三十年戰爭期間，不論新教或天主教勢力，掠劫布蘭登堡以及普魯士地區時都同樣不留餘地。但是，在「大選帝侯」腓特烈．威廉的治理下，很快就回復這段期間受到的損害。之後，他繼續小心謹慎且充滿智慧地善用國內所有的經濟與知識力量，建立起一個幾乎沒有任何虛耗浪費的國家。

這個新生的普魯士是個完全吞噬個人願望與理想，只問全體社會利益的國家。普魯士王國國祚的起點，要從腓特烈大帝的父親：腓特烈．威廉一世【3】算起。這位父王是位做事努力拚命，但是節儉到吝嗇的普魯士軍官；他熱愛粗俗無文的酒後趣譚，以及味道強烈的荷蘭菸草，痛恨一切花俏不實用的事物（尤其如果它們是從法國來的）。他腦袋裡只有一個想法，那就是責任與義務。他對待自己很嚴格，自然也不能容忍自己臣民的任何缺點，不論對方是將軍，或者只是一名小兵。他跟自己的兒子腓特烈之間的關係從來都稱不上融洽──這還只是最含蓄的說法。父親各種粗魯的作風，令兒子纖細的心靈難以忍受。這位兒子喜歡的是法國文學、哲學、音樂，以及那套優雅的舉止規範，但是在父親眼中，這根本就是表明了你這人跟女人一樣軟弱。這兩種截然不同的個性，自然引發雙方嚴重的衝突。於是，腓特列設法要出走到英國去，結果失敗被抓回王宮，接受軍法的審判，還被強迫在一旁目睹協助他潛逃的至交好友遭受處決。在這之後，這位年輕的腓特烈王子就被送到國內某個鄉間的小城堡，好好學習一套具體而詳細的治國知識課程（當成是他應該接受的一部分懲罰）。這對當時的腓特烈而言，也許眞的是懲罰，但是日後他卻因此獲得不少幫助。當腓特烈於一七四〇年即位時，他對治理國家的技術，從貧民小孩的出生證明要點，到一份年度預算中最細微的部分，都可以說是瞭若指掌。

另外，身爲一位作者，尤其是在他那本《反馬基維利》中，腓特烈也表現出他對昔日那位佛羅倫斯歷史學者的輕蔑。馬基維利建議他身爲王公的學生們只要有必要，就可以用說謊和欺騙的方式來爲國家謀取利益。腓特烈在自己書中描述的理想統治者，則必須是人民的第一公僕——一種以路易十四爲範本的開明專制君主。腓特烈本人在實踐上，確實爲了人民可以一天工作二十小時；不過，他也呈現出不能容忍近側有人替他出主意的個性，他手下的大臣其實只是很高級的書記員而已。普魯士是他個人的資產，必須完全受他意思左右。當然，他也不允許任何事物妨礙到國家的利益。

西元一七四〇年，奧地利的皇帝[4]查理六世死了。他生前努力想要幫自己的獨生女瑪莉亞．德瑞莎鞏固王位，於是，他與各方勢力簽訂一份鄭重萬分，白紙黑字，用一張大羊皮紙寫好的條約。但是，老皇帝才剛埋進哈布斯堡歷代祖墳，腓特烈手下的陸軍就來到奧地利邊界進占西利西亞[5]，並且大剌剌地

【1】譯註：指第一次世界大戰，德意志帝國戰敗，德國因此取消帝制。
【2】譯註：這裡說「舊」，是相對於後來，普魯士把德意志統一成一個權力集中的「新」帝國。
【3】譯註：跟上面那位「大選帝候侯」腓特烈．威廉，兩者不是同一個人。
【4】譯註：這是指奧地利哈布斯堡王朝的神聖羅馬帝國皇帝。
【5】譯註：這塊地主要在現在的波蘭境內。

依據一些年代已經很久遠，是眞是假沒什麼人能確定的理由，來主張西利西亞本應是屬於普魯士的土地（其實，腓特烈根本就依此主張幾乎全中歐都是普魯士應有的土地）。在經過幾次交手之後，腓特烈終於完全征服了西利西亞，過程中，雖然他常常差一點點就被打敗，從而讓出這個新占領區，但他還是一再守住奧地利軍隊的每次反擊攻勢。

此時，歐洲對這個突然出現、全新的強權國家也做出應有的注意。直到十八世紀，德國人都是被大宗教戰爭徹底蹂躪的民族，不會有人重視他們；但是，腓特烈以一種類似彼得沙皇的方式：同樣迅速，更是同樣驚人地，把人們的態度從輕視改換成畏懼。普魯士的內政事務被他安排得井井有條，讓普魯士人不像其他國家的人民一樣，有那麼多理由可以抱怨。國庫收入年年都有剩餘，沒有虧損；禁止酷刑拷打，改善司法體系；修建良善的道路，興建優秀的學校與大學；並且建立一個一絲不苟、誠信正直的政府，讓人民覺得不論國家要求他們繳多少稅，套句日常用語：他們也覺得每一分錢都花得很值得。

德國人在自己的土地淪爲法國人、奧地利人、瑞典人、丹麥人，還有波蘭人的戰場幾百年之久後，終於在普魯士這個典範的激勵之下，開始重新取回民族的自信。這一切說起來都是那位小老頭的傑作，他臉上有副鷹鉤鼻，身上那套不曾退役的軍裝，散發出一股菸草的味道。他評論起鄰國雖然詼諧有趣，卻十分尖銳刻薄。他玩起十八世紀那種醜陋的外交遊戲毫不生疏，就算要出口沒半句是實話也難不了他——儘管他自己也寫了那本《反馬基維利》。一七八六年，他的大限到來，朋友都已經不在人世，一生沒有生過小孩的他，就這樣在孤獨中死去；死時身邊只有一位照顧他的僕人，還有他養的一群忠實的狗。比起人類，他更愛這些狗，因爲就像他所說的：狗絕不會忘恩負義，而且對待朋友永遠忠誠。

50 重商主義

「重商主義」指的是什麼？歐洲那些全新打造的王國或民族國家，是如何靠它竭盡全力變成富裕國家。

前面我們已經看過，我們所生活的現代世界，是如何在十六以及十七世紀開始逐漸成形。幾乎每個國家都有不同的起源，有些國家是單憑一位國王精心策劃與努力之後的成果，有些國家的出現純粹是偶然，還有一些是靠自然地理疆界的地利而產生。無論哪種，它們一建立之後，都極力強化自己的內部施政，並且盡其可能地在國際事務上施加影響力。中古時代的國家既缺乏集中化的權力，也不倚仗財政實力來作爲國力；當時的國王從直屬領地就能得到相當收入，而他的公務官員是不用靠他養的。我們現代這種權力集中的國家就比較複雜；舊時的騎士消失了，取而代之的是受薪的政府公務人員，或者是所謂的文官體系。新制的陸軍、海軍，還有一切內政，都要向政府伸手要錢；問題於是變成：去哪裡掙錢？

黃金和白銀在中世紀是很稀奇的東西，就像我之前說過的，一般人一輩子都沒見過一枚金幣，只有大都市的居民才跟銀幣很熟。美洲的發現，以及祕魯礦藏的開採，完全改變了這種現象。貿易中心也從地中海轉移到大西洋沿岸；過去義大利的「通商城市」失去它們在金融上的重要性，新式的「通商國家」取而代之。而黃金與白銀都再也不是稀有物了。

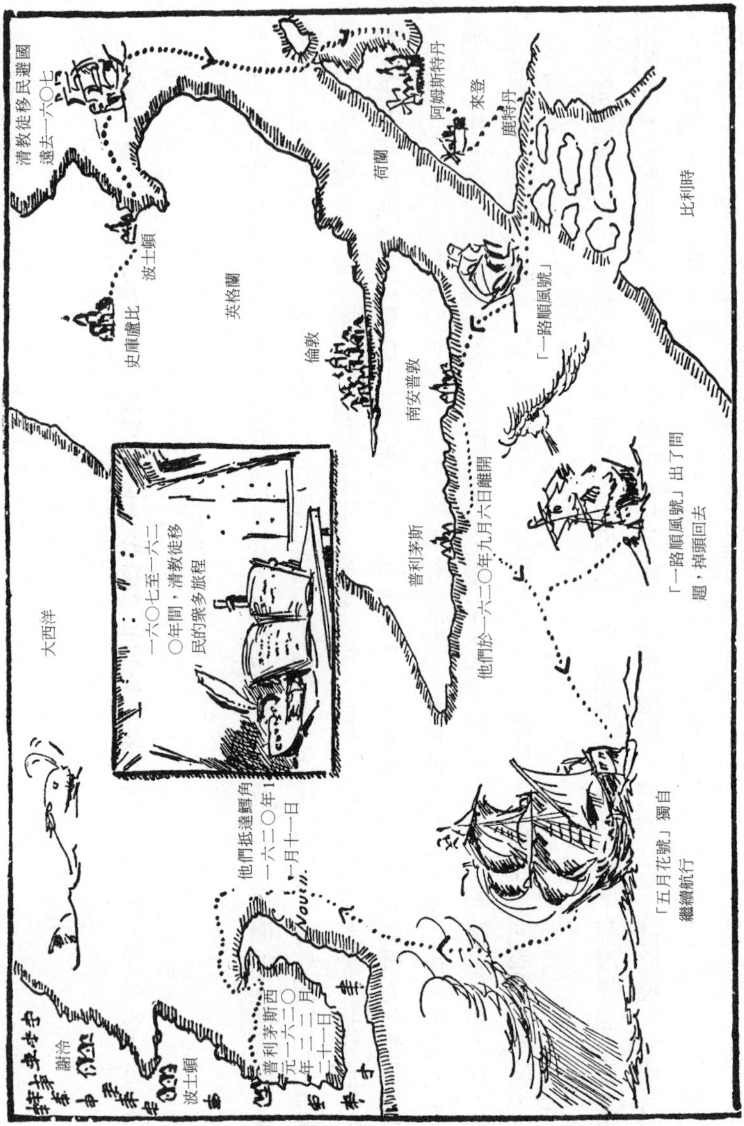
清教徒移民避國
遠去一六〇七
阿姆斯特丹
來登
鹿特丹
荷蘭
比利時
波士頓
史庫盧比
英格蘭
倫敦
南安普敦
「一路順風號」
大西洋
一六〇七至一六二〇年間，清教徒移民的衆多旅程
普利茅斯
他們於一六二〇年九月六日離開
「一路順風號」出了問題，掉頭回去
他們抵達鱈角一六二〇年1
一月十一日
「五月花號」獨自繼續航行
普利茅斯西元一六二〇年十二月二十一日
波士頓

清教徒移民的旅程

正當貴重金屬經由西班牙、葡萄牙、荷蘭與英國之手，開始流入歐洲時，生活在十六世紀的政治經濟學家也發展出一套關於國家財富的理論。在他們眼中，自己的理論都是立基穩固、論證充足，都可以對他們各自的國家帶來最大的助益。他們論道：黃金和白銀都是屬於「實際財富」，因此他們相信，國庫和銀行裡實際現金儲備最多的國家，就會是最富裕的國家。而既然有錢，就有軍力，那麼很自然地，最富裕的國家也就是最強大的國家，最終能夠統治全世界。

我們把這種想法稱為「重商主義」。人們絲毫都不曾起疑地相信它，就像早期基督教徒絕對相信「神蹟」的存在，或像許多當今美國業界人士認為「關稅」是萬靈丹一樣。重商主義在實際層面上的運作方式如下：為了取得最大數量的貴金屬，國家必須在外貿活動中取得順差——如果你出口給一個國家的總值，比你從它那邊進口的還高，這個國家就會欠你錢，它只好用手上的黃金抵債；這樣就是你賺到，而它虧到了。由於信奉這套思想，幾乎每個十七世紀國家的經濟政策方針都長成這樣：

1.盡其所能地獲取貴金屬。

2.優先鼓勵對外貿易而非國內貿易。

3.扶植將原物料加工，成為能夠出口之成品產品的工業。

4.刺激人口成長，提供工廠所需的勞工（農業社會無法供應這麼多勞動力）。

5.由國家監控經濟發展過程，並且在必要的時候介入干預。

十六、十七世紀的人非但不把國際貿易看成類似某種自然力的東西（也就是不論人類有沒有干預，都會永遠遵循某些自然法則運行下去）；反而盡全力藉由行政命令或皇家法律規制商業活動，或透過政府方面的補助來發展貿易。

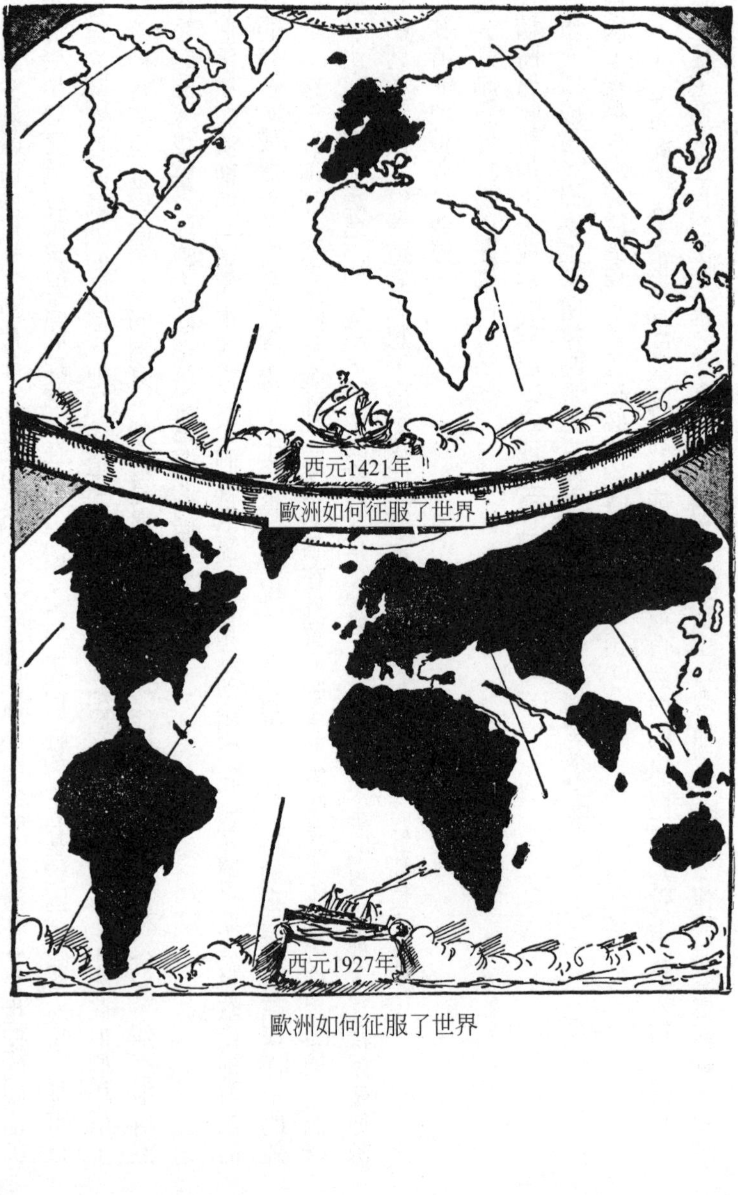
西元1421年
歐洲如何征服了世界
西元1927年

歐洲如何征服了世界

海權

查理五世在十六世紀時採用這套重商制度（在當時，那可是一次全然創新之舉），把它帶進自己統領的衆多領地。英格蘭的伊莉莎白也起而效之。波旁王朝，尤其是路易十四國王，是這套教義的狂熱擁護者；而他手下那位傑出的財政大臣寇貝，則成爲重商信仰的先知，全歐洲都要仰望他的指引。

克倫威爾所有的外交政策可說是重商思想的實際應用，這使得英國免不了要和那個富有的荷蘭共和國直接對上。因爲荷蘭商船是全歐商品的「公共貨運」，多少造成這個國家比較傾向於「自由貿易」理念，自然也就成了重商主義的英國必須不計任何代價務必加以摧毀的對手。

可想而知，重商制度當然也會對殖民地造成影響。在這項原則的指導下，殖民地僅僅被當成是黃金、白銀，還有香料的儲藏庫，只爲了母國的利益等待被開發利用而已。亞洲、美洲及非洲的貴金屬礦藏，還有這些熱帶地區所出產的原物料，都是母國的獨占事業——一個碰巧占領並擁有這處殖民地的母國。「外國人」甚至連靠近這個殖民地都不行，而本地人也不許和船上掛著外國國旗的商人從事任何交易。

重商主義能夠幫助尙未擁有製造業的國家刺激新興產業發展，這點是無庸置疑的。在它的指引下，政府興建道路、挖通運河，追求更好的交通運輸設施。它要求工人必須擁有更好的技術，也賦予商人更高的社會地位，同時弱化身爲土地擁有者的貴族力量。

然而，另一方面，它也帶來非常大的災難。它讓殖民地原住民遭到歐洲人最厚顏無恥的剝削，還讓母國公民面臨甚至更爲悲慘的命運。每個國家把自己變成一個又一個的軍火庫，讓全世界成爲一盤分崩離析的散沙，只爲了自身直接利益而努力，同時無時無刻都在試圖摧毀其他勢力，以便牢牢握住自己的財寶。在這段演變過程中，重商主義出了很大一把力。它是如此強調「擁有財富」的重要性，以致於「有錢」被當作一般人應該追求的唯一美德。然而，各式各樣的經濟理論與制度來來去去，更替就有如女性服飾和外科手術的風潮一樣快速。十九世紀期間，人們揚棄了重商主義，轉而採信自由與公開競爭原則——至少我聽說是這樣。

51 美國革命

十八世紀末，歐洲人聽到了一件不可思議的消息。事情是發生在北美大陸的那片荒涼之地，那個曾經因為查理國王堅持自己「神授的權利」，就懲罰了自己國王的民族，現在他們的後裔又在人類爭取自我統治的漫長歷史中，寫下一章新的故事。

爲了容易理解，我們應該往前倒回幾個世紀，複習一下早期殖民地大爭奪戰的歷史。

三十年戰爭期間以及戰爭剛結束時，有些國家本著新生成的民族基礎或王朝利益，逐漸在歐洲發展成形。這些國家一成立之後，它們的統治者就靠著該國商人的資本，還有該國貿易公司的船隻，在亞洲、非洲和美洲爲爭取更多的領地而奮鬥。

在西班牙人和葡萄牙人探索印度洋與太平洋一百多年之後，荷蘭與英國才在這場大賽中粉墨登場；但是，晚來反而是優勢，因爲最初那些粗重工作已經由先來的人替他們做好了。非但如此，最初的那些航海家太容易把自己搞到不受亞洲、美洲和非洲當地的原住民喜愛，結果讓英國人或荷蘭人遭受到如同朋友和解救者一般地歡迎。我們沒辦法斷定英、荷兩支民族在品行上有什麼特別過人之處，不過可以肯定的是：做生意是他們的最高指導原則；所以，他們絕對不會讓任何宗教性的想法，來干擾自己對這個世界在實際方面的認識。總地來說，所有歐洲國家和民族在第一次與比較弱小的民族打交道時，展現出的都是駭人聽聞的野蠻與殘酷。只不過，英國人和荷蘭人比較清楚底線應該在哪裡：只要他們拿得

爭取自由之戰

到想要的黃金、白銀、香料，以及稅收，他們就很樂於讓當地原住民照自己的意思去過活。

因此，對於英國人和荷蘭人來說，要在這片世界上最富饒的地區建立自己的勢力，並不是一件太困難的事。不過，當他們一完成這項目標後，馬上就開始互相爭戰，以求可以占領更多殖民地。奇特的是，殖民地戰爭從來無法在殖民地上得到解決，它們會綿延到五千公里外，由交戰國的海軍來做最後定論。自古至今，戰爭都符合一條最有意思、同時也是歷史上少數難得有例外的原則，那就是「控制海洋的國家，就能控制陸地」。直到目前爲止[1]，這條法則仍應驗無誤。現代飛行器的發明可能會讓事情有所變化，然而，十八世紀可沒有什麼機器能在天空飛來飛去，英國海軍也就替英國打下位在美洲、印度和非洲的廣大殖民地。

英國與荷蘭在十七世紀進行的一連串海戰，不是我們這裡感興趣的主題，它的結果，就跟太多實力過於懸殊，使得較弱的一方連一點希望也沒有的戰爭一樣。不過，英國與它另一個對手——法國之間的戰事就重要得多。而且，在英國強大的艦隊最終擊敗法國海軍之前，雙方在美洲大陸就先打過非常多前哨戰了。不論法國或英國都主張：在這片廣袤的美洲大地上，只要是歐洲人已經發現的地方，都是

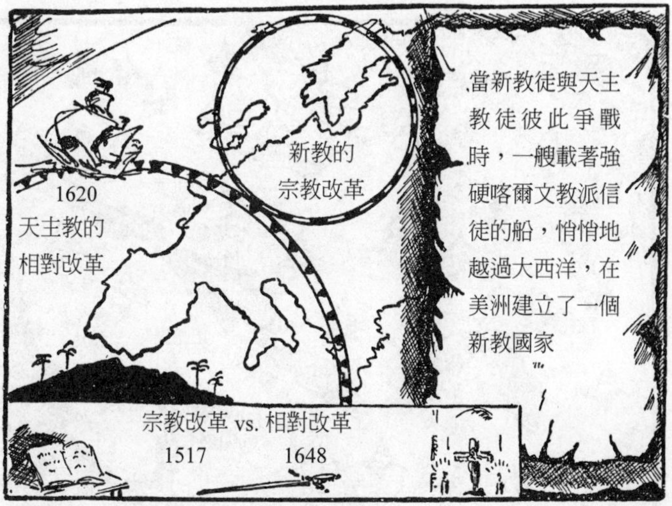
當新教徒與天主教徒彼此爭戰時，一艘載著強硬喀爾文教派信徒的船，悄悄地越過大西洋，在美洲建立了一個新教國家
新教的
宗教改革
1620
天主教的
相對改革
宗教改革 vs. 相對改革
1517
1648

清教徒移民

屬於他們的（至那些還未曾被發現的地方呢？當然也一樣）。早在一四九七年，卡波特就已經登陸北美大陸；二十七年後，喬凡尼．維拉贊諾也拜訪了北美地區沿岸。卡波特掛的是英國旗，維拉贊諾掛的是法國旗，因此，英國與法國都主張自己是整個北美大陸的擁有者。

十七世紀期間，大約有十個小型英國殖民地在緬因與卡羅萊納之間建立起來。它們是英國宗教異議者的避風港，也就是屬於特殊教派的人士，譬如一六二〇年來到新英格蘭的清教徒，或者一六八一年來到賓夕法尼亞的貴格教派。這些殖民地性質上只是一些邊疆的小社群，位在相當靠近海岸的地方。這些想在一個遠離國王監視與干涉的地方，想在在自己生活起來更加快樂的環境裡開啓一段新生活的人們，他們一上岸後就聚集在此處，把這裡當成新的家鄉。

【1】譯註：二十世紀初。

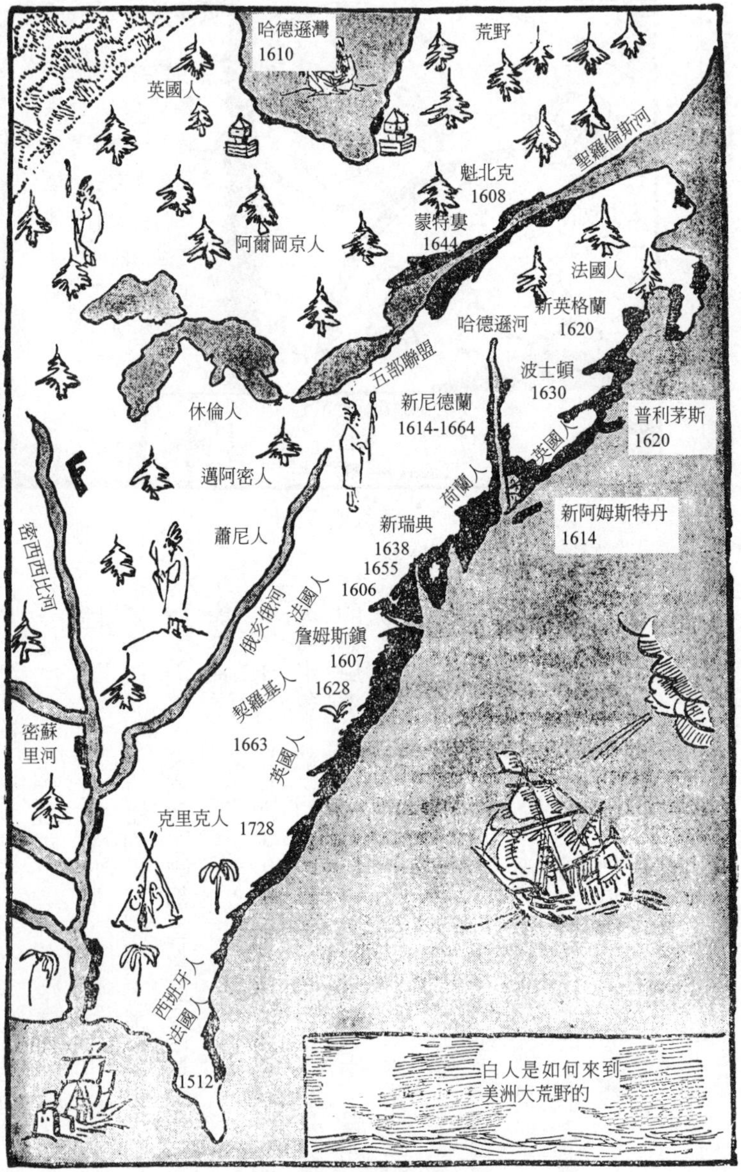
哈德遜灣
1610
荒野
英國人
聖羅倫斯河
魁北克
1608
蒙特婁
1644
阿爾岡京人
法國人
新英格蘭
1620
哈德遜河
波士頓
1630
五部聯盟
新尼德蘭
1614-1664
休倫人
普利茅斯
1620
英國人
邁阿密人
荷蘭人
新阿姆斯特丹
1614
蕭尼人
新瑞典
1638
1655
密西西比河
1606
俄亥俄河
法國人
詹姆斯鎮
1607
契羅基人
1628
密蘇
里河
1663
英國人
克里克人
1728
西班牙人
法國人
1512
白人是如何來到
美洲大荒野的

白人如何在北美定居

【2】譯註：法國一支重要的新教教派。

荒野中的堡壘

相對地，法國殖民地一直以來都是國王掌控的領地。胡格諾派【2】或其他新教徒不被允許來到這些殖民地，因爲國王擔心他們會用那些毒害人心的新教教義來汙染印第安人，而且他們多半也會妨害到耶穌會神父的傳教工作。因此，跟對手法國比起來，英國殖民地是奠基在一個相對強健的基礎上，它們展現出英國中產階級的特色，也就是商人那種積極的精神；反觀定居在法國據點裡的人們，則是爲了服從國王才渡海而來，盤算著只要一有機會就返回巴黎。

然而，就政治層面而言，英國殖民地的局勢非常不盡人意。法國在十六世紀時發現了聖羅倫斯河河口，沿河深入，從五大湖區開始他們一路向南，順著密西西比

「五月花號」的船艙裡

河而下建立自己的基地，還沿著墨西哥灣蓋好了幾處防禦據點。而經過一個世紀的探索工作之後，法國用一條由六十個堡壘連成的線，把英國從大西洋沿岸往內陸延伸的殖民地段從中切斷了。

英國發給各家殖民公司的特許狀賦予它們「從大陸此岸到彼岸之間所有土地」的土地所有權。這些字寫在證書上給人感覺的確不錯，但實際上，法國據點連成的那條線開始之處，就是英國領地範圍終止之處。要打破這道藩籬不是沒有可能，不過需要財力，也需要人力；而一旦眞正開打，就意味著白人與白人將分別在印第安部落的協助之下，展開一連串自相殘殺的邊境戰爭。

只要斯圖亞特王朝依舊擁有英國王位，英法之間就不會有爆發戰爭的危險。因爲斯圖亞特王朝需要波旁王朝的協助，來盡量壓制化解國會的權力，以便能在英國建立一個王權更爲獨攬的政治制度。但是自一六八九年，斯圖亞特王朝的最後一位君主就消失在英國土地上，繼承他的那位荷蘭威廉，則是路易十四的死敵。從那一刻起，一直到一七六三年《巴黎和約》簽定，法國與英國都爲了占有印度和北美的領地而大打出手。

法國人探索西部

如同我之前說的，在這漫長的戰爭期間，英國最終靠著海軍擊敗法國。由於與殖民地之間的連繫被切斷，法國失去所有的領地。當雙方終於握手言和之後，整座北美大陸已經盡入英國人之手，卡蒂耶、夏普蘭、拉薩、馬奎，以及其他二十位左右探險家當初爲法國立下的汗馬功勞，也通通不再爲法國所有了。

當時在這片如此遼闊的領地上，只有一小片地方有人居住[3]——從位於北邊，清教徒移民前輩（他們是一群在宗教態度上非常不寬容的人，因此不管在信奉英國國教的英國，還是信奉喀爾文教派的荷蘭，都沒有辦法過得開心）在一六二〇年登陸的麻薩諸塞，往南到卡羅萊納和維吉尼亞（兩個全然爲了菸草利潤而建立的州），連綿成一條人煙稀少的狹窄地帶。居住在這片新土地上，在又高又遠的天空下呼吸新鮮空氣的人民，跟他們在母國的同胞非常不一樣。他們在這片荒野中學會獨立自主、自立自強。他們的祖先是一群埋頭苦幹、積極進取的人，因爲在那個時代，懶惰和怯懦的傢伙是不會遠渡重洋的。這群來到美國殖民的人，有著痛恨受到限制、不能缺乏呼吸空間的性格，這點讓他們在故國過得非常不快樂。他們生來就是要做自己的主

【3】譯註：作者這裡說的「人」，指的應該是「白人」。

新英格蘭的第一個冬天

人，而英國的統治階級似乎並沒有理解到這一點；於是，政府常令這些討厭被干涉的殖民地人民非常不舒服，殖民地人民也就開始反過來讓政府感到同樣不悅。

不滿會衍生更多的不滿。在這裡，我們沒有必要重述這段時間所發生的細節，也沒有必要去設想：假如當時英國國王喬治三世能夠更有智慧，或者不要像他的首相諾斯爵士那樣渾渾噩噩，那樣漠視問題的嚴重性，是不是就可以避免將來要發生的大事。總之，當英國在北美的殖民地人民理解到，和平的辯論已經解決不了眼前的難題之後，終於決定拿起武器，從效忠王室的子民搖身一變成為反叛分子。這個決定讓他們暴露在死亡的陰影之下，因為喬治三世依照當時很常見的方便作法，出了最高的報價，從條頓王公手上買來整團軍隊替他作戰，而一旦反抗軍被這些德國士兵抓到，就只有死路一條。

英國和自己美洲殖民地之間的戰爭前後持續了七年，其中絕大多數的時間，勝利的希望對反抗軍來說都相當渺茫。殖民地人民中其實有非常多數依舊對國王效忠，尤其是城市居民，他們傾向於與母國妥協，假如英國方面同意的話，他們非常樂意求和。但是，那位偉大的華盛頓則挺身而出，守護著殖民地獨立的大業。

在一票勇士出色的輔佐之下，華盛頓率領著一支裝備簡陋但堅定不移的軍隊，漸漸削弱了國王軍的

喬治．華盛頓

力量。一次又一次，就在華盛頓似乎免不了要戰敗的時候，他總是可以靠著傑出的戰術反敗為勝。他的士兵常常吃不飽，冬天的時候他們沒有鞋子也沒有大衣，還不得不住在有害健康的掩護坑洞裡。但是，他們對自己偉大領袖的信任沒有絲毫動搖，堅持不懈一直到最終勝利到來的那一刻。

然而，比起華盛頓在戰場上的表現，或者比起班傑明．富蘭克林在外交上的成果（他在歐洲努力從法國政府和阿姆斯特丹的銀行家那裡爭取援助），都還要有意思的，則是一個發生在革命運動早期的事件：來自各處不同殖民地的代表，齊聚在費城討論一件攸關全體的大事，那年是革命戰爭的第一年。當時，大西洋沿岸那些比較大的市鎮大多數都還受英國人控制，英軍的增援部隊也正在前來的船上。只有深深相信自己所做所為是正確的人，才有那種勇氣敢在一七七六年的六月與七月間，做出這個關鍵的決定。

那年六月，維吉尼亞代表理查．亨利．李在這次「大陸會議」中提出一項動議。動議內容主張：「這些組成聯邦的殖民地乃是——而且依照其本具有的權利——也應該是自由且獨立的國家；它們已經不再向英國君主效忠；它們與大不

美國爭取獨立之重大事件
魁北克
加拿大
蒙特婁
聖勞倫斯河
安大略湖
新斯科細亞
哈利法克斯
HALIFAX
伯哥英率領的
英國遠征軍
張伯倫湖
伊利湖
提康德羅加
萊辛頓
波士頓
荒野
沙拉托加
華盛頓把英國
人趕出波士頓
（註：即Ⅰ）
Ⅰ萊辛頓之役：
一七七五年四月十九獨立軍在華盛頓的指揮下圍攻波士頓，從一七七五年七月一直到英軍於一七七六年三月十七日撤退到哈利法克斯為止[1]
哈德遜河
紐約
Ⅱ歷經北部戰役的挫敗後，
英國在一七七六年九月十五日攻下紐約，不過卻未能摧毀華盛頓的軍隊。為了要將殖民地反抗勢力從中切斷，有一支英軍隊從加拿大南下。雖然他們強行穿越提康德羅加，然而這支軍隊未曾受過野戰訓練，結果伯哥英被迫於一七七七年十月十七日，在沙拉托加附近率領全軍投降。[3]
華盛頓拯救手下軍隊免於
全軍覆沒（註：Ⅱ）
普林斯頓
特倫頓
長島
費城
一七七六年七月四
日，發布獨立宣言[2]
巴爾的摩
華盛頓擊敗
柯恩瓦利斯
（註：Ⅲ）
約克鎮
Ⅲ在中部戰役也失敗後，英國軍隊取道向南。一七八〇年五月十二日，他們佔領了查爾斯頓，然後再開始向北反攻。這次長征在維吉尼亞州的約克鎮畫下句點，時間是一七八一年十月十九日。這一天柯恩瓦利斯率領手下部隊投降，獨立戰爭終於結束了。[5]
一七七八年二月八日，法國在伯哥
英投降之後隨即承認美國的地位。
一七七八年六月，一支載送4000名
援軍的法國艦隊抵達北美。[4]
查爾斯頓

美國大革命

列顛王國之間所有的政治關聯已經、也理應要完全斷絕。」

這項動議由麻薩諸塞代表約翰．亞當斯的附議，然後於七月二日通過。七月四日，根據這項決議，會議發布了一份正式的《獨立宣言》。宣言出自湯瑪斯．傑佛遜之手，他是一位在政治學和政府論方面都有超凡天賦，並且治學相當嚴謹的學者，日後更將成為美國史上最著名的總統之一。

大陸會議發表《獨立宣言》、殖民地獲得最後勝利，並且於一七八七年通過那部名留後世的憲法（它是人類第一部成文憲法），這些消息一一傳到歐洲之後，在人們之間引起極大的關注。十七世紀宗教大戰爭之後發展出來的那種權力高度集中的君主國體制，在這段時間已經來到了它權力的高峰。各國興建的王宮都是雄偉異常，然而同一時間王國內各大城市的周遭，卻出現急速擴大的貧民區。貧民區裡的居民都已開始表現出鼓噪不安的跡象。貧民的處境確實相當無助，但是就連社會上的高層階級：那些貴族和專業人士，也開始對自己所處的政治與經濟環境出現疑慮。而美國殖民地人士所獲得的成功，向他們展現了：許多在不久前還是不可能的事，其實是可能的。

照詩人的說法，開啓萊辛頓之役[4]的第一聲槍響，「讓全世界都聽見」了。這種說法當然有點誇張。日本人、中國人、俄羅斯人，更不用說才剛被庫克船長重新發現的澳洲人和夏威夷人（庫克因爲自己惹出來的麻煩，而死於夏威夷人之手），可是完全沒聽到。但是，這聲槍響確實傳到大西洋彼岸，它的火花落在歐洲充塞著不滿的火藥庫上，在法國甚至引發一場大爆炸。爆炸的餘波衝擊了整個歐洲大

【4】譯註：美國獨立戰爭的第一場戰役。

陸，從聖彼得堡到馬德里。令那些過時的治國之術和外交技倆所建立起來的產物，就這樣被埋在好幾噸重的民主瓦礫之下。

52 法國革命

法國大革命向地球上所有人宣告自由、平等與博愛的原則。

在我們實地討論某一場革命以前，還不如先解釋清楚「革命」這兩個字究竟意謂什麼。借用一位偉大俄國作家的說法（關於革命，俄國人應該知道得很清楚），革命是「把在這片土地上已經扎根幾百年，似乎穩固到無法加以移除，就連最熱切的改革者也都幾乎不敢在著作中攻擊的制度，在幾年內迅速非常地加以推翻；（革命）是直到當時爲止，都還是國家民族的社會、宗教、政治和經濟生活的基本元素，在短時間內的衰退毀滅，土崩瓦解」。

十八世紀的法國就發生過一次這種革命。當時國家原本的舊文明已經開始腐壞，路易十四時代的國王成爲國家，成爲一切。在原本法蘭西聯邦中承擔公務人員角色的貴族，發現自己手上什麼職務也沒有了，變成一種點綴宮廷社交生活的物品。

與此同時，十八世紀的法國需要非常大的經費來運作。而國家的錢只能從稅收來，很不幸的，歷任法國國王都不夠強勢，叫不動貴族和神職人員拿錢出來繳稅，國家所有的稅賦因此全都落到農民肩頭上。但是，農民的生活已經夠慘了；住在寒酸農舍裡的他們，已經與原本的領主失去了親密的社會關係，淪爲被冷血又無能的地政官員宰割的對象，這些重稅根本是雪上加霜。他們不禁想道：「爲什麼我們要工作？爲什麼我們要努力？」農地產量如果增加，只是意味著要交出更多的稅，他們自己實際上什麼也沒拿到。因此，只要他們敢，就盡其可能地荒廢農事。

於是，我們可以看到有這麼一位國王，他周圍盡是空洞的光彩，在王宮中各個寬廣的大廳之間閒晃；身後常常跟著一批飢渴的求職者，他們每一個都是靠著從農人身上得到的稅收過活。但這些繳稅養活他們的人，卻在田野裡過著與動物差不多的日子。這幅景象讓人看了不大舒服，但卻完全不誇張。然而，關於這所謂的「舊秩序」，卻有我們必須謹記在心的另一面。

這另外一面就是：不只貴族，還包括與貴族關係緊密無比的富有中產階級（建立關係的過程一如往常，就是某位銀行家的女兒嫁給某位貧窮男爵的兒子），再加上由法國最善於製造娛樂的一群人所構成的宮廷人員，曾經共同將優雅又上流的生活藝術發展到最高境界。而由於這些全國最優秀的腦袋，沒辦法把時間用在如何發展本國經濟的問題上，只好把許許多多不知道該做些什麼事的空閒，花在從事遠離現實的清談上。

思想和行動的風潮，就跟流行服飾的潮流一樣，非常容易走向偏鋒與極端。因此，很自然地，法國宮廷這個當時最矯揉做作的地方，裡頭的人卻對他們所以爲的「簡單生活」極爲著迷。法國（包括它所有殖民地與附屬地）絕對而無從置疑的主人：法國國王與王后，會帶著弄臣們全部跑去住在一些可笑的鄉下小房子裡，穿得跟擠牛奶女工或看管馬匹的村夫一樣，把自己當成是住在古希臘快樂山谷裡的牧羊人來扮家家酒。弄臣們隨之起舞，圍在國王與王后身邊大獻殷勤，宮廷樂師負責編寫動聽的小步舞曲，宮廷造型師則努力設計出越來越精緻、越來越昂貴的頭飾。情況就這樣一直發展下去，最後凡爾賽宮（一座路易十四在遙遠巴黎喧囂擾嚷之處所建造的大秀場）這個虛僞的世界，單純地漸漸由於無所適事又無聊透頂（畢竟他們沒有「眞正的」工作），而對其他話題都沒了興趣，變得只想談論那些跟自己的生活與生命最遙不可及的事物【1】——就如同沒有東西吃的人，除了食物又還會談什麼？

當那位所有暴政者眼中的敵人（不論是宗教或政治上的暴政者）——那位年邁卻勇敢的老哲學家，同時也是劇作家、歷史學者與小說家的伏爾泰，開始把手中的批評當作炸彈，投向與「既存秩序」有關的一切，全法國都爲他鼓掌叫好，他的劇作演出時也場場爆滿。而每當那位尙．雅克．盧梭一談到原初社會的人性是如何美好，他們的生活是如何幸福快樂時，他的筆下總是帶著那麼動人的情感，令當代人看了莫不因此感動或欣喜（然而事實上，他對原初的人類幾乎一無所知，就像他其實根本不理解孩童，卻被當成兒童教育的權威一樣）；於是，全法國都讀起他的《社會契約論》，當他們讀到盧梭的吶喊，說著多麼想要回到那個美好的時代，那個眞正的權力仍在人民手中，國王僅僅是人民公僕的時代，這時所有身處於「朕即國家」之下的法國人，莫不流下了心酸的眼淚。

還有那位孟德斯鳩男爵，他的《波斯人信札》借用兩位高貴的波斯人之筆，把既存的法國社會攪得翻天覆地，上至國王，下至國王手下那六百位點心師傅中排名最後的一位，都成了他取笑的對象。這本書一出版就賣了四版，而且替孟德斯鳩後來那本《法意》早早打下廣大的讀者群。他在《法意》這本名著中討論政治制度，用傑出的英國制與落後的法國制互相比較，結論是應該放棄專制君主制，並且提出行政、立法、司法三權分立的說法。而當巴黎的書商勒布雷頓宣布將要延請狄德羅、達朗貝爾、涂爾哥等名士，以及其他二十幾位知名作家共同完成一部《百科全書》，裡頭將包含「所有新思想、新科學、新知識」，大衆對這項消息的熱烈回響讓出版商大感欣慰；當《百科全書》全套二十八冊中的最後

【1】譯註：指的是以下要介紹的啓蒙思想。

一冊終於在二十二年後完成，後知後覺的警察已經沒辦法壓抑法國社會渴望拜讀這套書的熱忱（正因爲它探討的是當時最具重要性的問題，對當局來說它才會那麼危險）。

在此，讓我給你一個小小的提醒。如果你讀到一本跟法國革命有關的小說，或者看到一齣探討它的戲劇，你一定很容易得到這樣的印象：這場革命是巴黎貧民區那些社會下層人民的傑作。事情完全不是這樣的。暴民常常會在革命的舞臺上登場，不過，那毫無例外是受到出身中產階級、擁有不錯職業的人士所煽動，並加以領導。這些人利用又飢又渴的大衆，作爲自己和國王及朝廷開戰的有力盟軍。而且究其根本，革命中心思想的發明者是那些頭腦不錯的少數人。甚至，革命思想最初的發表場合，其實是屬於「舊秩序」那些美侖美奐的交誼廳，對象則是國王陛下的宮廷裡百般無聊的紳士和淑女們，目的則在於讓他們有一些討喜的話題充當消遣而已。於是，這些生活愉快、無憂無慮的人們，開始玩起「社會批判」這種危險的爆竹，結果讓火花從地板的裂縫穿出來；畢竟，那是棟又老又舊、開始風化的建築了。不幸地，這些掉出來的火星落到了擺在地下室裡，那些經年累月、五花八門的廢棄物上。下一幕你就可以看到人們四處驚呼：「著火了！著火了！」可是，那位對什麼都有興趣，唯獨對如何保管自己財產沒興趣的房子主人，連該怎麼把一些小火苗滅掉都不知道。於是，火焰迅速滋長散布開來，最後整幢房子都被雄雄烈焰呑噬——這，我們稱之爲「法國大革命」。

爲了方便起見，我們可以把法國革命分成兩個階段。一個是從一七八九到一七九一年，這段時間，人們或多或少嘗試以和平合法的方式引進一套立憲君主制，結果失敗了。原因有一部分是國王自己既愚蠢又缺乏改革的誠意，一部分則是出於沒有人能夠控制的環境因素。

而一七九二到一七九九年之間，則出現了一個法蘭西共和國，同時法國也首次努力嘗試建立民主政體。但是在經過多年的紛亂，以及許多出發點雖然很純正，卻無法獲得實際成果的改革實驗之後，終於爆發了眞正的政變。

話說正當法國欠下四十億法朗的債，國庫裡總是空空如也，而且再也找不出新名目來課稅以後，就連我們寶貝的路易國王（一位專業級的鎖匠、了不起的獵人，但是非常糟糕的政治家）都隱約覺得，似乎不做些什麼事不行了。因此他召來了涂爾哥，請他當國家的財政大臣。安紐．羅貝．雅克．涂爾哥領有歐尼一地的男爵爵位，正值六十歲出頭，是正在迅速消失的土地鄉紳階級中最傑出的代表人物。他是一位成功的省總督，雖然不是受這方面的正式教育，不過，他對政治經濟學這門學問有著出衆的天賦。涂爾哥雖然盡了全力，可惜法國需要的，是他沒辦法創造的奇蹟。由於已經無法再從窮途潦倒的農民身上擠出任何東西，涂爾哥不得不把腦筋動到那些從來沒有繳過一毛稅的貴族和神職人員身上，這讓他成爲凡爾賽宮廷裡最惹人厭的傢伙。除此之外，他還躲不開王后瑪莉．安托妮的怨恨；只要有人敢在她面前提到「節省」兩個字，她就視誰爲眼中釘。沒多久，涂爾哥就被安上「不切實際、只知空想」，或者「只會談理論的教授」這類稱號，他的位子當然遲早保不住；一七七六年，涂爾哥被迫辭職。

「教授」下臺以後，接任的是一位宮裡稱他「有實際業界知識」的人。這位兢兢業業的瑞士人名叫內克，靠著從事投機型穀物買賣，以及身爲跨國銀行業的合伙人而成爲鉅富。但是他進入政界不完全是

斷頭臺

自己的意思，而是他妻子別有用心，希望可以藉此替他們的女兒在法國宮廷建立更高的地位——這位女兒日後果然嫁給一位瑞典駐法國大使史塔耶爾男爵，並且成爲十九世紀早期的著名文學家。

內克上任以後展現出來的幹勁，就跟前任涂爾哥一樣。他在一七八一年提出一份法國財政的詳細審核報告，可是國王完全看不懂這份報告。他剛剛才派了軍隊到美洲去，協助殖民地人士對抗雙方的共同敵人——英國；而他沒想到，原來這次遠征會這麼花錢。於是，國王請內克把國庫需要的錢籌出來。結果內克沒把錢生出來，倒是又做了一大堆數字和統計，然後開始提出「宮廷有必要節省開銷」這種令人厭煩的警告；看來，內克當財政大臣的日子也不多了。同樣是在一七八一年，內克因爲無能而被免職。

「教授」和「有實務經驗的人」都下臺之後，終於來了一位令人感到愉悅的那種財政大臣。他保障宮廷裡每個人每個月都會拿到想要的錢，只要他們信任他那萬無一失的套路。這位一心想要往上爬的官員名叫夏爾．亞歷山德．卡隆，靠著他的勤奮努力，也靠著他的寡廉鮮恥、言而無信，一步步站上這個位置。他很聰明，而且樂於取悅每個人。面對國家面臨嚴重的債務問題，他想出一個一針見效的辦法：用欠下新債來還舊債。這不是什麼新方法，而且自古以來，用了這招的人都沒有好結果。這位臉上從來不曾擔憂什麼事，笑容總是那麼迷人，無論國王陛下和他那位美麗動人，打從在維也納的少女時期就養成揮霍習慣的王后，向他提出什麼要求，都會微笑簽字的財政部長，在不到三年的時間內，就替法國國庫的收支表上新添八億法朗的債務。

到最後，就連完全效忠於君王的「巴黎議會」（雖然叫這個名字，但它其實是法國的高等法院，而不是立法機關）也看不下去，覺得應該採取些行動了。這一年，卡隆又想再借八千萬法朗，可是那年的穀物欠收，地方上的經濟狀況很差，甚至連糧食都不夠；再不做些大刀闊斧的事，國庫就要破產了。國王一如往常，沒意識到情況的嚴重性。巴黎議會想到：何不與人民代表商量看看呢？自從一六一四年起，「三級會議」【2】就沒有召開過，眼見經濟危機迫在眉睫，實在很有需要再召開一次。然而，缺乏決斷力的路易十六拒絕動用那麼極端的手段。

路易十六

爲了平息群衆的聲音，路易十六在一七八七年時，還是召開了一個「權貴」會議，意思不是別的，正是由一群地位最顯赫的權貴家族，聚在一起討論可以做什麼，以及應該做什麼；前提是不要動到他們自己身爲貴族，或身爲神職人員的免稅特權。去指望社會中的某個階級單純爲了其他階級的同胞著想，就放棄自己在政治和經濟上的利益，是一種不合情理的期待。是的，參與會議的一百二十七名權貴，死也不肯讓出一丁點兒他們自古以來就擁有的權利。眼見如此，已經處於饑荒之中的社會大衆，要求他們所信任的內克重回財政大臣之位。權貴們對於這點依然說「不」，所以，群衆們開始走上街頭、破壞建築，或者做些其他不守秩序的事，嚇得權貴們逃出巴黎，卡隆也被迫下臺。

接著上臺的財政大臣是樞機主教隆梅尼．布利恩，他沒有什麼值得一提的事，不過，在飢腸轆轆的法國人民訴諸暴力的威脅之下，路易十六終於同意「只要條件可行」，就會召開那符合傳統的三級會

【2】譯註：這是法國傳統政治習慣上，國家遇到重大困難時會召集的大會，由貴族、神職人員、平民三個階級組成，所以中文稱它三級會議。

議——這種曖昧含糊的承諾當然滿足不了任何人。

就在這個時候，法國遭逢近一百年來最難捱的冬天，當年的收成若不是被洪水淹壞，就是被低溫凍死在田裡，普羅旺斯的橄欖樹通通都死光了。雖然私人的慈善活動盡了全力，但是，對全國一千八百萬餓肚子的人口來說，只是杯水車薪。到處都有爲了搶奪麵包而生的亂事。一個世代以前，這些街頭暴動或許會被軍隊鎮壓，不過，新哲學思潮對世界帶來的影響已經逐漸開花結果。人類開始了解，散彈槍不是解決飢民問題的辦法，而且士兵也不一定會乖乖聽命行事（他們也是出身平民）。如今國王已經絕對有必要採取一些明確的行動，來重新贏回人民對他的好感，可是他依舊猶豫不決。

在新思想支持者的推動下，全法各地開始出現一些小型獨立共和國。連忠於王室的中產階級中，也有人開始吶喊：「沒有代表，就不能徵稅」（剛好就是大約二十五年前，那些美洲叛國分子的口號）。法國面臨可能陷入全面無政府狀態的危機，爲了安撫民衆並且提高王室的支持度，政府出乎人民意料地取消原本非常嚴格的出版審查制度。馬上，一道由筆墨構成的洪水就降臨在法國的土地上。不論身分高低，每個人都在批評別人，也都在被人批評。光是這段時間就有二千本以上的冊子出版。羅梅尼·布利恩被這股怒罵攻訐的大水捲走。國王急忙把內克找回來，請他盡可能平息全國的騷動局面。內克一重新上任，股票市場立刻上漲了百分之三十，各界也毫無例外地暫時停下批判的火力。同時，三級會議計畫將在一七八九年五月召開，屆時集合全國上下的智慧以後，重新打造法蘭西王國，使它成爲一個健全而幸福的國家，這個困難而棘手的任務就可以迅速獲得解決了。

集結人民的智慧，就能夠解決所有難題——這個盛行於當世的想法，最終證明是錯得可怕；在關鍵的那數個月間，它所做的就是削弱所有個人性的努力。內克也沒有把政府的主導權緊握在自己手裡，在這個關鍵時刻放任一切自然發展，因此，對於何者才是改革舊王國最好的方法這個問題，又重新爆發了一場激烈的爭議。全國各地警察的力量都開始消退。巴黎市郊的人民在那些職業煽動者的率領下，漸漸發現什麼叫作「群衆的力量」。從此之後，這些群衆就開始扮演直到大動亂結束時，他們都將扮演的角色：一股被革命實際的領導者所利用的野蠻力量（藉此取得那些靠合法手段沒辦法得到的事物）。

爲了討好農民和中產階級，內克決定讓他們在三級會議中得到雙倍的代表名額。針對這個主題，有一位西耶斯神父在當時還發表了一本《第三階級相當於什麼？》的小書來討論，他在書中做成的結論是：第三階級（他們當時這樣稱呼中產階級）本來應該是最重要的，但是在過去它卻什麼都不是，而現在它開始渴望是什麼了。對那些將國家利益放在心中第一位的法國人來說，這項結論反映出他們之中絕大多數人的看法。

雖然是在難以想像的糟糕條件下，選舉終於舉行了。大選結束後，三百〇八位神職人員、二百八十五位貴族，以及六百二十一位第三階級的代表，開始整理行囊，準備向凡爾賽宮出發。不過，第三階級代表必須多帶一件行李，那就是一大疊厚厚的「報告書」，裡頭所寫的乃是許許多多選區人民心中的抱怨與不滿。好了，舞臺已經準備妥當，拯救法蘭西的偉大最終幕終於可以上演了。

一七八九年五月五日，三級會議正式召開。國王的心情很糟，因爲神職階級和貴族階級擺明了不願意放棄任何一項特權。他決定下令讓三組代表各自在不同的房間裡討論他們的不滿，但是第三階級拒絕服從這項論旨。爲此，一七八九年六月二十日那天，第三階級代表們舉行了一場鄭重的宣誓儀式（地點是一座網球場——爲了這次非法集會，特地急忙整理一番）；堅決要求三個階級，不管是貴族、神職人員，或是第三階級，必須共同集會。國王知道這件事情之後就讓步了。

巴士底監獄

現在，作爲一個「國民大會」，三級會議開始動手高談闊論起法蘭西王國的處境。國王對此感到非常憤怒，可是他還是沒有採取任何行動。他只是撂下「絕對不會讓出手上的絕對王權」這句話，就起啓程去打獵，把國家大事拋在腦後；等他追趕完獵物回來後，他又願意退讓了。這位國王有個習性，就是在錯的時間，用錯的方式，來做對的事。當人們大喊著：「我們想要A」，他會把人民斥責一頓，並且斷然加以拒絕。等到王宮四周都是大聲咆哮的窮苦百姓時，他就會放棄原來的立場，給出他們所要求的東西。可是這個時候，人們不只要A，還想要B了。然後這樣的鬧劇一再上演：等到國王終於在皇家敕令上簽下名字，賦予他親愛的子民A和B的時候，人們已經在說著：除非他們得到A、B、C，不然就要血洗整個王室家族。就這樣，路易十六一個接著一個數完了二十六個英文字母，一路數上了斷頭臺。

這位國王再怎麼數，很不幸地總是落後一個

字母，他卻從來都不曾明白這一點。即使是當他的頭已經貼在斷頭臺上，依然覺得這一切對他太不公平，覺得他已經用自己有限的能力去盡量愛民，而這些人民竟然對他做出這麼過分的事。

之前我就常常提醒你，歷史上的「假如」是沒有任何重要性的。「假如路易更積極有力，而且不要那麼仁慈、那麼心軟，法國的君主制或許就不會覆滅。」這種話我們說來當然很容易。可是，這位國王從來都不是只有他單獨一個人。「就算（這也是一個假如）」他擁有拿破崙那種堅決的力量，他在這段艱難時局中的一切作爲，也很有可能會輕易地被他的妻子毀掉。這位王后的母親是奧地利的瑪莉亞・德瑞莎，身爲一位在中世紀文化影響下，當代最專制的宮廷裡長大的皇家女性，這位王后具有這類人身上的一切性格缺點與優點。

面對人民的壓力，她下定決心要採取一些必要行動，也就是策劃一些反革命運動。內克因此被突然解職，皇家軍隊也被召來巴黎。聽聞這些消息的群衆，便對巴士底監獄的碉堡發動猛烈攻擊。就在一七八九年七月十四日這一天，這座人人皆知、人人皆恨，象徵著專制王權的監獄，被民衆攻下了。當時這座監獄已經有很長的一段時間不再是專門囚禁政治犯，而是跟巴黎其他間監獄一樣被當成一般拘留所而已。不過，許多貴族依舊知道這次暴動事件代表什麼意義，紛紛出國避難。然而，國王還是一如往常，什麼動作也沒有——的確，他在巴士底監獄陷落那天有去打獵，那次他打到好幾頭鹿，眞是非常開心。

現在，那個「國民大會」開始動起來了，他們在開會的時候，巴黎群衆的吵鬧聲代表們還歷歷可聞。八月四日，大會做成廢除所有特權的決定，隨後更在八月二十七日發表了《人權宣言》，也就是法國第一部憲法裡那章舉世聞名的前言。到目前爲止，一切看起來都很好，只是王室方面很明顯還是沒學到教訓，讓越來越多群衆開始懷疑：國王又在企圖阻礙這些改革行動。結果在十月五日，巴黎發生了第二次暴動。這次它擴散到了凡爾賽宮，暴動的民衆怎麼樣也不願散去，直到把國王帶回位於巴黎的王宮爲止。他們無法放心讓國王留在凡爾賽宮，他們希望國王待在可以受到他們監視的地方，這樣才可以管控他的通信——那些他寫給維也納、馬德里，或者歐洲各國宮廷裡親戚的信。

同一時間，在國民大會裡，米哈波（原本是一位貴族，後來成爲第三階級的領導人）正在開始努力讓社會恢復秩序。不過，一七九一年四月二日，他在還沒來得及拯救國王的處境以前就去世了。終於開始替自己的性命擔起心來的國王，在六月二十一日那天試著想要逃出法國。可是，銅板上就有他的畫像，很多人都認出他來。於是他只來到瓦倫村附近，就被國民防衛隊攔截下來，又給帶回巴黎去。

一七九一年九月，國民大會的代表們通過法國史上第一部憲法之後，終於可以回家了；同年十月一日，換成立法大會召集，繼續國民大會的工作。許多革命性質極度強烈的人士都進入這個人民代表組成的新機構。其中最兇狠的團體是所謂的雅各賓派，這個名字的由來，是因爲它的成員常在舊雅各賓修道院中，舉辦他們的政治集會。這個派系主要由青壯人士組成，絕大多數都出身專業人士階級。他們發表的演說非常極端，當報紙把他們的言談內容帶到柏林和維也納以後，普魯士國王與神聖羅馬帝國皇帝決定需要做些事情，來拯救他們在法國王宮裡的那兩位親人。當時他們正爲了瓜分波蘭王國之事忙得不可開交（王國內部的政治鬥爭令國家陷入混亂，使得任何鄰國只要有意，都可來波蘭分一杯羹），不過還是勉強可以派出一支軍隊，進入法國境內解救法國國王大難臨頭。

這麼一來，驚慌與恐懼的巨浪席捲了法國每個地方。多年來的饑荒與苦難，已經不知造成了多少仇恨，如今這些原本被壓抑的情緒衝上了一個可怕的最高峰。巴黎的暴民對杜樂麗王宮發動攻擊，忠心護主的瑞士籍衛兵努力抵擋暴民的攻勢，但是正當群衆開始準備散去的時候，總是舉棋不定的路易卻下令手下「停火」。在鮮血、噪音，還有廉價葡萄酒的影響下，已經陷入狂亂的群衆就這樣把瑞士護衛殺到一個也不剩，然後衝進王宮之內，追著自己的國王跑。路易趕緊逃進國民大會的大會廳，他在那裡立刻被免除了王位，以囚犯的身分被帶到坦普的舊城堡。

但是，奧地利和普魯士的軍隊依然在進軍，人民的情緒由驚慌轉爲歇斯底里，人人都成了野獸。一七九二年九月的第一週，暴亂的群衆衝進各處監獄，把裡面的囚犯通通殺光，期間政府完全沒有插手。丹東領導的雅各賓派知道，這次危機關係著革命的成敗，而且只有訴諸不顧一切的殘忍手段，才有辦法拯救他們。於是一七九二年九月二十一日，立法大會關閉，新成立的「國民公會」召開。這個機關的組成代表幾乎全都是立場極端的革命分子，他們正式以加重叛國罪起訴國王，直接在國民公會上審判他。審判結果：國王有罪！並且在三百六十一比三百六十票之下宣告死刑（多出來的那一票，是國王的親戚奧爾良公爵所投的）。一七九三年一月二十一日這一天，路易十六靜靜地、非常有尊嚴地讓人帶到斷頭臺上。一直到死，他都不曾了解過這一切的槍聲、喧鬧、混亂、爭吵，究竟都是爲了什麼；而他的自尊心太過強烈，更不願意開口問人。

處死國王之後，雅各賓派開始把茅頭指向國民公會中立場比較溫和的吉倫特派，之所以叫這個名字，是因爲他們來自南方的吉倫特地區。雅各賓派建立了一個革命特別法庭，將二十一位吉倫特派的領導人物通通處以死刑；其他的吉倫特派重要人物眼見如此，也只能選擇自殺。這些死者都是才能出衆、誠實正直的人，只是他們太相信思考的力量，性子也太過溫和，沒辦法在這種可怕的時代存活下來。

法國大革命波及荷蘭

一七九三年十月，雅各賓派乾脆凍結憲法，「直到和平到來的那一天爲止」。國家大權全部落入一個由非常少數人組成的「公共安全委員會」手上，丹東與羅伯斯比則是委員會的首腦。基督教和舊曆法都被廢止。托馬斯．潘恩在美國革命期間，著書侃侃而談的那個「理性時代」確實來臨了，不過，跟著它一同來臨的還有爲期超過一年的「恐怖統治」，以每天七、八十人的速度，將不論好人、壞人、不好不壞的人通通送上斷頭臺。

國王專制遭到廢除以後，取而帶之的是由少數人施行的暴政。這些少數人對民主的價值是如此熱愛，竟然熱愛到他們覺得非把意見不同的人殺光不可。法國因此成爲一個巨大的屠宰場，裡頭每個人都互相猜忌懷疑，擔心自身的安全下一刻就不保。有些前國民公會的成員，知道自己可能就是下一批被送上斷頭臺的名單，因此，純粹出於恐懼之下，他們終於倒過來反對羅伯斯比。

這位已經把絕大多數前同志的頭砍光光，號稱「唯一眞實且純粹的民主人士」的羅伯斯比，在發現大勢已去時曾試著自殺，但沒有成功。人們草草包紮羅伯斯比在自殺過程中弄傷的下巴之後，便連忙把他拖到斷頭臺上，這天是一七九四年七月二十七日，（如果用革命後採用的那套奇怪曆法來算的話）也就是新曆第二年熱月的第九日，恐怖統治落幕，全巴黎都爲此歡慶。

由於法國還是面臨危急存亡的局勢，國家大權依然有必要留在少數強人手中，一直等到那些革命的敵人被趕出法國領土爲止。於是，就在衣不蔽體、食不果腹的革命軍，拚了命在萊茵河、義大利、比利時與埃及打著岌岌可危的戰爭，終於把每個反對大革命的敵人通通擊敗的這段期間，國內政局演變成由五大執政來統治。四年後，所有權力漸漸全部來到一位常勝將軍手上，到了一七九九年，這位拿破崙·波拿巴成爲法國的「第一執政」。從這年開始，接下來的十五年間，人們眼前將出現一幅歷史上前所未見的景象：歐洲大陸將成爲一間大實驗室，供一系列的政治實驗在此上演。

53 拿破崙

拿破崙生於一七六九年，是科西嘉島阿雅秀城一位誠信的公證人卡洛・瑪莉亞・波拿巴，與他那位好妻子蕾蒂齊亞・拉默里諾的三子。這告訴我們：他出生的時候不是法國人，而是義大利人。他土生土長的這座島嶼，從古時候起就先後淪爲希臘、迦太基，和羅馬的地中海殖民地，所以，它長年以來都在奮力回復自己的獨立地位。科西嘉爭取獨立的對象，早先是熱那亞人，十八世紀中葉之後則是法國人；他們原本一副好心地表示，要協助科西嘉人追求自由，之後卻本於自己的利益占領了科西嘉。

在他前二十年的人生中，少年拿破崙完全投入科西嘉愛國運動，可以說是科西嘉的新芬黨人[1]。當時他的志向是將熱愛的家鄉，從令人痛恨的法國敵人手中解救出來。但是，由於法國大革命的關係，「科西嘉獨立」這項要求出人意料地得到法國承認。於是，在法國布利恩接受過良好軍事訓練的拿破崙，也就漸漸轉移立場，認法國爲自己的國家，並且投入法國軍旅。雖然叫他拼法文總是會有一些錯字，他講起法語時，那濃厚的義大利口音也一輩子都改不掉，但他還是完全成了一位法國人。甚至隨著時間過去，「拿破崙」三個字被認爲是法國一切成就的最高表現，而一直到現在，他都是法國天才的象徵。

拿破崙這個人是所謂的效率高手。他位居高位的時間不超過二十年，但是在這短短的期間內，他所打過的仗、獲得的勝利、行軍的距離、征服的土地、殺掉的人、推行過的改革——總括來說，他顛覆歐洲的程度，比起任何人曾經達到過的，無論是亞歷山大大帝或成吉思汗，都更深遠巨大。

他是個矮子，小時候身體很不好，沒有令人印象深刻的外表；終其一生，當他不得不出席社交場合時，他都表現得很彆扭；教育、出身、財富，這些優勢他一項也沒有。年輕時期大部分時間他都窮到無以復加，三不五時就得挨餓，或者用一些意想不到的方法賺點小錢。就連在文學方面，他也不曾展現出什麼天賦；他曾經參加里昂學院舉行的文學獎，在十六名參賽者裡，他的文章排名倒數第二。儘管如此，由於他對自己的命運，以及自己輝煌的未來，有著毫不動搖的絕對信心，這種種逆境全都被他克服了。

他一生最主要的原動力，就是實現自己心中渴望的目標。對「自己」的關注；對他名字字首大寫字母N的崇拜（他所有的書信都用它來簽名，而且在他倉促建築的皇宮裡，它也不停反覆出現在各種裝飾品上）；還有他那個絕不會妥協的心願：將「拿破崙」變成全世界僅次於上帝之外最重要的名字——總之，正是這些欲望將拿破崙的名聲推向其他人都不曾到達過的頂峰。

拿破崙還是一位拿半薪的中尉時，就非常喜歡希臘歷史學家普魯塔克所著的《名人傳記》；但是，這些古代英雄的高貴人格從來不是他效法的標準。拿破崙似乎完全缺乏那些使人類有別於動物的特徵，也就是設身處地爲他人著想的情感。除了自己以外，他究竟有沒有眞正愛過任何人，這點幾乎沒有人說得準。確實，他對母親說起話來是恭敬有禮，不過，蕾蒂齊亞本人的言行舉止，原就散發出一股傑出女性的氣息，而且跟其他義大利母親管教孩子的方式一樣，她深知如何取得孩子對自己的尊敬。雖然拿破崙有幾年的時間，很寵愛自己那位美麗又帶有異國丰采的妻子約瑟芬——她的父親是一位駐紮

[1] 譯註：新芬黨是強烈追求北愛爾蘭獨立的一個政黨。

馬丁尼克島【2】的法國軍官，前夫則是那位因爲在與普魯士的作戰中失利，就被羅伯斯比處決的博赫納子爵。不過，在約瑟芬確定沒辦法爲拿破崙生下子嗣之後，拿破崙就與她離婚，另娶奧地利皇帝的公主爲妻；在他看來，這麼做應該會是項好策略。

在那場讓他以炮兵隊指揮官的身分樹立名聲的土倫防衛戰期間，拿破崙非常勤奮認眞地研讀了馬基維利的著作。此後，他便遵循著這位佛羅倫斯政治家的建議，只要結果對自己有利，就絕對不會信守承諾。拿破崙的字典裡沒有「感激」這個詞。平心而論，拿破崙也不會指望別人感激他。他人的苦難，拿破崙可以完全不放在心上。他曾經先答應饒戰俘一命，後來卻又把他們處決（這是一七九八年發生在埃及的事）。在敘利亞，當他發現沒辦法把自己的傷兵送上船以後，就悄悄把他們全部留在原地自生自滅。他命令一個不公正的軍事法庭宣判安亙公爵死刑，然後在沒有任何合法依據的情況下把他槍決，而這一切只是基於一個理由：「給波旁王朝一個警告」。他下令把那些爲了自己國家獨立而戰，結果落敗被俘的德國軍官，全部拖到牆邊槍決；就連那位提洛爾的英雄安德里亞斯·霍佛，經過英勇無比的反抗而成爲他的階下囚後，拿破崙也只是用對待一個小叛國賊的方式來處死他。

簡而言之，我們越是研究這位皇帝的人格，越是可以理解爲什麼當小孩子不願意乖乖上床睡覺時，那些不耐煩的英國母親會嚇唬他們說：「有一個可怕的波拿巴叔叔會來把不乖的小孩子抓走，當成早餐一個一個吃掉喔！」這樣一位奇怪的暴君，我已經說了他許許多多的壞事，甚至還沒提到他只知不厭其煩地要求軍中每個部門的所有細節，唯獨卻對醫護方面毫不在意；或者，儘管他讓自己的士兵全身都是汗臭味，自己卻受不了這種味道，還把整套軍服都灑上古龍水——我還有一大堆這種故事可以繼續說下去。然而我必須承認，當我說了這麼多拿破崙的負面消息後，卻隱隱有股懷疑的聲音在心底生起。

此時此刻，我正坐在舒適的椅子上，面前是張堆滿書本的桌子，一隻眼睛盯著我的打字機，一隻眼睛盯著我那隻貓（牠名叫「甘草」），怕牠又吃了哪張複寫紙（牠最喜歡那個味道）。對，我正在向你說著這位拿破崙皇帝是如何卑劣到無人能比。但是，假如我剛好抬頭往窗外望向第七大道；假如路上川流不息的卡車拖車突然間全部停了下來；假如我耳邊傳來一陣沉重的鼓聲，然後遠處出現了一個矮小的男人，他騎著白馬，穿著一套年久陳舊的綠色軍服。這時候，我不知道，但我怕我眞的會丟下手上的書本，丟下我的小貓、我的房子、我的一切，去追隨他，直到天涯海角。當年我自己的祖父就是這樣，而且老天可以作證，我祖父骨子裡並不是什麼英雄人物。除了我祖父，當年不知有多少人的祖父也隨他而去。他們沒有得到任何獎賞，但他們其實也無意要求任何回報。他們滿心歡喜，獻出自己的手腳與生命給這位外國人。他將他們帶到離家千萬里之處；驅策他們向著俄羅斯人、不列顚人、義大利人，或者奧地利人的炮火彈幕中衝過去；然後，當他們痛苦地在死前掙扎時，這位先生卻只靜靜地望向天空盡頭。

如果你問我，爲什麼他們願意這樣？我只能回答你：我也不知道。我只能猜或許有個原因是：拿破崙是一位最棒的演員，整個歐洲大陸都是他的舞臺。任何時間、任何地點、任何一種環境與條件，拿破崙都可以精準地掌握到，應該表現出什麼樣的姿態，以及用什麼樣的話語，讓觀衆留下最深刻的印象；無論是在埃及沙漠裡雄偉的金字塔和人面獅身像前面演說，或者是在寒露浸透的義大利平原向冷到

【2】譯註：是法國在加勒比海的殖民地。

發抖的士兵精神喊話。不管什麼時候，他都是狀況的主導者。甚至到了最後，當他已經是個病老頭，被放逐到大西洋中央的小島上，受到討厭又無趣的英國督察擺布，即便如此，他還是能讓舞臺的焦點集中在他身上。

滑鐵盧之役戰敗後，除了少數他信任的朋友，就再也沒有人見過這位偉大的皇帝。歐洲的人們知道他在聖赫勒納島的朗伍德農場上過活，知道有一支英國駐軍日夜看守著他，知道還有一支英國艦隊守在島外。即使如此，拿破崙的名字從來都不曾離開過人們的腦海，不論是他的朋友，或是他的敵人。當疾病和絕望最後終於把他帶走，世人依舊感受到他的雙眼正無聲地注視著他們。即使到了今日，他在法國人生活中所占的分量，依然不減於一百年前——那時候，人們光是看這位面容憔悴的男人一眼，就會緊張或興奮得暈過去。那時候，他曾經把自己的坐騎暫時安頓在俄羅斯克里姆林宮中最神聖的殿堂裡，也曾經像對待僕役一般對待教宗或世界上任何一個大人物。

光是想要簡單勾勒出拿破崙的一生，就需要用到一套分成上下兩冊的書。要介紹他對法國政治制度所做的巨大改革、在歐洲大多數國家施行的新法典，以及他在公共領域所推行的各種運動，沒有幾千幾萬頁的篇幅是寫不完的。不過，我還是可以用幾句話來解釋他生涯的前半段爲什麼如此成功，他生命的最後十年又爲什麼會失敗。一七八九到一八〇四年，拿破崙是法國革命的偉大領袖。那時他不單單只是爲了自己的名聲而戰；他之所以會去擊敗奧地利、義大利、英國，和俄羅斯的軍隊，是因爲他本人，以及他手下的將士，都是「自由、平等、博愛」這套新教義的門徒；也都是人民的朋友，帝制的敵人。

但是，一八〇四年這一年，拿破崙讓自己搖身一變，成爲法蘭西的世襲皇帝，派人請來教宗庇護七世爲他加冕，正如西元八〇〇年，雷歐三世加冕了另一位偉大的國王法蘭克人查理曼一樣——查理曼所立下的這個典範，一直以來都歷歷在拿破崙的眼前。

拿破崙一登上帝位，就從過去那位革命領袖，轉變成哈布斯堡君主的失敗仿造品。他把自己的精神導師：雅各賓政治社團[3]給拋在腦後，不再是保護受壓迫者的鬥士，反而搖身一變，成爲所有壓迫者的大頭目；他讓自己的槍決隊隨時準備就緒，敢違背這位皇上的意思就會被處死。一八〇六年，神聖羅馬帝國那可悲的殘骸被他掃進歷史的垃圾筒，這項古羅馬榮光的最後遺物毀於一位義大利農夫子孫[4]之手時，固然沒有人爲此流過一滴淚；但是，當拿破崙的大軍開進西班牙，強迫西班牙人必須認一位他們不喜歡的傢伙爲王[5]，還因此在馬德里屠殺仍然忠於舊王室的可憐百姓，這個時候，輿論就開始反對這位身爲馬倫哥之役、奧斯特里茲之役，以及其他上百場革命戰爭英雄的拿破崙了。一直要到這個地步，也就是拿破崙再也不是革命之子，而是所有舊秩序壞成分的化身以後，有心人才有辦法引導那股迅速傳播開來的、對拿破崙的仇恨之情，促使所有正直誠信的人都成爲這位法國皇帝的敵人——而這有心人乃是英國。

由於新聞報導會把法國大革命恐怖統治期間的殘酷細節帶回英國，所以英國人打那時候起就對相關事物感到噁心至極。一個世紀以前，他們自己就發動過一次大革命（就是查理一世在位期間那次），那明明是件很簡單的事，然而巴黎卻把革命搞成大動亂。在一般英國人眼裡，雅各賓黨人就是妖怪，一看

【3】譯註：雅各賓派的正式全名稱。
【4】譯註：指拿破崙。
【5】譯註：拿破崙的哥哥。

到就該趕快開槍，至於拿破崙更是大魔頭。從一七九八年起，英國就派艦隊封鎖法國；之後，英國破壞了拿破崙取道埃及攻打印度的計畫，逼他只能在尼羅河畔取得一些局部勝利後，就不得不狠狽地撤退。終於，到了一八〇五年，英國得到等待已久的機會——英國的尼爾森在接近西班牙西南岸特拉法角之處，把拿破崙的艦隊痛擊到完全不可能復原的程度。

從那一刻起，這位皇帝就只能在陸上活動了。不過，即便如此，拿破崙其實還擁有足夠的實力，維持自己歐洲公認霸主的地位；可惜的是，拿破崙未能領悟時機已經不站在他這邊，所以儘管其他強權向他提出內容體面的和約，他也不願意接受。他被自己耀眼的榮光遮蔽了雙眼，不願接受別人可以跟他平起平坐，也不能忍受任何對手的存在。於是，他打算把心中的怨恨發洩在俄羅斯身上；他想：在那個神祕的國度裡，那一望無際的平原上，應該有著數不盡的人可以當他的炮灰吧！

只要俄羅斯的保羅一世，也就是凱撒琳大帝那位神智不清的兒子還在位，情況就對拿破崙有利。不過，保羅開始變得越來越倒行逆施，他的臣下不得不殺了他（以免通通都被他送去西伯利亞當礦工）。雖然保羅生前傾心於「篡國者」拿破崙，不過，他的兒子亞歷山大皇帝卻視其為全人類的敵人，是永不知休止的和平破壞者。亞歷山大是位虔誠的教徒，相信自己就是受到上帝挑選，前來解救世界脫離那位科西嘉人魔掌的人。所以，他跟普魯士、英國、奧地利組成聯軍，結果卻敗於拿破崙之手。他試了五次，失敗了五次，但是他依然不放棄。一八一二年，他再度挑釁拿破崙。終於，這位法國皇帝忍不住了，在被怒氣沖昏頭之下，他發誓要先直搗莫斯科，再叫俄羅斯人向他求饒。接下來，歐洲每個遙遠的角落，從西班牙、德國、荷蘭、義大利、葡萄牙，各地都有心不甘情不願的軍團開始向北移動，為的就是要讓我們偉大皇帝受了傷的自尊心，可以得到該有的補償。

莫斯科大撤退

剩下的故事相信大家都耳熟能詳。經過兩個月的行軍之後，拿破崙到達這座俄羅斯首都，在神聖的克里姆林宮設立自己的總部。然而，一八一二年九月十五日那一晚，莫斯科城突然陷入火海，大火直燒了四天，當第五天夜幕來臨時，拿破崙下令撤軍回歐。二週後，換成大雪開始從天而落，等到大軍在雨雪與泥濘之中舉步維艱地抵達柏勒及納河畔，已是十一月二十六日的事。這時候，俄羅斯才開始對拿破崙軍發動貨眞價實的攻擊。哥薩克騎兵從四面八方擁出來，包圍住拿破崙的「大軍」——但它已經不是一支軍隊，而是一群烏合之衆而已。一直要到十二月中旬，人們才能在德國東部的城市看到第一批殘存的拿破崙軍。

此時，街上開始到處都是傳聞，說反抗拿破崙政權的起義已經一觸即發了。歐洲各地的人民都在說：「是時候了，讓我們掙脫身上這個無法忍受的枷鎖！」然後，他們開始把之前藏得好好的，不讓無所不在的法國間諜看到的獵槍拿出來。然而，在他們還不知道究竟發生了什麼事以前，拿破崙就帶著一支新軍隊回來了！原來他拋下剛吃了敗仗的那些士兵，坐上輕便的雪橇，先一步趕回巴黎，向法國人做出最後一次懇求，希望他們再爲他投入軍旅，好讓他捍衛法國神聖的國土，免受外國人的入侵。

於是，十六、七歲的孩子們就這樣跟隨他的腳步，向東而去迎戰聯軍的兵力。一八一三年十月的十六、十八、十九日，戰況慘烈的萊比錫之役發生了。穿著綠軍服的少年和穿著藍軍服的少年狠狠廝殺了整整三天，直到艾斯特爾河的河水被鮮血染紅爲止。

時間倒回十月十七日那天的下午，當擔任次軍的俄羅斯步兵集結至戰場上，突破了法軍布下的防線之後，拿破崙本人便於此日抽身。他趕回巴黎之後，便退位給自己的小兒子，但是聯軍堅持非得由路易十八，也就是前國王路易十六的弟弟來接下法國的寶座。於是，這位兩眼無神的波旁王朝親王，就在哥薩克騎兵和烏蘭騎兵的簇擁下，以凱旋之姿進入巴黎。

至於拿破崙，聯軍依然讓他當一位君主，只是現在他能統治的，乃是地中海上一座名爲艾爾巴的小島。他可以在島上發揮他的長才，例如把馬童僕役編組成一支迷你軍隊，或者在棋盤上進行一次次的戰役。

不過，拿破崙才剛離開法國，法國人民就開始理解到，這麼一來他們失去了什麼——過去二十年，拿破崙縱使讓他們付出多少代價，但那終究是一段輝煌無比的時光，那時候的巴黎就是全世界的首都。而現在，那位波旁王朝的國王在他的流亡歲月裡什麼也沒學會，倒是什麼都沒忘記，看著他肥胖又懶散的身影，眞是任誰都會感到噁心。

一八一五年三月一日，就在各國代表準備動手恢復歐洲原來的版圖時，出乎所有人意料之外，拿破崙竟然在坎城登陸了！不到一個星期之內，法國軍隊就紛紛丟下國王，向南方飛奔而去；比起波旁王朝的君主，他們更願意爲這位「小個子下士」獻出自己的刺刀與佩劍。拿破崙於是直接向首都前進，並

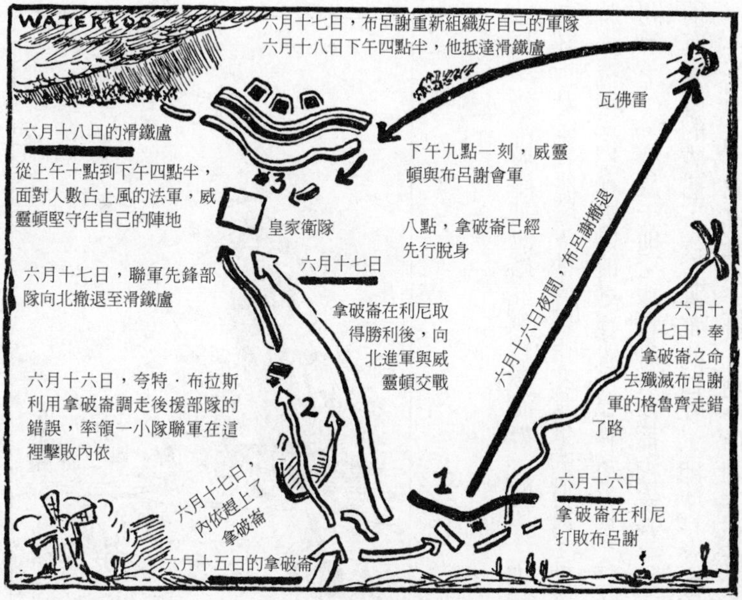
WATERLOO
六月十七日，布呂謝重新組織好自己的軍隊
六月十八日下午四點半，他抵達滑鐵盧
瓦佛雷
六月十八日的滑鐵盧
從上午十點到下午四點半，面對人數占上風的法軍，威靈頓堅守住自己的陣地
下午九點一刻，威靈頓與布呂謝會軍
3
皇家衛隊
八點，拿破崙已經先行脫身
六月十七日
六月十七日，聯軍先鋒部隊向北撤退至滑鐵盧
六月十六日夜間，布呂謝撤退
拿破崙在利尼取得勝利後，向北進軍與威靈頓交戰
六月十七日，奉拿破崙之命去殲滅布呂謝軍的格魯齊走錯了路
六月十六日，夸特．布拉斯利用拿破崙調走後援部隊的錯誤，率領一小隊聯軍在這裡擊敗內依
2
1
六月十七日，內依趕上了拿破崙
六月十六日
拿破崙在利尼打敗布呂謝
六月十五日的拿破崙

滑鐵盧之役

於三月二十日抵達巴黎。這一次，他不像以前那樣莽撞了，他表明願意與各國和談，但是聯軍堅持開戰，全歐洲便又挺身而起，反抗這個「背信忘義的科西嘉人」。拿破崙連忙向北進軍，想要趕在聯軍集結以前，就先粉碎一部分的敵人。然而，他的身體已經不如以往。他常常感到不舒服，很容易就會疲倦，而且在需要他直接指揮前鋒部隊攻擊的時刻，他卻不得不睡覺休息。除此之外，他手邊也少了當初那些忠實的部將——他們全部死光了。

他在六月初率軍來到比利時，在十六日時擊敗布呂謝帶領的普魯士部隊。可是，雖然他已經下好命令，他手下一位副指揮官卻沒能確實消滅企圖撤退的布呂謝軍。

兩天之後，也就是六月十八日星期日，拿破崙與威靈頓在滑鐵盧附近接戰。到了當天下午兩點，戰況看起來似乎對法軍大為有利。三點時，東邊的地平線上揚起了一陣煙塵。拿破崙以爲那是自己的騎兵正在趕過來，他想：這下子英國軍隊一定得撤退了吧！然而到了四點，他知道自己錯了。老布呂謝將軍嘴上滿口髒話，手邊則毫不停歇地，把他早已疲憊不堪的軍隊投入戰場中心。這突如其來的攻擊令法國軍隊吃了一驚，紛紛開始自亂陣腳，而拿破崙已經沒有後備兵力可以過來增援了。他告訴手下士兵：盡你們所能地逃命吧！然後自己也轉身走人。

航向特拉法角

回到法國後，他又一次把皇帝位子讓給兒子，這時離他逃離艾爾巴島正好一百天，而現在他正急速往海岸而去。他計畫要渡海前往美國，當初在一八〇三年時，他曾經用非常低的價錢，把路易西安那這塊法國殖民地賣給新興的美國（不過，當時那塊殖民地在英國的進逼下，已經快要保不住了），所以他想：「美國人應該會心存感激，會給我一間房子、一小片土地，讓我可以在那裡安養天年。」但是，所有法國港口外面都有英國艦隊在把守。前有英國的戰船，後有聯軍的追兵，即使是拿破崙也無能爲力。他知道普魯士人想要槍斃他，相較之下，英國人可能會寬宏大量一點。他困守在羅歇福等待情況明瞭，並且希望事情能夠有轉機。終於，

拿破崙踏上流放之途

距離他兵敗滑鐵盧約一個月，他收到法國新政府的命令，限他在二十四小時之內離開法國境內。於是，他寫了一封信給英國的攝政親王（當時的英國國王喬治三世正在瘋人院裡療養），用他一直都很擅長的悲情攻勢，向這位親王殿下說他有意當個「現代的色米斯托勒斯〔6〕，願意放心將自己任由敵人處置，希望對手也可以敞開心門歡迎他。」

七月十五日這一天，他登上英國船「柏勒洛豐號」，解下佩劍向霍特漢海軍上將投降。他在普利茅斯被移交到「諾森伯蘭號」上之後，便被載到聖赫勒納島，度過此生最後的七年。在那裡，他努力想要寫一本回憶錄，三不五時便與看守管理員吵架，也常常想起往日時光。神奇的是，他回到自己最初的起點（至少在他的想像中是如此）。他回想起的是自己參與革命戰爭的那段日子；想起國民公會底下那些精疲力竭的士兵，將「自由、平等、博愛」的精神帶到全世界每個角落；而拿破崙用力說服自己：他從頭到尾都是這些偉大信念最忠實的朋友。他喜歡反覆不停地訴說自己擔任三軍總司令與第一執政的豐功偉業，卻很少會提到關於帝國的部分。有時候，他會想起自己的兒子萊希斯塔德公爵；這位拿破崙心目中的小雄鷹，現下正住在維也納，而那些跟他同年的哈布斯

〔6〕譯註：就是在前面章節出現的那位為雅典建立強大海軍的雅典人，他在與波斯之戰結束後被放逐，於是流亡到波斯接受庇護。

堡表親們卻對他避之唯恐不及——原因無他，這些人的父親光是聽到拿破崙的大名都要嚇得發抖。最後，拿破崙的大限到來，而就連這一天他都還忙著率領大軍追求勝利，直到派出內依【7】率領法國衛隊發動攻擊後，他才嚥下最後一口氣。

但是，如果你要我蓋棺論定他奇特的一生——如果你眞的想要知道單靠一個人的意志力，是如何統治這麼多民族如此之久？那麼，請你別去讀那些以他爲主題的書，這些書的作者若不是痛恨他，就是熱愛他。你會讀到許多資料，但是比起「知道」歷史，更重要的是「感受」歷史。請你跳過這些書，等待某天有機會聆聽哪位不錯的演唱家，唱一首名叫「兩個擲彈兵」的歌。歌詞是海涅所寫，他是一位與拿破崙同時代的德國大詩人。譜曲的則是德國音樂家舒曼，每次拿破崙來拜訪自己那位身爲奧地利皇帝的岳父時，舒曼都會遇到這位祖國的敵人。換句話說，這首歌是兩位完全有理由痛恨拿破崙的人所完成的作品。

去聽聽看這首歌，你就會明白一些再多書本也無法告訴你的道理。

54 神聖同盟

拿破崙一被送到聖赫勒納島，屢次敗在「可恨的科西嘉人」手下的君主們，馬上在維也納開了個會，設法將法國革命帶來的許多改變回復原狀。

皇帝陛下、國王陛下、公爵殿下、大臣閣下、全權代表大人、林林總總身分地位顯赫之人，加上他們底下衆多的祕書、僕役、隨從——這些人原本手上正在進行的大事，都因爲那可怕的科西嘉人突然跑回來而被打斷；不過現在，聖赫勒納島的生活正在慢慢消磨拿破崙剩餘的精神，他們可以重新回到未完成的工作了。這場勝利值得用宴會、花園派對、舞會來慶祝。舞會上還可以跳那種最新穎的「華爾滋」，雖然有些紳士淑女依然念念不忘屬於舊秩序的小步舞曲，畢竟華爾滋對他們來說還是太敗德、太糟糕了[1]。

上述這些人被迫隱遁了將近三十年，現在危險終於過去了，他們聚在一起談論這段日子所過的悲慘生活，個個都講得滔滔不絕、眉飛色舞。還有，他們希望得到補償，希望把被雅各賓黨人奪走的一切通通要回來。那些最邪惡的壞人竟然膽敢殺死他們受過「神授典禮」的國王；竟然取消了戴假髮的禮

【7】譯註：拿破崙手下一位忠心的將領。

【1】譯註：當時宮廷舞會的主流是小步舞曲，而新出現的華爾滋舞曲因爲身體接觸比較多，剛開始保守的上流社會還不太能接受。

儀，而且還決定不再穿凡爾賽宮廷那種短褲，改穿巴黎貧民區的窄長褲。

你大概覺得莫名其妙，我爲什麼要提到「褲子」這種枝微末節的事。不過，請你相信，維也納會議就是由一連串這類莫名其妙的事情所構成，其中「短褲好還是長褲好」的主題，比起薩克森或西班牙問題的未來解決辦法，更能引起與會代表們深厚的興趣，讓他們討論了好幾個月之久。普魯士國王甚至熱衷到特別訂做了一條短褲，來向大家表明他對任何與革命有關的事物都不屑一顧。

另一位來自德國的王公，爲了不在仇恨革命的神聖事業上落於人後，所以下了一道命令給自己的子民，叫他們把過去付給那位來自法國的竊國者的稅，再向他這位合法的統治者付一遍——畢竟，想當初這位王公即使身在遠方避禍，也都還深愛著這些落在惡魔拿破崙手裡的人民啊。就這樣一個接著一個，維也納會議不停地捅下這類漏子，直到你不禁倒吸一口氣，驚呼：「我的老天啊，爲什麼人民沒有反對？」對，爲什麼沒有呢？因爲那時候，人民連一絲力氣、一點期待都不剩，不在乎會議裡發生什麼事，也不在乎統治他們的是哪個人、哪個國家、哪種手段——只要能夠擁有和平就好。他們厭倦了戰爭，也厭倦了革命與改革。

回想十八世紀的八〇年代，這些權貴也曾圍著「自由之樹」歡欣起舞。王公們擁抱著自己的廚子，女大公們與自己的僕役們跳著「革命頌」[2]，誠心地以爲平等與博愛的黃金時代終於來到這個醜惡的世界。沒想到，來的不是黃金時代，而是一位「革命委員」，他讓手下那些髒兮兮的士兵就在這些王公貴族家裡白吃白住，離去的時候連家族傳家之寶都被他洗劫一空；而當這位革命委員返回巴黎後，則向他的法國政府回報任務已圓滿達成，他會說：這一次，「被解放的國家」對於我們法國人民熱心向其提供的《憲法》，也是迫不及待地歡喜接受。

因此，當他們聽說巴黎最近一次爆發的革命暴動，被一位名叫波拿巴（還是叫波拿巴特呢？他到底是法國人還是義大利人呢？）的年輕軍官鎮壓，聽到軍隊的槍炮這次對準的不是王公貴族，而是暴民時，眞是大大鬆了一口氣。如果可以不要那麼多的自由、平等與博愛，感覺似乎還眞不賴。過不了多久，那位叫作波拿巴（還是波拿巴特啊？）的年輕軍官，就成爲法蘭西共和國三大執政之一，接著又成了第一執政，最後變成皇帝。他的統治手腕越是超凡，法國可憐的人民就越是被他壓得喘不過氣來，但是他依然不曾手軟，逼著他們的兒子從軍，把他們的女兒嫁給手下將軍，還把他們的名畫和雕像拿去替自己的博物館增加收藏。他把全歐洲都變成戰場，讓幾乎一整個世代的男子都爲此送了命。

如今，他已經不在這裡，（除了少數職業軍人以外）人民只有一個願望：他們希望不要再被打擾了。曾有一段時間，人民得到自我統治、選舉市長、郡長或法官的權利，結果這套制度成了一場可怕的災難。新當選的統治者既缺乏經驗又浮華無實，在全然絕望之下，人民只好轉向舊秩序的代表人物，向他們說：「還是由你們來統治大家吧，就跟以前一樣。還欠你們多少稅我們都給，拿去之後就別再來打擾了。我們還得忙著修補自由時代的損失呢。」

那些一手導演著名的維也納會議的人，確實盡了自己最大的能力，來滿足人民對休息與平靜的渴望。會議的主要成果：「神聖同盟」，把警察變爲全國上下地位最高的權要，也讓膽敢批評任何官方作爲的人受到最嚴厲的懲罰。

歐洲的確變得一片安寧──唯有墓地才有的那種安寧。

【2】譯註：是法國大革命其間流行的舞曲。

神聖同盟所懼怕的幽靈

維也納會議上最重要的三個人，乃是俄國亞歷山大沙皇、代表奧地利哈布斯堡王朝利益的梅特涅，以及前任奧頓主教塔列朗[3]。從革命至今，法國政界出現的種種巨變，塔列朗全靠著自己的狡猾與智慧安然度過，現在他來到這座奧國首都，爲的是要盡其可能地拯救祖國，不論在拿破崙的毀壞之下，法國究竟還剩下多少東西可以拯救。就像那些打油詩裡的主角：一位從不知別人其實瞧不起他的輕狂少年，他就這麼不請自來地出現在派對上，還跟衆人交際應酬得如此盡興，簡直就像他確實有收到邀請函一樣；事實上，沒多久之後，塔列朗已經坐在主桌，用他那些有趣的小故事逗得大家哈哈大笑，並且透過言談舉止之間散發出來的魅力贏得衆人的好感。

塔列朗來到維也納還不到二十四小時，就已經發現盟國分成兩個敵對陣營。一邊是想要取得波蘭的俄國，還有想要併吞薩克森的普魯士；另一邊是試圖阻止這種事情發生的英國與奧國，因爲一旦如此，普魯士或俄羅斯都有可能主宰歐洲，這樣一定會損及英國與奧國的利益。塔列朗用高超的手腕使兩邊互相牽制，多虧他的努力，法國人民才不必因爲過去十年來帝國官員讓全歐洲所吃下的苦頭，而付出太大的代價。塔列朗指出，這整件事法國人民也無從選擇，是拿破崙逼他們非得奉命行事不可。如今拿破崙已經不在，坐在王位上的是路易十八，塔列朗向各國代表們懇求：「就給他一個機會吧！」各國看到現在是由一位合法君主來擔任那個大革命國家的君主，已經非常高興，也就樂於網開一面，給波旁王朝這個機會；對此，波旁王朝也果眞「好好把握」，把握到讓自己在十五年後被趕出法國。

另一位維也納會議的三巨頭是奧地利首相梅特涅，他是哈布斯堡王朝外交政策的主導者。梅特涅這個姓名背後的完整意義是：梅特涅——溫尼堡公爵文澤．羅塔。他是一位尊貴非凡的爵爺，是英俊瀟灑、舉止優雅的紳士，家財萬貫、能力出衆，但他也是住在雲端裡的人，與那些在地上流著汗、在都市和田地裡辛苦工作，甚至受人奴役的黎民百姓，距離不知有多遙遠。梅特涅年輕的時候，曾經在史特拉斯堡大學就讀，法國大革命正好在這段期間爆發，而且這座誕生「馬賽曲」[4]的史特拉斯堡市，還曾經是雅各賓黨人活動的中心。梅特涅記得他愉快的大學課外社交活動，就這麼被革命猛然打斷；也記得那一大堆能力不足的公民，是怎樣突然登上了大位，肩負起他們並不適任的任務；更記得暴民們是如何用殺害完全無辜的人士，慶祝新自由曙光的到來。然而，人民在革命期間展現的眞誠熱情，以及當疲憊又殘破的法國軍隊被國民公會派往前線，去爲法蘭西祖國慷慨捐軀，而行經史特拉斯堡時，在連忙爲士兵送來麵包與清水的老幼婦孺們眼中所帶有的那道希望之光；這些，梅特涅都未能看到。

他所看到的一切，都讓這位年輕的奧地利人感到深惡痛絕——這太不文明了！如果眞的要訴諸武力，應該是由雄糾糾、氣昂昂的青年，穿著漂亮的軍服，騎著肥壯的駿馬，在碧草如茵的原野上互相衝

【3】譯註：代表法國，事實上，他官至拿破崙的外交大臣，維也納會議期間也是法國政府的首腦人物，奧頓主教反而是他生涯較早期的職位。

【4】譯註：寫於一七九二年，後來成爲法國國歌。

【5】譯註：「反動」是指「反對」或「反制」改革這種「行動」，這是近一百多年來才因爲翻譯而出現在中文世界裡的詞，但其實同樣是人類文明，中文世界的歷史上當然有「反動」的現象與思想，我們可能稱之爲「守舊」、「復辟」、「廢除新制」、「開改革倒車」等等，這些都等於英文中「反動」想要表達的意思。

刺，一較高下。反觀法國革命，把整個國家都變成惡臭難聞的軍事營地，裡頭哪怕是流浪漢都可以在一夜之間被提拔為將軍，這不只是邪惡，而且還很愚蠢。或許在某個不公開的小宴會上（奧國那些數不清的大公們不知辦過多少這類宴會），梅特涅曾經跟席上的法國外交官這麼說：「看看你們那些糟糕思想帶來了什麼！你們說要自由、平等與博愛，結果弄來了什麼？一個拿破崙！」梅特涅會說自己支持的那套制度，優點就在於「安定」。他會倡導應該回復戰前美好時光的秩序，回到每個人快快樂樂，沒有人談論什麼「人人平等」的鬼話日子。他是完全出於至誠地相信自己的看法；而由於他除了能力之外，更有堅定無比的意志，跟一條三寸不爛之舌，他確實稱得上是革命思想最危險的敵人。他一直活到一八五九年才去世，來得及看到自己所有的計畫方針全盤崩毀挫敗，也就是一八四八年的革命把它們通通掃除的那一幕。那時候，他發現自己成了全歐洲最痛恨的人物，生氣的群衆和憤怒的市民不只一次想要抓他出來私下處刑，但是都給他成功脫逃了。不過，一直到最後，他的信念都不曾動搖，依舊認為當初他所做的是正確的事。

他一直深信人民想要和平更甚於自由，他只是盡量把對他們來說最好的東西給他們。為了公平起見，我必須說，他為了建立普遍和平所付出的努力，算是相當成功。將近四十年的時間，歐洲主要強權都不曾向彼此開火，一直到一八五四年的克里米亞戰爭為止（該戰一方是俄國，另一方是英國、法國、義大利與土耳其）。這在歐洲大陸上乃是一個新紀錄。

在這場跳著華爾茲的維也納會議上，第三位大人物則是沙皇亞歷山大。亞歷山大是在他名聞四方的祖母凱撒琳大帝的宮廷長大。這位聰明狡詐的老女皇，教他要把俄羅斯的榮耀擺在生命中的第一位，而宮廷給他的私人教師（一位景仰伏爾泰與盧梭的瑞士人），卻在他的小腦袋裡裝滿博愛的思想。夾在這

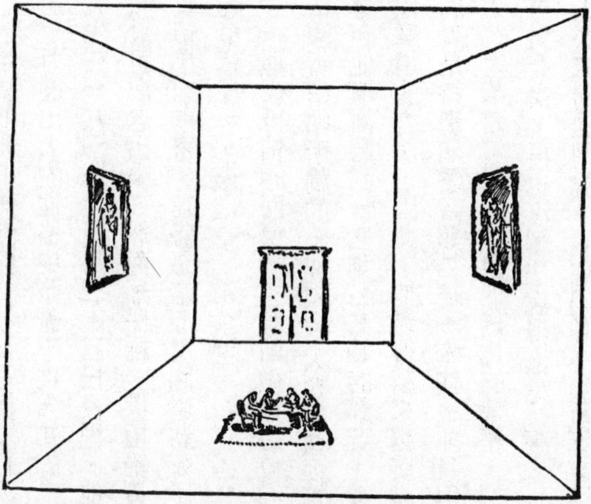

眞正的維也納會議

兩種不同的教養之間，小亞歷山大長大後成了一個奇特的綜合體：既是位唯我獨尊的專制君主，又是位情感澎湃的革命派。在他發了瘋的父親保羅一世還活著時，他曾因此嘗到非常大的恥辱感。此外，他不得不親眼目擊俄國子民，在拿破崙戰爭的戰場上被屠殺。不過，經歷完這些不好的經驗之後，他的人生突然翻轉過來：俄國爲盟軍贏得勝利，成爲歐洲的救世主；這個偉大民族的沙皇，也被擁戴成可以匡正世上各種弊端的神人。

可是，聰明睿智不是亞歷山大擁有的才能。他不像塔列朗與梅特涅那般，對人性有深入的掌握；他也參不透外交角力中的奇妙規則。他只愛表面虛榮（在那種環境之下，誰不愛呢？），喜歡聽到群眾的歡呼聲，於是很快地，他就成了維也納會議上最能吸引他人目光的焦點。既然目光被吸走了，那麼梅特涅、塔列朗、卡蘇雷（他是英國代表，同樣非常能幹），就可以專心在一旁開張桌子，一邊喝著托凱酒，一邊把該做的正經事決定下來。他們很需要俄國，所以對亞歷山大非常禮貌，不過，假如他越少插手大會的實際工作，他們會越高興。他們甚至贊同亞歷山大那項「神聖同盟」計畫，因為這樣一來，當他們投入手上工作的時候，他就可以也有事情去忙。

亞歷山大生性愛好社交，喜歡參加派對、與人會面。雖然他在這類場合上能夠感到開心愉快，可是，亞歷山大的性格中藏著不為人知的一面。或許是，他希望能夠忘掉他永遠無法忘掉的一件事。那是發生在一八〇一年三月二十三日夜裡，他坐在聖彼得堡聖米迦勒宮的某個房間裡，等待他父親是否退位的最新消息出來。然而，保羅一世拒絕簽署那份放在他桌前的文件，於是，已經喝得醉醺醺又等不到想要結果的軍官，在盛怒之下用圍巾勒死了他，然後走下樓來，告訴亞歷山大：「現在你是全俄羅斯帝國的皇帝了。」

那夜可怕的回憶，一直回盪在這位心思非常敏感的沙皇心中。他從小受到的教育，是如那些偉大的法國哲學家所講的：要相信人類的理性，而不是相信上帝。然而，單單理性並不能滿足這位困擾的沙皇。他漸漸聽到一些莫名其妙的聲音，或者看到不存在的景象。他用盡心力想要找到讓自己良心不再找他麻煩的方法。因此，他變得越來越虔誠，而且開始對「神祕主義」發生興趣。所謂「神祕主義」，指的就是特別熱愛各類神祕、未知，並且與底比斯和巴比倫的神廟一樣古老的事物。

大革命年代那種激烈無比的情緒，把當時人們的性子變得怪怪的，在焦慮與恐懼之下活了二十年的男男女女，再也沒辦法說得上是正常。光是門鈴聲響就可以讓他們嚇得跳起來，因為那可能代表著有人要來向他們說：「您們唯一的兒子已經光榮地戰死沙場了。」在深受悲痛打擊的農民耳裡，所謂的「自由」、所謂「四海之內皆兄弟的博愛」，都只是一串空洞的話語。因此，他們願意牢牢抓住任何讓他們生命中的嚴重問題，可以重新回到控制中的機會。身處痛苦與不幸之中的他們，非常容易受到各種騙子的蠱惑；這些騙子總是自稱先知，並且向世人宣揚自己從《啓示錄》裡一些晦澀不明的段落所衍生出來的奇怪新教義。

就在一八一四年，當時已經求助過許多靈媒的亞歷山大，聽說有位女預言家正在預告世界末日即將到來，並且勸告世人趕快在太遲之前悔改。這位女士乃是克呂登納男爵夫人，她也是俄羅斯人，年齡不詳，在外的名聲也讓人存疑。保羅沙皇還在位的時候，她曾是一位俄羅斯外交官的妻子，但她不只亂揮霍丈夫的錢，還在外面拈花惹草，讓他蒙羞。她曾經過著非常放浪的生活，直到她神智出了問題，讓她有段時間精神不大正常。後來是朋友突然去世帶給她的震憾，才讓她改邪歸正。從此之後，她屏棄了一切享樂，並且向她的鞋匠懺悔自己過去一切罪過（這位鞋匠是虔誠的摩拉維亞弟兄會的教友，這個弟兄會追隨的精神領袖，就是那位在一四一五年，被康士坦茲宗教會議認定是異端，而燒死在火刑柱上的舊宗教改革者揚．胡斯）。

之後十年，這位男爵夫人都在德國專心從事「感化」當地王公貴族的大業。而此刻，她一生最大的志向就在眼前：她要說服這位歐洲的救世主亞歷山大，讓他知道過去他是如何行差踏錯；而亞歷山大這邊，由於正陷於無法自拔的痛苦中，只要可以為他帶來一點希望之光，不管對方是誰，他都願意傾聽。於是雙方一拍即合，一八一五年七月四日的晚上，她獲准到沙皇下榻之處晉見。當她到達的時候，沙皇正在讀著《聖經》。她在三個小時之後離開，這段時間她向亞歷山大說了些什麼我們並不知道，只知道在她走時，他已經止不住淚水，並且信誓旦旦地說：「我的靈魂終於能夠找到安寧。」從那天起，男爵夫人就成了沙皇忠實的同伴和心靈的導師。她跟著他到了巴黎，之後到了維也納，亞歷山大沒去舞會的時間，都花在克呂登納的祈禱會上。

你或許會問：為什麼我要這麼詳細地說這個故事？十九世紀的社會變遷難道不是更重要？某位不正常女人的生涯點滴，不是就讓它埋葬在歷史中比較好？確實如此沒錯。但是，外面已經有太多的書本可以告訴你其他重要議題，而且比我說得更精確、更詳細。我則希望能讓你從這段歷史中，學到某件比單純事實的堆砌更重要的事。我要你在接觸任何歷史事件的時候，都帶著「不要把任何事看作理所當然」的基本精神，也不要滿足於僅僅只有「何事於何時何地發生」這樣的描述，而是努力找出藏在每個行動背後的動機。這麼一來，你才會更加理解周遭的世界，也就有更多幫助別人的機會——而最後這點（也是最重要的一點），是唯一能讓心靈得到滿足的生活方式。

我希望你別把「神聖同盟」當成只是一份文件，在一八一五年簽訂完畢之後，就躺在國家檔案館內的某處死去，然後被世界遺忘。神聖同盟與「門羅主義」的出現有直接關係，而後者所主張的「美洲是美國人的美洲」，一直對世界政治有著重要影響。這就是為什麼，我希望你知道這份文件究竟是在怎樣的機緣巧合之下產生，而在它那虔誠信仰之心與獻身基督教責任的外表之下，又埋藏著什麼活生生的動機。

神聖同盟是兩個人共同努力的結果——一位不幸的男人，他遭受過可怕的心理創傷，努力想要平息他不安的靈魂；一位雄心勃勃的女人，在虛耗了大半輩子後，已經失去了她的美貌與魅力，為了滿足她的虛榮以及對「出名」（哪怕是惡名昭彰也無妨）的渴望，而自命為奇怪新教義的先知。我向你說的這些，本身並非什麼不為人知的祕密。像卡蘇雷、梅特涅、塔列朗那樣頭腦清醒的人，完全明白這位情緒化的男爵夫人只有多少能耐；而梅特涅如果真要派個手下送她回去她在德國的莊園，也是輕而易舉的事：他只要給能夠呼風喚雨的帝國警察總長寫張便條，事情就可以辦得好好。

但是，法國、英國、奧國都需要俄國願意合作，他們得罪不起亞歷山大；他們之所以會容忍這位愚蠢的老男爵夫人，是因爲他們非如此不可。而且，就算他們心中認爲神聖同盟的想法根本毫無意義，比起用來寫出它的那些紙張都糟，他們還是專心地聽著沙皇朗讀它的初版草稿，聽著他是如何努力想要建立「一個以《聖經》爲基礎的博愛世界」，亦即神聖同盟想要達到的目標。在上頭簽字的人，就是鄭重莊嚴地表明他們「在治理各自的國家，以及在與其他國家的來往關係中，將會以基督教的教誨爲唯一的依歸，也就是遵循正義、和平，與基督的仁愛。這些基督信條不應該在私人事務上才有適用，而是要在君主王公的政策會議上也有直接的影響力，並且必須由它們來指引統治者的任何措施。此乃強化人類公序良俗，與改進人性缺陷的不二法門」。接著，他們並向彼此保證，會基於「純正且牢不可破的博愛之情」而一直團結在一起，並且會「將成員都視爲自己的同胞，因此無論發生何事，無論在何時何地，都願意爲對方伸出援手」。凡此種種，剩下我就不再贅述。

最終簽署神聖同盟條約的有奧國皇帝，雖然他完全不明白這份文件是在做什麼。波旁王朝也簽了字，他們需要這些拿破崙的老敵人提供友誼支持。普魯士國王也有簽，他希望讓亞歷山大支持他的「大普魯士」計畫。歐洲其他的小國也都簽了，他們都不得不買俄國的帳。不過英國沒有簽，因爲卡蘇雷覺得它眞的是通篇廢言。教宗不想簽，因爲整件事根本是希臘正教徒和新教徒[6]在插手他的事情，這讓他非常不高興。土耳其蘇丹也沒有簽，他根本就不知道有這回事。

然而用不了多久，歐洲的一般老百姓就不得不注意這個神聖同盟了。在它那些空洞的詞語背

【6】譯註：前者爲亞歷山大，後者爲克呂登納男爵夫人。

後，有梅特涅替歐洲強權建立的五國同盟在撐腰，這個同盟底下的軍隊可不是拿來開玩笑的。這些軍隊讓所有人知道：歐洲的和平絕不容所謂的自由派人士來打擾；那些所謂的自由派，實際上只不過是披上僞裝的雅各賓黨人，想要讓歐洲再度回到大革命的年代。在當局這樣的打擊之下，發生在一八一二、一八一三、一八一四與一八一五年的解放運動，其熱情果眞都被迫漸漸消融。人們開始眞誠地相信，即將到來的會是比較幸福的日子了；甚至當初在戰場上實際衝鋒陷陣的士兵，現在想要的也是和平，而且把這點大聲說了出來。

可是，人們想要的不是神聖同盟或是歐洲列強會議給的那種和平，他們爲自己遭到背叛而痛聲疾呼，卻得小心不被警方的探子聽見。「反動」取得了勝利，而且完成這次「反動」的人，心裡其實是不帶惡意地相信：爲了人類的福祉，他們採取的措施是絕對必要的——要是他們的出發點沒那麼純正，說不定他們造成的結果還更好忍受一些。那些所謂必要的手段，反而造成許許多多不必要的苦難，從而大大阻礙了歐洲政治在和平與秩序之下可能出現的進步。

他們努力確保接下來的和平時代不會面臨任何干擾，於是壓制了所有新思想，並且將警察和便衣變成全國最重要的官員。沒多久，那些膽敢主張人民有權利照自己的意思來自治的人，就塞滿了各國的監獄。

55 大反動

要將拿破崙的大洪水所帶來的破壞全部恢復原狀，幾乎是不可能的事。各種古老的藩籬都被那股大水沖走了；大約有四十個王朝被摧殘到無法延續，其他一些能夠在這段時間壯大的王朝，則是因爲它們以比較不幸的鄰國爲養分。終於退去的大水，在歐洲的土地上留下了各式各樣新奇陌生的革命思想，它們多少生了點根，要全部加以拔除，勢必會危及整個社會的安穩。即便如此，維也納會議的政治工程師們還是盡了他們所能，而以下就是他們的「成果」。

這麼多年來，全世界的和平都被法國破壞了，以致於各國對法國人簡直就是出於本能地畏懼。在塔列朗的口沫橫飛之下，歐洲人願意接受波旁王朝一定不會再生事端的保證，但是「百日政權」[1]讓歐洲人明白：假如再讓拿破崙逃出來一次，一定會有什麼事發生，因此要採取一些措施。於是，維也納會議決定讓荷蘭共和國改制爲荷蘭王國，並且將比利時併入成爲這個新王國的一部分（比利時在十六世紀時

[1] 譯註：指拿破崙從愛爾巴島潛回法國奪回政權的事件。

並未參與荷蘭的獨立運動，所以依然是哈布斯堡王朝的領地——早先是歸屬於西班牙方面，之後則是奧地利這邊的哈布斯堡王室）。沒有人喜歡這次合併，不論是新王國信奉新教的北部[2]，或是天主教的南部[3]；不過，也沒有人表示質疑，因為合併似乎對歐洲和平有益，而和平正是當時的第一指導原則。

波蘭原本希望能靠維也納會議一舉翻身，因為有位波蘭親王亞當·查托里斯基，是亞歷山大沙皇的至交好友，他不論在戰爭期間，或是在維也納會議時，都一直幫亞歷山大出主意。然而，最終波蘭只取得半獨立的地位，隸屬於俄羅斯帝國，必須奉亞歷山大為王。大會的這項方案讓每個人都不滿意，甚至還產生不少怨恨，日後波蘭更因此發起三次革命。

一直到最後都是拿破崙忠實盟友的丹麥，則遭到大會嚴厲地懲罰。其實七年之前，就有一支英國艦隊一路沿卡提加特海峽[4]南下，在沒有經過宣戰，也沒有做出任何警告之下，就對哥本哈根發動炮擊，然後擄走一支丹麥艦隊，因為英國怕這些船隻對拿破崙有用。維也納會議做得更過分：它從丹麥手上拿走了挪威（自從一三九七年結成卡爾瑪聯盟以來，挪威就隸屬於丹麥王國），把它送給瑞典，當作瑞典國王查理十四背叛拿破崙的獎賞。這位莫名其妙當上瑞典國王的查理十四（在這過程中，拿破崙也出了不少力），原本是位法國軍官，本來名為伯納多，當他第一次踏上瑞典領土時，身分還是拿破崙的副手。後來，瑞典霍爾斯坦·戈托爾普王室的最後一位君王，在沒有留下兒子或女兒便去世後，他被選為瑞典王儲。從一八一五到一八四四年之間，查理十四把這個自己新入籍的國家（他一輩子都沒有學會瑞典語）治理得有聲有色。他是一位聰明人，贏得了瑞典和挪威子民的愛戴，但是他並沒有辦法把這兩個民族融合在一起，他們不論在天性或歷史淵源方面都格格不入。這項把兩個斯堪地那維亞國家綁在一起的設計，一直都無法得到好效果。到了一九〇五年，挪威最終藉由一次完全和平及合法的行動，成為一個獨立王國；對此，瑞典也非常明智地讓挪威自立，並且祝他們「一路順風」。

從文藝復興時期以來，長期受到連串入侵的義大利，曾經也對那位波拿巴將軍寄予厚望。然而，這位拿破崙皇帝卻重重地讓他們失望了：義大利人民眞正想要的是一個統一的義大利，結果他們卻被分割成許許多多的小公國、小侯國、小共和國，還有一個教宗國——附帶一提，它是僅次於那不勒斯之外，全義大利半島上治理得最糟糕、人民日子最悲慘的國家。維也納大會廢除了一些拿破崙樹立的共和國，讓幾個舊公國在原地重生，而這些舊公國的王位當然是交給應得之人：不論男女皆可，總之就是哈布斯堡王朝的成員。

至於可憐的西班牙人，在他們首先對拿破崙發難，吹響了民族起義的號角，並且爲了國王犧牲掉國家最傑出的人才之後，維也納會議帶給他們的，卻是一項非常可怕的懲罰：讓西班牙的國王陛下重回祖國。這位邪惡的國王叫作費迪南七世，剛剛才被拿破崙關了整整四年，這段期間他多半以幫自己最喜愛的基督教守護聖徒神像編織一些漂亮的衣服度日。爲了慶祝回歸，他再次替西班牙引進宗教裁判所和酷刑折磨室——拿破崙帶來的大革命，原本已經把這兩者都廢除了。費迪南七世是個令人作嘔的傢伙，百姓們都非常瞧不起他，他的四個老婆也是。但是，神聖同盟讓他的王位坐得很穩，西班牙人民出於純正的動機，想除掉費迪南七世這個魔咒，把西班牙改成立憲君主制的一切努力，最後都只能以流血和被國

【2】譯註：原荷蘭。
【3】譯註：原比利時。
【4】譯註：丹麥與瑞典之間的海峽。

王處死收場。

自從一八〇七年，王室逃到巴西殖民地以來，葡萄牙就處於沒有國王的狀態。隨後這個國家在半島戰爭期間（一八〇八到一八一四年），被威靈頓公爵的軍隊拿來作爲補給基地。一八一五年之後，葡萄牙繼續被英國當成自己的一個省，直到布拉岡札王室重返葡萄牙王座爲止。他們返國時，把一位家族成員留在里約熱內盧擔任巴西皇帝，是美洲大陸上唯一一個帝國；而且這個帝國維持了不短的時間，一直存活到巴西在一八八九年改爲共和國爲止。

東邊的情況，維也納會議沒有做出任何事來改善斯拉夫人和希臘人糟糕的處境，他們依舊是土耳其蘇丹的子民。斯拉夫人方面，一八〇四年時，有位外號黑喬治的塞爾維亞養豬農（他是卡拉喬爾傑維奇王朝的建立者）向土耳其人發起一次起義活動，但他先是敗在政府軍的手下，又被自己以爲是朋友的人殺害——他是另一位想要爭取塞爾維亞人領袖地位的人物，名叫米洛什·歐布蘭諾維奇（後來也建立了歐布蘭諾維奇王朝）。總而言之，土耳其人依舊是巴爾幹半島不可動搖的主人。

希臘人方面，他們早在二千年前就失去獨立地位，從那時候起，他們先後是馬其頓人、羅馬人、威尼斯人、土耳其人的臣民。此時，希臘人把希望寄託在兩個人的身上，一位是自己的同胞，名叫卡波·狄斯特利亞，土生土長的科孚島人；還有那位查托里斯基——他是亞歷山大沙皇最親密的私交。然而，維也納會議的興趣不在希臘人民，維持及回復所有「合法君主」的王位才是大會最關心的事，不論這位君主是基督徒、伊斯蘭教徒，或者任何其他來頭。因此，大會沒有對希臘人做出任何處理。

最後一項，但或許是維也納會議最嚴重的一項錯誤，則是它對德國的處置。宗教改革和三十年戰爭期間，不只破壞了這個地區的繁榮發展，在政治方面，更把它變成一堆看不到未來的垃圾堆——由兩個國王、數個大公、大量的公爵，還有數以百計的侯爵、親王、男爵、選帝侯的領地，再加上自由城市、自由村莊組成；這許許多多的統治者，裡頭的人物五花八門、千奇百怪，大概只有在上演喜歌劇時，才看得到這種古怪的成員組合。腓特烈大帝建立強大的普魯士時，曾經改變過這種局面，但是他去世之後沒多久，情況又回復舊觀。

這一大堆小國家原本大多要求獨立，但那不是拿破崙的計畫。當時間來到一八〇六年，他已經把德國地區全部超過三百個的小國家，變成只剩五十二個。在德意志民族追求獨立的偉大奮鬥過程中，有越來越多年輕的戰士開始夢想要有一個新的、強大而且統一的「祖國」。但是，若沒有一個強而有力的領導人物，德國不可能完成統一，那麼這位領袖會是誰呢？

這時，在說著德語的地區上有五個王國，其中奧地利和普魯士的國王是蒙上帝恩賜而即位；剩下的巴伐利亞、薩克森、玉登堡，它們的統治者則是蒙拿破崙恩賜而即位，因此，它們一直是拿破崙皇帝忠實的追隨者。看在其他德國人眼裡，後面這三位的「愛國」名聲當然不會好到哪裡去。

維也納會議爲德國新建立了一個德意志聯邦，這個由三十八個君主國組成的聯盟，以奧地利國王——這時已經是奧地利皇帝了——爲聯邦主席，這個聯邦由於是權宜之下的產物，當然滿足不了任何人。雖然在法蘭克福那個古老的加冕城，確實召開了一個德國議會來討論「共同的政策與重大議題」；但是，在這個議會中，代表著三十八國不同利益的三十八位代表，在全體同意制的投票方式下（幾世紀前，那個非常強大的波蘭王國就是被這種議會規定給害慘了），根本做不成任何決定。於是，這個名氣響亮的德意志聯邦很快就成爲全歐洲的笑柄。其境內的政治狀況，也開始變得有如拉丁美洲國家在十九世紀四、五〇年代時那樣。

此情此景，對於那些為了國家民族理想而犧牲一切的人們來說，根本是惡劣至極的侮辱。不過，維也納會議會告訴你：他們在意的從來就不是「子民」的個人情感；順便再告訴你一件事：會議的討論就進行到此為止。

你或許會問：難道沒有任何人反對這些決議嗎？當然會有。一旦人們對拿破崙剛開始所抱持的那種仇恨開始平息下來；一旦人們對大戰的熱忱開始退去；一旦人們逐漸了解透徹：有多少罪惡是藉著「和平與安定」的名義而犯下，他們就會開始埋怨了。他們甚至會向政府施壓，說他們打算公開起義。但是除此之外，他們還能做什麼？他們只是無權無勢的子民，而且現在開始，他們將會受到前所未見、最無情卻最有力的警察體系所宰制。

維也納會議的成員內心是真實誠摯地相信：「是那些鼓吹革命的主義，導致那位拿破崙皇帝非法篡奪了各國正統的王位。」他們覺得自己是被召喚來消滅那些所謂「法國思想」，以及它們的擁護者，這點就像腓力二世也是遵從良心的呼喚，所以去燒死那些新教徒，或吊死那些摩爾人。十六世紀初的時候，如果有人不相信教宗因為擁有神聖權利，所以可以依照自己的意思來統治自己的子民，這個人會被當成「異端」，而殺了他則是所有虔誠公民的義務與責任。而十九世紀初的歐洲大陸，如果有人不相信國王因為擁有神聖權利，所以可以依照自己（或是他的首相）的意思來統治自己的子民，這個人就是那個時代的「異端」；而向最近的警察告發這個人的存在，讓他得到應有的懲罰，則是所有忠誠公民的責任與義務。

不同的是，一八一五年時候的統治者，在拿破崙的示範之下，已經學會了什麼叫作「行政效能」，所以他們完成起目標來，比一五一七年的時候要漂亮得多。從一八一五到一八六〇年，可以說是一個政治諜對諜大行其道的時代。「政治間諜」無所不在，住在王宮裡的那些當然是，但是，你在社會最底層的酒館裡也能遇到他們。他們會從內閣會議室外從鑰匙孔偷看，也會在市立公園的長椅旁偷聽乘涼民衆的對話。他們守在邊界，一方面確保不會有人未經政府核可就離開國境；一方面檢查所有人的行李，確保不會有「法國思想」的危險書籍進入主人陛下的領地。他們就坐在講堂裡的學生身邊，要是講臺上的教授講出任何一句批評既有秩序的話，這位教授就等著倒大楣了。他們會跟著小男孩小女孩們，一路跟到他們進了教堂，以免他們蹺掉禮拜和聖課。

在許多這類案例中，這些政治間諜都得到神職人員的協助。教會在大革命期間吃了許多苦頭：教會財產被沒收，也有一些牧師被殺。而且，那個世代的人們對基督教義有疑惑時，竟然是向伏爾泰、盧梭，還有其他法國哲學家那裡尋找解答；當公共安全委員會在一七九三年十月，廢除這門崇拜上帝與基督的宗教時，這些人們也隨之轉而在「理性的神壇」邊歡欣起舞。於是，教會的牧師也就如同其他因爲大革命而被逐出法國的人一樣，展開漫長的流亡之旅。現在，他們跟著聯軍回來了，並且帶著復仇之心投入他們的工作。

就連耶穌會也在一八一四年的時候捲土重來，重拾他們原本從事的青年教育工作。先前，這個教派對「教會的敵人」所發動的戰爭，有點成功得過頭了。耶穌會在全世界各地都建立了自己的「省區」，以便把基督教的美好之處教給當地的原住民。但是，他們這些位在各地的宗教組織，馬上就發展成正規的貿易公司，這對世俗的當局一直構成相當程度的妨礙。葡萄牙在該國偉大的改革者：首相龐巴爾侯爵當政的時候，把耶穌會全部趕出葡萄牙的勢力範圍。此外，一七七三年，在歐洲天主教國家中大多數的請求之下，教宗克雷門特十四世下令解散耶穌會。但現在他們又回來了，又向著孩子們宣揚「服從」以及「敬愛合法君王」的教義——而當初這些孩子們的父母或許還曾經出錢租下臨街的店面，只爲了在瑪莉・安托妮【5】被送往斷頭臺，結束她一生的悲劇時，能夠有機會在車隊經過時嘲笑她一番。

然而，在新教國家中，例如像普魯士，情況並沒有比較好。一八一二年那些偉大的愛國運動領導者，也就是那些向人民宣揚要對篡國者拿破崙發動聖戰的詩人和作家，現在卻被當局稱爲「妖言惑衆」的危險分子。他們的房子遭到搜查，通信會被先看過，還要乖乖定期向警察報到，報告自己的行蹤與作爲。普魯士的秩序維護者把所有仇恨與怒氣都出在年輕一代的身上。如果有一群學生辦了一個宗教改革三百週年紀念，在瓦特堡舊址舉行一些只是有點吵鬧、但對國家完全沒有害處的慶祝活動，普魯士的官員會把它當成是革命即將暴發的前兆。當一位信念有餘、智慧不足的神學院學生，殺了一位在德國從事任務的俄國政府間諜，所有大學都會由警察接手管制，而教授們都要因此坐牢或解聘，過程不需經任何審判。

俄羅斯在這些「反革命」的面向上，毫無意外地表現得比其他人更荒謬。亞歷山大雖然從他那陣發狂般的虔誠情緒中恢復過來，卻開始漸漸被憂鬱症纏上。現在他已經很清楚自己的能力其實有限，也明白到在維也納的時候，自己是如何受到梅特涅和克魯德納女士的擺布。他越來越不想理睬西方，越來越是一位純正的俄羅斯元首，也就是說，願意把注意力放在君士坦丁堡，那個身爲斯拉夫民族啓蒙老師的聖城。他年紀越老，就越努力，但是卻越沒有辦法達成什麼目標。而他底下的大臣們，更趁他關在自己的書房裡用功時，把整個俄國變成彼此爭伐的戰場。

這不是一幅美好的景象。關於「大反動」，或許我不應該描述得那麼多。但是，讓你能夠對這個時代有個全盤了解會是件好事，因爲這不是第一次有人想要試著把歷史的時鐘往回撥。而這麼做，結果通常都只有一個……

【5】譯註：路易十六的妻子。

56 民族獨立

然而，人民對於民族獨立自主的那種強烈熱愛，靠這樣是摧毀不了的。南美人民第一個起來反抗維也納會議的反動措施，希臘、比利時、西班牙，還有其他不少位於歐洲大陸上的國家，也群起而效之。這許許多多的獨立戰爭讓十九世紀滿是喧囂吵鬧。

說著「只要維也納會議不幹嘛幹嘛，而是怎樣怎樣，十九世紀的歐洲歷史將會大大改觀」，這種話根本無濟於事。維也納會議的組成分子是一段剛剛經歷過大革命時代的人。二十年來，他們一直遭逢著幾乎不曾間斷的可怕戰事，那時候他們聚在一起，就是爲了賦予歐洲「和平與安定」，認爲這才是人們最需要也最想要的東西。他們是我們口中的反動派。這些人誠摯地相信大衆沒有自治的能力，所以，他們用自己心目中最有可能長治久安的方案，來重新劃定歐洲版圖。雖然結果終歸失敗，但失敗的原因並非這些人心懷惡意。大體而言，他們只是想法相當老派，還清楚記得年輕時和平快樂的美好時光，所以強烈渴望能夠重返那段幸福歲月，未能認知到有許多革命思想已經牢牢抓住歐洲大陸人民的心——這點確實很遺憾，但很難說得上是罪惡。總而言之，法國大革命教會人們一件事，而且不只是歐洲人，還包括美洲人，那就是一個民族有權利「做自己」。

對任何人事物都不懷尊重之心的拿破崙，處理起民族與愛國情操問題時自然十分無情。不過，革命早期的將軍曾經宣揚過一項新思想，那就是「民族的標準不是政治疆界，也不是有沒有圓顱骨或寬鼻子，而是情感與精神」。他們一面把法國民族偉大之處教給法國小孩，一面也鼓勵西班牙人、荷蘭人或義大利人這麼做。這些民族在盧梭的影響之下都深深相信：生活在原初社會的人是德性最崇高的人。於是，他們連忙動手挖掘自己民族的過去，從而在封建時代留下的遺跡下面，找到某些強大民族被埋藏許久的骸骨，然後再去說自己是這些強大民族的後代（即使關係再怎麼疏遠也無妨）。

於是，十九世紀的前半葉成爲一個歷史大發現的時代。無論哪裡，歷史學者都在忙著出版自己民族在中世紀取得的權利文件，以及他們在中世紀早期的編年史。結果就是各國都對自己年代悠久的祖國有了新一層的驕傲——這種優越感有很大的部分奠基在錯誤詮釋史實上，不過對實際政治來說，眞相沒那麼要緊，眞正重要的是人民所「相信的眞實」；而在絕大多數的國家裡，上至國王，下至百姓，人人都堅決相信自己祖先的光輝與聲名。

維也納會議並不想被這種情感左右。會議上的大人物在劃定歐洲版圖的時候，心中考量的是大約六個左右的王朝利益，「民族理想」是被他們放在禁書的「書目」裡，跟其他危險的「法國學說」擺在一起。

但是，歷史不會聽從任何會議。對人類社會的發展規律而言，「民族」似乎是必要的一個環節，而原因不一而足（它似乎是某種歷史定律，不過目前爲止都還未曾引起學者研究的興趣）。任何想要攔阻這道民族洪潮的嘗試，都會跟梅特涅這類想要遏止人民思考的努力一樣徒勞無功。

奇特的是，第一個爭端是出現在距離歐洲世界非常遙遠的角落：南美洲。南美大陸上的西班牙殖民地，在拿破崙戰爭的這些年間[1]，享受過一段相對獨立的日子。雖然如此，他們依然對淪爲拿破崙俘虜

[1] 譯註：由拿破崙發動，或者爲了討伐他所引起的戰爭，常常全部集合起來稱爲「拿破崙戰爭」。

的西班牙國王忠心耿耿。當這位法國皇帝在一八〇八年，任命自己的哥哥約瑟夫．波拿巴為西班牙國王時，這些殖民地也拒絕予以承認。

事實上，美洲眞正直接因爲法國大革命而出現嚴重動亂的地方，並不是西班牙殖民地，而是受法國統治的海地島，也就是哥倫布首度航至美洲時發現的那個西班牙島【2】。一七九一年，一股「世人皆我手足」的情懷意外地在法國人心中澎湃起來，讓法國國民公會【3】決定賦予海地的黑人弟兄原先只有白人統治者才有的特權。但是，法國對這個決定感到反悔，就跟做成決定的時候一樣突然，而這種出爾反爾的作法，導致雙方之間多年的激烈交戰。領頭的分別是拿破崙的姊夫勒克萊爾將軍，以及黑人領袖杜桑．盧維杜爾。戰事來到一八〇一年，杜桑接到勒克萊爾的邀請，請他過去討論和談事宜，並且對上帝發誓，會保障他的人身安全。杜桑相信了他的白人對手，結果卻被送上一條開往歐洲的船，不久之後就死在法國的監獄裡。不過，海地的黑人最終還是獲得獨立，建立了自己的共和國，而且在偶然之下，大大助了南美洲第一位偉大愛國志士西蒙．波利瓦一臂之力，後者最後成功領導家鄉人民脫離西班牙人的統治。

這位西蒙．波利瓦是一七八三年在委內瑞拉的卡拉卡斯出生。他在西班牙接受教育，曾經到過法國，親眼見到革命政府的運作情形，還在美國住過一段時間。當他回到祖國時，同胞們對母國西班牙的普遍不滿正在成形，而且越來越清晰。一八一一年，委內瑞拉宣布獨立，波利瓦成爲革命軍的將領之一。但是還不到兩個月，西班牙就鎭壓了反抗運動，波利瓦只好逃亡。

接下來的五年，雖然獨立看起來是個已經不可能成功的理想，但他依然繼續領導委內瑞拉獨立運動。他已經把全部家產都投入革命事業，不過要是沒有海地總統的支援，他還是不足以發動那場獲得最終勝利的戰役。在此之後，南美洲各地都出現了反抗活動。沒多久，局面看來已經嚴重到西班牙若只靠自己的力量，是沒辦法壓制這些反叛行爲了，於是它向神聖同盟求助。

這個舉動讓英國深感困擾——當時英國的船運商接替了荷蘭，成爲全世界商品的「公共貨運」，所以南美各國一宣布獨立，英國人就已經摩拳擦掌，等著要在這樣的局勢中大撈一筆。英國原本希望美國可以出面插手，但是美國參議院沒有這種打算，衆議院的情形也不樂觀：許多衆議員覺得西班牙要這麼做是它的自由。

就在這時，英國剛好內閣交替，輝格黨下臺，由托利黨接手；其中，國務大臣由喬治·坎寧出任。他向美方暗示，如果美國政府願意公開反對神聖同盟鎮壓南美叛變殖民地的計畫，英國海軍會非常樂意全力擔當美國的後盾。於是，一八二三年十二月二日，門羅總統向美國國會發表了一場演說，內容說道：「神聖同盟若想將其體制延伸至這個西半球的任何部分，美國／美洲會將這類企圖視爲對我方和平與安全的威脅【4】。」此外還警告：「神聖同盟如果有這種行爲，美國政府會將其視爲對美國【5】明白的不友善舉動。」一個月後，這套被稱爲「門羅主義」的內文登上英國報紙的版面，現在輪到神聖同盟的成員國要做出決定了。

【2】譯註：海地其實是西班牙島的西半邊，東半邊則是多明尼加。最初整個島都是西班牙的，而後來海地的部分被割讓給法國。

【3】譯註：這句年代可能有誤，似乎應爲一七九四年。

【4】譯註：這裡有個問題是，原文的 America 既本指美洲，但在英文中卻是美國的代稱，所以它到底是指美國，還是美洲，就有很大的解釋空間。

【5】譯註：此處則清楚表示是「美國」。

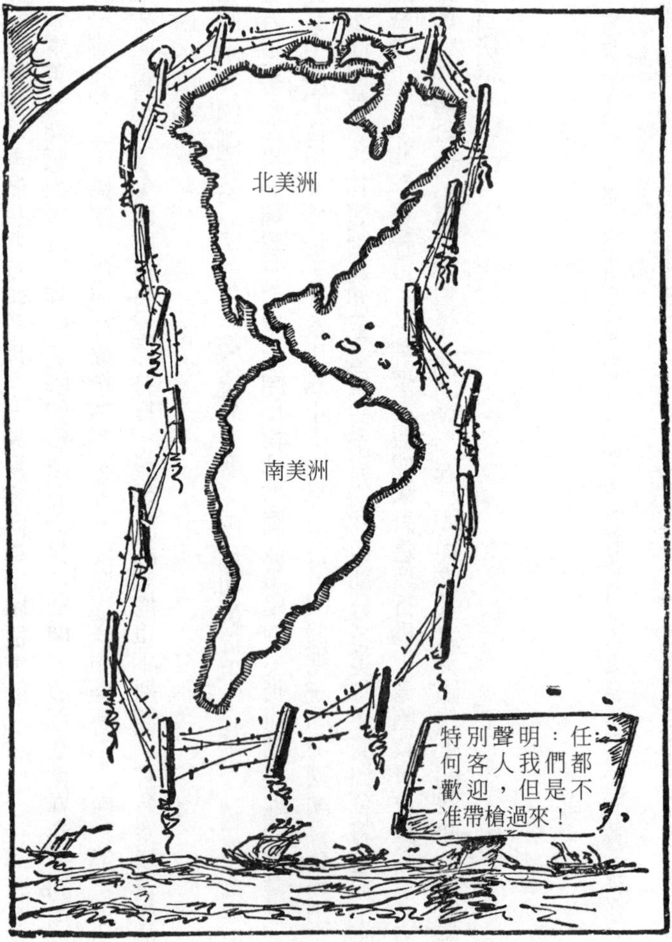

門羅主義

對此，梅特涅猶豫了。就個人角度而言，他願意去冒這個觸怒美國的風險（畢竟，從一八一二年跟英國的戰爭結束以後，美國的陸海軍備都有所荒廢）；但是坎寧擺出的威脅態度，還有歐洲大陸上的問題，讓他不得不謹慎一點。最後，神聖同盟的軍隊始終沒有出動，南美洲與墨西哥也就贏得了獨立地位。

至於歐洲大陸上的紛擾也是來勢凶猛。一八二〇年，神聖同盟曾讓法國軍隊進駐西班牙去穩定該國的秩序。接著，奧國軍隊也在義大利執行類似任務，因爲「燒炭黨」（一個祕密結社組織，這個名字的義大利原文意思是「燒炭的人」）正在從事義大利統一的理念宣導，並且已經開始在那不勒斯王國造成反對國王（那位差勁至極的費南迪）的亂事。

俄羅斯那邊也傳來壞消息。亞歷山大沙皇之死，是聖彼得堡爆發革命的前兆。這次被稱爲「十二月黨人起義（因爲發生在十二月）」的動亂，雖然爲時短暫，但結果甚爲殘忍：有非常大量心地純正的愛國志士被絞死——他們起義的原因，一方面是對亞歷山大晚年的反動作風深感厭惡，一方面也試圖要替俄羅斯創建立憲體制的政府。

但是更糟的還在後面。梅特涅想要確保歐洲各國宮廷對他的支持可以延續下去，於是依序在艾克斯．拉．夏貝爾【6】、托帕烏【7】、來巴哈，以及維洛納等地，舉行了一連串的會議；這些都是氣候宜人、有流水經過的地方，是我們這位奧地利首相用來避暑之處。每次，各大強權的會議代表莫不應邀出

【6】譯註：亞琛。
【7】譯註：奧帕瓦。

現，毫無例外地保證他們國家會盡其所能鎮壓反抗力量，只是他們也都不敢保證絕對可以獲得成功。人民的情緒開始變得越來越暴躁，尤其是在法國，國王的地位已經岌岌可危。

然而，保守勢力面臨的眞正麻煩是從巴爾幹半島開始的。自古以來，這裡就是想要侵入歐洲大陸的人，在前進西歐時必然會經過的門戶。現在，就是在這座半島上的莫達維亞爆發了第一場衝突。莫達維亞是古羅馬的達西亞省，但從三世紀起便不再是羅馬帝國所有。從那時候起，它就是一個與外界無關的國度，一座亞特蘭提斯【8】，裡頭的居民依舊說著古羅馬語，稱自己是羅馬人，叫自己的國家是「羅馬」尼亞。一八二一年，就是在此地，有位年輕的希臘王公亞歷山大・伊普西蘭提，開始發起對土耳其人的起義行動，他告訴追隨者可以倚賴俄國的支援。但是，梅特涅快馬加鞭的信差一下子就趕到聖彼得堡，沙皇也完全被他「和平與安定才重要」的理由說服，所以俄國軍隊自始至終沒有出發。伊普西蘭提被迫逃到奧地利，接下來的七年，他便在奧國的監獄裡度過餘生。

希臘這邊也出了問題。打從一八一五年起，就有一個希臘愛國分子組成的祕密社團，在籌畫反抗行動。同樣也是在一八二一年，他們在摩里亞（古時被稱爲伯羅奔尼撒）舉起獨立的大旗，成功趕跑了土耳其駐軍。面對這樣的舉動，土耳其人以其一貫的作風來回應：他們把身在君士坦丁堡的希臘正教大牧首（是希臘人和多數俄羅斯人的教宗）抓起來，在一八二一年復活節週的禮拜天，把他跟許多主教統統吊死。爲了報復，希臘人便屠殺住在摩里亞首都第里波黎札的穆斯林，而土耳其人的回應則是攻擊巧斯島，使得島上的基督徒居民有二萬五千名被殺，四萬五千名被賣到亞洲和埃及做奴隸。

之後，希臘人向歐洲各國王室求救，但是梅特涅直截了當對他們說：這是他們「自作自受」（這句成語不是我刻意用的，而是直接引用梅特涅大閣下的話，他在寫給沙皇的信中還說：「就讓這股反抗之火在文明的疆界外自生自滅」）。於是，各國關卡下令，禁止那些自願前去解救希臘愛國志士的人出境。若從這個時刻來看，這場起義已經註定無望了，尤其是埃及在土耳其的請求之下，還派出軍隊進入摩里亞。沒多久，土耳其帝國的旗幟又再度飄揚在古雅典城的堡壘：雅典衛城上。當埃及軍隊用「土耳其人的方式」來平定此地動亂的時候，梅特涅則默默袖手旁觀，靜待這場「破壞歐洲和平的亂事」能夠如他所願地過去。

這一次，又是英國人破壞了他的計畫。英國這個國家最値得讚頌的事物，不是它的財富，不是它的海軍，也不是它廣大的殖民領地，而是普遍存在它一般公民身上，那種獨立自主的精神以及沉著冷靜的英雄氣概。英國人之所以遵守法律，是因爲他們知道，「尊重他人的權利」，才是文明社會之所以與一群野狗不同的地方。與此同時，他們也堅決反對他人有權利干涉自己的思想自由。假如國家做了一些他們認爲不對的事，他們會挺身而出大聲說出來，而被他們批評的政府將會尊重他們，並且給予他們完全的保護，讓他們不會受到挾數量而自大的群衆攻擊；是的，群衆在我們這個時代，就跟蘇格拉底那時候一樣，通常都很愛攻擊那些比他們勇敢，或比他們睿智的人。世上任何本於良善之心發起的非營利運動，無論再怎麼勢單力薄，或者無論地點再遙遠，都可以看到死忠支持者裡有一些英國人的身影。英國的一般大衆跟其他國家的人民沒什麼不同，也是緊守著手上的生計，沒有時間去投入這種不切實際的「冒險事業」。不同的地方在於，他們非常欣賞那些願意拋下一切、離鄉背景，只是爲了替亞洲或非洲某個名不見經傳的民族奮鬥的怪鄰居；而假如這位同胞爲此丟了性命，他們會給他辦一場公祭，並且告

【8】譯註：比喻傳說中的國度。

訴自己的孩子，這才叫作勇敢，這才是騎士精神的表率。

就連神聖同盟的警察密探，跟這樣的民族特性比起來，都讓人覺得軟弱無力。一八二四年，英國那位家境富裕、正值英年、筆下詩句令所有歐洲人都感動落淚的拜倫爵士，揚起自己小艇的船帆，出發往南去幫助希臘人作戰。三個月後，他的壞消息傳遍了全歐洲——他們的偶像已經死在希臘最後一座未失陷的城市米索隆吉。拜倫孤寂之死激起了人們的創造力，每個國家都有人出來成立幫助希臘人的團體。那位美國革命戰爭的老英雄拉法葉[9]，在法國為希臘獨立請願。巴伐利亞國王派出了幾百名軍警人員。現金與物資紛紛擁進已經陷於斷糧的米索隆吉。

英國方面，當初破壞神聖同盟前進南美計畫的喬治．坎寧，如今已經出任英國首相了。他發現眼前又是一次挫敗梅特涅的大好機會：英國與俄國的艦隊已經在地中海準備就緒，它們與那些志願軍不同，乃是受官方正式派遣，因為這兩國人民對希臘愛國者獨立大業的熱情，已經不是政府敢去繼續壓抑的了。法國海軍也來了——打從十字軍東征結束之後，法國就接下在穆斯林國家境內捍衛基督教信仰的重責大任。一八二七年十月二十日，三國海軍一同在納瓦里諾灣向土耳其艦隊進攻。很少有戰爭獲勝的消息像這次一樣，能讓歐洲各地都開心慶祝。西歐與俄羅斯那些就連在自己母國都不自由的人民，在這場代替受壓迫的希臘人所打的自由之戰中，透過投射作用而得到慰藉。一八二九年，歐洲人民得到了回報：希臘成為獨立國家，換句話說，「反動與安定」的基本方針遭受了第二次重創。

假如我試圖在這本篇幅不長的書裡，告訴你每個國家為民族獨立奮鬥的細節，那將會是件可笑又愚蠢的事，因為以它們為主題的，還有太多其他了不起的書籍。我之所以描述希臘爭取獨立的過程，是因為它是第一次在維也納會議為了「維持歐洲安定」而樹起的「反動」堡壘上，成功打出一個缺口的攻擊。雖然這座只知鎮壓的反動堡壘依舊強而有力地矗立在那裡，梅特涅也繼續左右歐洲政局，但是這一切的尾聲已在不遠之處。

爲了抹去革命在法國留下的成果，波旁王朝把警官的權力擴充到幾乎讓人無法忍受，他們可以完全不理會文明社會中的衝突法則與規定。路易十八於一八二四年去世後（在他這九年的統治期間，法國人民享有的「和平秩序」，甚至比法蘭西帝國那十年的戰爭歲月更讓他們感到難受），繼承王位的是他弟弟查理十世。

路易所屬的這個名聞遐邇的波旁王朝，雖然從來都學不會教訓，不過一點也不健忘。路易還記得在哈姆鎮聽到哥哥被砍頭的事的那個早晨，對他來說，那一直是個歷歷在目的警告，提醒他一位國王要是沒認清時代的變化，會有什麼下場。反觀這位有辦法在二十歲以前，就幫自己欠下五千萬法郎債務的查理，不但什麼也不會，也從來不看任何前車之鑑，更打定主意絕不學習改進。查理一繼承哥哥的王位，便建立了一個「神職人員所有、所治、所享」的政府。前句引號裡的這段評論，是英國那位威靈頓公爵所說的——他可稱不上是什麼激進的自由派，然而，就連他這樣極端強調法律與秩序的人，都對查理的統治方式感到厭惡。而當查理進一步試圖打壓那些竟敢評批政府的報紙，並且解散支持媒體的國會後，他下臺的日子就不遠了。

一八三〇年七月二十七號那天晚上，革命在巴黎爆發。到了三十號，查理國王已經逃到沿海地方搭船前往英國。著名的「十五年鬧劇」就此收場，法國王座上終於再也見不到波旁王朝的身影，他們實在

【9】譯註：不過他是參與美國獨立戰爭的法國人。

是朽木不可雕也。這之後，雖然法國原本有機會趁機改行共和政體，只是梅特涅可不答應。

就在這已經夠危險的局勢中，反叛的火花一躍跳出了法國國境，點燃另一座早就充滿民族怨念的火藥庫：因維也納會議而產生的新荷蘭王國。這個王國的設定並不成功，比利時人與荷蘭人既沒有共同處，也完全處不來。雖然國王奧蘭治的威廉（他與沉默者威廉有遠親關係，是後者叔叔的子孫）本身是位傑出的商人，做事也非常勤奮，但是要讓兩群互不親愛的子民能夠和平相處，需要高超的政治手腕與靈活彈性的身段，而這兩項他都欠缺。除此之外，當初蜂擁離開荷蘭轉進法國的那群天主教牧師，在合併之後馬上就進占比利時，無論信奉新教的威廉採取的是什麼措施，都會被一大群憤怒的本國公民，大聲指責是對「天主教的宗教自由」所做的又一次迫害。同樣也是在一八三〇年，八月二十五日那天，布魯塞爾爆發一場對荷蘭當局不滿的暴動。兩個月後，比利時人逕自宣布獨立，之後並選出科堡的李奧波德（他是英國維多利亞女王的舅舅）擔任國王。這麼一來問題都解決了！這兩個根本就不應該統一在一起的國家，又能夠各自做回自己，從此以後不只維持和平，甚至還相處融洽，就像兩個好鄰居一樣。

在那個鐵路還非常少的時代，消息散播得並不快。不過，當波蘭人知悉法國與比利時革命成功的事，他們與身為統治者的俄羅斯人之間，馬上出現直接的衝突，後來更延伸為長達一年的激烈戰事。這場激戰最後以俄國的完全勝利告終，他們並以人所皆知的俄羅斯風格，「沿著維斯杜拉河建立該有的秩序」。於一八二五年繼承兄長亞歷山大的沙皇尼古拉一世，堅信自己王室擁有神授的君權，他讓成千上萬被迫在西方尋求庇難的波蘭難民親眼見識到：在神聖的俄羅斯勢力所及的範圍內，神聖同盟的原則可不僅僅是紙上談兵。

義大利地區一度也不甚平靜。帕馬女公爵瑪莉・路易斯（她曾經是拿破崙皇帝的妻子，不過當拿破崙兵敗滑鐵盧後，她便拋棄了丈夫）被趕出自己的國家；教宗國怒氣沖沖的人民試圖建立一個獨立共和國，但是開進羅馬的奧國軍隊，讓一切事物很快就全部回到往常。梅特涅依然安坐在他位於巴爾廣場的哈布斯堡外相官邸，警方密探也重拾以往的工作，「和平與秩序」繼續是此地的最高統治者。必須再等上十八年，才會有下一次更爲成功的努力，將歐洲從維也納會議的糟糕決議中拯救出來。

十八年後發出起義信號的，依舊是歐洲的革命風向球：法國。查理十世的王位現在已經由路易・腓力繼任，他的父親是那位著名的奧爾良公爵，就是倒向雅各賓派，投票贊成處死自己親戚路易十六的那位。這名奧爾良公爵後來在革命早期階段扮演吃重的角色，甚至得到「平等的腓力」之稱號。不過，他最終還是死於非命，因爲羅伯斯比想要掃除國內所有的「叛徒」（凡是跟羅伯斯比的看法不同，都是他口中的叛徒），而公爵的這名兒子只得丟下在革命軍的職位逃亡。從那時候起，年輕的路易・腓力便過著遠離祖國的漂泊歲月，他曾經在瑞士當學校老師，還花了兩年探索美國未知的「大西部」，在拿破崙倒臺後才返回巴黎。他比自己波旁王朝的親戚們聰明得多；然而，雖然他生活簡樸，而且是那種去公園時會隨身帶把陽傘，後面還跟著一群小孩子的好先生、好爸爸般的人物，法國卻已經再也不適合王政。可惜路易一直要到一八四八年二月二十四日那天早上，群眾擁進杜樂麗宮把他趕下王位，宣布法國成爲共和國的時候，才能明白這一點。

這次事件的消息傳到維也納，梅特涅漫不在乎地表示：這只不過是一七九三年法蘭西共和的翻版，而且他們這麼做只是逼盟軍再次出兵巴黎，終結這波非常不得宜的民主紛鬧。沒想到，兩個星期之後，連他自己的奧地利首都也出現公然的暴動。梅特涅必須從官邸的後門逃離暴民的追捕；而奧國皇帝費南迪也只能向自己的子民讓步，接受一套內含許多革命原則的憲法——那些他的首相在過去三十三年來都竭力打壓的原則。

這一次，全歐洲都因此震動了。匈牙利宣布獨立，同時在路易・科薩斯的領導下，開始與哈布斯堡王朝交戰【10】。這場奮戰，雙方實力原本並不對等，但是卻一直持續了一年以上，直到沙皇尼古拉的軍隊越過喀爾巴阡山進入匈牙利，才壓制住獨立勢力，令匈牙利暫時無力威脅獨裁君主在該國的統治。哈布斯堡王朝隨即設立一個特別軍事法庭，把那些他們無法在戰場上擊敗的匈牙利愛國志士通通推上絞刑臺。

至於在義大利地區，西西里島也宣稱脫離那不勒斯王國獨立，並且把自己屬於波旁王朝的國王逐出國內。而在教宗國，總理羅西被人謀殺，教宗本人則逃出國外。隔年教宗回來了，背後跟著一支法國軍隊，之後這支軍隊就駐紮在羅馬，保護教宗陛下不會受到他的子民所害，一直到一八七〇年為止——因為他們被召回法國，抵擋普魯士的入侵；法國軍隊離開後，羅馬便成為義大利的首都。北邊的米蘭和威尼斯則紛紛起身反抗他們的奧地利統治者，雖然他們得到薩丁尼亞國王亞伯特的支援，但是，年邁的拉德茨基將軍【11】率領一支強大的奧國軍隊殺進波河流域，在庫斯托札以及諾瓦拉附近擊敗了薩丁尼亞軍，逼使亞伯特國王把王位讓給自己的兒子，也就是在幾年之後，即將成為義大利統一後第一位國王的維克多・伊曼紐。

一八四八年的紛亂不平，在德國地區則呈現為要求政治統一以及代議制政府的民族大示威。巴伐利亞那位把時間金錢都花在一位女人上的國王（她冒充是西班牙舞者，實際上則是義大利人；而這位名叫羅拉・蒙提茲的女士，死後則被葬在紐約的波特園），被憤怒的大學生趕下王位。普魯士國王也被迫站在棺材前面，向在街頭暴動中被殺的死者脫帽致歉，並且保證會邁向立憲體制。此外，由德國地區各個國家一共五百五十位代表組成的德意志議會，於一八四九年三月在法蘭克福集會，並且建議由普魯士國王腓特烈．威廉來擔任德國統一後的皇帝。

然而，從這時候起，局勢卻有了大轉變。因爲奧國那位能力不足的皇帝費迪南，讓位給自己的姪子法蘭西斯．約瑟夫，於是，訓練有素的奧國軍隊又有了一位戰爭首領可以繼續獻出他們的忠誠，劊子手們也又有許多事情可以忙了。哈布斯堡王朝靠著他們「九命怪貓」般的奇妙特性，再度站穩腳跟，迅速重新強化他們在東歐與西歐的統治地位；政治遊戲玩得很精巧的他們，利用其他德意志國家的嫉妒心理，成功阻撓普魯士國王登上德意志帝國皇帝的道路。長久以來，哈布斯堡王朝都在累積著「如何承受失敗」的學問，這讓他們學到耐心的價値所在，也讓他們擅長等待。就這樣，哈布斯堡王朝靜候屬於自己的時機到來，先放著那些完全不曾受過現實政治洗禮的自由派人士儘管去說，不停地說，一直說到他們全都自我陶醉於自己優美的演說。與此同時，奧地利的軍隊已經悄悄集結完備，足以強迫法蘭克福的德意志議會解散，並且重新建立那個陳腐又不可能成功的德意志聯盟──一個被維也納會議強加在當時懵懵懂懂的世人身上的制度。

不過，在這個由一堆不切實際的熱心人士所組成，稱得上是奇形怪狀的德意志議會中，有位名爲俾斯麥的普魯士鄉紳好好地利用了這次機會，把會中所見所聞的事情都記在心裡。他對於高談闊論的行爲可說是不屑一顧，因爲他知道（凡是富有行動力的人都知道）：空有言談不可能辦到任何事。他有自己

【10】譯註：就是剛剛提到的奧國皇帝費南迪五世，當時匈牙利是奧地利帝國下的一個王國。
【11】譯註：當時已年逾八十歲。

一套出發點一樣純正的愛國方式。而且，接受老派外交技藝陶冶的俾斯麥，不只謊說得比對手漂亮，也能比對手走得更遠、騎得更快、喝得更多。

俾斯麥深信，德國人若想在其他歐洲強權手下自保，這個由一堆小邦小國組成的鬆散聯盟，就必須轉型成強大而統一的國家才行。而在封建傳統忠誠思想之下成長的他，本身是霍恩佐倫家最忠心的臣僕，自然也就認定了新德意志國家的君主，應該由霍恩佐倫王室擔任，而不是那無能的哈布斯堡。爲了達成這個目的，除去奧國對德國地區的影響力乃是必要之舉，俾斯麥也就開始動手，備妥這場痛苦的手術所必要的準備工作。

與此同時，義大利則已經擺脫令人討厭的奧國主子，解決自己的統一問題。義大利統一可說是三個人的傑作，他們是加富爾、馬志尼，以及加里波底。這三傑之中，土木工程師出身，由於近視的緣故，總是戴著一副鋼框眼鏡的加富爾，扮演的角色是謹慎小心的政治舵手；馬志尼負責鼓吹各界支持統一運動，爲此他有很多時間都必須花在歐洲各地的密室裡，躲避奧地利警力的追捕；率領著一群身穿紅衫的義勇騎兵的加里波底，則在人民心中樹立一個英雄形象。

馬志尼和加里波底都是共和政體的支持者，加富爾主張的卻是君主制。念及加富爾是三人之中最具實際政治眼光的人，另外兩人甘願放棄自己的理想，爲了心愛祖國的最佳利益著想，接受加富爾追求王政的決定。

加富爾的立場偏向薩丁尼亞王室，就如同俾斯麥偏向霍恩佐倫家族一樣。他靠著自己無比的小心與絕佳的智計，開始動手將薩丁尼亞國王推上足以擔任全義大利人民領袖的地位。歐洲其他地方的紛亂政治局勢，大大幫了他的計畫一把，其中又以法國——這個長久以來深得義大利信賴（其實，常常也是不

袞瑟佩·馬志尼

能信賴）的鄰國出力最多。

動蕩未平的法國共和政體，在一八五二年十一月時走到它短暫但一點也不讓人意外的終點。前荷蘭國王路易·波拿巴的兒子拿破崙三世（那位威震四方的拿破崙，是這位三世的叔叔）再度將法國改為帝國，並讓自己成為「依上帝恩賜和依人民意志」而登基的皇帝。

這位在德國接受教育的年輕人說起法語來，夾雜著濃厚的條頓語系喉音（就像拿破崙一世終其一生，說起法語也都帶著明顯的義大利腔）。他努力利用拿破崙這三個字所遺留的力量來取得好處。但是，由於他樹敵不少，對自己這個現成的王位，也就感覺坐得不太安穩。雖然他成功贏得維多利亞女王和英國內閣的友好——事實上，這點後來得到非常重大的回報。然而歐洲其他各國的君主，則是擺出侮辱人的傲慢姿態對待這位法國皇帝。如果這樣還覺得不夠，他們願意整晚不睡，想出一些新的花招，以便向他們這位一夕登天的「好兄弟」，表達他們是如何打從心底瞧不起他。

身處這種敵意環伺的逆境，拿破崙不得不找個方法來突破，要不就讓人愛他，要不就讓人怕他。他知道得很清楚：「榮耀」兩個字依然令他的子民深深著迷不已；而既然為了穩固王位逼他不得不賭一把，既然他必須玩這場帝國擴張的遊戲，那麼他決定要賭就賭大一點。當時俄羅斯正好出兵攻打土耳其，他拿這事作爲藉口，發動了克里米亞戰爭。參戰的一邊是替土耳其出頭的英國與法國，另一邊則是俄國。這場仗花費甚鉅，卻所獲甚微，法國、英國或俄國全都沒有取得多少勝利的榮光。但是，克里米亞戰爭成就了一件好事，它給了薩丁尼亞王國一個毛遂自薦的契機，加入後來獲得勝利的一方[12]。也讓加富爾有機會在終戰和談時，向心存感激的英國和法國提出要求。

在有效利用國際局勢，讓薩丁尼亞王國一躍而爲歐洲主要強權之林後，加富爾這位精明的義大利人接著又於一八五九年六月，成功挑起薩丁尼亞與奧地利之間的爭端。在此之前，他已經用沙弗伊省和尼斯（是的，尼斯本來是義大利的城市）作爲交換籌碼，確保拿破崙三世會出兵援助。就這樣，法國與義大利的聯軍在馬根塔與索非里諾兩地大破奧地利軍，讓義大利半島上衆多原本隸屬於奧國的省分和公國，終於統一成一個義大利王國。這個新義大利先以佛羅倫斯爲首都，一直到一八七〇年，駐紮羅馬的法國軍隊被召回去抵禦德國爲止。法國人前腳才離開羅馬，義大利軍隊就進占這座永恆之城。而由古代某位教宗在君士坦丁皇帝的浴池廢墟上建築的昆里納宮，也就被薩丁尼亞王室定爲王宮。

然而，越過了臺伯河，躲到梵蒂岡城牆背後的教宗（自一三七七年教宗結束亞維農的流亡歲月後，梵蒂岡就一直是歷代多位教宗的居所），對於自己的領地遭到這樣強取豪奪，當然大聲提出抗議，同時向那些有可能對他的損失感同身受的虔誠天主教徒寫信求助。只是，這種人已經不多了，而且還在穩定地減少。不過，一旦從治理國家的憂煩中解放出來，教宗就能夠把全部的時間都投入屬於信仰領域的問題；現在他已經可以站在高處，置身於歐洲政治人物小家子氣的爭吵之外。於是，天主教廷取得有別於以往的尊貴地位，不只對天主教而言是好事，更讓它在社會與宗教問題上，成爲不受國家疆域限制的進步力量；而且在針對當代經濟問題的理解上，更比大多數新教教派顯露出更高超的智慧。

總之，維也納會議用來解決義大利問題的方案——讓義大利半島成爲奧國的省分，到此已經是一場空。

然而，德國地區的問題還沒有完，而且現在看來，它才是最難解決的一個。一八四八年那次革命的失敗，使德國人中比較積極有活力，並且致力追求自由的那群人，決定大舉移民。就這樣，這些年輕的傢伙落腳到了美國、巴西，或其他位於亞洲及美洲的新殖民地；而他們追求民族獨立的大業，則由性格完全不同的另一群人承接下來。

德意志議會解散，也就是自由派人士建立統一德國的嘗試宣告失敗之後，在法蘭克福又召開一次新的聯邦議會，會中普魯士國王的代表正是我們在前幾頁遇到過的那位鄂圖．俾斯麥。此時的俾斯麥已經成功得到普魯士國王的絕對信任——他也只要求這一點；因爲普魯士國會或普魯士人民的意見，完全不是他在意的東西。當初他可是用自己的雙眼，目睹自由派人士遭受失敗的原因爲何。他知道得很清楚，想要擺脫奧國的桎梏，不打上一場仗是不行的，因此他著手加強普魯士的軍隊實力。被他的高壓手段所激怒的普魯士國會，拒絕提供他必要的預算，而俾斯麥根本連跟國會討論這件事都懶得討論。在普魯士王室與部分貴族的資金支持下，俾斯麥只管貫徹自己的決定，將這筆全權交由他處理的經費拿去強化軍事。接下來，他開始找尋一個與民族議題有關的藉口，以便用它在德意志人民中掀起一波滔天的愛國浪潮。

【12】譯註：英、法、土。

這就要說到在德國北部有兩個公國，名字分別是什列斯威與荷斯坦。中世紀以來，它們就一直是麻煩的製造機。這兩個公國的居民都有一部分是丹麥人，一部分是德國人。雖然兩個公國的統治者都是丹麥國王，但是它們並未能融入丹麥王國之中，它們之所以持續不停地出現問題，原因就是源自於此。我多麼希望自己不需要挖出這個舊帳（因為最近那次凡爾賽和約似乎解決了這個問題），總之，荷斯坦的德國人咒罵起丹麥人來是絕不會小聲，而什列斯威的丹麥人為了主張自己的丹麥特質也造成不少爭端。當時全歐洲都在討論這兩個公國的問題，德國方面則是連男子合唱團或體育協會，都會邀請成員去聽種種關於「身陷他國的同胞兄弟」的煽情演講。就在各國政府還在試圖弄清這是怎麼一回事時，普魯士已經動員自己的軍隊前去「解救失去的省分」。而由於奧國在名義上乃是德意志聯盟的正式首領，遇到這等大事，當然不能讓普魯士獨自行動，所以哈布斯堡的部隊也動員了起來。這兩支強權的聯軍就這麼殺進丹麥境內，雖然丹麥人非常英勇地抵抗，終究保不住那兩個公國。丹麥曾向其他歐洲國家求助，但是他們都有其他事情抽不開身，最後丹麥只能默默接受這個結果。

然而這場戰爭的勝利，其實是俾斯麥替他帝國大業節目表的下一幕所準備好的舞臺：戰後他利用新占領土地的分配問題，挑動奧國和普魯士起爭執。哈布斯堡王朝掉進這個陷阱而與普魯士開戰。於是，由俾斯麥和他手下忠實的將軍們所創造出的普魯士新銳部隊，便正式進軍波希米亞，並且不到六個星期，就在庫尼希格雷茲以及薩多瓦兩地，將奧國軍隊全部擊潰——如此一來，通往維也納的路上已經沒有任何阻礙了。不過，俾斯麥決定見好就收，他知道將來德國在歐洲必須擁有一些朋友，所以，他向哈布斯堡王朝提出非常漂亮的和談條件，只要奧國願意辭去德意志聯盟主席的位置。對待其他許許多多站在奧國那邊的德意志小邦國，俾斯麥就沒有那麼仁慈了：他把它們全部併進普魯士。接著，德國北部大部分的國家成立了一個新組織，也就是所謂的北德聯邦，而屢戰屢勝的普魯士則成為全德意志民族默認的領袖。

凝聚德國人的工作進行得如此迅速，令全歐洲都大吃一驚。雖然英國其實不怎麼在意，但是法國則顯露出不能接受的態度。此時，拿破崙三世在法國人民之間的支持度正在穩定地下降，畢竟克里米亞戰爭所費過多，達到的成就又太少。

一八六三年，拿破崙又做了一次豪賭。他派出法國軍隊，意圖強迫墨西哥人民接受一位名叫馬克西米連的奧地利大公，來當他們的皇帝。然而，當美國南北戰爭一結束，並且由北方贏得勝利之後，他這場遠征馬上就被迫悲慘地落幕——美國政府的援軍令法國不得不撤軍，墨西哥人因此有機會除掉自己國家的敵人，槍決那位他們並不歡迎的皇帝。

所以，拿破崙非得讓自己的寶座再鍍上一層新的榮光不可。眼看著不到幾年，這個北德聯邦就將成為法國強勁的對手，他判斷在這時候發動對德戰爭，對他的王朝而言將是一件好事。就在他四處尋找開戰的藉口時，那個不斷陷入革命動亂的倒楣西班牙，正好就給了他一個。

西班牙王位在那個時候剛好出現空缺，朝臣決定邀請霍恩佐倫家族中信奉天主教的分支前來接任；法國政府對此表示反對，而霍恩佐倫家族也很有禮貌地拒絕了西班牙的邀請。然而，開始顯露出一些病徵的拿破崙，此時已經非常容易受到他那位漂亮妻子的影響。她名叫尤金妮．蒙提荷，父親是一位西班牙紳士，祖父則是美國駐馬拉加（那裡就是葡萄的故鄉）的領事威廉．科克派崔克。尤金妮雖然聰明有餘，但是就跟當時大多數的西班牙女人一樣，從小就沒受過好教育，造成她對自己在宗教領域的師長言聽計從；然而，這些有頭有臉的先生們對身為新教徒的普魯士國王，完全不抱持任何好感。最終，這位皇后給皇帝丈夫的建議是一句著名的波斯格言：「要勇敢」，但是她只說了一半——其實這句話是拿來勸誡英雄們「要勇敢，但不是魯莽」。於是，對自己的軍事實力深富信心的拿破崙，寫了封親筆信給普魯士國王，強烈要求他一定要做出保證，「絕不會允許任何有資格的霍恩佐倫王公接受西班牙王位」。如同上面提到的，霍恩佐倫家族才剛剛拒絕過西班牙的邀請，拿破崙的這項要求完全是多此一舉，俾斯麥便向法國政府表達這樣的看法，可是這樣的回應當然無法讓拿破崙滿意。

事情發生在一八七〇年，當時普魯士國王威廉正在安姆斯遊憩戲水。那一天，法國外交大臣專程來到這裡，想要重新開啓討論。威廉非常和善地回答：「你看今天天氣這麼好，不如西班牙問題就那樣了吧，沒有什麼還需要討論的。」按照一般的例行公事，這次會面的紀錄會用電報傳給俾斯麥，畢竟普魯士一切外交大事也是由他處理。俾斯麥會編寫新聞稿給普魯士和法國的媒體使用，這點常常惹得很多人非常不高興，然而，俾斯麥總是可以拿這個理由來辯解：早從不知多久以前開始，修飾官方新聞就一直是所有文明國家的特權。於是，當這份「編輯過」的電報一見報，普魯士的善良老百姓都覺得他們德高望重、長著一把漂亮白鬍子的老國王，被一位矮小又傲慢的法國佬給侮辱了；反過來，法國同樣善良的老百姓，則因爲他們的外交大臣都已經畢恭畢敬、禮貌至極，卻連普魯士國王的面都還沒見到，就先吃了個閉門羹，

就這樣，雙方都向對方宣戰。結果不到兩個月，拿破崙還有他手下大部分的士兵，就全部成了德國人的俘虜。法蘭西第二帝國至此結束，新成立的第三共和做好守護巴黎的準備，奮力抵擋德國的入侵，這讓巴黎又多撐了五個月。巴黎投降前的十天，普魯士國王正式對外界宣布自己成爲德意志帝國皇帝，加冕的地點就在巴黎附近那座凡爾賽宮——說來諷刺，它的建造者法王路易十六，當初還曾是德國

人的心腹大患。那天，登基儀式所發出的隆隆禮炮聲，似乎在告訴餓著肚子的巴黎人：過去那個毫無威脅的條頓民族，那個由無數大小國家組成的鬆散聯盟，已經被一個新的德意志帝國取代了。

最終，德國問題就是以這種粗暴的方式獲得解決。時間是一八七一年年底，距離那值得紀念的維也納會議過了五十六年後，會議的成果已經全部煙消雲散。梅特涅、亞歷山大與塔列朗曾經努力要帶給歐洲人民持久不變的和平與秩序，然而，他們採用的方式卻造成持續不斷的戰爭與革命。歐洲在十八世紀那種「人人都是一家人」的氛圍也隨之消失，接著而來的是一個過度強調民族主義的年代，它一直到現在都還沒有過去。

57 發動機時代

正當歐洲人為了自身民族獨立而奮戰，他們所處的世界已經被一系列的發明完全改觀。它們讓十八世紀那種古老又簡陋的蒸氣引擎，變成人類最忠實又最能幹的奴隸。

造福全人類最多的那位偉人去世已經有超過五十萬年。他眉頭很低、眼眶很深，身上滿是毛髮，下巴相當寬大，而且還有著強而有力、像老虎般的牙齒。如果他出現在現代一場科學家的集會上，這副外表應該不會太體面，然而他將得到在場人士的尊敬，因爲他是他們的祖師爺。他曾經用石頭砸開堅果，用竿子撐起巨岩；他發明了槌子與槓桿，也就是人類最初的工具。人類能夠比地球上其他任何動物更具優勢就屬他貢獻最大，後世不管是誰都無法及得上。

從他開始，人類就一試再試，希望可以利用許許多多工具，讓自己的生活過得更輕鬆，而且古今皆然。你看史上第一個輪子（那是用一棵老樹做成的圓盤）問世的時候，它在西元前十萬年的人類社會所激起的波瀾，比起飛行器在不久之前所造成的轟動，一點也不遑多讓。

在美國有這麼一個故事，十九世紀三〇年代初的時候，專利局局長建議政府可以撤除專利局這個單位，因爲「所有可能發明的東西都已經被發明了」。我想，當第一次有人在木筏上撐起一面帆，讓人們從此不必划槳、不必撐篙、不必靠縴夫，就可以在水上移動的時候，那個史前時代的世界中，一定也有非常多人冒出類似的感想。

但事實上，歷史這本大書中最有意思的章節，就是關於人類如何付出各種努力，來促使其他人（或者其他東西）替自己幹活，讓自己可以樂得輕鬆，或者沐浴在陽光下，或者在大石上著色繪圖，或者把野狼猛虎的幼子訓練成跟家畜一樣溫馴。

當然，在非常久遠的年代，將弱小的鄰近部族變成奴隸，強迫他去做生活中那些辛苦惱人的工作，一直都是可行的事。希臘人與羅馬人明明跟我們一樣聰明，卻沒有辦法構想出更引人注意的機械，其中一個原因就是在於他們的社會普遍施行奴隸制。當一位數學家用很便宜的價錢，就可以在市場上買到所有需要的奴隸，他爲什麼要浪費時間在那些線路組、滑輪組，還有齒輪組上面，而且把周遭都搞得都是噪音和灰煙呢？

至於中世紀期間，雖然奴隸制遭到廢除，只維持著一種比較和緩的農奴制，不過，公會也不鼓勵利用器械幫忙工作的想法，因爲他們認爲這樣將使得一大堆會員失業。除此之外，中世紀人也對生產非常大量的貨物完全不感興趣。他們的裁縫、屠夫或木匠之所以工作，只是爲了滿足某個小社群的直接需求；而且他們自己就是這個小社群的一員，一點也不會有跟鄰人競爭的渴望，也完全不會想要生產超過必要數量的物品。

到了文藝復興時期，教堂的偏見再也不能像以前一樣，那麼嚴厲地打壓科學研究，便出現了一大群將人生都奉獻給數學、天文學、物理學或化學的人。就在三十年戰爭爆發前兩年，有位名叫約翰・內皮爾的蘇格蘭人出版了一本小書，介紹他新發明的「對數」計算法。三十年戰爭期間，萊比錫人哥特弗里德・萊布尼茲將微積分學的體系發展至完善境界。西伐利亞和約簽訂前八年，英國那位偉大的自然哲學家牛頓誕生了，巧的是那位傑出的義大利天文學家伽利略，也是在這一年去世。由於三十年戰爭令中歐的繁榮與財富毀滅一空，忽然之間幾乎人人都對「鍊金術」產生興趣。這種中世紀人希望藉由它來將卑金屬變成貴金屬的詭異僞科學，雖然最後證明是緣木求魚，但是那些鍊金術士在實驗室裡誤打誤撞出的各種新點子，幫他們的傳人：化學家，許多大忙。

這些人努力的成果，爲人類世界提供了穩固的科學基礎。正是在這樣的基礎上，再怎麼精密的引擎都可能製造出來；更不用說許多著重實際層面的人，將其拿來做了多少善用。中世紀的人們在製作那些少數必須用到的機械時，是使用木頭作爲材料，可是木材很容易損耗，比起來鐵會耐用很多。然而，除了英國以外，鐵礦在歐洲很稀少，所以，絕大多數的冶鐵動作都是在英國完成的。要熔化鐵，沒有很強的火焰是不行的；最早的時候是燒木柴來生這種大火，但漸漸地，森林就被這樣用光了，這時候人們便開始使用「石煤」（由史前時代的樹木石化而成）。但是你也知道，煤炭除了要從地底挖出來，還必須把它們送到冶鐵爐那邊去；除此之外，煤礦坑也必須保持乾燥，不能讓它被一直湧出來的地下水淹沒。

想要用煤的話，這兩點都必須立刻解決。就當下而言，還可以用馬來拖運煤車，但是，抽水的問題就非得用上特別的機具不行了。爲了解決抽水的難題，有幾名發明家開始動起來，而且他們不約而同都想到：新的幫浦發動機一定得利用蒸氣才行。蒸氣動力的概念一點都不新奇，早在西元前一世紀，亞力山卓的希羅就向我們描述了幾件用蒸氣驅動的小機器；文藝復興時代的人們就已經在想像，是不是可以做出蒸氣戰車；有位與牛頓同時代的沃卻斯特侯爵，在他那本關於發明的書裡，就仔細提過蒸氣引擎的事。再晚一點，一六九八年的時候，英國的托馬斯・薩弗里就曾經替自己的幫浦引擎申請過專利。與此同時，荷蘭的克里斯提安・惠根斯正在努力改善一種發動機，讓火藥可以在裡面進行規律性的、受到控制的爆炸；這種原理已經很接近我們現代的汽車引擎用汽油所做的事。

總之，全歐洲的人都為了發動機的想法忙碌起來。惠根斯有位朋友，同時也是他的助手，是位名叫丹尼・帕潘的法國人，曾經在好幾個國家做過不少關於蒸氣引擎的實驗。他發明出可以用蒸氣驅動的小車以及輪船，然而就在他要試航的時候，這艘船就在船夫工會的抗議下被當局沒收了，因為他們擔心這艘東西會害他們丟掉飯碗。帕潘最終在赤貧之中於倫敦死去，他的錢全都用在自己的發明上。然而，就在他逝世前後，另一位機械狂熱分子托馬斯・紐康門正在努力改善一臺新型蒸氣幫浦的問題——五十年後，格拉斯哥[1]一位名叫詹姆斯・瓦特的工具製造商，又把紐康門的機器拿來變得更好，終於在一七七七年，瓦特給了世人第一臺確定具有實用價值的蒸氣機。

不過，在這段「熱力機」實驗的年代，世界的政治環境也有了急劇的變化。英國取代荷蘭，成了全世界貿易活動中的共同貨運商；此外，英國還開闢了新殖民地，將殖民地生產的原物料運回英國，把它們變成工業完成品，再把這些商品外銷到世界每個角落。在這樣的架構下，十七世紀期間，美國喬治亞州和卡羅萊納州的農民開始種起一種新作物，它會長出某種奇怪的、像是羊毛般的東西，也就是所謂的「原棉」。這裡的原棉一被採下來之後，就會被送到英國，由蘭開夏的工人把它織成棉布。這個紡織過程是純手工的，而且就在紡織工人的家裡完成。很快地，就有人對其做出一些改良。一七三〇年，約翰・凱伊發明了「飛梭」。一七七〇年，詹姆斯・哈格里夫斯為自己那臺名叫「珍妮」的紡紗機取得專利。美國人艾利・惠特尼則發明了軋棉機，也就是可以把棉絮和種子分開的機器；原本用手工來做，

【1】譯註：英國的大城市。

現代都市

一天只能挑出一磅重的棉而已。最後，理查・阿克萊特與牧師艾德蒙・卡特萊特發明了由水力驅動的大型紡紗機。於是，在十八世紀八〇年代，正當法國的三級會議開始要召開那些即將革新歐洲政治制度，因此日後將會留名史冊的會議時，瓦特製造的蒸氣機成功地和阿克萊特的紡紗機組合起來，讓它變成蒸氣驅動，同樣也革新了幾乎全世界的經濟與社會關係。

固定式發動機的構想一確定可行後，發明家們馬上把注意力轉到「如何用機械裝置來推動船隻與貨車」的問題上。瓦特本人也曾設計過一份「蒸氣火車頭」的藍圖，但是，在他把自己的設計改善完成之前，理查・崔維提克已經在一八〇四年造出一部火車頭，成功在威爾斯的潘尼達蘭礦區拉動二十公噸的載貨。

與此同時，美國寶石匠與肖像畫家羅伯特・富爾頓來到了巴黎，努力試著說服拿破崙：只要採用他那種可以潛水的船（他把它取名爲「鸚鵡螺號」），以及他設計的「蒸氣船」，法國就會有能力摧毀英國的海上霸權。

富爾頓的蒸氣船構想不是他原創的，他無疑是從約翰・費曲那邊抄襲過來；費曲是康乃狄克州的一位機械天才，他所建造的那艘設計精巧的汽船，早在一七八七年就已經首度航行在德拉瓦河上。只不

約翰・費曲的這艘汽船在一七八八年進行了三十幾公里長的試航，並且於一七九〇年開始在德拉瓦河上營運。參見一七九〇年費城的報紙報導。

第一艘蒸氣船

過，拿破崙和他手下的科技顧問並不相信世界上眞的可以有一艘自己能動的船，所以，儘管富爾頓的小船上那座出自蘇格蘭人之手的引擎，已經在塞納河上愉快地噴著蒸氣，這位偉大的皇帝終究是與這項可怕的軍事武器失之交臂——說不定有了它，他就可以一雪特拉法戰役之仇了。

富爾頓在被拿破崙拒絕之後回到美國。身爲一位務實的商人，他馬上與羅伯特・李文斯頓（他是《獨立宣言》的共同簽署人之一，而且在富爾頓來到巴黎的時候，正好擔任美國駐法國大使）成立一間成功的蒸氣船公司，努力推銷自己的發明。從一八〇七年起，這家新公司的第一臺蒸氣船「克勒蒙號」，裝載著「柏爾頓與瓦特公司」出產的引擎，帶上紐約州全水域的獨占許可，開始在紐約與奧巴尼之間定期航行，運送客貨。

至於可憐的約翰・費曲，這位比任何人都更早把「蒸氣船」拿來進行商業用途的人，則在淒慘中死去。他的身體垮了、錢包空了，而且在他那艘採用螺旋槳推進設備的第五號船也損毀之後，他已經一籌莫展。周遭的人都嘲笑他，就像一百年後，蘭利教授建造出一架可笑的飛行器時，人們也同

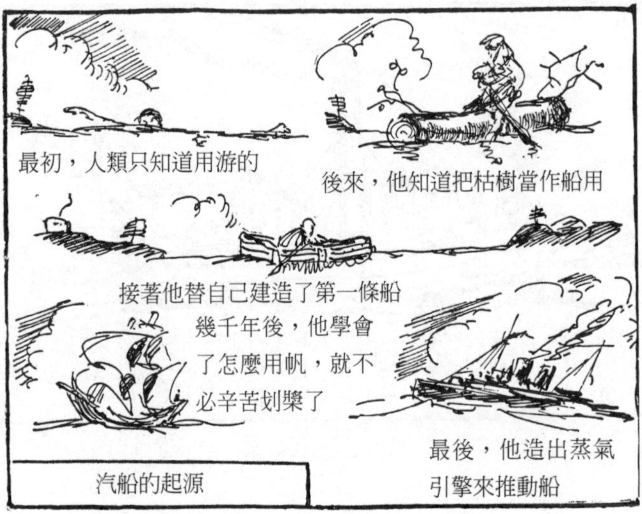
最初，人類只知道用游的
後來，他知道把枯樹當作船用
接著他替自己建造了第一條船
幾千年後，他學會了怎麼用帆，就不必辛苦划槳了
最後，他造出蒸氣引擎來推動船
汽船的起源

汽船的起源

樣嘲笑他。而費曲原本只是希望讓自己的國人，可以輕鬆地在西部的大河上往來，結果他的同胞卻寧可搭平底船，或者乾脆用走路的。一七九八年，在極度的絕望、痛苦以及貧困之下，費曲服毒自殺。

但是二十年後，那條一千八百五十噸重，可以用每小時六海浬航行的「沙凡那號」——附帶一提，「茅利塔尼亞」號[2]的速度是它的四倍——從沙凡那橫渡大西洋抵達利物浦[3]，創下了只花二十五天的新紀錄[4]。此時，群眾的取笑聲戛然而止，而且，人們在興奮之餘還搞錯了發明汽船的人。

另一方面，蘇格蘭人喬治·史蒂芬生先前一直在建造可以用來將煤從礦坑拖運到冶鐵爐或棉布工廠的火車頭，而在沙凡那號完成本次航行的六年後，他做出了那臺著名的「行駛引擎」，不只可以降低將近七成的煤成本，更促成史上首條定期火車客運（從曼徹斯特到利物浦）的出現。從此，人們就可以用在那個年代聽都沒聽過的速度：每小時大約二十四公里，在城市與城市之間飛快地移動。十二年後，火車的速度就被提升到每小時三十二公里左右——而現在[5]，任何一輛車況不錯的福特汽車（它們的祖先正是十九世紀八〇年代「戴姆勒與列瓦索公司」那些又小、又不起眼的機動車），都可以跑得比這些最早期的「冒煙的傢伙」還要快。

正當這些講求實用的工程師們忙著增進他們轟隆作響的「熱力機」，有一群「純粹」科學家（一些每天都付出十四個小時，研究「理論」性質的科學現象的人，沒有他們的研究成果，就不可能有任何實際技術面的進步）正在追隨一條新線索，深信它將會帶領他們進入大自然最難解也最隱祕的領域。

其實在二千年前，就有一些希臘和羅馬的哲學家注意到：拿一根稻草或羽毛靠近一塊被毛布摩擦過的琥珀，就可以看到稻草或羽毛出現奇怪的動作。這些哲學家中，值得一提的像是米利都的泰勒斯，以及在西元七十九年的時候，爲了嘗試研究維蘇埃火山爆發（那次爆發把龐貝和赫庫蘭尼姆等城市全都埋在火山灰裡）而喪生的普林尼。雖然中世紀的學者們對上述這種神祕的「電力」不感興趣，但是緊接在文藝復興時代之後，伊莉莎白女王的私人醫生威廉·吉伯特就寫下那本關於磁力之性質與作用的論文[6]。三十年戰爭期間，既是抽氣幫浦的發明者，也是馬德堡市長鄂圖·居里克，製作了史上第一臺電子機器。接下來的一個世紀，有一大群科學家致力於電學的研究，其中至少就有三位學者在一七九五

【2】譯註：它是作者那個時代很出名的大船。
【3】譯註：前者是美國喬治亞州的港，後者是英國的港。
【4】譯註：沙凡那號的航行重點不只在於速度，這是史上第一次有蒸氣船——事實上，沙凡那號是一艘汽帆混合船——成功橫渡大西洋。
【5】譯註：一九二〇年代。
【6】譯註：物理學中，電與磁是彼此密切相關的學問，所以這邊才會這樣子談。

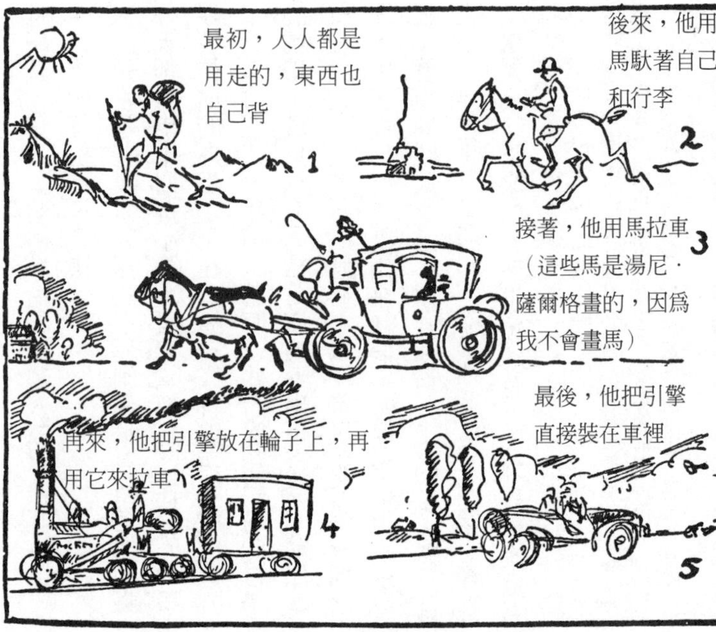
最初，人人都是
用走的，東西也
自己背
1
後來，他用
馬馱著自己
和行李
2
接著，他用馬拉車
（這些馬是湯尼・
薩爾格畫的，因爲
我不會畫馬）
3
再來，他把引擎放在輪子上，再
用它來拉車
4
最後，他把引擎
直接裝在車裡
5

汽車的起源

年不約而同發明了著名的「萊頓瓶」【7】。同一時間，電學也吸引到班傑明・富蘭克林高度的注意，這位在全美僅次於班傑明・湯普生的科學全才（但是湯普生更覺得自己是英國人，所以從新罕布夏逃到英國，後來成了倫福伯爵），從此之後一直到去世以前，都從他忙碌而貢獻卓越的生命裡，撥出時間來從事電學的研究。閃電與電火花這兩種自然現象，背後的源頭同樣都是「電」，這件事便是富蘭克林發現的。接著而來的是伏特和他那著名的「電堆」【8】，然後是加凡尼、戴伊、丹麥教授漢斯・克里斯提安・厄斯泰德，還有安培、阿拉哥、法拉第，全都是孜孜不倦致力於找出電力本質的研究者。

這些人大方地把自己的發現與世人共享，其中有位山繆・摩斯（他和富爾頓一樣，一開始都是畫家）覺得可以用這種新發現的電流，在遙遠的城市之間傳遞訊息。他的計畫是用銅線加上自己發明的一臺小機器，就可以辦到這件事，人們聽了當然笑他是痴人說夢，摩斯只好用自己的錢來做實驗，沒多久他的錢就花光了；看到他把自己搞得那麼窮，人們笑得更厲害了。這時候摩斯向美國國會申請經費，國會底下一個專門的商業委員會也同意對他資助。但是，其實國會議員沒有太在意這件事，摩斯最後一直等上十二年，才從國會那邊拿到一筆不大的款項。他拿這筆錢在巴爾的摩與華盛頓之間蓋了一條「電報線」，然後在一八三七年，在紐約大學的一間演講堂向聽衆展示了他第一份成功傳送的「電報」。最終在一八四四年五月二十四日，史上第一份長距離的電子訊息，成功地從華盛頓送到巴爾的摩；如今，電報線已經遍布全世界，讓我們能夠在幾秒之內就把消息從歐洲傳遞到亞洲。電報發明的二十三年後，亞歷山大．格拉漢．貝爾也利用電流原理順利發明了電話。而半個世紀後，馬可尼在這些構想上更上一層樓，發明了完全異於過往，不必使用電線的通訊系統。

一八三一年，因爲七月革命【9】的關係，歐洲依然處於震盪，維也納會議定下的計畫也受到嚴重的動搖；同一時間，出身於美國新英格蘭的摩斯，還在鑽研著他的「電報」，此時出身英國約克夏的麥克．法拉第建造出第一部「發電機」。一開始它還只是部小不點般的機器，隨著時間過去，它變得越來越大、越來越精密，如今已經能夠提供我們熱能、照明（不待多說，這是因爲愛迪生發明的白熱燈泡，那是他以十九世紀四〇、五〇年代，許多法國人與英國人的實驗爲基礎，在一八七八年首度做成的），也能幫各式各樣的機器提供電力。如果我所知沒錯，電能動力機很快將會全面取代熱力機，就像

【7】譯註：它是最早發明出來能夠儲存靜電的容器，不過此處年代似乎有誤，應爲一七四五年。
【8】譯註：是第一個化學電池。
【9】譯註：一八三〇年在歐洲各國發生的革命，常常也被概稱爲七月革命。

史前時代的遠古動物界，組織比較嚴密的物種就會把比較沒效率的趕跑一樣[10]。

雖然我對機械一無所知，不過我個人的意見是，這種趨勢讓我非常高興。因為電能動力機可以用水力作為能量來源，所以是人類乾淨又友善的僕人；相對地，雖然熱力機是十八世紀的奇蹟，但它是個又吵又髒的傢伙，不只一直讓各處都是可笑的煙囪，讓空氣中布滿灰煙與油煙，而且還不斷討煤吃，於是就得有千千萬萬的人冒著生命危險，千辛萬苦地把煤礦挖出來。

另外，假如我是位小說家，而不是位必須貼緊史實，不可以運用自己想像力的歷史學家，我一定會在這裡就為你描述：那一天，人們是如何開開心心地，把最後一輛蒸氣火車頭帶到自然歷史博物館，把它放在恐龍和翼手龍的骨架，以及其他形形色色、已然走進過往歲月的絕跡事物之間！[11]

58 社會革命

然而，那些新式發動機都貴得不得了，唯獨有錢人才買得起。那些原本自己是他那間小工作室老闆的木匠或鞋匠，現在不得不受僱於擁有大型機具的人；雖然他們賺得是比以前多了，卻再也沒辦法獨立自主，這讓他們很不開心。

從前，獨立自主的工人就可以完成世上各式各樣的工作或勞務。他們的小工坊就開在家前面，他就坐在裡面幹活，拿著屬於自己的工具，揙著手下學徒的耳光。完完全全照著自己的意思，在公會設定的限制下從事手上的工作。生活簡單樸實的他們，雖然每天都得工作好久才行，不過他們是自己的主人。假如某天他們起床後發現：今天眞是適合釣魚的好日子，就會把店門關了去釣魚，不會有人跟他們說：「不行」。

可是，機器的問世讓這一切改觀。說到底，一部機器其實就是一項非常巨大的工具。用時速一百

【10】譯註：現在來看，或許這個結果趨勢比沒有作者想得那麼快，因為直到距離本書寫成九十年後的今日現在，這種情況都還沒出現，電機都還並沒未全面取代熱機成為人類機械力的動能輸出者；另外，這句所用的比喻也不一定符合眞實的生態現象。

【11】譯註：作者會這麼說，是因為在他寫書的時候，蒸氣火車頭都還是主流。而事實上，他所謂的這麼一天已經成眞；蒸氣火車頭在臺灣也已經走入歷史有一段時間。有興趣的讀者在看著高速鐵路的火車飛奔而過之餘，也可以去臺北二二八和平紀念公園看臺灣第一部蒸氣火車頭，或者去苗栗火車站後面的鐵路博物館看看其他的蒸氣火車頭。

當初建造雅典衛城時，爲了移動一塊大石頭，
就要用到一百個人。
如今只要幾滴汽油就可以用
更短的時間完成相同的事。

人力與機械力

公里載著你飛奔的火車，實際上是一雙飛毛腿；可以把沉重的鐵片錘平的蒸氣槌，就是一個大到誇張的鋼鐵拳頭。

人人都可以有一雙快腿，或一雙有力的拳頭，但是，火車、蒸氣槌或棉花工廠的成本極爲昂貴，擁有者也不只是某一個人，而通常是一間公司。公司是由一群人，每個人都提供一定數額的金錢成立的組織，等到他們的鐵路或棉布工廠賺了錢，他們再依照當初投資的比例去瓜分利潤。

因此，當那些大型機器被改良到眞正具有實用價值，也就是當使用它們變成有利可圖之後，機器製造商也就開始物色資本雄厚，有辦法直接用現金向他們購買機具的主顧。

這就要從更早說起，中世紀早期的時候，土地幾乎可說是世上唯一的一種財富，貴族也就成爲唯一稱得上是富人的族群。不過，就如我在前面的章節向你說過的，貴族對於自己手上擁有的黃金白銀相當不重視，他們在交易的時候，還是用古老的以物易物制度，拿自己的牛去換馬，或者拿蛋去換蜂蜜。而在十字軍東征期間，東方與西方之間重啓貿易，城市裡的市民因此可以從中累積財富，讓自己成爲領主與騎士階級不能掉以輕心的對手。

法國大革命完全摧毀了貴族的財富基礎，並且大大增加了中產階級，也就是所謂「布爾喬亞」的經濟實力；隨著大革命來臨的動亂時代，更讓許多中產階級人士有機會大發一筆不義之財。這段期間，法國國民公會在沒收了教會的地產以後，把它們通通拿去拍賣；貪汙舞弊事件層出不窮；土地投機客趁機強取豪奪了數不清的珍貴地皮；此外，在拿破崙戰爭時期，中產階級也利用自己的資本，在糧食與火藥等項目上大發戰爭財。於是，現在中產階級擁有的財富，已經遠多於整個家庭的實際花費，他們有能力幫自己蓋個工廠，再請些勞工男女來操作上面提到的那些機器。

成千上萬人們的生活都因此有了劇烈變化。不到幾年之內，許多城市的居民都成長了一倍，曾經是市民眞正「家園」的舊市中心，開始被外觀醜陋、造價低廉的郊區包圍起來，以供工人們待在工廠長達十一或十二、甚至十三個小時的工作之後，有個地方可以睡，等隔天起床哨響起的時候，再從這裡去工廠做工。

遙遠而廣大的鄉間，四處流傳著這樣的話語：只要去都市，就可以賺到大把銀子。於是，習慣在空曠空間裡生活的農家子弟，紛紛來到都市謀生。在早期那種通風排氣不良的工廠裡，他們很快就在灰煙與沙塵的摧殘之下，失去自己原本健康的身體，最後不是死在醫院，就是死在救濟院，少有例外。

數量如此眾多的人從農村被吸引到工廠，這項變化的發展過程中，當然冒出一定程度的反對聲

工廠

浪。既然一臺機器可以做一百名工人的分量，剩下九十九名因此丟掉飯碗的工人當然會不開心。三不五時就有失業工人攻擊工廠建築，放火燒毀機器的事件發生。不過，保險業早在十七世紀就已經組織得不錯，到頭來工廠老闆總是可以被保護得好好的，不會承受多少損失。

很快地，工廠裡的機器越來越創新、越來越厲害，工廠周圍築起了一面面的高牆，工人暴動最終也消聲匿跡。在這個由蒸氣與鋼鐵構成的新世界裡，古老的同業公會一點存活下來的可能都沒有。在公會絕跡之後，工廠工人們設法組織合法的勞工工會。然而，有錢因而也就有勢的工廠老闆，不管是對哪個國家的政治人物，都可以施展他們的影響力；他們叫這些政治人物幫他們在立法機關裡，通過一些禁止成立這類工會的法律，理由是：工會組織將會侵害底下成員的「行動自由」。

請不要把在國會裡通過禁止組織工會法律的「好」議員，想成是什麼惡毒蠻橫的人。革命那段期間，人人都在談論「自由」，而且還常常因爲別人熱愛自由愛得不夠多，就把別人殺掉；而這些議員其實是眞正革命精神的繼承人。既然自由是人類最首要的價值，那麼准許工會來規定勞工不能工作超過多少時數，或是最少必須要求多少薪資，就說不過去了。必須讓勞工在任何時刻都可以「自由地在公開市場上出賣自己的勞力」，也必須讓雇主可以同樣「自由地」照自己的意願，來經營管理自己的事業。政府可以管制整個國家社會企業命脈的年代，也就是那個重商主義的時代已經來到終點。新的「自由」理念堅持：讓貿易自己發展、決定它的方向，國家必須完全置身度外。

十八世紀下半葉，其實不僅僅是一個在知識與政治方面充滿懷疑的時代，古老的經濟思想同樣也被更創新、更符合當代需求的觀念取代。法國大革命發生前幾年，涂爾哥（路易十六底下，無法成功達成使命的財政大臣之一）就曾經提倡過一種名爲「自由經濟」的嶄新學說。涂爾哥身處的法國，是一個有太多繁文縟節、太多規章命令、太多官員拚命在執行太多法律的國家。因此，涂爾哥寫道：「應該去除這種官方監管，讓人民照著自己的意思行事，這麼一來任何事就全都上軌道了。」沒多久，他這項著名的「自由放任」經濟建言，就成爲催動當代經濟學家集結進攻的衝鋒吶喊。

與此同時，英國的亞當・斯密正在寫那本曠世巨作《國富論》；它也是一本鼓吹「自由」與「交易乃是一種自然權利」的書。終於在三十年後（這時候拿破崙也已經跨臺），正當歐洲的反動勢力在維也納取得勝利，使得人民只能望著政治關係上的自由而興嘆的同時，一種內容相同、不過是在勞資關係上的自由，卻被強加在人民身上。

如同我在本章一開頭曾經說過，機器的普遍使用，最終對國家來說將會帶來衆多好處。國家的財富因此迅速增加——拜機器所賜，拿破崙戰爭各國所花費的成本重擔，現在即使全部由某個國家（譬如英國）來單獨承擔都沒問題。資本家（也就是籌集資金購置機具的人）也藉此獲取巨額利潤；而他們也就變得更爲積極，目標更加遠大，並且開始有興趣參與政治，努力與擁有土地的貴族競爭——後者在歐洲大多數國家的政府中，依舊還握有非常大的影響力。

這段時間的英國，其國會議員仍然是根據一道一二六五年的皇家命令來選出，有非常多最近形成的工業中心因此在國會裡都沒有代表。於是，英國的資本家設法推動通過一八三二年《改革法案》，改變選舉制度，讓工廠老闆階級在立法機關裡可以擁有更多影響力。然而，此舉卻讓千千萬萬的工廠工人大爲不滿，他們在政府可是一點發聲機會也沒有，所以他們也動員起來，爭取讓自己可以投票的權利。勞工們把自己要求的內容寫下來，成爲那份後來被稱爲《人民憲章》的文件。然而，社會上對這份文件的爭辯變得越來越激烈，一直到歐洲一八四八年的革命爆發時，都還沒有定論。由於擔心暴力以及如同雅各賓黨人般的極端行動會在英國重新出現，英國政府任命當時已經高齡八十歲的威靈頓公爵擔任軍隊統帥，宣布倫敦進入戰爭狀態，並且號召志願軍，做好各種準備工作，以鎮壓可能發生的革命。

不過，這波來勢洶洶的憲章運動，卻因爲領導階層的問題而胎死腹中，也就沒有太多暴力行動出現。新興而富有的工廠主人階級（我討厭「布爾喬亞」這個字，這個詞已經被頌揚新社會秩序的人濫用了），慢慢增加對政府的掌控力，而大都市裡勞資關係的條件，便繼續將大片大片的牧場與麥田變成寒酸落魄的貧民區，宛如是每座歐洲現代都市的城牆和護城河一般。

59 解放

親眼見到鐵路取代馬車的那一代人，相信只要普遍引進機器從事生產，就可以帶來一個幸福而富裕的年代——然而結果卻未如他們所願。為此，不時有人提出一些補救辦法，但是沒有一個能夠徹底解決問題。

西元一八三一年，正當英國第一份《改革法案》通過的前夕，英國那位既是當代立法方法論的偉大學者，亦是最能認清現實需求的政治改革家傑洛米．邊沁，在一封給朋友的信中提到：「讓自己開心的方法就是讓別人也開心。讓別人開心的方法是讓對方覺得你愛他們。讓對方覺得你愛他們的方法，是你要眞心愛他們。」傑洛米．邊沁是位表裡如一的人，他之所以會這樣說，是因爲他相信眞理確實是如此。當時英國有成千上萬的人都跟他有同樣的想法，他們覺得自己應該讓比較不幸的同胞可以有更好的日子過，他們確實也盡全力去幫助他人。沒錯，那確實是該採取什麼行動的時機了！

讓我從頭說起，在中世紀那種因爲管制過多，而妨害了產業界一切努力成果的舊社會裡，「經濟自由」的理念（也就是涂爾哥的「自由放任」）是必然會發展出來的。然而，「行動自由」成爲國家第一信條後，卻招來非常糟糕，是的，根本應該說是非常可怕的結果。行動自由應受保障，所以不應該規定工人的勞動時間，於是唯一可以對工時加以限制的，只有工人的體力——只要某位女工還有力氣坐在她的織布機前，還沒因爲過度疲勞而昏倒，她就應該繼續工作。小孩子長到五、六歲就會被帶到棉布紡織廠，因爲這樣不只可以「讓他們遠離街上的危險」，更可以讓他們長大以後不愁沒有工作。國家還通過法律，強迫窮人的小孩一定要工作，不然就會用鏈子鎖在他們該去操作的機器旁邊，作爲懲罰。爲了回報勞工們的貢獻，老闆會發給他們足夠多的差勁食物，以免他們餓死；還會提供一個類似豬舍的地方，讓他們晚上有地方可以睡覺。勞工們常常累到一邊工作一邊睡著了，爲了讓他們保持清醒，會有工頭在工廠裡來回巡邏，如果發現有哪位工人需要他的「幫忙」，他就會用鞭子抽打他們的指節，讓他們的精神回到工作崗位上。不用說，在這樣的環境下，不知有多少孩子因此死去。這確實是令人痛心的事，而工廠老闆們畢竟也是有血有肉的人，也眞心希望可以廢除這種「童工」的法律。只是既然人人皆是自由的，而小孩也是人，所以小孩當然也是自由的。除此之外，假如瓊斯先生盡量不用五、六歲的孩子來經營工廠，那麼，他的對手史東先生就可以雇用比原來更多的小男孩，這樣瓊斯先生一定會被逼到破產。因此，在國會禁止所有老闆雇用童工的那一天到來之前，瓊斯先生不雇用他們也不行。

可是，舊時那些擁地爲大的貴族（這些人很瞧不起荷包滿滿、像個暴發戶般的工廠主人階級，而且也公開表現出這種輕蔑）已經不再能左右國會，如今主導國會的乃是來自工業都市的議員，所以，只要這些議員不讓國會通過准許工人組成工會的法律，情況就不太可能有多少改善。那些聰明又正直的當代人當然不是不知道這些悲慘的問題，只是他們有心而無力。機器出人意料地征服了世界，此後要有成千上萬令人起敬的男男女女，經過漫長歲月的努力，才又把機器變回它原來應該扮演的角色：人類的僕人，而非主人。

奇妙的是，這套即便令人髮指，卻在全世界隨處可見的勞資制度，它首度遭受的攻擊卻是爲了非洲與美洲的黑奴而起。美洲的奴隸制是由西班牙人所引進，原本他們試過用印第安人來當農場與礦坑裡的勞工，可是那些印第安人一遠離寬廣的戶外、一失去自由的生活，就再也站不起來，一個接著一個死去。爲了避免印第安人絕滅，有位「好心的」牧師建議，不如就從非洲帶些黑人來代替：黑人身體比較強壯，承受得了惡劣的對待；除此之外，讓黑人跟白人接觸，可以提供他們認識基督教的機會，如此一來，也可以拯救那些黑人的靈魂。從任何想得到的角度來看，這都是一個了不起的辦法，是個讓仁慈的白人和無知的黑人弟兄可以雙贏的方案。但是隨著機器的問世，對棉花的需求日漸提高，黑人被迫比以前都還要辛苦地工作，於是他們也像印第安人一樣，在監工的殘忍對待下一一死去。

這類令人難以相信的殘忍故事不斷流傳到歐洲，於是，歐洲各國開始有人推行廢除奴隸制度的運動。在英國，威廉．威伯弗爾斯以及札徹里．麥考利（他的兒子就是那位偉大的歷史學家麥考利，如果你想要知道一本歷史書可以寫得多麼妙趣橫生、引人入勝，一定要讀讀他兒子寫的英國史）組成一個鼓吹禁止蓄奴的社團。他們帶頭讓國會通過一條法律，使得「奴隸買賣」成爲違法行爲，於是在一八四〇年之後，英國境內包括所有的殖民地上，都看不到任何一名奴隸了。一八四八年革命也讓奴隸制在法國領地上絕跡。葡萄牙在一八五八年通過一項法律，承諾將會在該法生效起的二十年內，讓所有奴隸重獲自由。荷蘭則在一八六三年廢止奴隸制。同一年，沙皇亞歷山大二世也把俄羅斯農奴被奪走超過二個世紀的自由還給他們。

然而在美國，廢除奴隸的運動卻遭遇重重困難，而且還引發了一場持久的戰爭。雖然《獨立宣言》高舉著「人皆生而自由平等」的原則，不過，那些膚色深黑、在南方各州的棉花田裡工作的男男女女，卻被排除在這個原則的適用之外。隨著時間經過，北方人越來越討厭南方的蓄奴制度，而且他們一點也不隱藏心中的厭惡。南方人則是主張，要是沒有奴隸來當勞工，他們就沒辦法種棉了。就這樣，前後將近五十年之久，這個重大議題都在國會的參衆兩院如火如荼地激辯著。

無論經過多久的辯論，北方依然堅持己見，南方同樣絕不退讓。當雙方看起來已經不可能達成折衷與妥協時，南方各州開始嚷嚷著要脫離聯邦。這是美利堅合衆國歷史上最危急凶險的一刻，從那個時間點看，美國的「未來」會怎麼樣，眞是誰也說不準。而美國之後的歷史發展，之所以是我們所見到的這樣，都要歸功於一位非常偉大而善良的人物——亞伯拉罕・林肯。這位出身伊利諾州，透過自學而累積了一身學識的律師，在一八六〇年十一月六日代表共和黨當選爲美國總統（共和黨在反對蓄奴的州擁有非常明顯的優勢）。林肯本人的親身經驗讓他深知奴役人類這件事的邪惡所在，而他洞悉人性的智慧則讓他知道北美大陸容不下兩個彼此敵對的國家。因此，當一部分的南方州脫離美國成立「美利堅邦聯」時，林肯毅然決然接受了這個挑戰。北方號召志願軍參戰，成千上萬熱情激昂的年輕人紛紛響應，此後四年，便是一場艱苦的內戰。南軍由於準備比較充分，又得到李將軍[1]與傑克遜將軍的卓越領導，因此能夠屢屢打敗北軍。然而，接下來，新英格蘭與西部地區的經濟實力開始說話了。另外，一位名叫葛蘭特的北軍軍官也從沒沒無聞之中嶄露頭角，成爲這場偉大奴隸戰爭中的夏爾・馬特[2]。他率領著手下大軍，接二連三、毫不停留地對南方已經逐漸殘破的防線展開痛擊。一八六三年初，林肯總統發表了《解放宣言》，申明他要讓所有奴隸重獲自由。但李將軍一直撐到一八六五年四月，才和手下僅剩的英勇南軍在阿波馬托克斯投降。沒幾天之後，林肯總統就被一個瘋子暗殺身亡；但是，他已完成了他的功業。那一年，除了古巴因爲還受西班牙的統治之外，奴隸制已經消失在文明世界的每個角落。

但是，就在黑人開始享有越來越多的自由時，歐洲那些「自由」勞工的日子過起來卻不怎麼快活。事實上，勞工大衆（所謂的「無產階級」）竟然沒有單純因爲生活太悲慘而死光光，就已經夠讓許多當時的作家或觀察家嘖嘖稱奇了。他們吃的東西很糟糕；住在貧民區最寒酸的地段那些髒兮兮的房子裡；能夠接受的教育，就只剛好夠他們可以完成工廠的工作。如果他們不幸死亡，或者意外受傷，全家人都會頓失依靠。雖然釀酒工業的老闆們（他們在立法機關裡可以呼風喚雨）會給底下勞工一項福利，就是可以用很低廉的價錢，不受數量限制地買威士忌或琴酒喝，幫助他們忘卻自己的苦難。

話說回來，十九世紀三〇和四〇年代出現的巨大進步[3]，並不是單獨出於一個人之手。既然機器的問世帶來可怕的後果，前後兩個世代都有最聰明的人，將時間精力投注在如何把世界從中拯救出來的任務上。他們並非要設法毀滅資本主義——真這麼做的話就太愚蠢了，因為透過更多人來累積而成的財富，只要運用得宜，就有可能替全人類創造非常大的福祉。他們只是努力去反駁下面這種觀念：那些擁有自己的工廠，就算隨自己高興把店門關起來不做生意，也不致於挨餓的有錢人，以及那些只要能得到工作機會，不管薪水有多差，都只能默默接受，否則他自己和他的妻子、小孩就有可能會餓死的勞工——這兩種人之間存在著真正的平等。

因此，他們費盡心力讓政府通過一些法律，來規制工廠主人與工廠工人之間的勞資關係。就這個面向而言，世界各國的改革者都已經取得不少成功。如今，勞動階級中的大多數人都已經得到不錯的保護：他們每日平均的工作時間，被縮減到漂亮的八個小時；他們的小孩也不再被送到礦坑或棉布工廠的

【1】譯註：這是音譯的關係，他是個道道地地的美國人。
【2】譯註：就是那位替基督徒擋住回教徒伊斯蘭教徒入侵的法蘭克人將領。
【3】譯註：指社會改革。

梳棉房，而是能夠去上小學。

不過，還有一些人望著冒著黑煙的煙囪，聽著火車駛過鐵軌時轟隆轟隆的聲音，看著倉庫塞滿各式各樣用不到的剩餘物品，面對這一切景象，他們開始沉思，隨後不禁好奇：隨著時間過去，這龐大無比的經濟活動，最後究竟要帶領人類落腳在哪裡？他們還記得一件事，那就是人類其實過了幾十萬年沒有商業競爭與工業競爭的日子。如果事物的既存秩序，已經變成這麼一個競爭體系，它經常為了追求「利潤」而犧牲生命中的幸福快樂，那麼人類還有沒有可能改變、擺脫它？

這樣一種社會主義思想——一股對美好未來的朦朧企盼，並不是單獨發源於哪一個國家。在英國，有位名下擁有許多棉布紡織廠的羅伯特．歐文，曾經創設所謂的「社會主義勞動公社」，而且也獲得一定的成功。然而在他死後，他在新蘭那克建立的良好基業也跟著他走進墳墓。法國記者路易．白朗克想要在法國各地建立「社會主義工作坊」的嘗試，也沒有得到比較好的進展。確實，越來越多的社會主義思想家都很快地發現：光是在一般正規的勞資關係之外，去實踐一些個別的小型公社，不可能達成任何改變。如果他們想要提出真正有用的匡正社會之道，非得先好好研究整個工業社會和資本主義社會賴以為基礎的那些根本原則才行。

因此，如果我們把羅伯特．歐文、路易．白朗克，或者法蘭索瓦．傅利葉等等，稱為「實踐社會主義者」，那麼繼他們之後而起的，就是卡爾．馬克思與弗里德利希．恩格斯這類「理論社會主義者」——這兩位中，又以馬克思最為人所知。馬克思是位天縱英才的猶太人，他們家族世居德國。歐文與白朗克的實驗傳到他耳中之後，啓發了他對「勞動」、「工資」與「失業」等問題的興趣。不過，他在許多問題上的自由立場，讓他成為德國警方當局的眼中釘。於是他只好逃到布魯塞爾，然後再逃到英國，在倫敦以當《紐約論壇報》的通訊記者為生，過著貧困潦倒的生活。

到那個時候為止，馬克思筆下探討經濟的書本文章，都還不曾引起世人的注意。但是一八六四年時，他組織了第一個「國際工人聯合會」[4]；三年之後的一八六七年，他出版了那套專論《資本論》的第一卷，此時這本書已經受到舉世重視。馬克思相信：一切歷史都是一個漫長的鬥爭過程，鬥爭的雙方一邊是「有產者」，一邊是「無產者」。機器問世並且獲得普遍使用的這件事，則在人類社會中創造出一個全新的階級，也就是「資本家」。這些資本家用自己的剩餘財產購買生產工具，讓它們在勞工的使用操作下，生產出更多的財富，但這更多的財富又再次被用在興建更多的工廠，然後整個財富與生產的過程就這樣重複下去，直到最後。此外，按照馬克思的看法，由於過程中第三階級（有產階級）會變得越來越富有，而第四階級（無產階級）則越來越貧窮，因此他預測，最後世界上所有財富都會集中到一個人手中，其他所有的人都是他的雇員，必須仰仗他的一念之仁才能活下去。

為了避免這種狀態出現，馬克思在一八四八年的《共產黨宣言》中，列舉了種種必要的政治與經濟措施，並且建議每個國家的工人要共同串連起來爭取它們——這也正是歐洲上一次發生全面大革命的一年。

馬克思主張的這些觀點，在歐洲各國政府眼中當然非常刺眼。許多國家，尤其是普魯士，均通過嚴厲的法律來制裁社會主義者；警察會接到命令，闖進社會主義支持者的集會，逮捕其中的演說者。但

---

[4] 譯註：常被簡稱「第一國際」，第一是為了標明順序，因為後來還有第二國際與第三國際，在一八六四年的時候，他們並沒有自稱「第一」，也沒有預先計畫之後還要成立第二、第三。

是，這類迫害手段從來不曾達成好效果。對一項原本支持者不多的社會運動來說，「烈士」或許是它最好的宣傳。歐洲支持社會主義思想的人持續穩定地增加，而人們也很快地明白：這些社會主義者在盤算的不是什麼暴力革命，而是利用他們在各國國會中逐漸擴充的實力，來促進勞動階級的福利。這些人有時候還能榮登閣員，他們也願與思想進步的天主教徒或新教徒合作，一起彌補工業革命帶來的破壞，以及將機器問世與財富生產所帶來的各種好處，做個更公平的分配。

60 科學時代

不過，這段時間，世界經歷了一個比政治革命或工業革命更重要的變化：在歷經多少世代的打壓與迫害後，科學家最後終於獲得行動自由，開始全力去發現主宰宇宙的種種基本法則。

埃及人、巴比倫人、迦勒底人、希臘人、羅馬人，全都對科學及科學研究歷史上，最初階段的那些模模糊糊、不太準確的概念提供過一些貢獻。但是，西元第四世紀的蠻族大遷徙摧毀了地中海的古典文明。至於基督教教會，則是對靈魂所在的世界比較有興趣，而不是肉體所在的世界；而且，教會還把科學看作是人類自妄自大的表現，代表著人類竟敢對屬於全能上帝的神聖事務一探究竟，因此，科學很容易被認爲觸犯所謂的「七宗罪」。

雖然有限，不過，文藝復興在某種程度上還是打穿了這道中世紀偏見的大牆。然而，在十六世紀早期接替文藝復興而起的宗教改革時期，對於「新文明」的理想卻抱持著敵意，於是又一次，熱愛科學的人要是在對知識的探索過程中，膽敢試著跨越由《聖經》所設下的狹窄界線，便將面臨嚴厲懲罰的威脅。

我們的世界到處都是偉大將軍的雕像：坐在作勢騰躍的駿馬上，帶領著手下大聲吶喊的兵士邁向光榮的勝利。反觀告訴我們有位從事科學研究的人長眠於此處的，只是偶然出現的某片不起眼的大理石墓碑銘文。或許在一千年以後，這種處理方式會有所不同。屆時那個幸福年代的小孩都將知道，那些純粹理論學科的先驅是具備何種超凡的勇氣，他們投入研究的那種使命感又是如何強烈到令人不可思議——正是藉由這些抽象、深奧的學問，我們所處的這個現代世界才不會一直停留在幻想階段而不曾實現。

這些科學的先驅者中，有許多飽受貧窮、蔑視、羞辱所苦。他們住在閣樓裡，死在地牢中。他們不敢在自己著作的封面上署名，也不敢在自己的祖國出版整部書結論的部分，只能把那部分的手稿偷渡出國，夾帶到阿姆斯特丹或是哈倫的地下印刷廠去。他們是令教會咬牙切齒的敵人，無論是新教還是天主教；是牧師與神父無數次佈道的主題，以便讓教區信眾記得用暴力懲罰這些「異端」。

哲學家

不過，這裡或那裡，他們總還是找得到避難所。例如最富有寬容精神的荷蘭，雖然政府當局也不樂見有人從事科學研究，卻始終拒絕干涉人民的思想自由。因此，這裡成了學術自由的小小避風港，讓法國、英國、德國的哲學家、數學家或醫學研究者，可以來到這裡呼吸一下自由的空氣，享受一小段不必擔心懼怕的日子。

我曾經在其他章節裡向你提過，十三世紀時那位偉大的天才羅傑・培根，是如何有長達許多年的時間，被禁止提筆寫字、著書爲文，以免他又惹出教會當局難以忍受的麻煩。五百年後，那套充滿哲思遠見的偉大著作《百科全書》，該書的每位共同作者也都受到法國警察長期不斷的監視。從那之後又過了半個世紀，竟然有人膽敢質疑《聖經》裡頭那個關於人類起源的故事——這位達爾文，也讓每一位站上佈道臺的講師，都宣布他是全人類的公敵。即使到今日，迫害冒險探索未知科學領域的人的動作，還是沒有完全絕跡。就像我正在寫作這一章的同時，布萊恩先生[1]正在向一群非常廣大的民眾演講「達爾文主義的威脅」[2]，警告他的聽眾不要相信這位偉大英國博物學家的錯誤思想。

然而，過程中的這一切都將只是枝微末節，那些科學成果若是該來就一定會來。而且，同一群大眾，當初總是把有科學遠見的人士詆毀辱罵成不切實際的夢想家，事後自己卻又開開心心地受惠於科學研究與科學發明。

言歸正傳。比起來，十七世紀的人依然更喜歡研究遙不可及的天體，鑽研我們的地球和太陽系的相對位置與關係。即便如此，教會都還是不能接受這種不恰當的好奇心。第一位證明太陽才是宇宙中心的哥白尼，一直到死之前都不敢公開發表自己的作品。[3]伽利略一生中有大部分的時間，都活在教會當局的嚴格監視之下。不過，他還是繼續用他做的望遠鏡從事觀察活動，也因此留給牛頓一份數量龐大又相當實用的資料，在這位偉大的英國數學家發現「萬有引力定律」（也就是所有「落體」都具備的有趣規

【1】譯註：他是當時美國一位重要的政治人物。

【2】譯註：達爾文本人的學說，以及由後人來所衍生出的各種所謂「達爾文主義」，並不是相同的東西，但一般人常常不去分辨。

【3】譯註：哥白尼的學說是以反駁「地球是宇宙中心」為出發點，所以，他達成的進步只及於來到證明地球繞著太陽轉動，進而推論太陽才是宇宙中心。後世以他的著作為基礎，才又更加進一步，證明宇宙的中心還在太陽系更外面的地方——事實上，這個後世一點都不遠：只比哥白尼晚一、兩代人的道明會教士布魯諾，就提出了類似上述的推論，而由於他不像哥白尼那樣力求自保，最後被教會燒死在火刑柱上。

伽利略

律）的過程中，大大助了一臂之力。

牛頓這項成果發展完成後，在那個時間點上，天體的問題暫時不再有任何吸引人的地方，於是他們開始研究起地球上的事物。十七世紀下半葉，安東尼·呂文霍克發明了第一臺有實用價值的顯微鏡，那是奇形怪狀、不太好用的小玩意兒。人們從此有機會去研究只有靠顯微鏡才看得到的生物，而這些微生物乃是許多疾病的源頭；「細菌學」也因此獲得發展基礎。過去四十年[4]，靠著發現致病的微小生物爲何，這門學問因此將世人從不知多少種疾病的魔掌中解救出來。顯微鏡也讓地質學家可以更加仔細地審視從地表深處找到的各類岩石與化石（已經石化的史前植物）。這些新的研究結果讓他們相信，地球的年紀應該比《聖經·創世紀》所說的再老上許多。一八三〇年，查爾斯·萊爾爵士發表他的《地質學原理》，否定了《創世紀》裡的故事，而且提出一個遠比它更爲神奇的描述，告訴人們地球緩慢而逐漸發展生成的過程。

與此同時，拉普拉斯侯爵正在發展一套全新的世界起源理論，他說：跟生成行星系統的浩瀚星雲比起來，地球就好比是滄海中的一粟而已。此外，班森與基爾霍夫透過分光鏡來觀察星星，以及我們隔壁那顆太陽的化學組成成分（順便一提，太陽臉上那些奇妙的黑斑，伽利略早就第一個注意到了）。

同一時間，一邊是解剖學家與生理學家，一邊是天主教與新教國家的教會當局，在經過一段持續不斷且艱苦萬分的衝突之後，前者終於得到後者的允許，可以解剖人類的身體，從而替世人破除了中世紀江湖郎中的東猜西扯，用一套實證的知識帶領我們認識人體的器官。

打從人類第一次抬頭望向星星，好奇著那些星兒爲什麼在那邊，一直到當時爲止這幾十萬年間的科學，進步的幅度都比不上這短短一個世代（從一八一○到一八四○年），而且在每一項科學分枝領域中都是如此。這段期間，那些受舊式教育的人一定會覺得自己活在一個令人非常憂煩的時代，他們之所以痛恨拉馬克或達爾文這些人，這種心情我們也可以理解。但是，達爾文這些人告訴他們的東西，嚴格來說並不是「人類是猴子的後代」——我們的祖父輩似乎會把這麼一句話當成是對他做人身攻擊。達爾文的意思其實是，自尊自傲的人類是由一個漫長而連續的過程演化而來，這中間有不少物種都是人類的遠祖，甚至這個家譜最遠可以追溯到地球最早的居民：那些小小的水母般的生物。

主導著十九世紀，尊貴而富裕的中產階級，雖然樂於善用瓦斯、電燈，或者許許多多偉大科學發展的實際應用成果，但是一直到非常晚近，純粹的研究者——也就是專搞「科學理論」的人，卻依舊不被看重，即便說若沒有他們，那些科學進展就不可能發生。不久之前，他們的貢獻終於得到世人肯定，過去會把錢捐給教會去蓋教堂的有錢人，在今天則是把錢捐出來蓋實驗室，供一群無聲的英雄在裡面與人類潛在的敵人作戰；這群人爲了讓未來世代能夠更健康、更快樂，常常把自己的生活甚至生命都犧牲掉。

這個世界上有許多疾病，我們的祖先會認爲它們無法避免，是「上帝的傑作」，如今卻被發現它們

【4】譯註：這是從作者寫作的時間往前算。

其實是人類自己的無知與疏忽造成的——像這樣的例子已經發生過不少。現今每個小孩都知道，只要他喝水的時候留心一下水乾不乾淨，就可以讓自己不會得到傷寒。但是，光要讓民衆信服這件事，就花了醫生好多年的時間辛苦宣導。現在很少有人看到牙醫治療椅會害怕。牙醫師只要分析一下我們嘴裡的微生物，就有望讓我們不受蛀牙所害。假如無巧不巧，有顆牙齒非拔掉不可，我們就聞一口笑氣【5】，讓我們就連拔完牙走人的時候，都還開開心心的。當一八四六年某天的報紙，報導了美國有醫生藉由乙醚【6】之助完成了一種「無痛手術」，歐洲那些信仰虔誠的百姓聽到這個消息，莫不搖頭皺眉；對他們來說，這麼做似乎違背了上帝的意志，因爲痛苦應該是所有凡間的生物都必須承擔的事，人類怎麼可以逃避它？因此，進行外科手術時使用乙醚

飛機

或氯仿的做法，要過了蠻長的一段時間之後才普及。

但「進步」還是贏得了這場戰役。「偏見」那道老舊不堪的牆上，缺口正在越變越大，隨著時間經過，牆面上「無知」的古老石材將會整片坍塌。戰士們追求著新的、更快樂的社會秩序，爲此他們奮力向前衝去。突然之間，他們發現自己面前出現一道前所未見的障礙，它樹立在由長久而遙遠的過去所留下的廢墟中，它是另一座反動勢力的堡壘。在這最後一道阻礙被摧毀之前，不知又要有多少人爲此獻出生命。

【5】譯註：那是早期牙醫的一種麻醉方法，現在已非常少見。

【6】譯註：也是早期的麻醉劑，因爲副作用過大，現在已很少使用。

61 藝術

關於藝術的一章。

如果一個嬰兒身上什麼病痛也沒有，然後吃得夠了，睡得飽了，他就會哼一段曲調來告訴你他有多開心。對大人來說，他這一連串的咿咿呀呀，就只是一些聽起來像「咯嘰、咯嘰、咕～～嗚」的聲音；但是對這名嬰孩來說，這可是最道地的音樂，也是他這一生第一次對藝術做出的獻禮。

一旦他稍微長大一點，可以坐起身來以後，玩泥巴的日子就開始了。不會有人對他做的那些泥巴團感興趣，不管哪個時候，這世上都有太多幼兒做著太多的泥團。但是對那個小娃兒來說，做泥團是他又一度探索令他愉快的藝術王國——他現在也是雕塑家了。

到了三、四歲大，手開始跟得上大腦以後，這孩子又成了畫家。他親愛的媽媽給了他一盒彩色蠟筆，馬上家裡每張紙上面都出現奇形怪狀的筆畫和線條；據他說，那個是一棟房子，這個是一匹馬，喔，還有這些那些，它們是一場激烈的海戰。

可是，很快地，這種單純因爲「做做東西」就有的快樂，就不再出現於生活中。他開始去上學了，從此以後，一天中大部分的時間都被課業塞滿。人生的正事，或者毋寧說是「謀生」的正事，成了每位男孩女孩生活中最重要的大事。在他們學習九九乘法表以及法文動詞過去式不規則變化的課堂之外，已經沒剩什麼時間留給「藝術」了。除非那種不在意能否得到實質回報，單純只是想從創造東西中得到快樂的渴望強烈至極，否則這孩子就會「長大成人」，忘記曾經他一生中前五年的時光，主要都是奉獻給藝術的。

民族在這方面就跟小孩一樣。一旦穴居人擺脫了冰河時期漫長而寒冷的威脅，把自己的房子整頓完備，他就會開始製做一些他覺得漂亮的東西出來，即便當他在與叢林中的野獸搏鬥的時候，那些漂亮的玩意兒一點忙也幫不上。此外，他也在自己洞穴的壁面畫上獵到的大象與麋鹿，然後拿一大塊石頭鑿出他心目中最漂亮的女人們的身形。

當埃及人、巴比倫人、波斯人，以及其他每個東方民族，沿著尼羅河或幼發拉底河建立起他們的小國家之後，便開始為他們的國王造起雄偉的宮殿，替他們的女人雕琢出明亮的珠寶，再用許多鮮豔的花朵，讓自己的花園可以歡唱一首首色彩之歌。

我們那些從遙遠的亞洲大草原開始漂泊的游牧民族遠祖，身為戰士與獵人的他們生活過得是簡單與自由。在四處遊蕩的路上，他們會做一些讚頌偉大首領的歌曲，也發明過一個至今依然留存的詩歌形式。一千年後，當他們落腳在希臘半島，建立起自己的「城邦」後，他們用雄偉的神殿與雕像、動人的喜劇與悲劇，以及任何他們所能想到的藝術形式，來表達他們的歡樂與悲傷。

至於羅馬人，就跟他們的迦太基對手一樣，光是忙著統治管理其他人，還有想著賺進大把鈔票，以致於對「沒有用也不賺錢」的精神探索活動產生不了什麼興趣。他們征服世界、他們造橋鋪路，不過，他們的藝術卻是從希臘人那邊全盤端過來的。確實，為了羅馬自己的時代需要，他們曾發明某些實用的建築形式，但是他們的雕像、歷史、鑲嵌藝術，以及詩歌，都只不過是脫胎自希臘的拉丁仿造品。要是少了那種難以定易、不好捉摸、世人稱之為「個性」的東西，一件作品就無法算是藝術品。

然而，偏偏就是「個性」這種東西，讓羅馬無法安心，因爲羅馬帝國需要的是聽話的士兵和冷血的商人，寫詩畫畫這種事就交給外國人好了。

接著進入黑暗時代，西歐文明之於蠻族，就像那句成語：「對牛彈琴」；而既然他無法理解，對他來說也就沒有用處。用我們今天的話來說，他只喜歡雜誌封面的美女，然後會把他繼承到的林布蘭蝕刻畫丟到垃圾筒去。不過，沒多久，他學會了這樣做不對，開始努力想要挽回先前鑄下的大錯，只是垃圾筒已經倒掉了，裡頭的畫也一去不返[1]。

不過，當他明白這一切時，他自己從東方帶來的藝術也已經發展成非常具有美感的東西，藉著這所謂的「中世紀藝術」，他終於可以爲過往的無知與漠然做出彌補。單就歐洲北部而論，中世紀藝術說得上是日耳曼民族獨創的精神產物，其中只摻雜非常少許的希臘與羅馬元素，與更古老的埃及、亞述藝術形式則是一點關係也沒有，更不用說是印度或中國——對當時的人們來說，後面這兩個文明等於不存在。確實，歐洲北方的民族甚少受到南方鄰居的影響，以致於南方的義大利人完全無法正確理解北方獨有的建築作品，從而對其露出直截了當、毫不掩飾的輕蔑。

你一定聽過「哥德式的」這個形容詞，一聽到它，你或許就會聯想到這幅景象：一座古老而漂亮的教堂，它修長的尖塔高聳猶如直入雲端。但是，「哥德式的」這個詞眞正的意義到底是什麼？

「哥德式的」這個詞的原義是「粗魯的」、「沒有文化的」、「野蠻的」，因爲那就是人們在一個「未開化的」、來自蠻荒邊疆地區的「哥德人」身上，預期會得到的印象。這些哥德人不但不知尊敬古典藝術已經建立好的規則，還修築了那些號稱「現代」的糟糕建築，來滿足他們的低級品味，不會好好參考羅馬論壇廣場或希臘雅典衛城的建築模範。

然而，有好幾個世紀之久，打從心底感動著歐洲北部人民的藝術情感，它的最高表現形式就是這種哥德式建築。如果你還記得前面的章節，就會知道中世紀晚期人民生活的概況：如果他們不是住在農村裡的農民，就表示他們是住在「城市」裡的公民。而英文中「城市」（city）這個字，就來自於拉丁文的「citivas」，意思是聚落的意思。確實如此——住在城市高聳的城牆與深深的護城河之內，這群善良的市民們乃是一個貨眞價實的部落，因爲他們在守望相助的共存秩序下，無論是福是禍都必須同甘共苦。

在古希臘與古羅馬的城市中，神廟位置所在的市集廣場，就是所有公民城市生活的中樞。到了中世紀，身爲「上帝之家」的教堂則接下這個中心地位。我們這種現代的新教徒，一星期只會去教堂一次，一次頂多也只待個幾小時，因此幾乎無法想像在中世紀，一座教堂對當地社群來說意義有多麼重大。在那個時代，當你出生剛滿一週，就會被帶到教堂受洗。你還是孩子的時候，要去教堂學習《聖經》裡的神聖故事。再大一點，你會成爲教區會衆的一員；如果你夠有錢，還可以建一個專屬的小禮拜堂，敬獻給你家族的那位守護聖徒。另外，教堂這座神聖建築本身整個白天都會對外開放，許多天的夜間也是。某個意義上，它就像是個鎭上所有居民都是會員的俱樂部，有很大的機率，你會在教堂與那位未來將是你新娘的女孩初次邂逅，而你們隆重的結婚儀式，也是在這所教堂的主祭壇前完成。最後，當你生命的旅程來到終點時，你會被葬在這座熟悉建物的石瓦底下，在最後審判日來臨之前，你所有的子

【1】譯註：這只是個比喻，你當然知道黑暗時代沒有雜誌，更不用說在雜誌封面放上美女。但你比較容易無意間誤解的是：林布特是十七世紀人，換句話說，他其實是蠻族的文明後代，不是蠻族前的歐洲文明遺產。

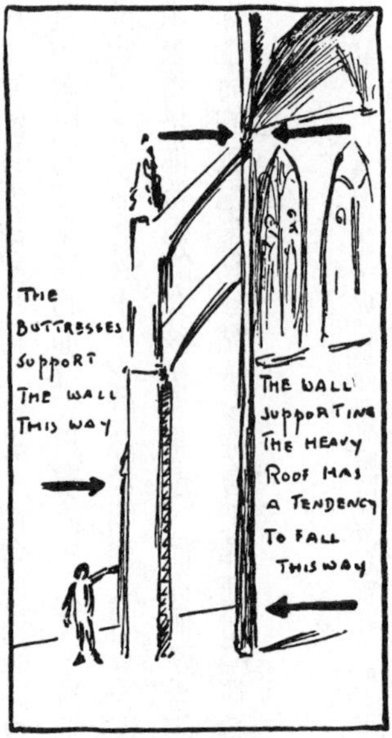

哥德式建築

孫、子孫的子孫都會經過你的墓前。

由於教堂不只是上帝之家，也是日常生活真正的重心，因此，它的建築一定要有別於曾經出自人類之手的一切。另外，埃及人、希臘人和羅馬人的神殿，只不過是一些地方神祇的聖地。由於不會有人需要在歐西里斯、宙斯，或朱比特的雕像前面佈道，也就沒必要把它建成能夠在內部容納廣大人群的程度。而古老的地中海民族能夠在露天之下舉行所有的宗教活動，可是在天氣常常很糟糕的北方，大多數的宗教集會與儀式都需要在教堂的屋頂之下舉行。

於是，許多世紀以來，北方的建築師們都在與「如何建造一個夠大的房子」的問題奮戰。羅馬時代流傳下來的傳統方法，讓他們知道可以在厚重石牆上放置沉重的石質屋頂，來達成這個需求；不過，這些牆上就只能開一些非常小的窗，以免牆身失去支撐的力度。十二世紀時，十字軍聖戰開打，建築師們因此得以見到伊斯蘭教徒那種尖拱，讓他們發現了一種新方法，從而第一次有機會建造出新式的建築物，來滿足當時那種富有強烈宗教色彩的生活才會衍生出的需求。此後，他們繼續發展這種奇特的、被義大利人冠上蔑視名稱的「哥德式」，也就是蠻族的建築風格。爲了更能達成目的，他們發明了用「拱肋」支持的圓拱形屋頂。不過即使採用這種方式，如果屋頂結構過重，還是很容易把底下的牆壓壞。就好像一個一百五十公斤重的胖子，如果坐在一張童椅上，一定會把椅子壓垮。爲了克服這個難題，某些法國建築師便開始用「扶垛」來強化原本的石牆；也就是用一些與石牆相連的巨大石塊，讓石牆在支撐屋頂的時候，可以倚靠著它，將壓力分擔出去。此外，爲了進一步確保屋頂本身的結構安全，他們還用「飛垛」來支持屋頂的拱肋，這是一個非常簡單的建築技巧，只要你一看我所畫的圖就可以理解。

這套新的建築技術讓人們從此可以在牆上開一些巨大的窗戶。十二世紀的時候，玻璃依然是很昂貴的稀有物，很少人有錢給私人建築做個玻璃窗。就連貴族的城堡它的窗子也是空空的，這也就是爲什麼城堡裡永遠都有風穿堂而過，那時候的人們又爲什麼在室內都會穿著皮毛大衣，就跟在室外一樣。

幸運的是，古地中海民族就已經精通的彩色玻璃製作技術並沒有完全失傳；它在這個時期再度復興，很快地哥德式教堂的窗戶上，就裝上一片片光彩奪目、講述著《聖經》故事的彩色小玻璃窗（而它四緣的長方形窗框則是用鉛做的）。

如此這般之下，快看哪：全新的、更輝煌的教堂出現了，裡頭滿是熱忱的群衆，在那裡用空前絕後的程度「活出」自己的信仰。對於蓋一座「上帝之家」、「人類的歸宿」而言，不管用了什麼，都稱不上是太貴、太好或太驚奇。從羅馬帝國滅亡以來就丟了差事的雕塑師傅，緩緩地重拾這項已經有點生疏的高貴技藝。無論正門、柱子、扶垛，還是飛簷表面，全被雕出上帝與聖徒們的形象。刺繡工人開始拿起針線，趕製牆上要用的掛毯繡帷。寶石匠也把自己最好的工夫拿出來，好讓聖壇上的神龕「値得」人們全心崇拜。就連畫師都盡了自己的全力，雖然這可憐的傢伙因爲沒有合適的媒材，所以本領總是施展不開——這又是另一個故事。

基督教早期的羅馬人，是在神廟與房舍的牆面與地板表面鋪上鑲嵌藝術[2]，也就是用很小塊的彩色玻璃拼成的圖畫。這是一種極爲困難的技術，它讓想要作畫的人沒辦法隨心所欲地表達自己的意念——每位試著用彩色積木拼出各種模樣的小孩子，都能體會它的難處所在。因此，鑲嵌畫的技藝在中世紀晚期逐漸失傳。唯一的例外是俄羅斯，君士坦丁堡淪陷的時候，鑲嵌畫畫家逃到俄國避難，繼續替那裡的希臘正教教堂裝飾牆面，直到「布爾什維克」當政[3]，禁止興建教堂爲止。

當然，在做牆的時候，由於牆面上要塗一層溼灰泥，中世紀的畫家靠溼灰泥裡所含的水分，把原料調進灰泥裡，便可以在牆上畫畫；這種用溼灰泥作畫的方法，也就是一般通稱的「壁畫」，它的英文 fresco 源自義大利文，意思即衍生自「趁還是溼的」畫上去。曾經有許多世紀，它都是非常普遍而受歡迎的技法，不過時至今日，它已經跟古代手鈔本裡的微型畫一樣，是個相當稀有的技巧。在現代的大都市裡，說不定幾百名藝術家頂多才找得到一名有辦法順利掌握這種媒材的人。但是中世紀也沒有其他媒材，因此當時的畫家在不得已之下，全都可以說是「溼灰泥」工人。不過，這種方法有一些嚴重的缺點：灰泥常常過不了幾年就從牆面剝落；此外，潮氣也會破壞壁畫畫面，就跟它破壞我們現代牆壁的壁紙一樣。人們試過每一種想像得到的權宜之計，來擺脫灰泥設下的限制，他們把顏料摻上酒、醋、蜂蜜，甚至是黏稠的蛋白，可是這些作法沒有一個能夠令人滿意，最後這類實驗一直進行了超過一千年之久。至於在手鈔本的羊皮紙頁面上作畫這方面，中世紀畫家就取得很大的成功。他們始終無法突破的是：如何在面積非常大片的木質或石質表面，畫上可以保存長久的畫。

終於，十五世紀前半葉，荷蘭南部有人解決了這個問題。揚・艾克與修伯特・艾克這對著名的法蘭德斯人兄弟，用特殊調製的油摻進顏料裡，就能夠在木頭、帆布、石頭，或任何其他種類的背景上作畫。

不過，到了這個時期，中世紀早期那種對宗教的狂熱已經成為過去。城市裡富有的市民取代過往的主教，成為藝術的主要贊助者。而既然藝術永遠都與富裕脫不了關係，藝術家們如今當然是為這些世俗的委託人做事，替國王、大公、有錢的銀行家畫畫。在很短的時間內，新的油彩繪畫方式就傳遍了歐洲，而且它在每個國家都發展出特殊的繪畫流派，這些流派的肖像畫與風景畫，其特徵正好就反映出委託繪製者的特殊品味。

舉例來說，在西班牙，維拉斯奎茲筆下畫的是宮廷侏儒、皇家掛毯編製廠的織工，以及其他形形色色跟西班牙國王和宮廷有關的人物或人民。但是在荷蘭，林布蘭、法蘭斯．哈爾斯，以及弗米爾，畫的則是某位商人房屋前的晒穀場、他懶散的妻子、強健但不知收斂的孩子，還有那些替他掙來財富的船隻。另外，在義大利，教宗依舊是藝術活動最大的贊助者，而米開朗基羅與柯瑞喬也繼續畫著聖母與聖子圖像。至於貴族非常富有、也非常強勢的英國，以及國王成為國家至高無上者的法國，藝術家們畫的就是政府裡最傑出的人物，以及國王陛下的美女密友。

繪畫領域的這種巨大變化，是伴隨著人們對舊式教堂失去關注，以及一個新階級在社會中興起的現象一同發生。類似的情況也出現在所有其他的藝術形式中。印刷術的發明，讓作家從此以後可以靠寫給一般大眾看的書，來得到名氣與聲望，於是出現了小說家與插畫家這種專門職業。然而買得起這些新書

【2】譯註：鑲嵌藝術的這個英文如果用音譯就是人們常說的「馬賽克」。

【3】譯註：它是以列寧為首的政黨派系，一九一七年十月革命的主角，之後成為俄國共產黨。

的，不是那種喜歡平時晚上都坐在家裡，看累了書之後就盯著天花板休息，休息夠了又繼續看書的那種人。他們想要的是更有意思的消遣。中世紀時代少數的吟遊詩人沒辦法完全滿足人們對娛樂的要求。於是，二千年前希臘早期城邦文明的職業劇作家，終於有了一個重操舊業的機會。在中世紀人的認知裡，劇戲只不過是教會慶典活動中的某個節目。十三、十四世紀的悲劇，訴說的都是耶穌基督受苦受難的故事，而世俗性質的劇戲則在十六世紀重現江湖。不可否認，一開始以寫劇本和當演員為業的人，在社會上的地位確實不怎麼高。威廉・莎士比亞起初被當成是馬戲團成員般的人物，用他那些悲劇和喜劇讓同胞們看得高興而已。不過，當他於一六一六年去世前，已經開始得到國人的尊敬，那些演員也不再是警察監視的對象了。

至於莎士比亞的同代人羅培・維加，那個一生中寫出超過一千八百部世俗戲劇，以及四百部宗教戲劇作品，天分驚人的西班牙人，則曾經身居顯要，作品也得到教宗的肯定。而一個世紀以後，法國劇作家莫里哀在國人心中的地位，根本就可以跟法王路易十四平起平坐。

從那時起，戲劇就得到越來越多民眾的喜愛。時至今日，每一個發展正常的城市都會設有戲劇院，而電影院裡播放的「默劇」片【4】更是滲透到所有人心裡，不論他住在多小的村莊裡。

然而，註定要最受歡迎的，卻是另一種藝術：音樂。大多數古老的藝術形式都要求非常精深的技巧。需要年復一年的練習，讓笨拙的雙手能夠跟得上頭腦的指揮，把腦海中的所想所見重現在畫布或大理石材上。或者，為了體會演戲或寫小說的精髓，也須花上一輩子的時間。大眾這邊同樣要經過非常大量的訓練，才有能力去欣賞最棒的繪畫、文學或雕塑。但是，幾乎任何一個人，只要不是全聾，就有辦法跟著旋律哼唱；而且幾乎每一個人，都有他可以從中得到享受的音樂類型。中世紀人的耳朵也聽過一些音樂，但那全都是教會音樂，這些聖歌必須遵守非常嚴格的節奏與和聲格律，很快就讓人感到十分單調；此外，人們也不會在大街或市集上唱聖歌。

這種情況到了文藝復興時期有所變化，音樂再次回歸它本來的面目——也就是人類最好的朋友，不論是當他歡樂或悲傷的時候。

埃及人、巴比倫人，以及古代的猶太人，都深愛音樂。他們甚至曾經把不同種類的樂器組合成一種正規的管弦樂團。但是，希臘人則對這種來自域外、粗野吵雜的噪音嗤之以鼻。希臘人喜歡的是聽人吟頌荷馬和品達筆下氣勢磅礴的詩歌，這時候他們願意准許表演者拿一只七弦豎琴扮奏——雖然說那堪稱所有弦樂器中最遜色的一種。要是他再弄些別的花樣，說不定就會招來衆人的批評。相對地，羅馬人就很喜歡管弦樂，拿它來替他們的晚宴和舞會增色。羅馬人也發明了絕大多數我們今日還在使用的樂器（當然，中間經過很大的改良）。因爲這種音樂包含了太多異教徒的元素，才剛剛把邪惡世界消除的早期基督教會，對它當然非常感冒與鄙視。對第三、第四世紀的任何一位主教來說，他最多能忍受的，就是該省教衆全體合唱幾首歌。而若是缺乏樂器的輔助，教衆只要一開口，很容易就走音得很可怕。因此，後來的教會開始允許信徒使用管風琴。它是西元二世紀時的發明，由一對音箱配上牧神潘的古老風笛組合而成。

【4】譯註：那時候有聲電影還沒有發展普及。

接著來到了蠻族大遷徙的時代。羅馬末代的音樂家要不是被殺，就是成了流浪的提琴手，從這一座城市到下一座城市，在大街上一邊表演，一邊向人討些零錢，就如同我們現代渡輪上的豎琴師一樣[5]。

吟遊詩人

還好，中世紀晚期那些世俗色彩比較強烈的都市重新繁榮起來之後，出現了一波對音樂家的新需求。像是號角，當初只是用來在打獵或作戰的時候，作爲發出信號的用具，經過一連串的重新設計與改造，終於變成可以發出悅耳音色的銅管樂器，成爲舞會或宴會上的奏樂。而用馬鬃爲弦製成的琴弓，則被用來演奏古時候那種舊式的吉他；到了中世紀尾聲，這種六弦樂器（是最古老的弦樂器，最遠可以上溯至埃及與亞述文明）終於發展成現代的四弦小提琴，並且在十八世紀，由史特拉迪瓦里與其他義大利製琴師將它的製作帶到了最完美的頂峰。

最後，現代鋼琴也被發明出來了，它是全世界流傳最廣泛的一種樂器，甚至曾經跟隨著人類的腳步，踏進格陵蘭那由叢林與冰原構成的荒野中。管風琴是史上最早出現的鍵盤樂器，不過以前在演奏它的時候，一定要有另一位負責替音箱鼓風的人，與彈奏鍵盤的人合作演出（至於現在，鼓風的工作則是用電力控制來代替）。因此，音樂家們希望可以有表演起來更方便順手，而且比較不必顧慮其他條件的樂器，來幫他們訓練教堂唱詩班底下人數衆多的學生。關鍵的十一世紀，阿雷索城（詩人佩脫拉克誕生的城鎮）有位名叫基多的本篤派教士，給了世人第一套現代化音樂記譜法。也是在這個世人對音樂產生強烈興趣的世紀，第一個既有鍵盤又有琴弦的樂器誕生了。它聽起來，一定就像你在任何一間玩具店裡可以買到的那種兒童用小鋼琴玩具一樣，只會叮叮噹噹響。不過，在維也納（中世紀的巡迴音樂家於一二八八年在這裡成立了第一個獨立的音樂家公會；在當時，他們被社會歸類爲跟街頭魔術師以及賭場老千是同一階級），這臺小小的單弦琴被發展到一定的程度，足以成爲我們現代史坦威鋼琴的雛形[6]。這臺在當時通常被叫作「鍵弦琴」的早期樂器；而之所以會有這個名字，則是著眼於它的「琴槌」，也就是「鍵」。鍵弦琴從奧地利流傳到義大利後，被改善成程度完善的「小型立式鋼琴」，這種鋼琴的英文原文「Spinet」，是以它的發明者威尼斯人喬凡尼．史賓內提的姓「Spinetti」來命名的。最後到了十八世紀，在一七〇九至一七二〇年之間，巴托羅蜜歐．克里斯多弗里造出的「鍵琴」，既可以讓演奏者彈出非常大的音量，也可以讓他做出非常輕柔的效果，而義大利音樂術語中，「輕、弱」是「piano」，「重、強」是「forte」。於是，這種鍵琴再經過一些改造後，就被人稱爲「pianoforte」，簡稱「piano」——也就是我們今天的鋼琴。

這種樂器問世後，世人第一次有了一種簡單而方便的樂器，不但讓人在兩年之內就學得精通，而且

[5] 譯註：如果在臺灣，就是像那些在大都市的街頭上，彈吉他或風琴來賺零錢的人。
[6] 譯註：無論是現代所用的直立式鋼琴或是平臺式鋼琴，都是史坦威首度把它們製造出來，所以這裡會稱之爲史坦威鋼琴。

也不像豎琴或提琴那般，在每次演奏前都必須調音。此外，它的音色也比中世紀的低音號、豎笛、伸縮號，及雙簧管來得悅耳動聽。就像是留聲機讓無數人第一次愛上音樂，早期的鋼琴也把音樂的知識帶進了一個廣闊許多的境界。每一位出身優越的男男女女們，在他們所受的教育中都包含了音樂。有些王公貴族與富有商人會養一支私人的管弦樂團。音樂家也不再像以前一樣是「流浪藝人」，反而成爲社會上非常看重的人。而劇場的戲劇表演摻進音樂表演後，就衍生出現代的歌劇。雖然最開始，只有很少數極爲富有的貴族才養得起一支「歌劇班」，但是對這種娛樂活動的喜好日漸普及，許多城市便建起專屬的歌劇院，讓所有居民可以從那些義大利歌劇，以及後來的德國歌劇中，得到無上的樂趣。只有少數規範非常嚴格的基督教教派是例外，他們依舊對音樂懷有深深的懷疑，不相信如此美好動人的事物可以對靈魂只有好處沒有壞處。

歐洲的音樂活力在十八世紀中葉來到頂峰，這時來了一位比所有人都還要偉大的人物，他是萊比錫托馬斯教堂一位小小的管風琴師，名叫約翰·塞巴斯提安·巴哈。他曾經用各種體材形式，替所有當時已知的樂器都作了曲子，從喜劇歌曲、流行舞曲，到最莊重、最神聖的聖歌與清唱劇。巴哈在這些作品中，替所有的現代音樂奠下基礎。當他於一七五〇年去世的時候，接下他手中棒子的是莫札特，他爲樂曲結構所創造的超凡美感，讓人猶如可以用耳朵感覺到那些和聲與旋律正在編織的蕾絲花邊。繼莫札特而來的是路德維希·貝多芬，是位最具悲劇色彩的人物：是他給了我們現代的管弦樂，然而他卻聽不到任何一首自己所做的偉大樂曲，因爲他在生活窮困時得到感冒，讓他後來雙耳全聾了。

貝多芬經歷過法國大革命的年代。當時的他，對一個全新而光輝的新時代是如此盼望，以致於他決定將自己的一首交響曲獻給拿破崙。可憐的是，他還來不及迎接拿破崙讓他失望後悔的那一天。當貝多芬於一八二七年去世時，拿破崙的大業已然是過去式，法國大革命也是；蒸氣引擎已經出現，正要讓這個世界開始充滿它的吵雜聲——一種與貝多芬在《第三號交響曲》中所編織的理想全無共通性的聲音[7]。

確實，由蒸氣、鐵礦、煤礦，以及大型工廠等這些東西所組成的新秩序，對繪畫、雕刻、詩歌、音樂等藝術沒什麼助益。過去那些藝術的捍衛者——從中世紀到十七、十八世紀期間的教會、王公貴族、富裕商人，已經不復存在。全新工業世界的領導者們都已經因爲平日的工作太忙，受過的薰陶太少，根本無法分心去掛念蝕刻畫、奏鳴曲，或者少見的象牙雕刻藝術，更不用說去注意這些藝術作品的創造者——這些藝術家對這個工業社會來說，實在沒什麼實際用途。於是，工廠的工人們聽來聽去都只有機器的嗡嗡聲，直到他們完全失去對美好旋律的品味，連對他們務農的祖先用長笛與提琴交織出的樂聲都不感興趣。在這個工業新時代，藝術不過猶如一名繼子，完全自人類生命中脫離。無論這時代還留存著多少畫作，它們也只是靜待在美術館裡緩慢地死去。音樂也變成由少數「大師」獨占的事物，他們把它從人們家裡奪走，帶到音樂廳去。

不過，現在藝術已經開始漸漸贏回它的價值，進度雖然緩慢，但是卻相當穩定。人們開始理解

【7】譯註：這首就是貝多芬獻給拿破崙的交響曲，他在這首曲子中放進了對英雄人物所抱持的理想，日後也被稱爲「英雄」交響曲。在拿破崙背棄革命理想後，貝多芬將標題「獻給拿破崙」改爲「取材自拿破崙」。

到，林布蘭、貝多芬、羅丹是人類真正的領袖與先知，也理解到少了藝術與樂趣的世界，就猶如一個少了笑聲的育幼院。

62 殖民擴張與戰爭

這原本應該是大力向你介紹過去五十年來世界政治局勢的一章，但事實上，這只是含有幾條解釋、幾則致歉的一章。

早知道要寫一部世界歷史會是這麼困難的一件事，一開始，我就不應該攬下這個任務。當然，任何夠勤奮的人只要把自己埋首於圖書館裡，在那些陳舊到開始發霉的書堆中，努力做上個六、七年，就有辦法編纂出一套大部頭的冗長巨冊，裡頭包含了所有國家在每個世紀所發生的一切事件。但那不是本書打算要做的事。出版社希望這是一本有「韻律感」的書，是一本奔馳而非漫步而過的歷史。現在這本書即將來到尾聲，我發現前面有些章節，我確實是在奔馳；有些則是在某個被遺忘許久的年代幻化而成的沉悶沙漠裡費力前進；也有些根本是舉步維艱；還有一些，我則是沉迷於對一堆情節與軼事的閒扯漫談中。我不喜歡這樣，也建議出版社讓我把所有草稿毀掉，一切從頭再來，然而他們不准我這麼做。

於是我退而求其次，把草稿打印出來，拿給我一些好心的朋友，讓他們幫我看看寫得怎麼樣，並且請他們不吝指教，使我可以從中獲益。他們的回覆讓我頗為氣餒，因為他們每一個都有自己的既定觀點，都有自己的喜愛偏好。他們全都想知道，我為什麼在某個時候、某個地方，沒有提到他們最心愛的國家、最欣賞的政治人物，甚至是他們最崇拜的罪犯。其中有些人認為，拿破崙與成吉思汗也應該得到最高的崇敬。我的解釋是，我已經非常盡力公平對待拿破崙了，但是在我心目中，他就是遠遠遜色於喬

拓荒者

治・華盛頓、古斯塔夫・瓦薩、奧古斯都、漢摩拉比、林肯，以及其他二十來位偉大人物，而礙於篇幅有限的關係，我對上述這些人都只能用幾段文字委屈他們遷就。至於成吉思汗，我只同意他在大規模屠殺這檔子事上有非凡才能，除此之外我並不打算，也沒有辦法再替他說更多的好話。

「以上你所說的我都同意，但是清教徒呢？美國才剛慶祝過清教徒登岸三百週年，他們應該要有更多戲分吧？」這是另一位批評者的意見。我的回答是：如果我寫的是美國史，清教徒夠分量在前十二章裡占去六章，然而這是一部人類的歷史，發生在普利茅斯岩[1]的事件，一直要到好幾個世紀以後，才對國際事務有深遠的影響。此外，美國是由十三個殖民地共同建立，不是只由清教徒的那一個。而美國頭二十年歷史中最傑出的領袖人物，也是來自維吉尼亞、賓夕法尼亞，或者尼維斯島，而非麻薩諸塞。因此，清教徒可以拿到整整一頁，還有一張專門在講他們的地圖，應該要覺得夠了。

接下來是一位研究史前時代的專家。他奉偉大的暴龍之名義，問我爲什麼沒有把更多的篇幅獻給令人讚嘆的克魯麥農人？他們可是在一萬年前就發展出高度文明呢！

是的，爲什麼我不那麼做呢？原因很簡單。某些最著名的人類學家似乎認定這些早期人類是完美無瑕的種族，而我並不這麼認爲。早先，盧梭與十八世紀的哲學家創造出一個「高尚的野蠻人」形象，據說活在太初時代的他們，曾經身在全然幸福的狀態中。現代科學家則破除了這種深受我們祖父輩鍾愛的「高尚野蠻人」說法，用一種「厲害的野蠻人」取而代之；告訴我們在法國谷地被發現的他們[2]，是如何在三萬五千年前就替品味低俗、卑下低賤，如野獸般的尼安德塔人與其他日耳曼民族所統治的世界畫下了句點。那些科學家們還展示克魯麥農人畫的大象、刻的雕像給我們看，然後爲這支民族罩上耀眼的光環。

我的意思不是要說這些科學家們錯了。我只是認爲，目前爲止我們對他們所處的整個時期實在是了解得太少，即使我們再怎麼虛心以對，都不可能準確地重現時代那麼早遠的西歐社會。而我寧可隻字不提，也不願在可能出錯的風險下開口[3]。

還有一些批評者則是指責我完全不公正：爲什麼我撇下了愛爾蘭、保加利亞、暹羅等等不談，卻扯進一些其他國家，譬如荷蘭、冰島、瑞士呢？對此，我的回答是：這些國家不是我故意扯進來的，它們完全是靠情境的力量自己擠進來的，我只不過是沒辦法把它們踢出去。爲了讓我的立場更容易得到體諒，讓我說明是依照什麼樣的準則，來考慮誰可以登上這本歷史書的角色名單。

---

[1] 譯註：清教徒在這裡登上美洲。

[2] 譯註：就是指克魯麥農人。

[3] 譯註：讀者可以自行再去接觸目前人類學所累積的成果，淺嘗亦無妨。若沒有興趣如此，也請記得上一段作者所介紹的，不但是距今已經約九十年的舊說，而且中間還經過作者自己的詮釋。

其實我只有一條原則：「要是這個國家或者這個人物沒有提出那種新思想，或者沒有做出那個前所未見的舉動，人類全體的歷史是否就會變得不一樣？」這不是個人品味或喜好的問題，它是一個不帶任何感情、冷冽到有如數學上的判斷。從來沒有任何一個民族，在歷史上扮演了像蒙古人那般引人遐想的角色；然而從達到正面成就，或者從推動知性進步的觀點來看，也沒有任何一個民族像他們一樣沒有幫助。

儘管亞述人提格拉斯．皮雷瑟的一生充滿許多張力十足的故事，但是對我們來說，他簡直就跟從來不曾存在過一樣。同樣的道理，荷蘭共和國的歷史之所以有意思，並不是因爲很久很久以前，魯伊特將軍底下的水手曾經在泰晤士河上釣魚，實在是因爲這個濱臨北海的小小泥岸國家，曾經提供了一個溫暖的避難所，給那些形形色色離經叛道的人士——這群人總是對各式各樣非常不討喜的問題，有著千種萬種古怪思想。

誠然，雅典或佛羅倫斯即使是在最全盛的光榮歲月，人口也不過是現在美國堪薩斯城的十分之一[4]。然而，如果這兩個地中海盆地周圍的小城市不曾出現在世上，我們當前的文明將會大大不同。反之，我們卻沒辦法說：如果這個密蘇里河畔的繁忙大都會區不存在，我們的文明也會大受影響——在此要向宛達特郡的善良百姓們致上我該有的歉意[5]。

確實，這些都在展現出我是如何只以自己爲依歸，那麼，就讓我再說一個對人人都適用的道理。

當我們要去看醫生的時候，一定會在之前就先弄清楚，這位大夫是位外科醫師、一般科醫生、順勢療法專家，或是信仰療法治療師，因爲我們想要知道，他會從什麼角度來評量我們的病症。我們在選擇自己的歷史學家時，也應該要像選擇醫生一樣小心謹慎。我們一直以爲「需要這樣嗎？歷史不就是歷史嗎？」然後就不再深究。但是，生長在蘇格蘭的偏遠地區，接受嚴格的長老教會家庭教育長大的史學家，跟另一位從小就被熟人硬拖去聽羅伯特．英格索（他是所有相信基督基啓示思想者的敵人）所做的精彩演說，在這樣環境下長大的史學家，他們兩位在所有從人類關係所衍生出來的問題上，看法都會不一樣。即使隨著時間經過，他們已經不再勤跑教會或演講廳，也忘了自己早年曾經受過這種薰陶，這段可塑性最高的年月所造成的影響，依舊如影隨形，不論他們寫什麼、說什麼、做什麼，都會有意無意、無法避免地展現出來。

在這本書的序言中，我曾經告訴過你，我不會是個永遠不出錯的指南，就在我們快來到末頁的這時候，同樣的提醒我必須再說一次。我是在一個老派的自由主義環境中出生及接受教育，追隨的典範是達爾文與其他十九世紀先驅者所發現的成果。在我小的時候，剛好我醒著的大部分時間，都是與一位叔叔一起度過。我這位叔叔將蒙田的著作蒐集得很齊全——就是十六世紀那位傑出的散文作家。此外，由於我生於阿姆斯特丹，在哥達市接受教育，所以一直有機會接觸到伊拉斯謨的作品，而不知爲什麼，這位寬容思想的偉大倡導者總能駕御我這本性並不寬容的人。再晚一點，我發現了安納托．法朗士這位作家。至於我對英語的第一次經驗，則是源自與薩克萊那部《亨利．艾斯蒙德》的邂逅，任何一本其他的英文書都不及它給我的印象深厚。

假如我出生在美國某個鄉間的城市，或許我會對基督教讚美詩有某種好感，因爲那些歌我小時候

【4】譯註：這個比值到現在當然又更小了。

【5】譯註：堪薩斯位於宛達特郡，臨密蘇里河。

西部的征服

一定常常聽。但實際上我不是，我對音樂最早的記憶，要回到那天下午，我的母親帶我聽的那些曲子，而她除了巴哈的賦格曲，也不屑再聽別的。這位偉大的新教徒音樂大師，他在作品裡達到的那種數學上的完美境界，影響我的程度之深，令我每每都得帶著極度的痛苦與強烈的反感，來忍受那些在祈禱會上很常唱的讚美詩。

同樣地，假如我誕生在義大利，曾經受過亞諾河幸福快樂的谷地中和煦溫暖的陽光洗禮，我或許會愛上那種光線明亮、色彩繽紛的繪畫，但現實中我對它們卻一點感覺也沒有；因爲我對美術最初的印象，是得自於一個很少得到陽光照射的國家，當陽光難得降臨在這片被雨霧浸透的土地上時，一切事物在那簡直殘忍而無情的光線重擊之下，會讓人觸目所及都是明與暗的強烈對比。

我是故意用以上不多的篇幅來呈現一些事實，好讓你可以了解寫這本歷史書的人，他可能有什麼個人的偏見，他的視角或觀點又是如何。

在這簡短但是必要的離題之後，讓我們回到這五十年來的歷史【6】。這段期間發生了許多事情，但是就目前看來，其中卻只有一點點稱得上是極重要的事件。列強中的多數都不再只是單純的政治機構，而成了大型的「企業」。這些國家會興建鐵路，會設立並補助通往全世界各地的汽船航線，也會用電報線把自己分散各處的領地連繫起來。此外，它們也穩健地增加自己在其他大陸上的地盤。非洲或亞洲大地上每一丁點兒可以取得的土地，都會有這個或那個彼此敵對的強權聲稱是屬於它的。法國成了一個殖民國家，在阿爾及利國、馬達加斯加，以及東亞的安南和東京【7】。德國主張西南非的部分地區以及東非是它的領地，並且在非洲西岸的喀麥隆、新幾內亞，還有太平洋的許多島嶼上建立了殖民根據地；此外，德國還找了一個非常好用的藉口：有傳教士被殺害，而奪下了中國臨黃海的膠州港。義大利曾在阿比西尼亞試過手氣，不過卻慘敗給當地「尼古斯」【8】的軍隊，不過，義大利還是占領了原本土耳其在北非的領地的黎波里，聊表慰藉。已經把整個西伯利亞收爲己有的俄國，也從中國手裡取得了旅順港。日本在一八九五年的甲午戰爭中擊敗中國之後占領了臺灣島，並且從一九〇五年開始逐步將高麗帝國納入自己的版圖中。一八八三年，英國這個全世界有史以來統治範圍最廣大的殖民帝國，開始動手「保護」埃及；英國把這次「保護」任務執行得漂亮無比，讓這個長久以來飽受忽視，並且打從一八六八年蘇伊士運河開通以來就面臨外國入侵威脅的國家，在物質層面得到很大的援助。接下來的三十年間，英國在全世界各地接二連三地打了不少殖民地戰爭，並且在一九〇二年時（經過了三年的苦戰），征服了原本獨立的兩個

【6】譯註：是指一八七〇至一九二〇年左右。
【7】譯註：這兩個都是年代較早的舊地名，兩者都在現在的越南，後者跟日本首都東京只是剛好在中文裡同名。
【8】譯註：阿比西尼亞即現在的衣索比亞，「尼古斯」則是其國王。

波爾人共和國：特蘭斯瓦與奧蘭治自由邦[9]。與此同時，英國扶植西塞爾．羅德斯放手在這裡鋪設一個非洲大國的基礎，這個國家的領域幾乎將從好望角一直延伸到尼羅河河口，而且會忠實地把還沒有歐洲主子的島嶼或地方，一個個收進自己的口袋裡。

比利時那位精明的國王李奧波德，利用亨利．史坦利的發現，於一八八五年建立了剛果自由邦。一開始，這個幅員廣大的熱帶帝國施行的是「君主專制」。但是，經過這些年的糟糕統治之後，比利時對那位只要能夠得到象牙和橡膠利益，就不管子民死活的剛果國王，實在忍無可忍了，因此在一九〇八年併吞這個非洲國家，讓它成為自己的殖民地，讓這位厚顏無恥的國王無法繼續濫用權力。

至於美國，它已經擁有如此多的土地了，其實無意再向外擴張。但是，由於古巴這個西班牙在西半球所剩無幾的領地，受到其政府慘不忍睹的統治，使得美國事實上不得不採取行動[10]。經過一場實力非常不對等，為時也很短暫的戰爭後，西班牙人被逐出古巴、波多黎各與菲律賓，而後兩者也成為美國的殖民地。

這整個世界性的經濟發展過程是完全理所當然的。英國、法國、德國境內不停增加的工廠數量，使得對原物料的需求出現前所未見的增加趨勢；同樣地，歐洲勞工人數持續地增長，也帶動對糧食的需求總數不停上升。無論哪個地方，人們都在吶喊著想要取得更多、更富有的市場，想要有更容易取得的煤礦、鐵礦、橡膠產地和油井，以及想要擁有更大量、更充足的穀物供應。

如果歐洲大陸這段時間發生的事件純粹只有政治意義，它們在那些正在籌策維多利亞湖[11]汽船航線，或是伸入山東半島內陸的鐵路線的人們眼裡，就沒什麼重要性。只是，雖然他們心知肚明歐洲有許多重要議題依舊需要獲得解決，但那是他們不在意的議題。在這種全然事不關己的心態之下，這代人留給子孫的可怕遺產乃是仇恨與悲慘。不知有多少世紀，歐洲東南方的角落都是不停上演反抗與流血事件的舞臺。十九世紀七〇年代期間，塞爾維亞、保加利亞、蒙特尼格羅，以及羅馬尼亞，都曾經再次盡力爭取自由，而土耳其在許多西方強權的支持之下，則努力不讓他們如願。

一八七六年，保加利亞人遭到當局屠殺，而且這次的行徑特別殘忍，在屠殺行動進行一段時間後，俄羅斯人終於忍不住了。俄國政府因此被迫介入保加利亞問題，就像美國總統麥金利被迫出兵古巴，去哈瓦那阻止威勒將軍的行刑隊一樣。一八七七年四月，俄國軍隊跨過多瑙河，席捲過什帕卡山口，在攻下普列夫納之後，繼續向南前進，直到兵臨君士坦丁堡城下。土耳其向英國求助，英國政府也願意站在土耳其這邊。於是，儘管有許多英國人反對和譴責，迪斯雷利（他剛讓維多莉亞女王成爲印度女皇；而比起對待境內猶太人殘忍至極的俄國人，他更喜愛這些像故事人物般的土耳其人）還是決定要插手[12]。結果，俄國被迫締結了聖斯特法諾和約，時間是一八七八年，決定將巴爾幹問題留待一個將在同年六、七月間，於柏林舉行的會議來解決。

這個著名的柏林會議完全受到迪斯雷利個人左右。這位捲髮油光閃亮，性格高傲無比，擅長挖苦對手，卻又精於吹捧奉承之道的精明老頭，就連俾斯麥都畏懼三分。這位英國首相在柏林會議上小心守護著他土耳其盟友的命運，雖然蒙特尼格羅、塞爾維亞、羅馬尼亞都被承認成爲獨立的王國，保加利亞公

【9】譯註：它們是現在南非的重要前身。
【10】譯註：這是個很好的段落，來檢視作者前面所做的自我說明，畢竟作者在二十歲左右之後便旅居美國。
【11】譯註：非洲的最大湖。
【12】譯註：迪斯雷利是猶太人是當時的英國首相，本身是個猶太人。

國也在由巴頓柏的亞歷山大親王（沙皇亞歷山大二世的姪子）出任國王的安排之下，取得半獨立的地位，但是，這些國家都沒有得到發展自身實力與資源的機會——要是英國當時沒有那麼關心土耳其蘇丹的未來，它們原本是有機會一試的。只是對英國來說，它就是無法讓土耳其的領地自由發展，因為它們是英國防堵俄國進一步西進的必要緩衝區。

讓情況更糟糕的是，柏林會議讓土耳其轄下的波士尼亞與赫塞哥維納，轉由奧地利哈布斯堡王朝「治理」。不可否認，奧地利把它們治理得很成功，讓這些被忽略已久的地方發展得就像英國最棒的殖民地一樣好。這點讓會議的決定看起來很合理。但是，這兩個地方都住了許多塞爾維亞人，因為很久很久以前，這裡都曾屬於史蒂芬．杜山皇帝底下那個偉大的塞爾維亞帝國——一個曾經在十四世紀的時候，替西歐擋住土耳其人入侵，而且它的首都烏斯庫伯，在哥倫布發現新大陸的一百五十年前，乃是西方文明中心的強國。塞爾維亞人還記得他們古老的光輝；如果有過這樣輝煌的歷史，誰不是如此呢？他們討厭看到奧地利人出現在這兩個省分，因為他們覺得從任何一項源自傳統的權利來看，它們都應該是屬於塞爾維亞的。

於是，就在波士尼亞的首都塞拉耶佛，奧地利王儲費迪南大公在一九一四年六月二十八日被人刺殺。行凶者是一位塞爾維亞的學生，而他之所以這麼做，完全是被愛國心所驅使。

這次可怕的悲劇是直接但卻不是單獨導致第一次世界大戰的起因。因此，那位可說已經失去理智的塞爾維亞學生，或是他的被害人奧地利王室，都不是應該責怪的對象。這場戰爭的源頭必須追溯到著名的柏林會議前後，那段時間的歐洲只顧忙著建立一個物質文明，完全不去關心在古老的巴爾幹半島一個陰暗的角落裡，某個被遺忘的民族懷抱的志向與夢想為何。

63 新世界

第一次世界大戰其實是場為了更美好的新世界所做的奮鬥。

法國大革命的爆發可以歸功於一小群正直而熱忱的人士，而孔多塞侯爵正是他們之中品德最高尚的人物之一。他將自己的生命全都獻給爲貧窮與不幸的百姓請命的志業。在狄德羅與達朗貝爾撰寫那部著名的《百科全書》時，他也擔任過他們的助手；在大革命的最初階段，他是國民公會中溫和派的領袖。

然而，當國王與宮廷中的群黨展現出的判國行爲，給了極端激進分子一個取得政府主導權，並且屠殺迫害反對者的大好機會之後，孔多塞的寬容、善良，以及堅持理智的立場，便讓他成爲被懷疑的對象。他被指責爲「法律的敵人」，應該被逐出法國社會，因此，任何眞正的愛國分子都可以對他爲所欲爲。雖然友人願意冒著自身危險藏匿他，孔多塞卻不願意他們爲了他而犧牲。於是他逃出巴黎，設法返回自己的家鄉；在那裡，他或許就不會有事。他在野外度過三天之後，已經衣衫破碎、遍體鱗傷，他只好來到一家客棧，向老闆討些食物吃。可是店裡的人起了疑心，他們搜了他的身，在他的口袋裡找到一本拉丁詩人賀拉斯的詩集——看來他們抓住的這個人家世一定不錯，這也就表示這位仁兄不應當出現在這裡，因爲此時此刻所有受過良好教育的人，都是這個革命國家的敵人。他們把孔多塞綁好，塞住他的嘴巴，然後丟進村中的牢房，但是隔天早上，當士兵前來打算把他帶到巴黎去砍頭的時候，哎呀！他竟

戰爭

然已經氣絕身亡了。

這個付出了一切卻得不到任何回報的人，完全有理由對人類感到絕望。但是他曾經寫下幾句話，一直到今天，這些話都還是像一百三十年前[1]那樣擲地有聲。我相信這些話對你也會有所助益，因此容我在這裡引述一下。

他寫道：「大自然沒有替我們的希望劃下界限，儘管錯誤、罪惡與不公不義依然玷汙和折磨著這個世界，然而在從枷鎖中獲得釋放，正以堅定的步伐，向眞理、美德與幸福的康莊大道邁進的人類，它的前景當可令憂心的哲學家們感到欣慰。」

這個世界方才經歷了一場巨痛[2]，跟它比起來，法國大革命不過是場小插曲。這場巨痛帶來的打擊是如此劇烈，讓千千萬萬人們心中最後一點希望的火花都被撲滅。曾經他們歡唱著「進步」的讚美聖歌，然而就在他們剛爲永遠和平祈禱之後，就面臨了整整四年的生靈塗炭。因此，他們不禁問道：「爲了這些還沒脫離最初穴居人時代的生物如此費力操勞，究竟值不值得？」

答案只有一個：「當然值得。」

這場世界大戰是一次可怕的災難，但它卻非世界末日。恰好相反，它揭開了新時代的序幕。

要寫一部古希臘史、古羅馬史，或是中世紀史，都算得上是簡單。在這些久被遺忘的舞臺上扮演過重要角色的人物，已經全都不在世；我們能夠比較冷靜而理智地批判他們。爲他們的努力表演而鼓掌的觀衆也已經散去；無論我們的評論爲何，都不可能讓他們傷心。

然而，要對當代發生的事件做出正確的說明，就非常困難。那些與我們一起經歷這段生命之旅的人們，他們心中充塞的問題就是我們自己也會面對的問題。而且，這些問題或者令我們太難過，或者太開心，使我們沒有辦法立場公正地描述它們——然而，這一點卻是書寫歷史時必須做到的事，因爲我們不是在爲誰當宣傳主任[3]。即便如此，我還是打算努力告訴你，何以我會贊成可憐的孔多塞，堅定地相信他口中那個將會更美好的未來。

之前我就常常提醒你，如果我們輕率地使用那套所謂的歷史重大時期，把人類的故事分成四個部分：「遠古時期」、「中古時期」、「文藝復興與宗教改革時期」、「現代」，這將帶給我們一些錯誤的印象。其中最後一個專有名詞更是特別危險：「現代」這個詞暗示著：我們——也就是生活在二十世紀的人們，已站在人類一切成就的頂峰。五十年前，英國自由派人士在格雷斯頓的領導之下，就曾經覺得政府如何眞正落實代議與民主原則的這個問題，在第二次《權利法議》通過後已經獲得一勞永逸的解決。當迪斯雷利與他保守派的朋黨認爲，這是一次「縱身躍入黑暗」的危險舉動時，自由派人士斷然

---

[1] 譯註：如本書中常見的，此處是從作者成書的時候起算，以下亦同。
[2] 譯註：指第一次世界大戰。
[3] 譯註：讀者可以拿這一段，回過頭檢視上一章關於殖民時代的說法。

加以否認。他們對於自己的改革非常有信心，深信從此以後，社會中每個階級將會共同合作，讓大家共同的祖國得到妥善的治理。然而，從那之後發生的許多事情，卻讓當初那些自由派中現在還在人世的幾位，開始意識到自己錯了。

任何歷史問題都不會有一個明確的答案。

每一個世代的人都必須重新與自己面臨的問題惡戰一場，否則人類就會像史前時代那些懶惰遲鈍的動物一樣走向滅亡。

一旦你掌握了這番大道理的精髓，就會擁有比以前嶄新又遼闊許多的生命觀。等到那個時候，我會請你更進一步，想像自己就是一萬年後你那位曾曾曾孫，那時候的他們也會學歷史，而我們這短短四千年的信史時代，以及這四千年間所記錄下的行動與思想，在他們眼中又是什麼呢？他們會認為拿破崙與亞述帝國那位征服者提格拉斯・皮拉瑟[4]是同時代的人。或者他們也許會分不清楚拿破崙、成吉思汗，和馬其頓的亞歷山大。剛結束的這次世界大戰，會被理解為是長期商業衝突之下，為了決定地中海霸權誰屬而導致的，就跟羅馬與迦太基為了地中海主人之位打了一百二十八年的仗一樣。十九世紀的巴爾幹半島問題（亦即塞爾維亞、希臘、保加利亞、蒙特尼格羅爭取自由的運動）在他們眼中，將被歸因於是蠻族大遷徙造成，而一直持續當時的失序狀態。他們看著昨日剛被德軍火砲摧毀的蘭斯大教堂[5]的照片，感覺就像我們在看著二百五十年前，毀於土耳其與威尼斯之戰的雅典衛城的圖片一樣。一直到現在都還存在於多數人心中的對死亡的恐懼，在他們眼裡應該會是種幼稚的迷信；雖然對一個直到一六九二年都還在獵殺女巫的物種來說，或許這種恐懼是他們的天性。甚至是我們感到如此自豪的醫院、實驗室，還有外科手術房，在他們看起來，也只不過是比中世紀鍊金術士和外科醫生的工作坊稍微好一點而已。

這一切之所以如此，理由其實很簡單：我們現代人其實一點也不「現代」，相反地，我們依舊是最末幾代的穴居人。新時代的基礎才剛在昨日奠定而已；一直要到人類鼓起勇氣去質疑一切事物，並且將「知識與理解」作爲基礎，用來建立更合情合理的人類社會，這時候人類才第一次有機會躋身眞正文明的境界。第一次世界大戰其實正是這個新世界的「成長之痛」。

接下來將有很長的一段時間，會有許多人寫出鏗鏘有聲的著作，好證明是這位、那位或另一位仁兄導致了這次大戰發生。社會主義者會發表一冊冊套書，指責「資本主義者」爲了「商業利益」而引發戰爭。資本主義者將回應說：他們在戰爭中所失去的，絕對比得到的還多：最早前去戰場，也最早倒在戰場上的，就是他們的小孩；此外，他們也會試圖說明，當時各國的銀行家們是如何用盡全力避免戰爭爆發。法國歷史學家將會從頭細數德國人的罪狀，從查理曼大帝時代開始，一直到霍恩佐倫王朝的威廉爲止【6】。德國歷史學家也會禮尚往來，從頭數盡法國人的惡行，同樣也是從查理曼大帝時代開始，一直到普恩加萊總統在位期間爲止【7】。然後，他們都會得到令他們滿意的結論，那就是對方必須爲了「導致戰爭」而負責。各國已經不在其位卻還在人間的政治人物們，都將會坐到打字機前，解釋他們自己是如何盡力避免戰爭發生，而他們壞心的對手又是如何逼使他們不得不應戰。

【4】譯註：他是西元前十一至十二世紀人。
【5】譯註：是許多法國國王於此行加冕典禮的地點。
【6】譯註：德皇威廉二世，是第一次世界大戰期間的德國皇帝。
【7】譯註：大戰期間的法國總統。

帝國思想的力量
自一八七六年起，
英國君主即身兼印度皇帝
一四五二年之後，俄羅斯
的莫斯科大公就傳承東羅
馬帝國的傳統，一直
到一九一八年
爲止
一九一八年，德意志
帝國之鷹在此墜地
一八七〇年，德法戰爭爆
發，法蘭西帝國結束，新
的德意志帝國誕生
一八〇四年
拿破崙加冕
爲帝
東羅馬帝
國一直延
續到一四
五三年
五世紀時，
羅馬帝國一
分爲二
八〇〇年，法蘭克人
的國王查理加冕爲帝，
以統一並且捍衛基督教
的歐洲
神聖羅馬帝國從
西元九六二存續
到一八〇一年
亞洲
西元前四十八年，
凱撒正式得到元
首稱號。而由奧古
斯都建立的羅馬帝
國，持續了五個世
紀之久
西元前三三六年，亞歷
山大大帝從亞洲獲得
「帝國」的思想
波斯
西元前三〇〇〇年，帝國思想
似乎就已經從尼羅河流域誕生

帝國思想的傳播

不過，一百年後的歷史學家將不會費心去考慮他們的辯白與理由；他們明白這次大戰的深層原因眞正的本質爲何；他們知道「個人的」野心、邪惡與貪婪，都與大戰之所以爆發的關係甚淺。導致這一切苦難發生的第一個錯誤，是打從科學家們開始創造一個由鋼鐵、化學、電子所組成的新世界時，就已經鑄下；因爲他們忘了人類的心智進步得比寓言裡的那隻烏龜還慢，卻比衆所皆知的樹獺還懶；而且大衆的起跑點落後少數勇敢而無畏的領袖有一百到三百年之久。

狼披上了羊皮依舊是頭狼。被訓練成會騎腳踏車、會抽菸斗的狗，還是一隻狗。而一位思想觀念跟十六世紀商人一樣的人，就算開著最新款的勞斯萊斯，也還是個思想觀念跟十六世紀商人一樣的人。

如果你讀一遍還不懂我的意思，就再讀一遍。很快你就會覺得比較明白，而這個道理可以解釋一九一四年以來發生的許多事情。

或許我可以給你另一個更貼近生活的例子，來表達我的意思。電影中的笑話或是有趣的旁白，常常會打在螢幕上【8】。下次你去看電影的時候，試著觀察一下電影院裡的觀衆。有些人似乎一眼就能夠明白這些話語的意思【9】，他們似乎只用一秒就可以讀懂那些話。比較起來，有些人就稍微鈍了一點。也有些人要用到二、三十秒才反應得過來。最後還有些能不讀字就不讀字的人，他們大概要等比較聰明的那些開始思索下一段字幕的時候，才終於明白剛剛那是在講什麼。人生的道理跟這也沒什麼兩樣，就如同我

【8】譯註：這是默片時代的作法。

【9】譯註：這種旁白它們跟現代電影只是把人物臺詞一字不差得打上去的「字幕」不一樣，而是有些時候還需要想一下才會明白的想明白了才覺得好笑的短語。

接下來要說明的事情。

在前面的章節我告訴過你「羅馬帝國」這個觀念，是如何在羅馬的末代皇帝死後繼續延續了千年以上。許許多多人都曾經爲此去建立羅馬帝國的「模仿品」。它讓歷任羅馬主教有機會使自己成爲全體教會的領袖，因爲羅馬主教就代表了羅馬世界霸權；它也讓一些原本與世無爭的蠻族首領，踏上由無數罪行與戰爭組成的生涯，因爲他們總是掙脫不了「羅馬」二字咒文的魔力。上述這些人，不論是教宗、皇帝或者普通的戰士，在其他方面都和你我沒有太大的不同；但是在他們所處的世界中，羅馬傳統是攸關一切的大事，是個活生生的、能夠帶給祖孫三代鮮明回憶的東西。因此，他們願意爲它犧牲自己、奮力而戰。然而在今日，以它之名恐怕招募不到十名志願軍。

在另一章裡，我也曾經告訴你，宗教大戰如何在宗教改革公開出現後的一個多世紀爆發開來。而假如你比對「三十年戰爭」以及「大發明」這兩章，就可以發現：那些令人寒毛直豎的屠殺行爲發生的時候，第一臺簡陋的蒸氣引擎已經在一些法國、德國及英國科學家的實驗室裡噗噗冒煙了。但當時整個世界對這奇妙的新玩意兒都沒什麼興趣，只想繼續進行那些在今日只會讓人打哈欠，卻激不起憤怒的偉大神學討論。

事情就是這樣，一千年後的歷史學家在提到正遠離我們的十九世紀時，也會用上同樣的字眼：他會發現，當人們正在從事受民族主義催生的慘烈鬥爭之時，他們周遭的實驗室裡也滿是一群認眞嚴肅的傢伙，他們只要能夠逼迫大自然將它數不盡的祕密透露一二，就可以對政治不聞不問。

你多半漸漸能夠發覺，我正在往什麼樣的結論前進。工程師、科學家與化學家們在短短一個世代間，就讓歐洲、美洲和亞洲充斥著他們的大型機器、電報線、飛行器，以及煤焦油產品。他們創造了一個「時間」與「空間」都不再具有影響力的新世界。他們不只發明出各種新產品，還讓它們便宜到幾乎每個人都買得起。這些我之前都說過，但它們絕對值得再說一次。

爲了讓數目越來越多的工廠能夠繼續運作下去，工廠的老闆們——他們已經成了國家的統治者——就需要原物料與燃煤，後者尤其重要。同一時間，大多數的民衆還是用十六、十七世紀的思維在思考著，依舊死守著舊觀念不放，把國家看作是王室的領土，看作是一個政治性的組織。國家，這個中世紀的粗糙制度，突然被人們拜託去處理一個機械的、工業的世界中所發生的高度現代化問題。它確實盡了全力，不過是本著許許多多個世紀以前定下的遊戲規則來盡力。各國都建立了龐大的陸軍及海軍，用來替國家奪取位處遠方的新領地。只要哪裡還有一小撮土地沒被占走，沒多久那裡就會變成英國、法國、德國，甚至是俄國的殖民地。假如當地人敢反抗，下場就是死路一條。大多數的情況下，當地人確實不太反抗，於是可以被恩准平平安安地過日子，只要他們不妨礙到鑽石、煤、石油、黃金的開採，或是橡膠樹的種植，他們甚至還可以從被外國占領中擷取許多好處。

有時候，兩個尋找原物料的國家，如果碰巧在同一時間想要取得同一塊土地，就會爆發戰爭。十五年前，俄國與日本爲了取得某些屬於中國的領地而開戰，就是這麼一回事。然而，這類衝突事件終屬例外。沒有人眞的想要打仗。是的，二十世紀早期的人們開始覺得，用軍隊、戰艦和潛水艇來打一場戰爭的這種想法似乎有點可笑了。暴力思想會讓他們聯想到身處於遙遠年代，那些不知節制的君主和專搞陰謀的王室。二十世紀的人每天都在報紙上讀到又有新的發明問世，讀到英國、美國和德國的科學家團隊正在感情融洽地通力合作，在醫學或天文學的領域中精益求精；此外，他們也活在一個充滿貿易、商業與工廠的繁忙世界。然而，只有很少數的人注意到，國家（也就是懷抱著某些共同理想的廣大社群）的發展進度已經落後了好幾百年，這群少數人很努力地想要警告其他人，但是其他人都有自己的事業要忙。

我已經用過這麼多的比喻，但我必須向你道歉，因爲我又要再用一個。這個古老而貼切的比喻不但從未過時，而且總是那麼生動——國家是一艘大船。埃及人、希臘人、羅馬人、威尼斯人，還有十七世紀那些商人冒險家，擁有的是一條堅固耐用的船，船身所用的木材經過完整確實的乾燥處理，船長、大副與其他幹部，無論是對手下船員，還是對這艘船隻本身都有充足的了解，而且知道他們的祖先傳授給他們的航海技術有何局限。

然而，鋼鐵與機械的新時代來臨以後，一開始是一個部分，接下來又是另一部分，國家這艘舊船漸漸被改頭換面。它的尺寸變大了；它的帆裝被換成蒸氣引擎。起居間變得更漂亮舒適，但是有更多人被迫下到渦爐室去，雖然那裡的工作安全無慮，報酬也相當優渥，但是比起來，他們還比較喜歡以前在甲板上那些比較危險的工作。最後，這條古老的木製方帆船神不知鬼不覺地被改裝成現代化的航海客輪。可是船長和幹部都沒換，他們的任命或選舉方式就跟一百年前一樣。他們學的是十五世紀的水手們在用的航海知識；他們的駕駛艙中掛著的地圖與信號旗，還曾經在路易十四與腓特烈大帝時代的船上服役過。簡而言之，他們完全不能勝任（雖然這不是他們的錯）駕駛這艘新船的任務。

國際政治這座海洋並不特別寬闊，當那些帝國式與殖民主義式的客輪開始奮不顧身地想要超越彼此時，必然會發生意外。事實上，許多意外確實已經發生了，如果你敢在發生意外的那部分海域航行一下，甚至還看得到一些沉船殘骸。

這則故事的寓意很簡單：這個世界急需有能力擔起新領導地位的人——他們擁有貫徹自己遠見的勇

氣與意志，而且非常清楚地知道：人類的航行才剛啓程不久，而爲了繼續往前，非得學習一套全新的航海技術不可。

這群新領導人將有很長一段時間必須從學徒幹起，必須在任何可能的阻力與反對之下，還能一路奮鬥站上頂端。當他們終於踏上艦橋時，或許會有哪位嫉妒的船員叛變，讓他們死於非命。不過終有一天，會有個人站出來，把這艘船安全帶進港灣——而這個人將會是千秋萬世的英雄。

64 就這麼一直下去……

「我越是思考生命問題就越深信
當我們站在審判官前
諷刺與悲憫才是我們的第一人選
正如古埃及人為死者
召來艾希斯與內弗提斯女神一般

諷刺與悲憫皆善於為我們辯護
生命因有諷刺之微笑而愉悅
因有悲憫之淚而聖潔

我所召喚的諷刺之神並不殘忍
她不嘲笑愛，不嘲笑美
溫文之後有親和
一笑之後泯恩仇
不過她教我們去笑霸道與愚蠢

否則我們或許會軟弱到
光會鄙視
只知仇恨」

這是一位非常偉大的法國人[1]所說的至理名言，就讓我用它們來向你道別。

[1] 譯註：就是前面提到的那位安納托・法朗士，他是一九二一年諾貝爾文學獎得主。

博雅文庫 057

人類的故事 The Story of Mankind

作　　者　亨德里克·房龍（Hendrik Willem Van Loon）
譯　　者　谷　意
發 行 人　楊榮川
總 經 理　楊士清
主　　編　陳姿穎
責任編輯　邱紫綾
美術編輯　吳雅惠
出 版 者　五南圖書出版股份有限公司
地　　址　106台北市大安區和平東路二段339號4樓
電　　話　(02)2705-5066
傳　　真　(02)2706-6100
劃撥帳號　01068953
戶　　名　五南圖書出版股份有限公司
網　　址　http://www.wunan.com.tw
電子郵件　wunan@wunan.com.tw
法律顧問　林勝安律師事務所　林勝安律師
出版日期　2014年1月二版一刷
　　　　　2017年10月二版三刷
定　　價　新臺幣380元

國家圖書館出版品預行編目資料

人類的故事 / 亨德里克.房龍(Hendrik Willem Van Loon)著；谷意譯. — 二版. — 臺北市：五南, 2014.01
面；　公分. — (博雅文庫；57)
ISBN 978-957-11-7455-6 (平裝)
1.世界史　2.通俗史話

711　　102024761